Kohlhammer
Urban Taschenbücher

Band 660

Wilfried Loth

Charles de Gaulle

Verlag W. Kohlhammer

1. Auflage 2015

Gesamtherstellung: W. Kohlhammer GmbH, Stuttgart

Print:
ISBN: 978-3-17-021362-3

E-Book-Formate:
pdf: ISBN 978-3-17-023616-5
epub: ISBN 978-3-17-023617-2
mobi: ISBN 978-3-17-026211-9

Inhaltsverzeichnis

Vorwort

Der »berühmteste aller Franzosen«, wie René Coty, der zweite und letzte Staatspräsident der französischen IV. Republik Charles de Gaulle auf dem Höhepunkt der Mai-Krise 1958 titulierte, ist zugleich die unbekannteste unter den großen Gestalten des 20. Jahrhunderts. In Frankreich verbergen sich Leben und Werk des Führers des »Freien Frankreich« und ersten Staatspräsidenten der V. Republik hinter dem Mythos de Gaulle: dem Mythos vom Ausnahmepolitiker, der wie kein anderer in der langen Tradition der französischen Geschichte wurzelte und die Nation zugleich mit einer Abfolge von richtigen Entscheidungen in das 21. Jahrhundert führte, vom Widerstand gegen Hitlers Herrschaft bis zum Austritt aus der Militärorganisation der NATO. Dieser Mythos, an dem de Gaulle seit dem Beginn seines öffentlichen Auftretens selbst gestrickt hat, ist für die Franzosen in dem Maße wichtiger geworden, wie andere Ideologien und »große Erzählungen« verblasst sind. Er kann eine genauere Kenntnis der Geschichte des General de Gaulle freilich nicht ersetzen. Oft steht er ihr sogar im Weg.

Anderswo ist man einfach nur irritiert über die schillernde Vielfalt und Widersprüchlichkeit im Erscheinungsbild dieses bedeutenden Franzosen: War er Konservativer oder Revolutionär? Herrischer Autokrat oder Verfechter einer fundamentalen Demokratisierung? Verbündeter oder Gegner der »Angelsachsen«? Verteidiger des Kolonialreichs oder Anwalt der »Dritten Welt«? Glühender Nationalist oder überzeugter Europäer? Kalter Krieger oder Wegbereiter des neuen Europas? Charles de Gaulle ist offensichtlich nicht leicht zu begreifen, und er lässt sich auch nicht auf eine einfache Formel bringen.

Die vielfältigen Möglichkeiten, sich ihm zu nähern und ihn zu instrumentalisieren, nähren den Mythos und erschweren zugleich den Zugang zu der realen Person in ihrer Komplexität.

Nun hat die biographische Forschung unser Wissen über das Leben de Gaulles kontinuierlich erweitert. Schon die große Biografie von Jean Lacouture, von 1984 bis 1986 in drei umfangreichen Bänden mit zusammen fast 2500 Seiten erschienen, bot eine außerordentliche Fülle von Informationen, die über die Kenntnisse der Zeitgenossen hinausgingen. De Gaulles Sohn Philippe hat eine Edition von »Briefen, Notizen und Heften« in 13 Bänden veranlasst, die von 1980 bis 1997 erschienen ist und alles bietet, was in den Sekretariaten de Gaulles an persönlichen Aufzeichnungen zu finden bzw. durch Nachfragen bei den Briefadressaten zu ermitteln war. Ein Kolloquium aus Anlass des 100. Geburtstags von de Gaulle, das im November 1990 über 700 Zeitzeugen und Forscher aus aller Welt im UNESCO-Gebäude in Paris zusammenbrachte, führte zur Publikation von sieben Tagungsbänden in den Jahren 1991 und 1992. Danach ist eine Reihe weiterer Aufzeichnungen von Gesprächen publiziert worden, die unterschiedliche Vertraute zu unterschiedlichen Zeiten mit de Gaulle geführt haben – so Michel Debré (1993), Alain Peyrefitte (drei Bände 1994 bis 2000), Claude Guy (1996), Jacques Foccart (fünf Bände von 1997 bis 2001) und François Flohic (2010). Philippe de Gaulle hat eigene Memoiren publiziert (1997 und 2000) und die bisherigen Veröffentlichungen über seinen Vater in umfangreichen Stellungnahmen kommentiert (2003 und 2004). Éric Roussel hat für eine neue De-Gaulle-Biographie zusätzliches Material aus internationalen Archiven und privaten Nachlässen erschlossen (2002), und Michel Tauriac hat die Zeugnisse von zahlreichen Weggefährten gesammelt, die sich bislang noch nicht geäußert hatten (2008). Neuere Forschungen zur französischen und internationalen Zeitgeschichte bieten immer wieder auch neue Erkenntnisse über de Gaulle.

17 Jahre nach der De-Gaulle-Biographie von Peter Schunck, der letzten Biographie in deutscher Sprache (1998), liegt damit genügend neues Material vor, um eine neue Darstellung des

Lebens und Werks von Charles de Gaulle zu rechtfertigen. Sie ist notwendig, weil man angesichts der Fülle der Informationen, die unterdessen zugänglich geworden sind, Gefahr läuft, den Wald vor lauter Bäumen nicht zu sehen und sich dann doch wieder im Mythos zu verstricken. Um diese Gefahr zu bannen, ist die folgende Darstellung darauf angelegt, die großen Linien im Leben von Charles de Gaulle nachzuzeichnen, aber auch die Brüche und Wendungen zu markieren, die es in diesem Leben gegeben hat. Sie will erklären, wie sich de Gaulle entwickelt hat und was ihn zu unterschiedlichen Zeiten bewegte. Und sie will zeigen, wie er lebte und in unterschiedlichen Kontexten agierte. Nur so lässt sich dieses in der Tat außerordentliche Leben verständlich machen und die historische Bedeutung de Gaulles ermessen.

1 Der Connétable

»Sehen Sie«, vertraute Charles de Gaulle nach seinem Rücktritt als Regierungschef im Januar 1946 seinem Adjutanten Claude Guy an,

> »ich habe immer gedacht, dass ich eines Tages an der Spitze des Staates stehen würde. Ja, es ist mir immer so vorgekommen, dass das ganz selbstverständlich sein würde.«

Nach einem Zug an seiner Zigarre fügte er hinzu:

> »Ich glaube, dass ich mich einer Art Einbildung anvertraut habe, einer Art warnenden Einbildung [...] Und diese Einbildung, wenn ich daran denke, bedeutete nichts, sie hatte nichts Prophetisches: Tatsächlich sah ich mich zunächst als Kriegsminister.«[1]

Soll man das glauben?

Es gibt in der Tat einige Berichte aus dem Leben des jungen Charles de Gaulle, die den Anschein erwecken, als ob da jemand zielbewusst auf die historische Rolle hin gelebt habe, die dem Führer des »Freien Frankreich« und ersten Präsidenten der V. Republik schließlich zufallen sollte. Als Kind spielte er mit seinen Brüdern gerne mit Zinnsoldaten und nahm dabei immer die Rolle des Königs von Frankreich für sich in Anspruch, der seine Truppen befehligte; die Brüder und Cousins durften englischer König oder russischer Zar sein. Mit 15 Jahren lieferte er seinen Lehrern im Pariser Jesuitenkolleg der Unbefleckten Empfängnis eine Arbeit über den *Feldzug nach Deutschland* ab, die zu Beginn des Jahres 1931 spielte, 25 Jahre in der Zukunft. Auf 20 Seiten verhinderte hier ein »General de Gaulle« souverän die Umklammerung seiner Armee durch deutsche Truppen und rettete so das Vaterland. In der Offiziersschule Saint-Cyr, in die er mit 19 Jahren eintrat, verpassten ihm seine Mitschüler alsbald den Spitznamen »der Connétable«. Im alten Frankreich war das der höchste Offizier des Königs gewesen, im Rang noch über dem Marschall.

Aber natürlich ist auch de Gaulle im Rückblick der biographischen Illusion erlegen, die die Vielfalt und partielle Widersprüchlichkeit der Anlagen eines jeden Menschen ebenso leugnet wie die Zufälle , die nun einmal auf sein Leben einwirken. Lange Zeit sah es überhaupt nicht danach aus, als ob dieser zweite Sohn eines Lehrers und späteren Studienpräfekten an eben diesem Jesuitenkolleg in Paris auch nur eine Fußnote in der französischen Geschichte hinterlassen würde. Im Gegenteil: Seine starke Einbildungskraft, verbunden mit einem ausgeprägten Hang zur Rechthaberei, prädestinierten ihn eigentlich für die Rolle eines Sonderlings, und er ist im Laufe seines Lebens auch oft genug als Don Quichotte verspottet worden. Als er sich im Juni 1940 entschloss, den Widerstand gegen die deutsche Besatzung Frankreichs zu organisieren, war alles andere als sicher, dass er damit Erfolg haben würde. Ebenso wenig war nach seinem Rücktritt vom Amt des Präsidenten des französischen Ministerrats im Januar 1946 zu erkennen, dass er noch ein zweites Mal an die Spitze des französischen Staates treten würde.

Was allerdings schon sehr früh zu sehen war, waren Begabungen, die den jungen Charles de Gaulle für eine solche Führungsposition prädestinierten: sein außerordentliches Selbstbewusstsein, gepaart mit hoher Intelligenz und einem Ehrgeiz, der sich darauf fokussierte, sich im Dienst an jener fiktiven Gemeinschaft hervorzutun, an die er glaubte: das »ewige« Frankreich, das von einem Königtum von Gottes Gnaden geformt worden war und nun unter den Folgen der gottlosen Französischen Revolution litt. Geschichte, wie sie ihm sein Vater vermittelte und auch im Jesuitenkolleg gelehrt wurde, die Geschichte der Könige und Feldherren, der Feldzüge und Schlachten, wurde bald sein Lieblingsfach. Noch vor seinem 15. Geburtstag verschlang er so umfangreiche und trockene Werke wie die *Geschichte des Konsulats und des Empires* von

Adolphe Thiers in 20 Bänden und *Das zweite Empire* von Pierre de La Gorce in sieben Bänden.

Die Identifizierung mit dem »ewigen« Frankreich verdankte Charles-André-Joseph-Marie de Gaulle der Familie, in die er am 22. November 1890 hineingeboren wurde. Die de Gaulles entstammten einem Adelsgeschlecht, das schon in Urkunden des 13. Jahrhunderts auftaucht. Im 18. Jahrhundert waren direkte Vorfahren des künftigen Generals als Anwälte der Krone und Rechtsanwälte am Pariser Parlament tätig. Sein Urgroßvater, Parlamentsrat Jean-Baptiste-Philippe de Gaulle wurde auf Veranlassung des Konvents 1794 ins Gefängnis geworfen und brachte es schließlich zum Direktor der Militärpost in Napoleons Armee. Sein Großvater Julien-Philippe de Gaulle ruinierte sich als Inhaber eines Pensionats in Valenciennes und führte dann ein unstetes und höchst prekäres Leben als »freier« Schriftsteller. Vor dem gänzlichen Untergang rettete ihn die Ehe mit Joséphine Maillot, Tochter eines Tabakkontrolleurs aus Lille, dessen Familie auf Vorfahren im irischen Adel zurückblickte. Sie zeichnete sich durch ein umfangreiches Œuvre von historischen Romanen, Erbauungsschriften und Biographien aus, in denen die heile Welt des vorrevolutionären und vorindustriellen Frankreich beschworen wurde, während ihr Mann eine monumentale *Geschichte von Paris* und andere historische Darstellungen hinterließ.

Ihr zweiter Sohn Henri, der Vater von Charles, träumte von einer Karriere im Militär, kämpfte als Freiwilliger im Krieg von 1870/71 und begann nach der Niederlage eine Laufbahn im Innenministerium. 1884 ließ er sich beurlauben, weil er den antiklerikalen Kurs seines Ministers Pierre Waldeck-Rousseau nicht länger mittragen wollte. Stattdessen ließ er sich von den Jesuiten als Lehrer für Französisch, Latein, Griechisch, Geschichte, Philosophie und Mathematik einstellen. Zu den Schülern, die durch seinen ebenso fordernden wie fördernden Unterricht geprägt wurden, zählten Georges Bernanos, Marcel Prévost, der spätere Kardinal Fernand Gerlier und die Generäle Jean-Marie de Lattre de Tassigny und Philippe Leclerc. Die antirepublikanische und streng katholische Gesinnung, die für diesen Berufsweg bestimmend war, wurde noch verstärkt durch seine Heirat mit Jeanne Maillot, einer Nichte seiner Mutter, deren Katholizismus sich durch eine besondere Intransigenz auszeichnete. Die de Gaulles lebten in einem Milieu stolzen Widerstands gegen die herrschenden Tendenzen ihrer Zeit – den militanten und bisweilen frivolen Antiklerikalismus der III. Republik.

Wie die Frau von Charles de Gaulle später berichtete, war Jeanne de Gaulle der politisch fordernde Teil dieses Paares:

> »Ohne jeden Zweifel hat der General den aggressiven Teil seines Charakters von ihr geerbt. [...] Meine Schwiegermutter war ohne jeden Zweifel das, was man eine Frau mit starkem Willen nennt. Von ihr hat der General das meiste. Sie interessierte sich für die Probleme der Politik und äußerte sehr eigene Meinungen und Urteile. Zurückhaltend formuliert muss man dazu sagen, dass sie kategorisch und leidenschaftlich waren. Mein Schwiegervater war ein abgehobener Mann von großer Belesenheit. Er zog das Nachdenken und die Bücher jeder anderen Sache vor. Vor der Politik grauste es ihm.«[2]

Charles war das zweite von fünf Kindern. Offensichtlich hochbegabt war er als Schüler zunächst mittelmäßig, sehr am Lesen und Schreiben interessiert, aber ansonsten undiszipliniert. Das änderte sich, als er mit knapp 15 Jahren die Idee entwickelte, Offizier zu werden. Für die Aufnahme in die Offiziersschule Saint-Cyr musste man hart arbeiten, und das tat Charles nun auch. Um sein Deutsch zu verbessern, verbrachte er die Sommerferien 1908 im Schwarzwald, als Gast eines katholischen Pfarrers, der ihm auch Freiburg und Luzern zeigte. Im September 1909, noch nicht 19 Jahre alt, bestand er die Aufnahmeprüfung in Saint-Cyr als 119. von 221 angenommenen Bewerbern. Das war kein glänzender Erfolg, aber es war ein Erfolg: schließlich waren fast 800 Kandidaten zu dem Auswahlverfahren angetreten. Der Weg zu einer Karriere in der von ihm bewunderten Armee stand ihm nun offen. Es war zugleich ein Weg, dem Vaterland zu dienen, ohne sich mit dem Regime der III. Republik gemein machen zu müssen.

Der Offiziersanwärter an der Militärakademie Saint-Cyr, etwa 1910 (Bridgeman Images Berlin).

Notgedrungen akzeptierte Charles de Gaulle auch das eine Jahr Rekrutenausbildung, auf das die republikanische Regierung alle künftigen Offiziersanwärter im Jahr 1905 verpflichtet hatte. Mit seiner Größe von 1,93 Metern – einem Erbe der mütterlichen Seite – fiel ihm das nicht leicht, doch ertrug er die strapaziösen Märsche, das stundenlange Exerzieren und den stumpfen Drill im 33. Infanterieregiment in Arras ohne viel zu klagen. Er bemühte sich, ein guter Kamerad zu sein, beteiligte sich auch bereitwillig an allerlei Aufführungen von zweifelhaftem Geschmack, hielt aber ansonsten die meisten Mitrekruten auf Distanz und konnte manchmal nicht verbergen, dass er die Methoden seiner Vorgesetzten für entsetzlich verfehlt hielt. In der Offiziersschule selbst zeichnete er sich durch außerordentliche Lernbereitschaft aus, ebenso durch Bemühen um korrektes Auftreten und Bündigkeit im Ausdruck. »Prägnanz im Stil, Genauigkeit im Denken, Entschiedenheit im Leben«, schrieb er in Anlehnung an Victor Hugo als Motto in sein Studienheft.[3] Das brachte ihm gute Noten ein, auch dort, wo er seine Schwächen hatte – beim Sport und beim Schießen. Beim Abschluss der Schule zum 1. September 1912 brachte er es auf den 13. Rang von 211 Absolventen.

Auch als Offiziersschüler war Charles de Gaulle ein eifriger Leser. Zu den historischen Darstellungen kamen jetzt Autoren der Antike, Kirchenväter, mittelalterliche Chronisten, französische Klassiker wie Racine und Corneille, aber auch Chateaubriand, Vigny und Flaubert sowie zeitgenössische philosophische und politische Autoren. Besonders die Lektüren von Charles Péguy und Maurice Barrès halfen ihm, die emotionale Bindung an die Monarchie zu überwinden, deren Restauration offensichtlich unmöglich geworden war. Die Nation gewann für ihn jetzt eine mystische Dimension auch diesseits des Königtums, ihre Geschichte ging über die Revolution hinaus, und ihre Zukunft hing von einer moralischen Erneuerung ab. Um daran mitzuwirken, wollte er ein Tatmensch werden, wie er ihn in der Kombination von Intellekt und Impulsivität bei Henri Bergson beschrieben fand. Von Charles Maurras, dem Begründer der royalistischen *Action française*, übernahm er die pessimistische Sicht der außenpolitischen Verhältnisse, die scharfe Kritik am parlamentarischen Betrieb und das Misstrauen gegenüber dem deutschen Erzfeind.

Als einem der besten Absolventen seines Jahrgangs stand de Gaulle der Dienst in einer der Prestige-Einheiten der Armee offen, etwa bei den Jägern oder im Kolonialdienst in Marokko. Der frischgebackene Leutnant entschied sich freilich, zu dem wenig attraktiven 33. Infanterieregiment in Arras zurückzukehren. Wahrscheinlich wollte er zur Stelle sein, wenn der nächste Krieg mit Deutschland ausbrach. Jedenfalls glaubte er immer deutlicher, Anzeichen für einen solchen Krieg zu erkennen. Zu den Zufällen, die für den späteren Weg de Gaulles bedeutsam wurden, zählt der Umstand, dass das 33. Infanterieregiment unterdessen von einem Oberst kommandiert wurde, der sich durch besondere Führungsqualitäten auszeichnete: dem 56jährigen Philippe Pétain, bekannt für seine Unabhängigkeit, seine Hartnäckigkeit gegenüber dem militärischen Establishment und auch für sein elegantes Auftreten, das ihn zum Frauenhelden werden ließ. Pétain lernte rasch die Intelligenz und die Hingebungsbereitschaft seines neuen Leutnants schätzen, und de Gaulle bewunderte die Art, wie sein Oberst das Regiment führte. Bei gemeinsamen Wochenend-Heimfahrten im Zug nach Paris ging das Gespräch zwischen den beiden bald über das Dienstliche hinaus.

Als der Große Krieg im August 1914 mit einem deutschen Vormarsch durch Belgien begann, sah sich de Gaulle in seinen Befürchtungen bestätigt. Fest entschlossen, die Bewährungsprobe zu bestehen und dabei militärische Karriere zu machen, wurde er gleich bei der ersten Feindberührung in den Ardennen vor der Brücke von Dinant am 19. August mit der mörderischen Realität des Krieges konfrontiert. »Ich bin gerade die 20 Meter bis zur Brücke gerannt«, schrieb er zwei Wochen später auf,

> »als es mich am Knie wie ein Peitschenschlag trifft, der mir den Fuß wegreißt. [...] Ich falle, und der Sergeant Debout fällt auf mich, zu Tode getroffen. Eine halbe Minute lang ist um mich herum ein entsetzlicher Hagelschlag von Kugeln. Ich höre sie hinter, vor und neben mir auf das Pflaster und das Geländer platzen. Ich höre sie auch mit dumpfem Geräusch in die Leichen und die Verwundeten eindringen, die auf dem Boden herumliegen. [...] Ich mache mich von meinen Nachbarn los, den Toten und den kaum noch Lebenden, und dann krieche ich unter dem gleichen Hagelschlag, der nicht aufhört, zur Straße. [...] Wie ich auf dem Weg nicht wie ein Schaumlöffel durchlöchert worden bin, das wird für immer mein Leben schwer belasten.«[4]

Tatsächlich hatte eine Kugel sein rechtes Wadenbein getroffen und den Ischias-Nerv gelähmt, sodass er operiert werden musste. Im Hospital notierte er sich, was geschehen war. Erst

Anfang Oktober, nachdem der deutsche Vormarsch an der Marne gestoppt worden war, konnte er zu seinem Regiment zurückkehren. Den Stellungskrieg, zu dem die französische Armee mit Ablauf des Jahres 1914 gezwungen war, ertrug er nur schwer. Mehr als einmal ließ er sich zu eigenmächtigen Attacken hinreißen, ohne das Risiko von Vergeltungsschlägen zu bedenken. Am 10. März 1915 wurde er bei einem Gefecht bei Mesnil-les-Hurlus ein zweites Mal verletzt, diesmal an der linken Hand. Eine Infektion des Unterarms zwang ihn, weitere zwei Monate im Krankenhaus zu verbringen. An seiner Entschlossenheit und gelegentlichen Tollkühnheit änderte sich dadurch nichts. »Der Friede wird nur von uns diktiert werden«, schrieb er, unterdessen zum Hauptmann befördert, am 23. November 1915 an seine Mutter,

> »und wir müssen unsere Herzen hart werden lassen und allen unseren Schneid zusammennehmen, um die vielen Versuchungen zurückzuwiesen, die uns ein geschickter Feind jetzt offeriert.«[5]

Nachdem die Deutschen am 21. Februar 1916 ihren Sturmangriff im Norden von Verdun begonnen hatten, wurde der Hauptmann de Gaulle mit dem 33. Infanterieregiment an einen Frontabschnitt vor dem Fort von Douaumont geschickt, um dort ein erschöpftes Regiment abzulösen. Noch während er die Lage erkundete und die Soldaten der von ihm geführten 10. Kompanie ihre Schützengräben aushoben, gerieten sie am Morgen des 2. März in einen mörderischen Granatenhagel. Ganze 37 von den 180 Mann der Kompanie überlebten. De Gaulle sammelte die Reste seiner Mannschaft und wagte dann, von den Deutschen mehr und mehr umzingelt, einen Ausbruch. Im Nahkampf wurde sein linker Oberschenkel von einem Bajonett durchstochen, dann explodierte eine Granate, und er sackte zusammen. Der Regimentskommandeur meldete seinen Tod.

Tatsächlich war ein Feldwebel, der direkt hinter ihm stand, tödlich getroffen worden. De Gaulle selbst war von dem wahnsinnigen Schmerz des Bajonettstichs lediglich in Ohnmacht gefallen. Als er wieder zu sich kam, standen junge preußische Soldaten um ihn herum, und ein Regimentsarzt verpflegte ihn. Zusammen waren sie in deutsche Kriegsgefangenschaft geraten. Das war nun eine Situation, die so gar nicht zu den Ambitionen des Connétable passte: Frankreich in der äußersten Kriegsanstrengung, und er zur Untätigkeit verurteilt, auf halben Sold gesetzt, ohne Aussicht auf weitere Beförderung, den Schikanen der verachteten Deutschen ausgeliefert, hilflos angesichts all der Schwächen der militärischen und politischen Führung und der Unzuverlässigkeit der Verbündeten, die er zu beobachten glaubte. Nachdem er zunächst einige Wochen in einem Hospital in Mainz verbracht hatte, unternahm er in den 32 Monaten seiner Kriegsgefangenschaft nicht weniger als fünf Fluchtversuche. Entsprechend häufig wurde er verlegt, und er verbrachte auch nicht wenige Tage in verschärfter Kerkerhaft.

Die Mitgefangenen erlebten de Gaulle ähnlich wie seine Mitschüler in Saint-Cyr sechs Jahre zuvor: freundlich und korrekt, aber auch unnahbar, beeindruckend durch die Breite seiner Kenntnisse und die Schärfe seiner Analysen, aber auch hochfahrend. Ohne zu wissen, dass sie nicht die ersten waren, nannten auch sie ihn den »Connétable«. Niemand wagte es, ihn anders als mit dem formellen »Sie« anzureden, und niemand scheint ihn je unbekleidet gesehen zu haben.

Erneut verbrachte er viel Zeit mit Lektüre. Er nutzte die Möglichkeiten, sich so viel von der deutschen Kultur anzueignen, wie nur eben möglich war. Mehr denn je fand er Gelegenheit zur Entwicklung eigener Gedanken, die er in einem Notizheft festhielt. Darin beschwor er einmal mehr Selbstbeherrschung als Voraussetzung für Erfolg und Verschlossenheit als Bedingung für Autorität: »Der Chef ist derjenige, der nicht redet.«[6] Er sympathisierte mit der Idee einer »organischen Regierung«, die die Nation in ihrer Gesamtheit »am besten« repräsentiert. Und er ließ viel Verständnis für den Spruch des alten Heraklit erkennen, wonach der Krieg der Vater aller Dinge sei.

Besondere Originalität entwickelte der unruhige Gefangene bei den Analysen des Kriegsgeschehens, die er auf der Grundlage von Zeitungsausschnitten, offiziellen Kommuniqués, Berichten der Mitgefangenen und eigener Erinnerung erstellte und von Dezember 1916 bis Juni 1917 vor Offizieren und selbst Generälen präsentierte. Darin sparte er nicht mit Kritik an unzureichender Vorbereitung und wenig durchdachten Entscheidungen einzelner Kommandeure und prägnanten Urteilen zu der französischen Kriegführung im Ganzen. Vor allem aber beschäftigte er sich mit den Schlussfolgerungen, die sich aus den Neuerungen der modernen Kriegstechnik für die Entwicklung einer optimalen Strategie ergaben. Die Aufgabe der Luftwaffe sah er vor allem in der Aufklärung: Sie sollte für eine optimale Verbindung zwischen Infanterie und Artillerie sorgen und für eine optimale Information der Kommandozentrale.

Die letzten Kriegswochen im Herbst 1918 verbrachte der Connétable in der Festung Wülzburg (zwischen Nürnberg und Ingolstadt gelegen). Nach der Unterzeichnung des Waffenstillstands am 11. November kehrte er über die Schweiz nach Paris zurück und blieb dann einige Wochen mit seinen Geschwistern auf dem Landsitz *La Ligérie* in der Dordogne, den sein Vater für die Familie gemietet hatte. Auch seine drei Brüder hatten den Krieg überlebt, Xavier der älteste wie er als Hauptmann, Jacques als Oberleutnant und Pierre als Kadett. In die Erleichterung über den glücklichen Ausgang des Krieges mischte sich freilich das Bedauern, dass ausgerechnet er, der einzige Berufssoldat unter den Brüdern, nicht mehr zum Sieg beigetragen hatte. Nach einigen Momenten des Zweifels blieb er aber der Offizierslaufbahn treu: Schließlich hatte er nichts anderes gelernt, und außerdem war er davon überzeugt, dass eine starke französische Armee weiterhin gebraucht werden würde. »Ich beende diesen Krieg«, gestand er seiner Mutter,

> »mit überbordenden Gefühlen allgemeiner Fremdenfeindlichkeit und von der Überzeugung durchdrungen, dass wir auf den klug durchdachten Einsatz unserer militärischen Macht zurückgreifen müssen, um uns Respekt zu verschaffen.«[7]

Anfang 1919 bewarb er sich daher um eine Abordnung nach Polen, wo französische Instrukteure General Józef Piłsudski helfen sollten, nach der Restituierung des polnischen Staates eine schlagkräftige Armee aufzubauen. De Gaulle wurde dabei weder von einer besonderen Schwärmerei für die befreiten Polen getrieben noch brannte er für den antibolschewistischen Feldzug, den der von ihm ansonsten sehr verehrte Ministerpräsident Georges Clemenceau im Sinn hatte. Es ging ihm in der Hauptsache darum, sich nützlich zu machen und damit auch seine Karriere wieder zu befördern. Wenn er damit gleichzeitig dazu beitrug, »die Völker des Balkans und diejenigen, die aus der Aufteilung Österreichs und Russlands hervorgegangen sind, in Schach zu halten«, so war das umso besser![8] Nach einem Crashkurs für Kompanieführer, die die jüngsten Entwicklungen beim Waffeneinsatz und der Taktik nicht mehr mitbekommen hatten, erhielt er die Mitteilung, dass seine Bewerbung erfolgreich war. Am 17. April 1919 trat er seinen Dienst bei der französischen Militärmission in Polen an.

Im Ausbildungszentrum der neuen polnischen Armee in Rambertow bei Warschau machte der Hauptmann Charles de Gaulle rasch Karriere. Zunächst einfacher Ausbilder avancierte er bald zum Studienleiter und dann zum Direktor der Kurse für die höheren Offiziere. Von seinen Schülern hatte er zunächst einen denkbar schlechten Eindruck:

> »Diese Leute sind, auf sich selbst gestellt, für nichts zu gebrauchen, und das Schrecklichste ist, dass sie sich in jeder Hinsicht für ausgezeichnet halten. Wir werden uns sehr anstrengen müssen, um aus diesen Leuten wieder ein Land aufzubauen.«[9]

Umso eifriger widmete er sich dieser Aufgabe. Sein Talent für den Lehrerberuf, ein Erbe seines Vaters, das schon in den Vortrags- und Diskussionsveranstaltungen während der Gefangenschaft deutlich geworden war, konnte sich nun voll entfalten und es half ihm auch, die Depression zu überwinden, die das unfreiwillige Abseitsstehen während der zweiten Kriegshälfte bei ihm ausgelöst hatte. Nachdem der Chef der Militärmission, ein General Henrys einem seiner Vorträge zugehört hatte, bat er ihn, über das vorgesehene eine Jahr hinaus bei der Mission zu bleiben. De Gaulle wollte sich zunächst nach einer attraktiveren Position in Frankreich umsehen. Aber nachdem man ihm nicht mehr angeboten hatte als das Amt für Auszeichnungen im Kabinett des Kriegsministers, sagte er die Verlängerung zu.

Nach seiner Rückkehr nach Polen Anfang Juni 1920 musste er seine Lehrtätigkeit allerdings bald für einen Einsatz als Militärberater unterbrechen. Polen befand sich nach einem leichtfertigen Angriff auf die Ukraine im Mai mit der Sowjetunion im Krieg, und nachdem die Rote Armee bis 60 Kilometer vor Warschau vorgerückt war, entschloss sich die Regierung in Paris Mitte Juli, die polnische Armee militärisch zu unterstützen. De Gaulle wurde an der Seite von General Bernard im Rang eines Majors der polnischen Armee zunächst bei den Operationen im Süden des Landes eingesetzt, dann bei den Operationen im Norden. Als Piłsudski die russischen Truppen Mitte August vollständig nach Ostpreußen zurückschlagen konnte, war er dabei.

Sein Verhalten und sein Einsatz im Feldzug brachten ihm viel Anerkennung von polnischer Seite ein. General Niessel, der Nachfolger von General Henrys als Chef der französischen Mission, machte ihn zu seinem Kabinettschef. Das war eine Position, von der aus er sich mit Aussicht auf Erfolg auf eine Lehrerstelle an der Offiziersschule Saint-Cyr bewerben konnte. Nachdem General Niessel ihn mit großem Bedauern zum 10. Januar 1921 freigestellt hatte, trat er sein neues Amt als beigeordneter Lehrer für Militärgeschichte in Saint-Cyr am 1. Februar 1921 an. Auch hier überzeugte er wieder durch umfassendes Wissen, originelle Gedankengänge, große Gesten und emotionale Rhetorik, mit denen er die äußerlichen Ungeschicklichkeiten des langen Kerls überspielte. Bald kamen auch Vorgesetzte, höhere Offiziere und Generäle zu den Vorträgen des 30-jährigen Hauptmanns, die immer großen Eindruck hinterließen.

Gleichzeitig bereitete sich de Gaulle, von General Niessel ausdrücklich dazu ermuntert, auf die Aufnahmeprüfung in die Kriegsakademie vor, der Kaderschmiede für künftige Kommandanten und Generäle. Und er arbeitete auch noch an der

Vorbereitung von Büchern zum Verhalten des deutschen Gegners im Weltkrieg und zur französischen Militärgeschichte. Am 2. Mai 1922 wurde seine Zulassung zur *École supérieure de guerre* im *Journal officiel* bekanntgegeben; er hatte die Aufnahmeprüfung mit dem 33. Platz auf der Rangliste bestanden. Danach hatte er bis zum Juli drei Praktika bei unterschiedlichen Waffengattungen zu absolvieren. Für ihn waren das das 6. Dragonerregiment in Paris, eine Luftwaffeneinheit in Le Bourget und das 503. Panzerregiment in Satory. Im September begann die knapp 2-jährige Ausbildung in dem riesigen Akademiegebäude am Marsfeld, in dem einst Napoleon gearbeitet hatte.

Die Rückkehr von Warschau nach Paris war mit dem Wunsch des, wie er hoffte, künftigen Generals verbunden, nunmehr in den Ehestand zu treten. Von der Liebe hatte Charles de Gaulle immer sehr romantische Vorstellungen gehabt. Davon zeugt schon eine Liebesgeschichte, die er als 18-jähriger Saint-Cyr-Aspirant unter dem durchsichtigen Pseudonym Charles de Lugale geschrieben hatte und die von der aufrichtigen und reinen Liebe eines jungen Mädchens in Neu-Kaledonien – er nannte sie Zalaina und gab der Geschichte auch diesen Titel – zu einem französischen Offizier handelt. Zwei Jahre später hatte Charles de Lugale eine Novelle publiziert, in der sich ein Leutnant in die Tochter eines feindlichen Araberchefs im Süden Algeriens verliebt. Eine dritte Novelle, die er während des Krankenhausaufenthalts nach der Verletzung vom August 1914 verfasst hatte, porträtiert einen Leutnant Langel (diesmal ein Anagramm von de Gaulle), der kriegsverletzt im Krankenhaus liegt, nachdem er zuvor über mehrere Monate eine stürmische Beziehung zu der hübschen Frau des Hauptmanns der benachbarten Kompanie unterhalten hatte. Die Frau sucht ihn auf, nachdem ihr Mann in den weiteren Kämpfen gefallen ist, aber letztlich gibt er sie frei, weil er spürt, dass »das Herz seiner Maitresse ihm nicht allein gehört.«[10]

War auch das nur Ausdruck einer offensichtlich starken Sehnsucht? Oder gab es im realen Leben Entsprechungen zu dieser arg konstruiert anmutenden Geschichte? Sicher ist nur, dass der Connétable zeitweilig versucht hatte, die Liebe als eine bloße »Würze des Lebens« zu betrachten, die zu keiner dauerhaften Bindung verpflichtete. Nach eigenem Bekunden hatte er auf seinen Fahrten von Arras nach Paris mit Pétain häufig über »die Frauen« geredet, und »manchmal kreuzten sich dort unsere Wege.«[11] Nach einem Zeugnis von François Mauriac, der de Gaulle zweifellos gut kannte, hätten beide, der Oberst und sein junger Leutnant, zeitweilig sogar die Gunst der gleichen Eroberung geteilt. Im Juli 1945 entfuhr de Gaulle bei der Unterzeichnung eines Briefes an eine gewisse Halna du Fretay die Bemerkung, »bei ihr, 191x in Arras, habe ich Pétain kennengelernt.«[12]

Besser belegt ist, dass sich Charles de Gaulle 1913 oder 1914 ernsthaft in ein junges Mädchen aus Lille verliebt hatte. Sie sei »fast seine Verlobte gewesen«, gestand er einmal in einem Brief. Die Verbindung nahm ein tragisches Ende: Zu Beginn des Krieges fiel die Angebetete einer britischen Granate zum Opfer.[13] Es spricht viel dafür, dass die Langel-Erzählung einen Versuch darstellte, diesen Verlust zu verarbeiten. Für die Zeit der Siegesfeiern nach der Vertreibung der Roten Armee aus Polen wird sodann von einer »romantischen Verbindung« des Kabinettschefs von General Niessel mit der jungen Prinzessin Czetwertinska berichtet, die ihn in die Salons der Warschauer Damenwelt einführte.[14]

Unterdessen hatte de Gaulle aber schon seine Mutter in die Brautschau eingeschaltet. Eine erste Begegnung mit der Tochter eines reichen Aristokraten aus dem Norden Frankreichs, die daraus resultierte, führte nicht sehr weit: Es stellte sich heraus, dass die junge Dame hinkte, und auch sonst wollte sich der nötige Funke nicht so recht einstellen. Bei einem Heimaturlaub im Oktober 1920 arrangierten die Eltern eine Begegnung mit den Vendroux, einer wohlhabenden Familie aus Calais, die in Paris eine Stadtwohnung unterhielt (neben einem Landsitz in Coulogne und dem Schloss Sept-Fontaines in der Nähe von Charleville). De Gaulle will bei dieser Gelegenheit gleich seinen Tee auf dem Kleid der Vendroux-Tochter Yvonne verschüttet haben. Deren Bruder Jacques bestreitet das.

Nicht zu bestreiten ist hingegen, dass die Begegnung auf beiden Seiten den gewünschten Eindruck hinterließ. Wenige Tage später erhielten Yvonne und Jacques eine Einladung de Gaulles zum Ball von Saint-Cyr. Die 20-jährige Yvonne sträubte sich noch etwas: Er sei an ihm, sich erklären, sagte sie zu ihrem Bruder, und er sei ja über 40 Zentimeter größer als sie. Nach dem Ball, bei dem sich die beiden Heiratskandidaten ausgiebig über alpine Flora und den Charme der normannischen Küste unterhielten, erfuhr Jacques von seinen Eltern, dass »die andere Seite ein günstiges Gefühl zu erkennen gegeben hat.« Drei Tage später entschied sich Yvonne: »Der oder keiner.« Da Charles am 20. November wieder zurück in Warschau sein musste, wurde nun in aller Eile die Verlobung vorbereitet. Sie fand am 11. November statt, dem zweiten Jahrestag des Waffenstillstands. »Erster Kuss in der Öffentlichkeit«, hielt Jacques in seinen Erinnerungen fest.[15]

Die Vendroux waren eine alte Reederfamilie, ursprünglich aus den Niederlanden stammend (»Van Droog«) und seit dem frühen 18. Jahrhundert in Calais ansässig. Der Vater von Yvonne hatte darüber hinaus in eine Biskuitfabrik investiert, die ihm mehr einbrachte als der Schiffsbau. Vorfahren der Mutter ließen sich bis auf den Renaissance-Papst Julius III. zurückverfolgen, dessen illegitime Tochter Großmutter des Bildhauers Raphaelle Caffieri war, der von Kardinal Mazzarin nach Frankreich geholt wurde. Die Familie war ungleich wohlhabender und deutlich bürgerlicher als die de Gaulles, freilich ebenso der katholischen Tradition verpflichtet. Yvonne hatte die Kriegsjahre im Konvent der Salesianer-Nonnen von Perigueux verbracht und bereitete sich nun, eine hübsche junge Frau mit blassem Teint und mächtigen schwarzen Haaren, auf die vorgegebene Rolle als Ehefrau und Mutter vor. Sie war ohne Zweifel fromm, aber auch sehr geradeaus, sportlich und humorvoll. Ihrem Charles war sie, nachdem sie sich einmal für ihn entschieden hatte, in großer Zärtlichkeit zugetan und ein Leben lang treu ergeben. Am 7. April 1921 wurde in Calais geheiratet, dann ging es per Zug ab in die Flitterwochen am Lago Maggiore.

Für Charles de Gaulle waren die frühen 1920er Jahre vielleicht die glücklichsten seines Lebens. Er hatte endlich begründete Aussicht auf eine militärische Karriere, und er tat als Lehrer und Autor militärgeschichtlicher Studien genau das, was er am besten konnte. Wenn er nicht Offizier geworden wäre, sollte er später einmal sagen, hätte er gerne als Schriftsteller oder Historiker wie Augustin Thierry gearbeitet.[16] Zudem hatte er eine Frau gefunden, die seinen emotionalen Bedürfnissen in jeder Hinsicht entsprach und ihm die Aussicht auf eine eigene Familie eröffnete. Bereits am 28. Dezember 1921, keine zehn Monate nach der Hochzeit, wurde der Sohn Philippe geboren; am 15. Mai 1924 folgte die Tochter Elisabeth. Das junge Paar wohnte zunächst in einem Appartement am Boulevard Grenelle, wo es allerdings wegen der Hochbahn-Métro der neuen Linie 6 (Nation–Étoile) sehr laut war. Kurz vor der Geburt des Sohnes bezog es ein ruhigeres Fünf-Zimmer-Appartement am benachbarten Square Desaix. Bis zur Kriegsakademie benötigte man von da eine gute Viertelstunde.

Die Ausbildung an der *École supérieure de guerre* führten allerdings nicht zu dem glänzenden Ergebnis, das der glückliche Familienvater erhofft hatte. Mit seinem unterdessen beeindruckend gründlichen Wissen und seinem großen Interesse an den neuen Kriegstechniken konnte er sich partout nicht mit der Konzentration auf die Verteidigung des nationalen Territoriums abfinden, die sich nach der Rückgewinnung von Elsass-Lothringen im Generalstab durchgesetzt hatte und auch an der Akademie gelehrt wurde. Die Taktiken der präzisen Aufteilung des Kampfgeländes und der Zusammenziehung der Einheiten zu starken Schwerpunkten mit massiver Feuerkraft, die daraus resultierten, hielt er für höchst illusorisch und entschieden zu unflexibel. Das führte ihn zu zahlreichen Zusammenstößen mit den Generälen und Obersten, die an der Akademie unterrichteten.

Erschwert wurde der Fall des Connétable noch dadurch, dass er im März 1924 sein erstes Buch veröffentlichte: die Geschichte von Unbotmäßigkeiten im deutschen Generalstab und Konflikten zwischen militärischer und politischer Führung, die, wie er meinte, zur Niederlage der Mittelmächte 1918 beigetragen hatten. Unter dem Titel *La discorde chez l'ennemi* (»Die Zwietracht beim Feind«) bot es eine eher unzusammenhängende Darstellung verschiedener Konflikte voller technischer Details, verbunden nur durch ein Fazit, das er gleich zu Beginn präsentierte: »Im Krieg gibt es, von einigen Grundprinzipien abgesehen, kein universales System, es gibt nur Umstände und Persönlichkeiten.«[17] Das stellte nicht nur in der Sache einen Affront gegen den Mainstream des Generalstabs und der Akademieführung dar. De Gaulle verstieß mit der Publikation dieses Buches auch gegen den Kastengeist eines Offizierskorps, das nichts davon hielt, militärische Probleme vor einem zivilen Publikum auszubreiten. Dass er es auch noch vor dem Abschluss seiner Ausbildung tat, erschien als der Gipfel der Unbotmäßigkeit.

Die Dozenten der Kriegsakademie kamen nicht umhin, ihrem brillanten Schüler nach zwei Jahren gewisse Defizite zu attestieren. »Ein intelligenter Offizier, kultiviert und ernsthaft«, schrieb Oberst Moyrand, der Lehrbeauftragte für allgemeine Taktik, in seine Beurteilung.

> »Verfügt über Brillanz und Leichtigkeit, sehr begabt, großes Potential. Beschädigt unbestreitbare Qualitäten leider durch seine übermäßige Selbstsicherheit, seine Unerbittlichkeit gegenüber den Meinungen der anderen und sein Verhalten wie ein König im Exil. Scheint im Übrigen über mehr Fähigkeit zum zusammenfassenden und allgemeinen Studium eines Problems zu verfügen als zur vertieften und praktischen Prüfung seiner Ausführung.«[18]

Von den früheren Charakterisierungen als »Connétable« war das nicht allzu weit entfernt. Nahm man alle Beurteilungen zusammen, so ergab sich daraus eine Gesamtnote »Befriedigend«. Für de Gaulle brach eine Welt zusammen, als er das Urteil bei der Diplomvergabe im Juli 1924 hörte: Mit einem derartig mittelmäßigen Prädikat hatte er keine Aussichten, jemals an die Spitze des Generalstabs zu gelangen.

Das Urteil war allerdings noch nicht endgültig. Pétain empfand es, wie er später sagte, als einen »Skandal«; er nannte es »so ungeheuerlich wie einen Justizirrtum«.[19] Das blieb nicht ohne Folgen. Der Oberst, der den Leutnant de Gaulle einst schätzen gelernt hatte, hatte unterdessen als Verteidiger von Verdun militärischen Ruhm errungen, war zum Marschall aufgestiegen und nahm als Vizepräsident des Obersten Kriegsrats und Generalinspekteur der Armee faktisch die oberste militärische Stellung ein. (Präsident des Obersten Kriegsrats war der Präsident der Republik). Da er nicht zulassen wollte, dass das große Talent, über das sein ehemaliger Leutnant seiner Überzeugung nach verfügte, derart verschleudert wurde, bestellte er den Direktor der Kriegsakademie zu sich und ließ ihn in nicht unklaren Worten wissen, dass das Urteil revidiert werden müsse. Das Kollegium fand eine solche Einmischung in seine Angelegenheiten ganz unglaublich, ließ sich dann aber doch herbei, die eine oder andere Note etwas zu korrigieren, sodass schließlich eine Gesamtnote »Gut« herauskam.

»Gut« war aber immer noch nicht gut genug, um eine Aufgabe im Generalstab zu erhalten. Der Akademieabsolvent de Gaulle wurde dem Stab der Besatzungsarmee im Rheinland zugeteilt, der in Mainz residierte. Genauer gesagt: Er wurde dem dortigen 4. Büro zugewiesen, das für die Versorgung der Truppe und die Rechnungslegung zuständig war. Der strategische Denker und exzellente Kenner der Militärgeschichte durfte sich nun (unter anderem) mit der Haltbarkeit von Lebensmittelvorräten und dem Bezug von Schmierstoffen beschäftigen. Schlimmer konnte man den Connétable nicht demütigen.

2 Mit und gegen Pétain

Der Hauptmann Charles de Gaulle reagierte auf seine Verbannung nach Mainz mit einer öffentlichen Bekräftigung seiner Überzeugungen. In einem Aufsatz, der im März 1925 in der *Revue militaire française* erschien, steigerte er seine Kritik an der defensiven Orientierung des Generalstabs zu einem Frontalangriff auf die herrschende Militärdoktrin:

> »Der französische Militärgeist weigert sich, den empirischen Charakter anzuerkennen, den das Kriegshandeln notwendiger Weise annehmen muss. Er bemüht sich unaufhörlich, eine Doktrin zu konstruieren, die es ihm erlaubt, das Handeln *a priori* auszurichten und seine Form zu bestimmen, ohne den Umständen Rechnung zu tragen, von denen es ausgehen müsste. Er versucht ständig, die Konzeption von Konstanten abzuleiten, die von vorneherein bekannt sind, obwohl man doch für jeden einzelnen Fall kontingente und variable Faktoren induzieren muss.«

Der Konzentration auf das Kampfgelände, die an der Kriegsakademie gelehrt wurde, warf er vor, »systematisch von allen Variablen und vor allem vom Feind abzusehen.«[1]

Dass diese Attacke eines als mittelmäßig klassifizierten Hauptmanns nicht zu seiner dauerhaften Isolierung führte, war dem Umstand zu verdanken, dass sich Pétain dadurch nicht davon abhalten ließ, sich der Dienste de Gaulles zu versichern. Im Prinzip entsprach die Haltung, die de Gaulle angriff, auch dem Empfinden des Marschalls. Er hatte sogar schon vor dem Kriege, als die Begeisterung für die Offensive noch *en vogue* gewesen war, die Konzentration auf die Defensive gepredigt. Aber jetzt kam er zu der Überzeugung, dass er den begabten Autor und Kenner der Militärgeschichte brauchte: als Ghostwriter eines größeren Werkes über den Soldaten in Geschichte und Gegenwart (mit einem besonderen Schwerpunkt auf dem Weltkrieg und einem noch besondereren auf der Schlacht von Verdun). Pétain ging wie damals ganz Paris davon aus, dass er demnächst den Platz von Marschall Foch in der *Academie française* einnehmen würde, und er setzte seinen Ehrgeiz darein, dazu mit gewichtigerem literarischem Gepäck anzutreten als der von ihm verachtete illustre Vorgänger. Verschiedene andere Untergebene hatte er schon mit dem Projekt befasst, ohne zu einem zufriedenstellenden Ergebnis zu gelangen; also versuchte er es jetzt mit de Gaulle. Ein Probestück, das der Connétable bereitwillig ablieferte, gefiel; und so wurde er zum 1. Juli 1925 in das Kabinett von Marschall Pétain berufen.

De Gaulle wusste natürlich, dass der Marschall weit davon entfernt war, seine Auffassungen von Strategie zu teilen, und dass die ungleiche Zusammenarbeit, die ihm da angeboten wurde, ihre heiklen Momente haben würde. Auf der anderen Seite war er mit einem Schlag in das Zentrum der Armeeführung vorgedrungen, dorthin, wo über jede militärische Reform entschieden werden musste. Er war selbstbewusst genug, um an die Chance zu glauben, den mächtigen und überaus angesehenen Armeechef beeinflussen zu können. Während sich die Obersten im Generalstab des Marschalls am Boulevard des Invalides oft zu dritt ein Zimmer teilen mussten, verfügte der Hauptmann de Gaulle hier im zweiten Stock über ein eigenes Büro. Er konnte sich seine Arbeitszeiten frei einteilen und hatte allein dem »Patron« des Hauses Bericht zu erstatten.

Den ersten Arbeitsauftrag, den der Marschall ihm erteilte, erledigte er auch recht geschickt. Er sollte einen Aufsatz über die Rolle der Festungen in der Geschichte der Verteidigung des Landes schreiben, der als Argumentationsgrundlage für den Bau einer Kette neuer befestigter Anlagen im Nordosten dienen sollte – dort, wo Frankreich eben nicht durch natürliche Grenzen geschützt war. Das Projekt zielte also auf die Umsetzung der defensiven Strategie, auf die sich der Generalstab nach dem Krieg verständigt hatte, und lief damit den Intentionen des Anwalts des Bewegungskrieges potenziell zuwider. De Gaulle entledigte sich des Dilemmas, in das er durch den

Auftrag geraten war, indem er einerseits die Notwendigkeit des Baus neuer Befestigungsanlagen betonte, andererseits aber anhand von historischen Beispielen seit den Zeiten Ludwigs XIV. und Vaubans darlegte, dass sie nur als Ausgangsbasis für bewegliche Operationen der Armeen Sinn machten. In der Sache hatte de Gaulle damit seinen Standpunkt behauptet, auch wenn der Aufsatz, der im Dezember 1925 in der *Revue militaire française* erschien, von vielen nur als Plädoyer für das neue Befestigungsprogramm gelesen wurde und damit, da viel beachtet, letztlich seine Durchsetzung beförderte.

Auch die Arbeit am Soldaten-Buch fiel zur Zufriedenheit Pétains aus. De Gaulle griff auf die eigenen Vorarbeiten zu einer Armeegeschichte zurück, spannte seinen Vater als Zulieferer ein und stellte Kapitel für Kapitel entsprechend rasch und zuverlässig fertig; der Marschall war von den historischen Darlegungen recht angetan. Gelegentlich registrierten Beobachter Wutausbrüche des Connétable, wenn er von Unterredungen mit seinem Auftraggeber kam, aber die wusste er vor dem Helden von Verdun vorerst zu verbergen. Folglich förderte ihn der Chef, wie er es für angemessen hielt. Bereits 1926 durfte de Gaulle nebenher als Instrukteur an der Kriegsakademie unterrichten. Für 1927 wurde seine Beförderung zum Major angekündigt. Und dann entschloss sich Pétain, nachdem er den, wie er schrieb, »intelligentesten Offizier der französischen Armee« zu einer Inspektionsreise nach Verdun mitgenommen und noch einmal auf Herz und Nieren geprüft hatte,[2] zu einem Akt der Rehabilitation und offensichtlich auch der Rache, wie ihn die ehrwürdige *École supérieure de guerre* noch nicht erlebt hatte: Der neue Direktor der Akademie wurde angewiesen, den mittelmäßigen Absolventen von 1924 drei Vorträge in Anwesenheit des gesamten Lehrkörpers halten zu lassen, und das unter dem Vorsitz des Marschalls höchstselbst.

Die Vorträge fanden am 7., 14. und 21. April 1927 statt, jeweils vormittags um 10.30 Uhr, zur Zeit der Hauptvorlesungen. Pétain ermahnte die versammelten Offiziersjahrgänge, Obersten und Generäle – insgesamt die intellektuelle Elite der Armee –, den Darlegungen des »Hauptmann de Gaulle« aufmerksam zu folgen; dann entwickelte dieser seine Vorstellungen von militärischer Führung. Gleich im ersten Vortrag über *Das Kriegshandeln und der Chef*, wie immer memoriert und mit rauem Pathos vorgetragen, steigerte er seine Kritik am herrschenden Dogmatismus der Offiziersausbildung zu einem Angriff auf das Beförderungssystem der Armee insgesamt:

> »Wie Scharnhorst sagt, triumphieren in Friedenszeiten die mechanisch organisierten Geister über diejenigen, die über Genie und Einfühlungsvermögen verfügen.«[3]

Im zweiten Vortrag *Über den Charakter* führte er aus, wie er sich das militärische Genie vorstellte, im dritten *Über das Prestige* handelte er vom richtigen Umgang mit seinen Untergebenen, auch über den militärischen Bereich hinaus. Das konnte man als Eloge auf Pétain verstehen, es war aber auch ein Programm, das er sich selbst gab und seinen Zuhörern vermitteln wollte.

Tatsächlich waren manche Zuhörer sehr beeindruckt. Die Obersten und Generäle aber waren außer sich über die Unverfrorenheit, mit der ihnen dieser militärische Niemand gegenübertrat, und die Demütigung, die der Marschall ihnen damit zufügte. Ihre Wut stieg noch, als sie erfuhren, dass de Gaulle die Vorträge im November vor einem universitären und bürgerlichen Publikum in der Sorbonne wiederholen durfte. Eingeladen hatte ihn dazu der *Cercle Fustel de Coulange*, ein Club von Professoren, die der monarchistischen *Action française* nahestanden. Dass er dessen Einladung annahm, bedeutete nicht, dass er sich den rechtsextremen Ideen anschloss. Es war vielmehr eine Gelegenheit, nun auch in der Pariser Öffentlichkeit bekannt zu werden.

Die Beförderung de Gaulles zum Major wurde zum 25. September 1927 vollzogen. Sie musste nach der Tradition mit der zeitweiligen Übernahme eines entsprechenden Kommandos verbunden sein. Da die Arbeit am Soldaten-Manuskript weit fortgeschritten war, konnte de Gaulle jetzt zum Kommandanten des 19. Jägerbataillons ernannt werden, das in Trier stationiert war. Das Jägerbataillon war eine Eliteeinheit, die in der Regel nur von Offizieren kommandiert wurden, die selbst bei den Jägern gedient hatten. Insofern stellte diese Berufung eine weitere besondere Auszeichnung dar. Wenig später wurde de Gaulle auch mit dem Kriegskreuz mit Palmen und der *Médaille des évadés* (der Auszeichnung für die Flucht aus der Kriegsgefangenschaft) dekoriert.

Die demonstrativen Auszeichnungen erfüllten freilich nicht den Zweck, zu dem sie offenkundig gedacht waren: eine Entfremdung zwischen dem Marschall und seinem Protégé zu verhindern. Pétain stand jetzt vor dem Problem, ein brillantes Manuskript unter seinem Namen zu veröffentlichen, zu dem er selbst keine einzige Zeile beigetragen hatte. Zunächst wollte er es dadurch lösen, dass er wenigstens einen ersten Entwurf des Fazits selbst verfasste. Dann beauftragte er ein anderes Mitglied seiner Equipe von Redenschreibern, einige Korrekturen an dem Teil des Manuskripts vorzunehmen, der vom Weltkrieg handelte. Als de Gaulle davon erfuhr, zögerte er nicht, dem Marschall in wohlgesetzten Worten mit einem handfesten Skandal zu drohen: »Diese Denkweise und diesen Stil, die sich in *Der Soldat* finden, kennen einige schon«, schrieb er ihm am 23. Januar 1928.

> »Andere werden sie notwendigerweise später entdecken. [...] Um die Fragen schon im Vorhinein zu beantworten, um den Böswilligen das Maul zu stopfen, vor allem aber um gerecht zu sein, ist es notwendig, Monsieur le Maréchal, dass Sie sich in einem Vorwort oder Geleitwort deutlich zu ihrem Mitarbeiter bekennen. Geschickte Großzügigkeit, die auf dem literarischen Feld wie auf allen anderen die Unversehrtheit Ihres Ruhmes sichern wird.«[4]

Pétain war klug genug, auf diese Drohung nicht gleich mit Sanktionen zu reagieren, wie sie Oberst Laure, seine rechte Hand, dem Briefschreiber androhte: »Ziehen Sie Ihren Brief an den Marschall zurück.« Als de Gaulle dieser Aufforderung nicht nachkam, signalisierte der Marschall Verständnis für seine Erregung (»Mein lieber de Gaulle«), erklärte ihm besänftigend, dass er lediglich die Schlussfolgerungen selbst schreiben wolle, und bekräftigte, dass

»Ihre Beteiligung an der gesamten Arbeit, wie ich es Ihnen bereits gesagt habe, in dem Vorwort erscheinen wird, das wir zu gegebener Zeit gemeinsam redigieren werden.«[5]

Tatsächlich legte der Marschall das Manuskript erst einmal beiseite. Als de Gaulle ein Jahr später drängte, es endlich zu veröffentlichen, bat er ihn, noch die eine oder andere Veränderung im Weltkriegskapitel vorzunehmen. Dann wurde es ganz still um das Projekt: Marschall Foch starb im Januar 1929, und Pétain wurde auch so, ohne bedeutendes literarisches Werk, in die Akademie aufgenommen. Er sah jetzt keine Notwendigkeit mehr, sich der Gefahr einer Offenlegung seiner literarischen Praxis auszusetzen.

Der Beinahe-Zusammenstoß über die Arbeit am Manuskript des *Soldaten* hinderte Pétain nicht, de Gaulle auch noch für die Vorbereitung eines anderen Textes in Anspruch zu nehmen: der Lobrede auf Foch, die er gemäß der Tradition bei seiner Inthronisation in der *Academie française* halten sollte. De Gaulle machte sich nicht ohne Sarkasmus (und wohl auch mit etwas diabolischem Vergnügen) daran, dem Marschall ein enthusiastisches Lob des Vorgängers in den Mund zu legen, den er nicht leiden konnte, und die unvermeidliche Distanzierung so zu formulieren, dass sie außer dem Redner niemand mitbekam. Das gelang ihm hervorragend.[6] Der Text, den er im Frühjahr 1930 ablieferte, war allerdings in Stil und Argumentation so offenkundig ein de Gaulle, dass Pétain es nicht wagte, ihn zu übernehmen. Bei der Zeremonie in der Akademie trug er den Text eines Hauptmann Montjean vor, der viel weniger enthusiastisch ausgefallen war.

Die Auseinandersetzung mit Pétain wurde von einem Ereignis überschattet, das den Kommandanten de Gaulle in ganz anderer Weise mitnahm. Als sein drittes Kind am 1. Januar 1928 geboren wurde, stellte sich heraus, dass es schwer behindert war: eine Tochter, die unter einer schweren Form von Trisomie litt. Die Eltern nannten sie Anne und ließen ihre alle Pflege und Liebe angedeihen, die man sich vorstellen kann. Eine Krankenschwester wurde engagiert, die sich Tag und Nacht um sie kümmerte. De Gaulle nahm die Kleine jeden

Abend, wenn er nach Hause kam, lange auf den Schoß, und das Kind genoss das Spiel mit seinem Vater. Bis zu ihrem Tod im Jahr 1948 bildete die »arme, kleine Anne«, wie der Vater sie zu nennen pflegte, den Mittelpunkt der Familie. »Sie war sein Leid und seine Demut«, erinnert sich André Frossard, der die Familie de Gaulle gut kannte – aber auch »seine Hoffnung und, die Christen wissen das, seine Freude.«[7]

Vor allem um der Tochter wenigstens ab und zu ein Leben in freier Natur bieten zu können, machten sich die de Gaulles im Frühjahr 1934 auf die Suche nach einem Landsitz. Sie wurden in dem kleinen Dorf Colombey-les-Deux-Églises im Département Haute-Marne fündig, damals vier Autostunden oder fünf bis sechs Zugstunden von Paris entfernt. Hier bot eine Witwe eine alte Poststation mit großem Garten und Wiesen, genannt *La Boisserie*, zum Verkauf an. Der Preis, den sie dafür verlangte – 50 000 Francs – überstieg bei weitem die Möglichkeiten eines Oberstleutnants (de Gaulle war im Dezember 1933 befördert worden). Jedoch einigte man sich darauf, den größten Teil der Summe über eine Leibrente von 6000 Francs jährlich abzuzahlen. Zwei Jahre später starb die Witwe, sodass insgesamt nur 17 000 Francs tatsächlich gezahlt werden mussten. Das Haus verfügte weder über fließendes Wasser noch über eine Zentralheizung, aber für Anne war es das Paradies.

Beruflich profitierte Charles de Gaulle auch weiterhin von der Wertschätzung durch Pétain, wenn auch nicht in dem Maße, wie er es sich wünschte. Als sein 2-jähriges Kommando in Trier zu Ende ging und das Jägerbataillon auch im Zuge der im August 1929 vereinbarten vorzeitigen Beendigung der Rheinlandbesatzung aufgelöst werden sollte, bewarb er sich um eine Dozentenstelle an der *École supérieure de guerre*. Die wurde ihm auch zugesagt, aber dann drohten die künftigen Kollegen ihrem Direktor, kollektiv zu demissionieren, wenn dieser Kritiker der herrschenden Militärdoktrin in ihre Reihen aufgenommen werden würde. Angesichts dieses Widerstands kam man überein (wie genau, ist nicht bekannt), die Zusage rückgängig zu machen. Pétain riet de Gaulle, sich um eine Stelle bei der französischen Mandatsverwaltung im Libanon zu bewerben: Dort könne er sich, anders als bei einer Einheit im Mutterland, militärische Verdienste erwerben, die ihm bei der weiteren Karriere hilfreich sein würden. Notgedrungen nahm der Connétable dieses Angebot an. Am 30. Oktober 1929 schiffte er sich mit der ganzen Familie nach Beirut ein.

Bei der Mandatsverwaltung für Syrien und den Libanon gab es allerdings, anders als Pétain sich das vorgestellt hatte, nicht viele Möglichkeiten, große Verdienste zu erwerben. De Gaulle inspizierte, mit der Verantwortung für Informationen und Operationen betraut, Truppen in den unterschiedlichen Regionen des riesigen Mandatsgebiets, organisierte Manöver und versuchte, sich in dem Gewirr der vielen Völkerschaften und Religionsgemeinschaften zwischen Israel und Euphrat zurechtzufinden. Wohin diese Mandatsverwaltung führen sollte, war ihm ebenso wenig klar wie seinen politischen Vorgesetzten, und es wurde ihm im Verlauf seines Aufenthalts auch nicht klarer. In einer Ansprache vor Absolventen der Jesuiten-Universität in Beirut rief er seine Zuhörer einmal auf, sich für die Schaffung eines libanesischen Staates zu engagieren. Privat äußerte er Zweifel, ob das jemals gelingen könne:

> »Hier gibt es Bevölkerungen, die mit nichts und niemandem zufrieden zu stellen sind, sich aber dem Willen des Stärksten unterwerfen, sobald er sich nur bemerkbar macht.«[8]

Den Ausweg aus dem Dilemma selbst in die Hand zu nehmen, dazu fühlte er sich nicht berufen.

Stattdessen drängte er, sobald sich das Ende seiner 2-jährigen Verpflichtung in der Mandatsverwaltung abzeichnete, erneut auf eine Berufung an die Kriegsakademie. Um die Widerstände zu umgehen, die sich ihm zwei Jahre zuvor in den Weg gestellt hatten, schlug er diesmal vor, seine Berufung gleich mit einer Reform der Generalsausbildung zu verbinden: Ein neues Programm der *Grundlagen einer Doktrin der nationalen Verteidigung* sollte politische, wirtschaftliche, soziologische und strategische Fragen einschließen und sich auch an Zivilisten richten, die in der Verwaltung, im Auswärtigen Dienst oder in den Kolonialgebieten mit Aspekten der Landesverteidigung zu tun hatten.[9] Pétain fand die Idee »interessant«, konnte sich aber nicht dazu aufraffen, für ihre Umsetzung zu sorgen. Stattdessen bot er dem Major de Gaulle eine Stelle im Generalsekretariat des Obersten Verteidigungsrates an.

> »Dort würden Sie mit Arbeiten genereller Art aber konkreter Natur zu tun haben, die bei der Präzisierung und Reifung Ihrer Ideen gewiss hilfreich sein würden.«[10]

Parallel zu der Bewerbung um eine Position, die auf die Rolle eines obersten Strategie-Lehrers der Nation hinauslief, bemühte sich de Gaulle, seine bisherigen Ausführungen zur Strategie und zur Rolle des Chefs zu bündeln und zu vervollkommnen. Nachdem er die drei Vorträge vom April 1927 schon in den Jahrgängen 1928 bis 1931 der *Revue militaire française* publiziert hatte, überarbeitete er sie jetzt für eine Buchfassung, die in der Form eleganter und im Ton gewinnender ausfallen sollte. Hinzu kamen eine weniger polemische Fassung seines Aufsatzes über die *Doktrin der Umstände* vom März 1925 sowie ein neuer Text über *Politiker und Soldaten.* Hier verteidigte er wie schon in der Darstellung des Konflikts zwischen Oberster Heeresleitung und Reichsleitung im kaiserlichen Deutschland den Primat der Politik, betonte aber auch, dass die militärische Führung, wenn erforderlich, die Schwächen der Politiker ausgleichen müsse:

> »Der Politiker muss gefallen [...]. Sein ganzes Leben, sein ganzes Werk zeichnen sich durch einen unsteten, aufgeregten, lärmenden Charakter aus.«

Präsentiert wurde das Ganze als ein Aufruf zur Besinnung der militärischen Elite auf ihre Aufgabe bei der Verteidigung der Nation und generell als Ermunterung für

> »die Ehrgeizigen ersten Ranges, [...] die im Leben keinen anderen Grund sehen, als den Ereignissen ihren Stempel aufzudrücken.«[11]

Der Essay im Umfang von gut 200 Seiten erschien im Juli 1932 unter dem Titel *Le Fil de l'épée* (»Des Schwertes Schneide«). Unterdessen hatte de Gaulle *nolens volens* die Stelle als Referent im Generalsekretariat des *Conseil supérieur de la Défense nationale* angetreten. Erst mit der Zeit merkte er, dass der Rat, den ihm der Marschall gegeben hatte, bei aller hochmütigen Zurechtweisung doch nicht so verkehrt gewesen war: In der Auseinandersetzung mit den anderen Referenten und Experten, die formal der Versammlung der Marschälle und de facto der Regierung zuarbeiteten, konnte er tatsächlich noch eine Menge lernen. Er erhielt Zugang zu den unterschiedlichsten Aspekten der Verteidigung und der Außenpolitik, er lernte die verschiedenen Entscheidungsträger näher kennen und er beschaffte sich Informationen über die Militärsysteme anderer Länder.

Die eigenen Auffassungen durchzusetzen, fiel ihm auch hier nicht leicht. Die defensive Orientierung der französischen Militärdoktrin hatte sich unterdessen mit der Entscheidung für den Bau der Befestigungen der Maginot-Linie weiter verfestigt, und auch ansonsten mangelte es nicht an Dogmatikern, Neidern und Vertretern von Ressortinteressen, die ihm das Leben schwer machten. Dass er gleich in seiner ersten Ausarbeitung die starke Ausrichtung auf die Defensive als »wirklich beunruhigend« bezeichnete,[12] wurde ihm vielfach übel genommen. Dank überragender Sachkompetenz schaffte er es immerhin, Ende 1933 zusammen mit der Beförderung zum Oberstleutnant mit der Leitung der Dritten Sektion des Generalsekretariats beauftragt zu werden, die mit der Vorbereitung eines neuen Kriegsrecht-Gesetzes beschäftigt war. Das Gesetz vom März 1938 trug im Wesentlichen seine Handschrift.

Gleich im ersten Jahr seiner Tätigkeit im Generalsekretariat des Verteidigungsrates hatte sich de Gaulle auch mit den Plänen für eine mobile Eingreiftruppe des Völkerbunds zu beschäftigen, die mit stark gepanzerten Fahrzeugen ausgerüstet sein sollte. Nicht zuletzt mit Blick auf die Abrüstungspläne, die gleichzeitig diskutiert wurden, brachte ihn dies dazu, die Vorschläge für eine Umgestaltung der französischen Armee in eine Panzerarmee aufzugreifen, die nach den Erfahrungen mit den »Tanks« in der zweiten Kriegshälfte verschiedentlich formuliert worden waren. Ende November 1932 stellte er sie zum ersten Mal zur Diskussion – in einem kleinen Kreis unkonventioneller Militärexperten, die der pensionierte Oberstleutnant und Militärschriftsteller Émile Mayer um sich geschart hatte und den er seit seiner Rückkehr aus dem Libanon besuchte. Daraus ging zunächst ein Aufsatz hervor, den der Republikaner Mayer im Mai 1933 in der *Revue politique et parlementaire* publizieren ließ, und genau ein Jahr später folgte ein Buch mit dem gleichen Titel: *Vers l'armée de métier* (»Auf dem Weg zur Berufsarmee«).

Mit der Aufstellung einer Panzerarmee, die rasch über weite Strecken bewegt werden konnte und zugleich vor feindlichem Artilleriefeuer weitgehend geschützt war, glaubte de Gaulle einen Weg gefunden zu haben, die Offensive zu sichern, die seiner Überzeugung nach in Zukunft für den Kriegsausgang entscheidend sein würde. Mit ihrer Hilfe sollte bereits der Aufmarsch des Gegners gestört werden, und dann sollte die Initiative für die weiteren Züge immer bei den stärkeren Panzerverbänden bleiben. Auch waren die Einheiten einer solchen Armee geeignet, das überseeische Imperium unter Kontrolle zu halten und dort zu intervenieren, wo es im Interesse der Friedenssicherung geboten war. Da Panzer nicht einfach zu bedienen waren und die Militärtechnik generell immer größere Fortschritte machte, sollten sie mit Berufssoldaten bestückt werden. Auf diese Weise sollte auch das Problem der demographischen Schwäche Frankreichs gegenüber dem deutschen Kriegsgegner umgangen werden: Bessere Technik und bessere Ausbildung, so der Kern der Botschaft des Buches, sollten die zahlenmäßige Überlegenheit der Deutschen kompensieren.

In der Buchfassung beschrieb de Gaulle im Einzelnen, wie er sich eine solche Armee vorstellte: Sie sollte aus sechs großen Divisionen bestehen, jeweils mit einer Panzerbrigade mit schweren und leichteren Panzereinheiten, einer motorisierten Infanteriebrigade und zwei Artillerieregimentern. Fliegergeschwader sollten der Aufklärung und Tarnung dienen und die Panzer bei ihren Angriffen unterstützen. In der Hauptsache sollte das technische Gerät von Freiwilligen bedient werden, die sich für sechs Jahre verpflichteten und ständig zum Einsatz bereit waren. Wenn erforderlich, könnten diese dann auch als Unteroffiziere für die Ausbildung von Wehrpflichtigen eingesetzt werden. Insgesamt sollte die neue Armee 100 000 Mann umfassen. Um sie durchzusetzen, hielt er das Auftreten eines »Meisters« für erforderlich:

> »Stark genug um sich durchzusetzen, geschickt genug um zu verführen, groß genug für ein großes Werk, so wird der Minister, Soldat oder Politiker sein, dem das Vaterland die baldige Formierung seiner Kraft verdanken wird.«[13]

Gegner und Bewunderer de Gaulles haben in dieser Passage den Anspruch auf Führung nicht nur der Armee, sondern gleich des ganzen Landes gesehen. Dies erschien ihnen umso plausibler, als der Connétable zum Schluss des Buches behauptete, »dass das Militär den vollständigsten Ausdruck des Geistes einer Gesellschaft darstellt«, und daraus die Perspektive ableitete, dass die Reform der Armee auch den Beginn der »nationalen Wiedergeburt« bilden könnte.[14] Tatsächlich hatte er hier aber nur seine Auffassung von Politik und politischer Führung bekräftigt. De Gaulle dachte nicht im Entferntesten daran, selbst eine politische Bewegung ins Leben zu rufen; dazu wäre ein Buch, das in einem kleinen Militärverlag erschien und von dem letztlich nicht mehr als 700 Exemplare verkauft werden sollten, auch nicht das geeignete Mittel gewesen. Die antiparlamentarischen und antidemokratischen Massenbewegungen der Zeit – ob die *Action française* eines Charles Maurras, die *Croix de feux* des Obersten de la Rocque oder die viel erfolgreicheren Faschisten in Italien und in Deutschland – waren ihm viel zu plebejisch, viel zu unchristlich und vor allem viel zu sehr auf eine Spaltung der Nation zielend, als dass sie ihm als Vorbild hätten dienen können. Bei aller romantischen Überspanntheit seiner Vorstellungen von Nation und Führertum fehlte ihm doch nicht das Gespür für das Machbare. Folglich begab sich der Propagandist der Berufsarmee auch gleich auf die Suche nach einer Führungspersönlichkeit, die die Rolle des »Meisters« bei ihrer Einführung übernehmen konnte.

Zunächst dachte er natürlich an Pétain. Gewiss hatte sich der Marschall bislang noch nie für seine Ideen empfänglich gezeigt; und seit er die Ämter des Vizepräsidenten des Verteidigungsrats und Generalinspekteurs der Armee im Februar 1931 aus Altersgründen – er war da fast schon 75 Jahre alt -–an General Maxime Weygand hatte abgeben müssen, stand er auch nicht mehr im Mittelpunkt des Geschehens. Aber sein Prestige in der Öffentlichkeit war noch intakt, und er war die einzige bekannte Persönlichkeit, zu der de Gaulle direkten Zugang hatte. Vielleicht, so das Kalkül des Connétable, ließ er sich ja durch seine übergroße Eitelkeit dazu verleiten, mit der Armeereform seinen Ruhm noch einmal zu steigern. Als Pétain nach dem Marsch der *Croix du feu* und anderer militanter Rechter auf das Parlamentsgebäude am 6. Februar 1934 zum Kriegsminister einer Regierung der »nationalen Konzentration« ernannt wurde, ließ de Gaulle ihn wissen, dass er sehr gerne in seinem persönlichen Kabinett mitarbeiten würde.

Daraus wurde jedoch nichts. Oberst Laure, mittlerweile zum General befördert, erklärte dem Marschall, dass er nicht als Chef des Kabinetts zur Verfügung stehen würde, wenn auch de Gaulle ihm angehören sollte. Vor die Wahl gestellt, seine bisherige rechte Hand zu verlieren oder einen brillanten Mitarbeiter zu gewinnen, entschied sich Pétain für das Bewährte. Für de Gaulle war das der Moment des inneren Bruchs mit seinem Förderer. Als sein neues Buch wenige Wochen später erschien, trug es nicht mehr wie noch *Le Fil de l'épée* eine Widmung »an den Marschall Pétain«; es war nur noch »der französischen Armee« ganz allgemein gewidmet. Pétain wiederum nahm zu den Reformvorschlägen seines ehemaligen Ghostwriters zunächst überhaupt nicht Stellung. Ein Jahr nach Erscheinen des Buches ließ er verlauten, »die Lösung de Gaulle ist noch nicht reif.«[15]

Von Kriegsrat-Vizepräsident Weygand und Generalstabschef Maurice Gamelin kamen noch viel deutlichere Absagen. Folglich hielt de Gaulle jetzt nach einer künftigen Führungspersönlichkeit aus den Reihen der Politik Ausschau. Ein erster Erfolg gelang ihm auf diesem Feld mit Paul Reynaud, einem konservativen Abgeordneten, der schon mehrmals Minister gewesen war und als eine der Hoffnungen der französischen Politik galt. Reynaud gehörte zu den wenigen Politikern der Rechten, die ein Arrangement mit den faschistischen Mächten klar ablehnten und für eine offensive Orientierung der Armee eintraten. Auf Empfehlung eines Freundes, der dem Kreis um Émile Mayer angehörte, las er de Gaulles Buch, das auch in der konservativen Presse vielfach gelobt wurde, und traf sich dann am 5. Dezember 1934 mit seinem Autor zu einem ausführlichen Gespräch. Daraus ging eine intensive Zusammenarbeit hervor. Am 15. März 1935 präsentierte Reynaud de Gaulles Reformprojekt in der Deputiertenkammer als notwendige Antwort auf Hitlers militanten Revisionskurs. Ein Entschließungsantrag zur Aufstellung einer Panzerarmee, die in fünf Jahren einsatzbereit sein sollte, wurde zur Beratung an den Armeeausschuss verwiesen.

Um weitere Unterstützung zu mobilisieren, nahm de Gaulle auch Kontakt zu Politikern der Linken auf. Ideologisch mochten sie noch weiter von seinen Grundüberzeugungen entfernt sein als die »gemäßigten« Republikaner vom Schlag eines Reynaud; doch wenn es darum ging, die Armee und damit die Nation zu stärken, kannte er keine Berührungsängste. Am meisten versprach er sich von Marcel Déat, der, obwohl er im November 1933 von den Sozialisten wegen »Reformismus« ausgeschlossen worden war, ebenfalls als ein Politiker mit großer Zukunft gehandelt wurde. Den Kontakt zu dem »Neo-Sozialisten« nahm er in der gleichen Weise auf wie zu Reynaud, und auch mit ihm pflegte er einen engen Austausch, besonders im ersten Halbjahr 1936, als Déat als Luftfahrtminister der Regierung Sarraut amtierte. Eng gestaltete sich auch seine Verbindung mit dem Sozialisten Léo Lagrange, der den Vorsitz im Armeeausschuss der Kammer innehatte, bevor er im Juni 1936 zum ersten Minister für Sport und Freizeit in der Volksfront-Regierung berufen wurde.

Léon Blum hingegen, der intellektuelle Wortführer der Sozialisten und Ministerpräsident der ersten Volksfront-Regierung, sah in de Gaulles Projekt zunächst nur die Gefahr der

Schaffung einer Prätorianergarde, die Feinde der Republik für einen Staatsstreich nutzen konnten. Nachdem der Einmarsch deutscher Truppen in das entmilitarisierte Rheinland im März 1936 sein Bewusstsein für die Notwendigkeit stärkerer Verteidigungsanstrengungen geschärft hatte, setzte er als Ministerpräsident ein Aufrüstungsprogramm in Gang, das auch die Schaffung von zwei Panzerdivisionen einschloss. In einem Gespräch am 14. Oktober 1936, das der Schwiegersohn von Émile Mayer als enger Vertrauter Blums vermittelt hatte, suchte de Gaulle den Regierungschef davon zu überzeugen, dass das nicht genügte – vor allem, weil mit der Aufrüstung keine grundlegende Reform der Heeresorganisation verbunden war. Blum aber beharrte darauf, dass seine Regierung genau das umsetzte, was die Militärexperten als die beste Lösung bezeichnet hatten.

In der Tat hielt man de Gaulles Forderungen in den Reihen der militärischen Führung weiterhin für utopisch, überflüssig und bisweilen sogar für gefährlich. Seine Karriere drohte folglich in einer Sackgasse zu enden. Als de Gaulle im Herbst 1936 feststellen musste, dass er nicht auf der Liste der Oberstleutnants stand, die für 1937 zur Beförderung zum Oberst vorgesehen waren – eine Regelbeförderung, für die in seinem Fall auch noch besondere Verdienste sprachen -, zögerte er freilich nicht, die politischen Beziehungen, die er unterdessen aufgebaut hatte, für seine persönlichen Belange zu nutzen: Er bat Reynaud, sich für ihn zu verwenden. Nachdem dieser zweimal bei Kriegsminister Édouard Daladier persönlich interveniert hatte, wurde de Gaulle nachträglich auf die Beförderungsliste gesetzt. Daladier und Gamelin willigten sogar ein, den neuen Oberst mit dem Kommando des einzigen Panzerregiments zu betrauen, dessen Leitung neu zu besetzen war: des 507. Panzerregiments, das in Metz stationiert war. Im September 1937 übernahm de Gaulle das Kommando in Metz, Ende Dezember wurde er zum Oberst ernannt.

Das Kommando über ein Panzerregiment bot dem Obersten de Gaulle Gelegenheit, in der Praxis zu erproben, was er in der Theorie als die moderne Form der Kriegführung beschrieben hatte. Die 100 leichten und mittelschweren Panzer seiner beiden Bataillone waren jetzt ständig im Einsatz, auf dem Übungsfeld in Metz und bei Manövern in der Region, und de Gaulle kümmerte sich um die Belastungsfähigkeit der Motoren wie um die optimale Kooperation mit den Infanterie- und Artillerie-Einheiten. Die Erfahrungen, die er dabei machte, bestärkten ihn in seinen Überzeugungen. »Nach einigen Erfahrungen im Detail«, schrieb er Ende des Jahres an Émile Mayer,

> »sehe ich mich mehr denn je von der Richtigkeit der Ideen überzeugt, die ich zu verbreiten versucht habe, und die leider bis jetzt von den Deutschen sehr viel bereitwilliger aufgenommen wurden als von meinen Landsleuten.«[16]

Mit dem vorgesetzten Kommandeur der 3. Panzerbrigade General Charles Delestraint pflegte er einen engen Austausch über seine Erfahrungen, und der neue Generalinspekteur der Panzerbrigaden General René Martin berief ihn sogar in die Arbeitsgruppe, die die Aufstellung der ersten Panzerdivision vorbereiten sollte.

Die Fortschritte beim praktischen Einsatz der Panzerwaffe konnten freilich nicht darüber hinwegtäuschen, dass de Gaulle politisch nicht vorankam. Vier Jahre nach der Publikation von *Vers l'armée de métier* hatte er zwar eine gewisse Bekanntheit erlangt und einige Unterstützer und Sympathisanten gefunden, doch war die Festung der herrschenden Militärdoktrin ohne die Protektion durch Pétain nicht zu nehmen. Politiker der Rechten wie der Linken neigten angesichts der Aggressivität Hitlers mehr und mehr zum *Appeasement*. Marcel Déat hielt es für angemessen, sich mit Hitler zu arrangieren, und verlor folglich jedes Interesse an der Vorwärtsstrategie, von der ihn de Gaulle überzeugt hatte. Paul Reynaud trat im April 1938 als Justizminister in die Regierung Daladier ein und fiel damit fürs erste als Mitstreiter für die Militärreform aus.

Entsprechend machten sich bei dem ungeduldigen »Oberst Motor«, wie man ihn in seinem Regiment nannte, jetzt wieder Anzeichen einer Depression bemerkbar: Die ständigen Auseinandersetzungen mit seinem direkten Vorgesetzten in Metz, General Henri Giraud, begannen ihn zu nerven, und die politische Entwicklung ließ ihn mehr und mehr verzweifeln. »Schritt für Schritt gewöhnen wir uns an den Rückzug und die Erniedrigung«, schrieb er nach der Unterzeichnung des Münchener Abkommens im September 1938 an seine Frau, »bis sie uns zur zweiten Natur werden. Wir trinken den Kelch bis zur Neige.«[17] In seiner Verachtung für die Appeasement-Politiker trat er demonstrativ den »Freunden von *Temps présent*« bei, einer stark von Marc Sagnier inspirierten linkskatholischen Zeitschrift, die engagiert gegen Franco und Hitler Front machte.

In der allgemeinen Frustration führte de Gaulle auch einen weiteren Beinahe-Zusammenstoß mit Marschall Pétain herbei. Anfang 1937, als das Kommando in Metz noch nicht abzusehen war, hatte er dem Verlag *Plon* zugesagt, in einer repräsentativen Buchreihe zum Geist der Zeit den Band über das Militärwesen zu übernehmen. Als er gegen Ende des Jahres feststellen musste, dass bei dem Einsatz in Metz und der anhaltenden Lobbyarbeit in Paris dafür keine Zeit mehr blieb, bot er dem Verlag die Geschichte der Armee, die er einst für Pétain geschrieben hatte, als Alternative an. Nachdem der Marschall sie 11 Jahre unter Verschluss gehalten hatte, sollte sie jetzt, überarbeitet und mit einem neuen Weltkriegs-Kapitel versehen, unter seinem Namen erscheinen. Pétain setzte er von diesem Vorhaben erst Anfang August 1938 in Kenntnis, als ihm schon die Druckfahnen zur Korrektur vorlagen. Der Marschall sollte zu dem Unternehmen jetzt nur noch ein Vorwort beisteuern, für das de Gaulle auch gleich einen Entwurf beilegte.

Für Pétain war das ein Akt der Impertinenz, den er seinem einstigen Schützling nicht durchgehen lassen wollte. Postwendend bezeichnete er das Manuskript als Eigentum des Generalstabs und drohte mit nicht näher bezeichneten »Maßnahmen«, falls de Gaulle sich dem Verbot der Veröffentlichung widersetzen sollte. De Gaulle behauptete daraufhin, dass der größte Teil des Manuskripts nach seiner Zeit im Kabinett des

Marschalls entstanden sei, und drohte ihm erneut mit einer Aufdeckung seiner schriftstellerischen Praktiken: Ein Dank für die »Direktiven und Beobachtungen« des Marschalls im Vorwort werde den Lesern deutlich machen, dass »der große Mann im Hintergrund [...] ein Talent unter seinen Schutz zu nehmen und keineswegs völlig zu vereinnahmen« wusste.[18] Pétain lenkte nach dieser Antwort ein. Er bestellte de Gaulle wohl noch zu einem Gespräch, unternahm aber nichts mehr gegen die Publikation, als dieser sich weigerte, ihm die Korrekturfahnen zur Durchsicht zu überlassen. Ende September erschien *La France et son armée* mit einer eleganten Widmung »an Herrn Marschall Pétain, der wollte, dass dieses Buch geschrieben wird«.[19] Pétain kartete noch einmal nach, indem er eine Änderung der Widmung verlangte; de Gaulle sagte diese für eine eventuelle zweite Auflage zu.

Nach dieser Niederlage wich die einstige Bewunderung Pétains für seinen begabten Schützling einer ziemlichen Verbitterung. »Das ist ein Ehrgeizling und ein Mann ohne jede Erziehung«, gab er im Oktober 1938 von sich.[20] De Gaulle hingegen wurde für sein Insistieren mit einer weiteren Steigerung seines Bekanntheitsgrades belohnt. *La France et son armée* verkaufte sich gut; zum Ende des Jahres waren von den 7700 Exemplaren, die die *Librairie Plon* hatte drucken lassen, nur noch 1600 übrig. Das Werk war gut geschrieben, verband die Nachzeichnung der großen Linien der französischen Geschichte mit prägnanten Urteilen zu Schlachten und Kriegen und trug so dazu bei, den Ruf seines Autors als Militärexperten zu festigen. Es wagte jetzt auch niemand mehr, den Fortgang seiner militärischen Karriere zu behindern: Für 1939 wurde de Gaulle auf die Liste der Obersten gesetzt, die für die Ernennung zum General vorgesehen waren.

Die Aussichten für die Durchsetzung seiner Vorstellungen wurden dadurch aber nicht besser. Im Gegenteil: Angesichts der offenkundigen militärischen Schwäche Frankreichs gegenüber einem Deutschland, das unterdessen kräftig aufgerüstet hatte, gesellte sich jetzt auch Pétain zu denjenigen, die für eine Aufrechterhaltung des Friedens um jeden Preis plädierten und sich Hoffnungen auf eine vermittelnde Rolle des italienischen Diktators Benito Mussolini machten. Als Hitler am 1. September 1939 Polen den Krieg erklärte, befand sich de Gaulle gerade in Paris, um Direktiven für eine neue Verwendung nach dem Ablauf seiner 2-jährigen Dienstzeit in Metz entgegenzunehmen. Mit seltener Klarheit sah er voraus, was jetzt geschehen würde:

> »Der Feind wird uns lange Zeit nicht angreifen. Sein Interesse besteht darin, uns in unserem Saft schmoren zu lassen. [...] Erst wenn er uns für genügend ermüdet, desorientiert und unzufrieden mit unserer eigenen Untätigkeit hält, wird er schließlich in die Offensive gegen uns gehen – und zwar in moralischer wie in materieller Hinsicht mit ganz anderen Karten als denen, über die er heute verfügt.«[21]

De Gaulle erlebte das Warten auf den deutschen Angriff – den *drôle de guerre* (»Sitzkrieg«), wie die Franzosen den Kriegszustand ohne Kampfhandlungen alsbald nannten – als Kommandant der fünf Panzerbataillone der V. Armee, die im Elsass stationiert war. Vom Hauptquartier des Kommandos im Schloss von Wangenheim schickte er alsbald Memoranden an den Generalstab, in denen er den Einsatz der deutschen Panzerverbände im Feldzug gegen Polen analysierte und daraus die Forderung ableitete, jetzt sowohl große Panzerdivisionen als auch Panzerbrigaden im Rahmen der regulären Armee zu schaffen. Als das Echo darauf schwach blieb, entschloss er sich Anfang 1940, alle Regeln der militärischen Hierarchie souverän zu missachten, indem er das nächste Memorandum nicht nur an die militärische Führung, sondern auch an Regierungsmitglieder und Dutzende von Abgeordnete schickte, insgesamt an über 80 Personen. Unter der Überschrift *L'avènement de la force mécanique* (»Die Einführung der Maschinenkraft«) beschwor er hier noch einmal die Notwendigkeit der Bildung großer Panzer- und auch Flugzeugverbände; gleichzeitig warnte er vor der Illusion, den Krieg mit der gegenwärtigen Immobilität überstehen zu können: »Der Konflikt könnte sich leicht zum weitreichendsten, komplexesten und gewalttätigsten entwickeln, der die Erde je verheert hat.«[22]

Die Desorientierung der französischen Führung war unterdessen schon soweit fortgeschritten, dass jeder Gedanke an Disziplinarmaßnahmen gegen den unbotmäßigen Obersten unterblieb. Léon Blum, der de Gaulle kurz zuvor getroffen hatte, machte sich seine Argumentation jetzt zu eigen und warb bei hohen Militärs und Politikerkollegen für sie. Als Édouard Daladier nach der vereinten Kritik von Gegnern und Befürwortern eines Übergangs zur Offensive am 21. März als Ministerpräsident zurücktrat, wurde Paul Reynaud mit der Regierungsbildung beauftragt. Das schien für de Gaulle nach langem vergeblichen Drängen ein später Durchbruch zu bedeuten: Der Kandidat für das Amt des Regierungschefs ließ seinen militärpolitischen Berater die Programmerklärung schreiben, mit der er am 29. März um das Vertrauen der Abgeordnetenkammer warb. Nach seiner Ernennung wollte er, wie de Gaulle es ihm geraten hatte, ein Kriegskabinett nach britischem Vorbild einrichten, in dem die Entscheidung über die Kriegführung konzentriert werden sollte. De Gaulle sollte als Generalsekretär dieses Gremiums die Entscheidungsvorlagen für das Kriegskabinett erarbeiten.

Der Zugriff auf das Entscheidungszentrum französischer Politik gelang ihm aber auch diesmal nicht. Daladier, ohne dessen linksliberale Fraktion keine parlamentarische Mehrheit für Reynaud zu finden war, beharrte nicht nur darauf, weiterhin als Verteidigungsminister zu amtieren. Er drohte auch mit seinem Rückzug, falls de Gaulle mit dem Amt des Generalsekretärs betraut werden sollte. So wurde das Kriegskabinett zwar gebildet, das Generalsekretariat ging jedoch an Paul Baudouin, einen Parteigänger der Pazifisten. De Gaulle blieb nur insofern Genugtuung, als die Zahl der französischen Panzerdivisionen von zwei auf vier verdoppelt wurden und, wie ihm Generalstabschef Gamelin eröffnete, er zum Kommandanten einer der neuen Divisionen ernannt werden sollte. Zum 15. Mai sollte diese 4. Panzerdivision einsatzbereit sein.

Der deutsche Angriff vom 10. Mai, von de Gaulle zu diesem Zeitpunkt noch nicht erwartet, brachte die Vorbereitungen zur Aufstellung der neuen Divisionen gehörig durcheinander. Innerhalb von drei Tagen eroberten die Deutschen die Niederlande, dann überquerten ihre Panzer und Flugzeuge die Ardennen und trieben einen Keil zwischen die französischen Truppen im Norden und im Süden. De Gaulles Panzerdivision, in aller Eile zusammengestellt und schlecht ausgerüstet, erhielt den Auftrag, die Linie entlang der Aisne und der Somme abzuschirmen, um eine Truppenkonzentration südlich dieser Linie zu ermöglichen, die den deutschen Vormarsch auf Paris stoppen sollte. Von Laon aus operierend suchte de Gaulle vom 16. Mai an strategische Positionen zu sichern, mit wechselndem Erfolg und unter großen Verlusten. Vom 22. Mai an rückte die Division unter weiteren Kämpfen nach Westen vor, am 28. Mai begann sie mit einem Angriff auf die deutschen Truppen vor Abbeville, wo sie kurz vor der Kanalküste schon einen Brückenkopf südlich der Somme erobert hatten. In drei Tagen schwerer Kämpfe konnte de Gaulle die Deutschen 14 Kilometer zurückwerfen. Die Überwindung des strategisch entscheidenden Bergkamms gelang ihm jedoch nicht, und die Verluste waren entsetzlich: Von dem 140 Panzern, über die er zu Beginn des Angriffs verfügt hatte, waren zum Schluss nur noch 34 einsatzfähig.

Noch auf dem Vormarsch in Richtung Abbeville erhielt de Gaulle die Nachricht, dass er »bis auf Weiteres« zum Brigadegeneral befördert worden war. Am 31. Mai wurde er für seinen Einsatz vor Abbeville mit erneut dem Kriegskreuz mit Palme ausgezeichnet (*Citation à l'ordre de l'armée*) und nach Paris zurückbeordert. Dort eröffnete ihm Reynaud, dass er ihn nun, angesichts der eklatanten Gefahr eines Durchbruchs der Deutschen, doch noch die Regierung berufen wollte, und zwar als Unterstaatssekretär im Kriegsministerium. Am 18. Mai hatte er Daladier entlassen und selbst die Leitung des Kriegsministeriums übernommen; dazu hatte er Pétain als eine Art nationaler Ikone in der Funktion eines Stellvertretenden Ministerpräsidenten in die Regierung berufen. Am 19. Mai hatte er Gamelin, dem er Zögern bei der Vorbereitung eines Angriffs auf die Nachschublinien des Reiches in Skandinavien und der Sowjetunion vorwarf, als Oberkommandierenden durch Weygand ersetzt; und nun sollte de Gaulle ihm raten, wie die Front gegen die deutsche Übermacht zu halten war.

De Gaulle gab sein prinzipielles Einverständnis. Dann musste er aber abwarten, ob Paul Reynaud sein Vorhaben anders als zwei Monate zuvor diesmal tatsächlich gegen den Widerstand der Pazifisten durchsetzen würde. Zu seiner Division an die Somme zurückgekehrt schrieb er dem Ministerpräsidenten am 3. Juni, dass er sich jetzt von den »Männern der Vergangenheit« trennen und ihm freie Hand gewähren müsse. Nur so und mit der Bündelung der Panzerdivisionen unter einem einzigen Kommando könne die Niederlage noch abgewendet werden.

> »Befreien Sie sich vom Konformismus, von den ›felsenfesten‹ Sachlagen, von den Einflüssen der Akademie. Seien Sie Carnot, oder wir gehen unter!«[23]

Die Erinnerung an den Helden der Revolutionsarmee tat ihre Wirkung: Am Morgen des 6. Juni meldete das Radio, dass General de Gaulle zum Unterstaatssekretär im Kriegsministerium ernannt worden war. Reynaud rief ihn dringend nach Paris zurück.

Mit 49 Jahren und sechs Monaten war Charles de Gaulle nicht nur einer der jüngsten Generäle des Landes. Er war auch endlich in die Position gerückt, auf die er seit dem Beginn seines Feldzugs für eine grundlegende Armeereform hingearbeitet hatte. Freilich hatte er das nicht der eigenen Hartnäckigkeit zu verdanken, sondern dem Umstand, dass eingetreten war, wovor die Armeereform hätte schützen sollen. Insofern kam seine Berufung viel zu spät. Sein Glaube an den Sieg des stärkeren Willens und die Erneuerungsfähigkeit der französischen Nation halfen ihm jedoch, dieses tragische Moment in seiner Biographie zu überspielen. »Man kann sagen, dass dieser Krieg verloren ist«, hatte er schon am 21. Februar an Reynaud geschrieben. »Aber es ist noch Zeit, einen anderen zu gewinnen.«[24]

3 Der Mann des 18. Juni

Sich auf den nächsten Krieg vorzubereiten, das hieß für de Gaulle: Dem deutschen Vormarsch so viel Widerstand zu entgegen zu setzen, wie noch möglich war, die französischen Truppen, die Marine und die Luftwaffe in Sicherheit zu bringen, und dann an der Seite der britischen Verbündeten weiterkämpfen. Er war sich sicher, dass der Krieg mit dem Sieg der Wehrmacht an der deutschen Westfront noch nicht entschieden war, mehr noch: dass die Deutschen diesen Krieg letztlich nicht gewinnen konnten. Sie hatten nicht genug Jäger, um die Lufthoheit über Großbritannien zu gewinnen, nicht genug Schiffe für eine erfolgreiche Invasion in Großbritannien oder in Nordafrika. Außerdem war die materielle Unterstützung der Briten durch die USA geradezu unerschöpflich, und früher oder später würden sie auch direkt an der Seite der Briten in diesen Krieg eintreten. De Gaulle glaubte an diesen Ausgang des Krieges aufgrund eines sorgfältigen Kalküls. Er glaubte aber auch, weil er daran glauben musste: Eine Zukunft Frankreichs als Vasall des Deutschen Reiches in einem von Hitler beherrschten Europa war für ihn mit der Ehre der französischen Nation unvereinbar und damit unerträglich.

Als de-facto-Kriegsminister sah er seine Aufgabe darin, den nominalen Kriegsminister und Regierungschef Reynaud auf diesem Weg zu führen. Gleich in der ersten Unterredung mit Reynaud am 6. Juni 1940 erbat er sich den Auftrag, nach London zu reisen, um mit dem neuen britischen Premier Winston Churchill die Möglichkeiten der weiteren Kriegführung und der Unterstützung der Franzosen durch die Briten zu besprechen. Gleichzeitig wurde er beauftragt, verschiedene

Rückzugslinien vorzubereiten. Tags darauf legte er dem Ministerpräsidenten einen Plan vor, der zunächst die Bildung einer Rückzugslinie südlich der Normandie über Tours und Chalons-sur-Saône bis zu den Vogesen vorsah, dann die Bildung einer zweiten Rückzugslinie von La Rochelle über das Gebirgsmassiv des Puy-de-Dome bis Lyon und die Befestigung der Bretagne entlang der Vilaine und der Rance sowie eine Befestigung des Südwestens entlang des Canal du Midi von Bordeaux bis Narbonne.[1] Das bretonische Rückzugsgebiet sollte als Brückenkopf für einen eventuell notwendigen Rückzug großer Truppenverbände und des Regierungsapparats nach Großbritannien oder nach Nordafrika dienen. Bereits zwei Tage zuvor hatte de Gaulle seine Frau angewiesen, sich mit den Kindern zu seinem Bruder Xavier zu begeben, der bei Quimper in der südlichen Bretagne lebte.

Am Morgen des 9. Juni flog der Unterstaatssekretär nach London, begleitet von Reynauds Chefdiplomaten Roland de Margerie und dem jungen Diplomaten Geoffroy de Courcel, der ihm aufgrund seiner guten Englischkenntnisse zugeordnet worden war (er selbst sprach kaum Englisch). Von dort konnte er freilich nicht mehr mitnehmen als die Ankündigung, dass vier neue britische Divisionen um den 25. Juni in Dünkirchen landen könnten. Seine Bitte um stärkere Unterstützung durch britische Jagdflugzeuge wies Churchill mit dem Argument zurück, die würden zur Verteidigung der Insel gebraucht und seien dort wesentlich effektiver. Noch während de Gaulle mit Churchill verhandelte, erreichten die Deutschen die Seine nördlich von Paris, ein weiterer deutscher Angriff zeichnete sich in der Champagne ab, und dann trat am 10. Juni auch noch Italien in den Krieg gegen Frankreich ein. Am Nachmittag des 10. entschied die Regierung gegen den Willen de Gaulles, die Hauptstadt kampflos aufzugeben; am Abend verließen die Regierungsmitglieder Paris. Weygand bat Churchill, am nächsten Tag in sein Hauptquartier in Briare (an der Loire, südöstlich von Orléans) zu kommen, um sich ein Bild von der Lage zu machen.

Bei dem Treffen mit Churchill am Nachmittag des 11. Juni auf Schloss Muguet bei Briare wurde im Grunde nichts entschieden. Weygand und Pétain drängten darauf, um einen Waffenstillstand nachzusuchen; Churchill konnte, um ihn abzuwehren, über die bisherigen Angebote hinaus nur die Entsendung von 20 bis 25 neuen Divisionen im kommenden Frühjahr in Aussicht stellen. Danach konzentrierte sich de Gaulle auf die Vorbereitung einer Evakuierung von Truppenverbänden und Regierung nach Nordafrika. Spätestens am Morgen des 13. Juni musste er sich jedoch eingestehen, dass noch nicht einmal dafür die Aussichten noch gut waren: Reynaud war entschieden, den Regierungssitz nach Bordeaux zu verlegen und nicht nach Quimper, von wo aus man den Truppentransport nach Übersee hätte organisieren können. Als die Minister bei einem weiteren Treffen mit Churchill am Nachmittag des 13. Juni in Tours die Haltung der britischen Regierung zu eventuellen Sondierungsgesprächen wegen eines Waffenstillstands zu eruieren suchten, kam de Gaulle zu der Überzeugung, dass seine Mission gescheitert war. Nach dem Ende dieses obersten Kriegsrats setzte er ein Abschiedsgesuch an Reynaud auf.

Dass die politische Karriere des General de Gaulle nicht schon nach gerade einmal acht Tagen wieder zu Ende ging, ist Georges Mandel zu verdanken, dem Innenminister der Regierung Reynaud. Als ehemaliger Vertrauter Clemenceaus gehörte er zu den engagiertesten Gegnern eines Waffenstillstands. Als er von den Rücktrittsabsichten de Gaulles hörte, beschwor er ihn, ihn nicht allein zu lassen:

> »Wir sind erst am Beginn des Weltkrieges. [...] Denken Sie nur an das, was für Frankreich getan werden muss, und bedenken Sie, dass Ihnen in diesem Fall Ihre jetzige Position die Dinge erleichtern kann.«[2]

Das überzeugte den General, und es brachte ihn dazu, über eine Fortsetzung des Kampfes über eine Unterzeichnung des Waffenstillstands hinaus nachzudenken. Dass der Waffenstillstand kaum noch zu verhindern war, änderte nichts daran, dass der Krieg damit noch nicht entschieden war. Da lag es im französischen Interesse, sich weiterhin an diesem Krieg zu beteiligen – in welcher Form auch immer.

Das Entlassungsgesuch wurde also nicht abgeschickt. Stattdessen rang de Gaulle am nächsten Tag – dem 14. Juni, an dem die deutschen Truppen in Paris einmarschierten – Reynaud in Bordeaux die Zusage ab, nach Algier zu gehen. Er selbst wurde wieder nach London geschickt, um britische Unterstützung für die Überfahrt von Truppen und Beamten nach Nordafrika zu mobilisieren. »Sie finden mich dann in Algier wieder«, sagte der Ministerpräsident zum Abschied.[3]

De Gaulle glaubte nicht mehr recht an dieses Versprechen. »Vielleicht werden wir den Kampf in Afrika fortsetzen, aber ich glaube eher, dass alles zusammenbrechen wird«, sagte er zu seiner Frau, die er auf dem Weg nach London in der Bretagne kurz traf.[4] Ein Flugzeug war in Bordeaux nicht aufzutreiben, also suchte der Emissär, diesmal nur in Begleitung von Geoffroy de Courcel, die britische Hauptstadt per Auto und Schiff zu erreichen. Als er dort am Morgen des 16. Juni endlich ankam, wurde er von Jean Monnet, dem Beauftragten für die gemeinsamen Waffenkäufe der britischen und der französischen Regierung, sogleich mit einem Projekt konfrontiert, das nach dem Verständnis von Monnet und einiger Mitarbeiter von Churchill das drohende französische Waffenstillstandsgesuch im letzten Moment verhindern sollte: dem Plan einer vollständigen Union der französischen Republik und des Vereinigten Königreichs.

Die britisch-französische Union sollte nach diesem Plan, derin den letzten Tagen bis ins Detail ausgearbeitet worden war, über gemeinsame Organe für die Verteidigung, die Außenpolitik und die Wirtschaftspolitik verfügen. Für die Dauer des Krieges sollten die beiden Länder von einem gemeinsamen Kriegskabinett regiert werden, und die beiden Parlamente sollten fusionieren. Monnet drängte de Gaulle, sich dieses Projekt zu eigen zu machen und es beim Mittagessen

Churchill vorzutragen. Nur dann hätte es eine Chance, verwirklicht zu werden.

In späteren Jahren hat sich de Gaulle von dem Unionsplan distanziert. »Das war ein Vorwand, um Reynaud die Möglichkeit zu geben, Zeit zu gewinnen«, sagte er 1964. »Es war ein Mythos, den Jean Monnet erfunden hat, wie so manche andere Mythen.«[5] Tatsächlich akzeptierte er aber, pragmatisch und flexibel wie er war, nach einigem Zögern die Rolle, die Monnet ihm zugedacht hatte. Er trug das Projekt Churchill vor, und nachdem dieser zugestimmt hatte, gab er das Angebot einer sofortigen britisch-französischen Union telefonisch an Reynaud durch: »Es ist eine riesige Sache bezüglich der Einheit der beiden Länder in Vorbereitung. Churchill schlägt die Bildung einer französisch-britischen Regierung vor, und Sie, Herr Präsident, können Präsident des französisch-britischen Kriegskabinetts sein.«[6]

Reynaud war über dieses Angebot hoch erfreut, drängte aber darauf, es möglichst schnell offiziell zu bekommen, um der Agitation für den Waffenstillstand entgegentreten zu können. Nachdem der britische Ministerrat das Angebot offiziell verabschiedet hatte, ließ er sich den Text von de Gaulle telefonisch durchgeben. Im französischen Ministerrat fand er dafür jedoch keine Mehrheit. Daraufhin trat er noch am Abend des 16. Juni zurück. Zum neuen Ministerpräsidenten wurde Pétain ernannt, und dieser erkundigte sich bei der deutschen Regierung sogleich nach den Bedingungen für einen Waffenstillstand. Als de Gaulle gegen halb zehn Uhr mit der schriftlichen Fassung des Fusionsangebots in Bordeaux landete, war bereits entschieden, dass Frankreich darauf nicht mehr eingehen würde.

De Gaulle erklärte jetzt sowohl Reynaud als auch den britischen Vertretern in Bordeaux, Botschafter Robert Campbell und Verbindungsoffizier Edward Spears, dass er nach London zurückkehren wolle, um zur Fortführung des Kampfes in Afrika und von Afrika aus aufzurufen. Beide stimmten zu, die Briten nach Rücksprache mit Churchill. Reynaud, der noch bis zum Mittag des folgenden Tages formal im Amt war, stattete de Gaulle mit 100 000 Francs aus den Geheimfonds der Regierung aus und ließ Madame de Gaulle, den Kindern und der Pflegerin für Anne Pässe zur Ausreise ausstellen. Am Morgen des 17. Juni, wenige Stunden vor dem Ende seiner Amtszeit, flog der Unterstaatssekretär Charles de Gaulle mit der gleichen Maschine, mit der er gekommen war, begleitet von Spears und de Courcel, wieder nach London zurück. »Ich begehe eine Tollheit«, sagte er sich. »Ich springe ins Wasser ohne zu wissen, wo das Ufer ist.« Und dann, berichtete er seinem Sohn, »habe ich mich Gott anvertraut.«[7]

Das war eine Aktion am Rande der Legalität. Von einem kleinen Appartement mit Blick auf den Hyde Park aus, das ein Mitarbeiter kurz zuvor angemietet hatte, bot de Gaulle der neuen Regierung in Bordeaux telegrafisch an, sich weiter um die Organisation des Transfers nach Nordafrika zu kümmern. Wenig später vereinbarte er mit Churchill, über Radio BBC zu sprechen, sobald Pétain um den Waffenstillstand nachgesucht haben würde. In dem Aufruf, den er am 18. Juni gegen 18 Uhr in das BBC-Mikrofon sprach, erklärte er, dass die neue Regierung, gebildet von den langjährigen Chefs der französischen Armeen »mit dem Feind Verbindung aufgenommen [habe], um den Kampf zu beenden.« Für Frankreich sei aber »nichts verloren«; es sei »nicht allein«, denn es könne auf ein großes Empire, den britischen Verbündeten und die materielle Unterstützung der USA rechnen. Sodann appellierte er an »die französischen Offiziere und Soldaten, die sich auf britischem Territorium befinden oder dahin kommen sollten«, sich mit ihm »in Verbindung zu setzen.«[8] Wozu wurde nicht gesagt, auch deswegen nicht, weil es de Gaulle selbst noch nicht so ganz klar war.

Den entscheidenden Schritt in die Illegalität tat der Unterstaatssekretär außer Dienst – anders als es die Legende vom »Mann des 18. Juni« suggeriert – erst am folgenden Tag. Der Aufforderung des neuen Kriegsministers General Colson, »unverzüglich« nach Bordeaux zurückzukehren, schenkte er keinerlei Beachtung. Stattdessen erklärte er sich in einem

Telegramm an den Oberkommandierenden der französischen Streitkräfte in Nordafrika General Noguès bereit, den Kampf unter seinem Kommando fortzusetzen. Dann erklärte er am Abend in einer zweiten Rundfunkansprache »im Namen Frankreichs«, es sei die »absolute Pflicht« eines jeden Soldaten, »den Widerstand fortzusetzen«:

> »Angesichts der Verwirrung in den Seelen der Franzosen, angesichts der Verflüssigung einer Regierung, die unter die Knechtschaft des Feindes gefallen ist, angesichts der Handlungsunfähigkeit unserer Institutionen bin ich, General de Gaulle, französischer Soldat und Heerführer, überzeugt, im Namen Frankreichs zu sprechen.«[9]

Diese offene Auflehnung gegen einen Befehl der Regierung war in der Entscheidung, trotz der zunehmenden Wahrscheinlichkeit eines Waffenstillstands im Amt zu bleiben, bereits angelegt gewesen. Notwendig wurde sie jedoch erst, nachdem die neue Regierung seine Bitte um Anweisungen zur Organisation des Transports nach Afrika abgelehnt hatte. Und möglich wurde sie, weil de Gaulle immer eine gewisse Distanz zum Regime der III. Republik gehalten hatte, die ihm nur eine unvollkommene Verkörperung des »ewigen« Frankreich schien, an das er glaubte. Seine Überzeugung, »im Namen Frankreichs zu sprechen«, war ebenso anmaßend wie echt. Nur sie kann erklären, wieso ein so traditionsbewusster Offizier wie Charles de Gaulle jetzt den Boden der Legalität verließ, um weiter für die Ehre Frankreichs und seine Präsenz in den Reihen der künftigen Siegermächte zu kämpfen. Pétain war für ihn mit dem Waffenstillstandsersuchen zum »Verräter« geworden, wie er Monnet nach seiner Rückkehr nach London erklärt hatte.[10] Sich den Anordnungen des neuen Regierungschefs zu verweigern, war darum nicht nur legitim, sondern absolut notwendig. »Ich wusste mich in gutem Recht«, sagte er seinem Sohn. »Die Ehre und das Interesse des Vaterlandes lagen vor mir, die Schande der Kapitulation und der Feigheit auf meinen Fersen.«[11]

Dass der ehemalige Unterstaatssekretär und Brigadegeneral de Gaulle in die Illegalität gegangen war, wurde jedoch zunächst kaum deutlich. Nicht nur, dass der Appell vom 18. Juni kaum gehört wurde und die Botschaft, die er vermitteln sollte, auch in den Wiederholungen, die Radio BBC, die *Times* und der *Daily Telegraph* am 19. Juni brachten, unklar blieb. Von dem ungleich entschiedeneren Aufruf vom 19. Juni war, sehr zur Enttäuschung de Gaulles, am nächsten Morgen in der Presse nichts zu finden. Wie es scheint, hatte das Außenministerium hier interveniert. Die Diplomaten glaubten Anzeichen dafür zu sehen, dass Teile der französischen Regierung doch noch nach Nordafrika gehen würden, um den Widerstand zu organisieren, und auch die Oberbefehlshaber in Nordafrika und im Vorderen Orient zur Fortsetzung des Kampfes bereit waren; da schien ein Aufruf, sich um den ehemaligen Unterstaatssekretär in London zu sammeln, nur zu stören.

De Gaulle erklärte sich unterdessen bereit, sich und alle diejenigen, die seinem Aufruf gefolgt waren, jedem Oberkommandierenden und jeder Regierung unterzuordnen, die sich bereit erklärten, den Krieg fortzusetzen. Am 20. Juni bot er das auch General Weygand an, als Antwort auf die erneute Aufforderung, unverzüglich nach Bordeaux zurückzukehren. Nachdem der Waffenstillstand am Abend des 22. Juni unterzeichnet worden war, gab er sich im Gespräch mit Churchill am Morgen des 24. Juni überzeugt, dass Reynaud nach London kommen werde, um an die Spitze einer Exilregierung zu treten. Ein provisorisches Komitee zur Vorbereitung dieser Regierung, das Churchill anzuerkennen bereit war, wollte er so repräsentativ wie möglich zusammengesetzt wissen, am besten unter Einschluss ehemaliger Minister wie Yvon Delbos und Georges Mandel. Gleichzeitig bot er sich aber an, die Organisation dieses Komitees zu übernehmen. Wenige Stunden später erklärte er einem der ersten Offiziere, die sich bereitfanden, sich seinem Kommando zu unterstellen, er habe gehofft, dass Reynaud die Fahne Frankreichs hochhalten werde, er habe Noguès darum gebeten, aber vergebens. »Ich muss mir das jetzt aufhalsen, weil es sonst niemand übernimmt.«[12]

De Gaulle war realistisch genug, um zu verstehen, dass die Chancen des Widerstands gegen eine Unterwerfung Frankreichs unter Hitlers Herrschaft umso größer waren, je repräsentativer er ausfiel. Solange es irgend ging, suchte er Repräsentanten der politischen und militärischen Führung dafür zu gewinnen, die Führung dieses Widerstands zu übernehmen. Am Nachmittag des 24. Juni appellierte er in diesem Sinne noch einmal an Noguès: »Alle hier sehen in Ihnen den kommenden großen Chef der französischen Widerstandsbewegung.«[13] Die Hoffnung, dass die Angesprochenen diesen Appellen Folge leisten würden, war freilich nicht so groß, wie er gegenüber Churchill vorgab. Stattdessen stellte er sich zunehmend der Notwendigkeit, die Rolle des Chefs der Widerstandsbewegung selbst zu übernehmen. Seine Appelle gewannen damit mehr und mehr taktischen Charakter.

Die Bildung eines Komitees unter de Gaulles Führung ließ aber noch einige Tage auf sich warten. Sowohl der französische Botschafter Charles Corbin als auch Reynauds Gesandter Alexis Leger und Jean Monnet warnten davor, mit der Regierung in Bordeaux ganz zu brechen. Ein Komitee, das von der britischen Regierung proklamiert würde, würde bei den Franzosen keinerlei Gehör finden. Angesichts dieser Kritik musste Churchill im Kriegskabinett zurückrudern. Erst nachdem mehrere Befehlshaber in Nordafrika ihren Unwillen zu erkennen gegeben hatten, den Gehorsam gegenüber der Regierung Pétain aufzukündigen, und eine Gruppe von Abgeordneten, die per Schiff nach Afrika gelangt waren, im Hafen von Casablanca festgesetzt worden waren, setzte sich im britischen Kabinett die Überzeugung durch, dass man mangels besserer Alternativen auf de Gaulle zurückgreifen müsse, um die Bevölkerung in den französischen Kolonien aufzuwiegeln. Am Abend des 27. Juni empfing Churchill de Gaulle mit der Bemerkung, ein Komitee aus Politikern, Militärs und Diplomaten, das die Regierung Seiner Majestät anerkennen könne, sei ja bisher nicht zustande gekommen.

> »Sie sind allein. Nun, dann erkenne ich Sie eben ganz alleine in diesem Land als Führer der freien Franzosen an, die wo auch immer bereit sind, sich uns anzuschließen, um die Sache der Alliierten zu unterstützen.«[14]

Nachdem das britische Kabinett diese Entscheidung am nächsten Tag formell gebilligt hatte, wurde am Abend gegen 22 Uhr ein entsprechendes Kommuniqué in französischer Sprache über Radio BBC verbreitet.

De Gaulle verstand die Anerkennung durch die britische Regierung als Ernennung: Das »ewige Frankreich« hatte sich nach dem Verrat Pétains einen neuen Chef gesucht, und das war nun nach dem Versagen all derjenigen, die für diese Aufgabe besser positioniert waren, er selbst geworden. Aus dem Ideengeber, als den er sich bisher immer gesehen hatte, war tatsächlich der Connétable geworden, der oberste Diener Frankreichs. »Ich habe das Gefühl«, sollte er das 15 Jahre später in seinen Memoiren beschreiben, »eine Funktion wahrzunehmen, die sehr weit über meine Person hinausgeht: dem Schicksal als Instrument zu dienen.«[15]

Entsprechend trat er nun, anders als bisher, als »Chef der Freien Franzosen« mit dem Anspruch auf Amtsautorität auf. Was für Churchill die pragmatische Umschreibung von Widerstand gewesen war, wurde für ihn zur allein legitimierten Institution; die »Freien Franzosen« wurden von ihm im Unterschied zum britischen Premier von Anfang an groß geschrieben. »Ich bin wirklich Jeanne d'Arc«, versicherte er seinen erstaunten britischen Gesprächspartnern jetzt immer wieder.[16] Offensichtlich glaubte er daran. »Wenn er für Frankreich und im Namen Frankreichs sprach«, erinnert sich die amerikanische Schriftstellerin Mary Borden, die Frau von Edward Spears, »dann drückte er eine Tatsache aus, die er geradezu verzweifelt für wahr gehalten wissen wollte. Er verlangte von der ganzen Welt, es zu glauben.«[17]

Der Chef des Freien Frankreich, London 1940.

In einer Rundfunkansprache, die unmittelbar nach dem britischen Kommuniqué am Abend des 28. Juni gesendet wurde, suchte der Chef des »Freien Frankreich« seine neue Autorität sogleich geltend zu machen:

> »Ich entscheide Folgendes:
> Ich unterstelle alle Franzosen, die auf britischem Territorium bleiben oder dahin kommen sollten, meiner Autorität.

> Es wird sogleich eine französische Land-, Luft- und Seestreitkraft gebildet. [...] Ich appelliere an alle französischen Militärs, sich ihr anzuschließen. Ich lade alle jungen Leute und waffenfähigen Männer ein, ihr beizutreten.
>
> Alle französischen Offiziere, Soldaten, Marineangehörigen und Flieger haben, ganz gleich wo sie sich befinden, die absolute Pflicht, dem Feind Widerstand zu leisten. Sollten die Umstände sie zwingen, ihre Waffen, ihr Flugzeug oder ihr Schiff abzugeben, müssen sie sich sogleich dem nächstgelegenen Widerstand anschließen [... oder] das britische Territorium aufsuchen, wo sie dann unter meinem Befehl stehen.
>
> Es wird hier eine französische Organisation zur Herstellung und zum Kauf von Waffen geschaffen, ebenso eine französische Forschungseinrichtung zur Perfektionierung der Waffentechnik.«[18]

Die Regierung Pétain, die am 29. Juni nach Vichy weiterzog, in jenen Teil des Landes, der nach den Bestimmungen des Waffenstillstands zunächst nicht von deutschen Truppen besetzt wurde, quittierte de Gaulles Appelle mit zunehmend schärferen Sanktionen. Nachdem der ehemalige Unterstaatssekretär auch der zweiten Aufforderung zu sofortiger Rückkehr nicht nachgekommen war, wurde ihm am 22. Juni der Generalsrang wieder aberkannt. Tags darauf wurde er in den Ruhestand versetzt. Am 28. Juni, noch vor der Bekanntgabe der Anerkennung durch die britische Regierung, wurde er aufgefordert, wegen Aufrufs zum Ungehorsam innerhalb von fünf Tagen zur Haft im Militärgefängnis von Toulouse zu erscheinen. Da er dieser Aufforderung nicht Folge leistete, wurde er am 4. Juli in Abwesenheit zu vier Jahren Gefängnis und einer Geldstrafe von 100 Francs verurteilt. Es folgten der Entzug der französischen Nationalität und am 3. August das Todesurteil wegen Desertion und Unterordnung unter eine fremde Macht, verbunden mit dem Einzug aller Güter und der Aberkennung aller militärischen Grade. Aus dem Gegensatz in der Sache war damit ein offener Bürgerkrieg geworden.

Zunächst waren die Gewichte in dieser Auseinandersetzung freilich höchst ungleich verteilt. Nur wenige Militärs und noch weniger Zivilpersonen waren bereit, dem Aufruf des degradierten Generals zum Widerstand unter seiner Führung Folge zu leisten. Der Glaube an ein »ewiges Frankreich«, der es de Gaulle ermöglicht hatte, mit der Regierung zu brechen, machte ihn zugleich in den Augen vieler verdächtig, die diesen Glauben nicht teilten. Sein Beharren auf seiner historischen Mission machte ihn nicht nur zu einem oftmals herrischen Gesprächspartner, der wenig Verständnis und Einfühlungsvermögen zeigte. Viele Gegner einer Unterordnung unter Hitlers Herrschaft fühlten sich unweigerlich an die Gefahr der Etablierung eines Militärregimes erinnert.

Hinzu kam, dass Churchill unter allen Umständen verhindern wollte, dass die französische Flotte in die Hände der Deutschen geriet. Das führte am Abend des 3. Juli zum Angriff der britischen Marine auf das französische Geschwader, das im Militärhafen von Mers el-Kébir bei Oran lag. Drei der besten französischen Schiffe wurden versenkt, 1380 Matrosen und Offiziere getötet, 370 verletzt. Am gleichen Tag wurden die französischen Schiffe in Portsmouth und Plymouth gekapert, fünf Tage später wurde das modernste französische Schlachtschiff, die *Richelieu* im Hafen von Dakar von britischen Flugzeugen angegriffen. Die Empörung in Frankreich war groß, die Regierung in Vichy brach die diplomatischen Beziehungen zu London ab. De Gaulle sah sich in einem Maße im Stich gelassen, dass er davon sprach, alles aufzugeben und nach Kanada ins Exil zu gehen. Dann besann er sich aber wieder, und am 8. Juli rechtfertigte er die »abscheuliche Tragödie« öffentlich:

> »Der Feind hätte sie [die Schiffe] eines Tages entweder gegen England oder gegen unser eigenes Kolonialreich eingesetzt. [...] Es ist besser, dass sie zerstört worden sind.«[19]

Die emotionale Sperre gegen eine Fortführung des Kampfes an der Seite der Briten, die die Zerstörung großer Teile der Flotte bei vielen Franzosen ausgelöst hatte, konnte er damit aber nur vereinzelt überwinden.

Auf der anderen Seite gab es aber auch Angehörige der französischen Elite, die sich durch das harsche Auftreten des Generals nicht den Blick dafür vernebeln ließen, dass seine

Analyse des Kriegsgeschehens gut begründet war und dass er tatsächlich mit aller Energie und vollkommen uneigennützig für die Ehre und die Freiheit seines Landes kämpfte. Das löste dann Bewunderung aus und bescherte ihm eine Reihe ebenso loyaler wie kompetenter Mitkämpfer. René Pleven ist hier zu nennen, der für Jean Monnet gearbeitet hatte und dem General nun Türen in London wie in Washington öffnete – aber auch der Juraprofessor und Völkerbunds-Beobachter René Cassin, Reynauds ehemaliger Mitarbeiter Gaston Palewski und der sozialistische Abgeordnete Pierre-Olivier Lapie, die schon seine Kampagne für die Berufsarmee unterstützt hatten, Léon Blums Kabinettschef Georges Boris und der Journalist Maurice Schumann, der einst für den linkskatholischen *Temps présent* geschrieben hatte und von Dezember 1940 an täglich als Sprecher des »Freien Frankreich« in der BBC auftreten sollte. Ende Juni kam der Vize-Admiral der Seestreitkräfte Émile Muselier nach London, Ende August der Vier-Sterne-General Georges Catroux, von der Vichy-Regierung abgesetzter Generalgouverneur von Indochina. Beide ordneten sich wie selbstverständlich dem rangniederen »Chef des Freien Frankreich« mit zweifelhaftem Generalstitel unter und bekräftigten damit dessen politischen Führungsanspruch. Ebenfalls Ende August traf auch Jacques Soustelle in London ein, ein bekannter Ethnologe, der zu den antifaschistisch profilierten Intellektuellen zählte und in der französischen Gemeinde Mexikos für de Gaulles Komitee geworben hatte.

Es fällt auf, das Vertreter der demokratischen Linken in den Reihen der Anhänger de Gaulles überproportional vertreten waren, während explizite Gegner des parlamentarischen Regimes gänzlich fehlten. Die demokratische Orientierung des Widerstands, die sich daraus ergab, wurde noch dadurch verstärkt, dass die übergroße Mehrheit der Abgeordneten und Senatoren, die nach Vichy gegangen waren, die Regierung Pétain am 10. Juli mit außerordentlichen Vollmachten zur Ausarbeitung einer neuen Verfassung ausstatteten, die nach Lage der Dinge nur eine autoritäre Verfassung sein konnte. Der Bürgerkrieg, der sich anbahnte, wurde damit auch zu einem

Kampf um die Verteidigung der Demokratie gegen eine autoritäre Neuordnung. De Gaulle nahm das im Interesse Frankreichs, wie er es verstand, in Kauf, und er näherte sich aufgrund dieser Erfahrungen wohl auch innerlich dem demokratischen Prinzip an. René Cassin nahm jedenfalls später für sich in Anspruch, den General »auf den Weg der Demokratie gebracht« zu haben.[20]

Alles in Allem konnte der »Chef der Freien Franzosen« bis Ende August 1940 etwa 7000 Soldaten unter seinem Kommando versammeln, dazu ein Dutzend Hauptleute, drei Oberste, einige Adjutanten und Journalisten und die genannten Führungskräfte. Gemessen an dem Ziel, Frankreich an die Seite der künftigen Siegermächte zu führen und zu diesem Sieg beizutragen, war das lächerlich wenig. De Gaulle war über den Mangel an Patriotismus, der da für ihn deutlich wurde, stark enttäuscht und er fühlte sich »unglaublich einsam«, wie er Claude Guy 1946 anvertraute.[21] Bis auf wenige dunkle Momente wie nach der Versenkung des Geschwaders von Mers el-Kébir zweifelte er jedoch nicht an seiner Mission. Im Gegenteil: Dass sich so viele Franzosen seinen Appellen versagten – darunter die meisten Staatsbeamten und der ganz überwiegende Teil der französischen Gemeinde in London –, stärkte sein Pflichtbewusstsein nur noch mehr. »Angesichts der erschreckenden Leere der allgemeinen Flucht aus der Verantwortung schien mir meine Aufgabe mit einem Mal klar und schrecklich: In diesem Moment, dem schlimmsten seiner Geschichte, war es an mir, mich um Frankreich zu kümmern.«[22]

Die Diskrepanz zwischen Anspruch und Wirklichkeit machte die Verhandlungen um den Status des »Freien Frankreich«, die Cassin im Auftrag de Gaulles mit der britischen Regierung führte, zu einem schwierigen Unterfangen. Sie endeten am 7. August mit der Unterzeichnung eines Abkommens, in dem de Gaulle das Oberkommando über die französische Streitmacht zugestanden wurde sowie die Bildung einer zivilen Organisation, die für die Zwecke der Streitmacht arbeiten sollte. Die Finanzierung sollte aus britischen Haushaltsmitteln erfolgen, die später zurückzuzahlen waren. De

Gaulle musste aber akzeptieren, dass sich seine Jurisdiktion nur auf diejenigen Franzosen erstreckte, die sich ausdrücklich zum »Freien Frankreich« bekannten. In einem geheimen Schreiben zur Erläuterung des Vertrags behielt sich Churchill zudem vor, von der Verpflichtung auf die vollständige Befreiung des französischen Territoriums notfalls auch wieder abrücken zu können und französische Soldaten auch gegen einen Angriff des Vichy-Regimes einzusetzen.

Wichtig für de Gaulle war aber zunächst, dass das »Freie Frankreich« von der britischen Regierung als völkerrechtliches Subjekt anerkannt worden war. Darauf konnte man aufbauen – sowohl bei der Entwicklung einer neuen Staatlichkeit als auch ganz pragmatisch beim Aufbau einer Administration, die vom Vichy-Regime unabhängig war. Seit dem 22. Juli verfügte das »Freie Frankreich« über ein elegantes vierstöckiges Haus an den Carlton Gardens zwischen Pall Mall und Mall. De Gaulle residierte hier in einem geräumigen Eckbüro in der ersten Etage. Als er ankam, fand er einen Blumenstrauß auf seinem Schreibtisch vor, den Frau Churchill bestellt hatte – Zeichen der Wertschätzung, den er unterdessen bei dem britischen Premier genoss. An den Wochenenden wurde er wiederholt auf den Landsitz des Premierministers in Chequers eingeladen. Mit der Ausweitung der Aktivitäten des Komitees kamen weitere Büros hinzu, fast alle im politischen und Einkaufs-Zentrum der Stadt zwischen Myfair und Victoria Station gelegen. Als Symbol für das »Freie Frankreich« hatte man das Lothringer Kreuz mit doppeltem Querbalken gewählt, das auch das Wappen des von de Gaulle bei Kriegsbeginn geführten Panzerregiments geziert hatte.

Die Familie de Gaulle lebte unterdessen in einer bizarren Villa im Pseudo-Tudor-Stil in Petts Wood südöstlich von London. Madame de Gaulle war mit den Kindern und der Pflegerin mit einem der letzten britischen Schiffe, die von Brest aus nach England gingen, am Morgen des 19. Juni in Falmouth angekommen, ohne Gepäck und ohne genau zu wissen, ob ihr Mann wieder nach London gegangen war. Sohn Philippe hatte dann über eine Kurzmeldung vom Appell des 18. Juni im *Daily*

Mirror herausgefunden, dass der Vater tatsächlich im Land war, und über die nächste Polizeidienststelle Kontakt mit ihm aufgenommen. Das Idyll von Petts Wood, von wo aus der Vater mit der U-Bahn oder im Wagen des Direktors der Londoner Cartier-Niederlassung zur Arbeit fuhr, dauerte allerdings nicht lange. Die »kleine Anne«, wie de Gaulle sie immer liebevoll nannte, mittlerweile zwölf Jahre alt, litt dermaßen unter den nächtlichen Fliegerangriffen, die Anfang August einsetzten, dass sich die Mutter entschloss, ein Domizil in sicherer Entfernung zum deutschen »Blitz« zu suchen. Sie fand es, als ihr Mann im September per Schiff nach Afrika unterwegs war, nicht ohne Schwierigkeiten in Ellesmere, einem Flecken südlich von Liverpool in der Nähe einer Klosterschule, in die sie die Tochter Elisabeth einschreiben konnte. Philippe war unterdessen in die Marine-Kadettenanstalt des »Freien Frankreich« eingetreten.

Für de Gaulle bedeutete der Wechsel nach Ellesmere eine schmerzliche Trennung. So schön der Garten des Anwesens in der Grafschaft Shropshire war (das Haus selbst war sehr bescheiden), von London aus brauchte man gut vier Stunden, um dahin zu gelangen. Das bedeutete, dass de Gaulle seine Familie nur noch selten sehen konnte. Nach Möglichkeit kam er einmal im Monat. Wenn er wie im Herbst 1940 im Kolonialreich unterwegs war, wurden die Abstände aber noch wesentlich größer. Ende 1941 sollte er ein Zimmer im eleganten Hotel Connaught im Mayfair-Distrikt beziehen. Er genoss die Diskretion, die ihm das Personal und die Gäste dort zukommen ließen, und entwickelte darüber große Sympathien für »dieses große Volk, in dem jeder die Freiheit der Anderen respektiert.«[23] Auch die großzügige Freundlichkeit, die man ihm auf gesellschaftlicher Ebene entgegenbrachte, bis hin zu Sympathiebekundungen der königlichen Familie, schätzte er sehr.

Führte die ungeheure Belastung, die die selbstgewählte Verantwortung für »Frankreich« für den General bedeutete, auch zu einer Entfremdung zwischen den Eheleuten? Man kann es zumindest vermuten, wenn man die Eröffnungen liest, die ein schmerzerfüllter Vater seinem Adjutanten Claude Guy am 7. Februar 1948 machte, unmittelbar nach dem Tod der »kleinen Anne«:

> »Sie hat als Bindeglied zwischen ihrer Mutter und mir gedient und sie wird es erlaubt haben, dass wir zusammen geblieben sind, in einem Moment, in dem es unerlässlich war, dass Madame de Gaulle und ich zusammengeblieben sind, ich meine: vor den Augen des Landes.«[24]

Einer der Ärzte, die sich um Anne gekümmert hatten, hörte ihn bei der gleichen Gelegenheit sagen:

> »Ohne Anne hätte ich vielleicht nicht all das tun können, was ich getan habe. [...] Sie hat mich so viele Dinge verstehen lassen. Sie hat mir soviel Mut gegeben.«[25]

Die schreckliche Einsamkeit in diesen Monaten, über die er sich im Nachhinein beklagte, war jedenfalls nicht nur eine politische.

Die Expedition nach Westafrika, zu der de Gaulle am 31. August von Liverpool aus aufbrach, war eine Konsequenz aus dem Scheitern der Hoffnungen, Teile der Regierung würden nach Nordafrika übersiedeln oder die nordafrikanischen Kommandanten würden dem Aufruf zur Fortsetzung des Kampfes Folge leisten. Als zweitbeste Strategie fasste de Gaulle jetzt die Sicherung der französischen Kolonialgebiete südlich der Sahara für das »Freie Frankreich« ins Auge. Dazu sollte zunächst Dakar, die Hauptstadt von Französisch-Westafrika in Besitz genommen werden. War die Kontrolle über den Senegal erst einmal errungen, so sein Kalkül, so würden sich auch die anderen französischen Kolonien Schwarzafrikas dem »Freien Frankreich« anschließen, und dann würden sich die Kolonialtruppen, die dort stationiert waren, in einer exzellenten Ausgangsposition für eine substantielle Beteiligung an der Entscheidungsschlacht gegen Hitler-Deutschland befinden. »Afrika wird sowohl der Schmelztiegel des Freien Frankreich sein als auch die Grundlage einer ›französischen‹ Rückeroberung Europas.«[26] Dass in Bamako im französischen Sudan ein großer Teil der französischen Goldvorräte und auch das Gold der polnischen und der belgischen Staatsbank lagerten, machte den Plan umso attraktiver. De Gaulle hoffte, mit einem Geschwader aus britischen und französischen Schiffen, die vor dem Hafen von Dakar aufkreuzten, genug Eindruck machen zu können, um den Generalgouverneur von Dakar, Pierre Boisson, dazu zu bewegen, die Autorität des »Freien Frankreich« anzuerkennen. Boisson war entschlossen, das französische Afrika südlich der Sahara nicht in deutsche Hände fallen zu lassen; da schien es naheliegend, dass er sich dem »Freien Frankreich« anschließen würde.

Die Hoffnung auf eine friedliche Übernahme von Dakar wurde noch dadurch verstärkt, dass eine kleine Delegation, bestehend aus René Pleven, dem jungen Diplomaten Claude Hettier de Boislambert und dem verletzten Hauptmann Philippe de Hauteclocque, die de Gaulle am 6. August auf den Weg geschickt hatte, um die Besitzungen in Äquatorialafrika für das »Freie Frankreich« zu sichern, nach abenteuerlichen Manövern große Erfolge vermelden konnten: Am 26. August erkannte der Tschad die Autorität de Gaulles an, am 27. August Kamerun und am 28. August der französische Kongo. Nur die Administration von Gabun im südlichsten Teil von Französisch-Äquatorialafrika hielt sich vorerst weiterhin an die Anweisungen aus Vichy. Obwohl das britisch-französische Geschwader längst nicht so stark ausfiel, wie de Gaulle und auch Churchill das für nötig gehalten hatten, und es auch Umwege in Kauf nehmen musste, um deutschen U-Booten zu entgehen, war die Zuversicht groß, dass die Operation Dakar gelingen würde.

Umso größer war dann die Bestürzung, als vor Dakar, das die Expedition am Morgen des 23. September erreichte, so gut wie alles schief ging. Es herrschte dichter Nebel, sodass die Bewohner der Hafenstadt überhaupt nicht wahrnehmen konnten, welche Bedrohung da auf sie zukam. De Gaulles Emissäre – der Fregattenkapitän und Karmelitermönch Thierry d'Argenlieu und ein Hauptmann Bécourt-Foch – gerieten unter Beschuss; Hettier de Boislambert, der von Kamerun kommend einen Aufstand in der Hauptstadt Westafrikas anzetteln sollte, wurde gefangen gesetzt. Boisson fürchtete, ein

Paktieren mit de Gaulle würde die Deutschen erst recht auf den Plan rufen, und ließ sich darum auch auf Drohungen nicht ein. Eine Kanonade auf die *Richelieu* wurde mit Gegenschlägen beantwortet; Truppen, die an einem kleinen Vororthafen an Land gehen wollten, stießen auf heftige Gegenwehr. Auf Befehl Churchills ging der Schlagabtausch zwischen den Schlachtschiffen noch am folgenden Tag weiter. Am Morgen des dritten Tages wurde er abgebrochen, nachdem de Gaulle und der britische Oberkommandierende Admiral Cunningham die Gefahr erkannt hatten, dass der unbewaffnete Truppentransporter, auf dem sich auch der Chef des »Freien Frankreich« befand, von Schnellkreuzern des Generalgouverneurs versenkt werden konnte.

De Gaulle empfand den Misserfolg vor Dakar als eine schreckliche Niederlage: Nicht nur, dass sein strategischer Plan zur Eingliederung französischer Streitkräfte in die kommende große Auseinandersetzung mit den Deutschen kläglich gescheitert war; er hatte auch einen Angriff auf französische Soldaten zu verantworten, bei dem es nicht wenig Todesopfer gegeben hatte. Das, so fürchtete er, würde man ihm nie verzeihen, und das schmälerte auch die Chancen noch weiter, dass die Franzosen seinem Aufruf zur Fortsetzung des Kampfes folgen würden. Wieder einmal überlegte er, ob er nicht aufgeben sollte. Und da er sich, anders als nach dem Drama von Mers El-Kébir, diesmal für das Debakel selbst verantwortlich fühlte, dachte er auch an die radikalste aller möglichen Konsequenzen: »Ich habe daran gedacht«, brach es wenige Tage später im Gespräch mit Pleven aus ihm heraus, »ja ich habe daran gedacht, mir eine Kugel durch den Kopf zu schießen.«[27] Ähnlich hörte es auch de Courcel.[28] Dass das nicht nur so daher gesagt war, wird aus einer plötzlichen Eröffnung 28 Jahre später deutlich: Mitten in der Krise des Mai 1968 überraschte de Gaulle den frischgebackenen Staatssekretär Philippe Dechartre mit dem Geständnis: »Wissen Sie, in Dakar, als ich in Dakar auf meinem Schiff war und auf dem Klappstuhl saß, der Himmel war blau, das Meer war blau, es herrschte eine schreckliche Hitze, die vom Zelt der Brücke zurückgestrahlt wurde, alles war hin. Nun ja, stellen Sie sich vor, da habe ich auch an Selbstmord gedacht.«[29]

Nach außen hin suchte de Gaulle seine Verzweiflung freilich zu verbergen. Und am 28. September schrieb er an seine Frau: »Im Augenblick fallen mir alle Gipsbrocken auf den Kopf. Aber meine Getreuen bleiben mir treu, und ich bin guter Hoffnung für das Weitere.«[30] Als nächstbesten Schritt strebte er an, zunächst wenigstens die Präsenz des »Freien Frankreich« in Äquatorialafrika zu sichern. Dazu ließ er sich von Cumberland nach Duala bringen, dem Hafen von Kamerun, wo Hauptmann De Hauteclocque unterdessen unter seinem Decknamen Leclerc residierte. Er wurde dort am 8. Oktober zum ersten Mal von einem regelrechten Bad in der Menge empfangen, das ihm half, seine Moral wieder zu stärken. Von Duala aus flog er nach Fort Lamy (dem heutigen N'Djamena), der Hauptstadt des Tschad, wo er sich mit dem aus Französisch-Guyana stammenden Generalgouverneur Félix Éboué und General Catroux traf, der aus London nachgekommen war. Von Fort Lamy ging es nach Brazzaville, der Hauptstadt des französischen Kongo. Hier wurde am 27. Oktober ein »Manifest« veröffentlicht, in dem de Gaulle den Anspruch auf Etablierung einer »neuen Staatsgewalt« erhob. Als erster Akt dieser neuen Staatsgewalt folgte die Schaffung eines »Verteidigungsrats des Empire«, in den der »Chef der Freien Franzosen« unter anderen Muselier, Cassin und Catroux berief.[31]

Leclerc und d'Argenlieu waren unterdessen mit einigen Schiffen nach Gabun unterwegs. Nach einigen Gefechten, bei denen die »Freien Franzosen« 20 Tote zu beklagen hatten, die Vichy-Anhänger über hundert, ergab sich Lambaréné am 5. November den Angreifern. Am 9. November folgte die Hauptstadt Libreville, und am 12. November gab auch die Besatzung der Garnison in der Hafenstadt Port-Gentil auf. De Gaulle besuchte die beiden Städte am 15. beziehungsweise 16. November und warb bei den entwaffneten Offizieren um Anhänger. Ein Plan, mit den im Tschad stationierten Truppen durch Libyen bis ans Mittelmeer zu ziehen, ließ sich wegen der Bedenken der dortigen Offiziere nicht sogleich verwirklichen.

So kehrte er nach der Vervollständigung der Kontrolle über Französisch-Äquatorialafrika am 17. November nach London zurück. Das »Freie Frankreich« hatte jetzt eine territoriale Basis, die zwar viel bescheidener ausgefallen war, als de Gaulle bei der Planung der Operation Dakar im Sinn gehabt hatte, aber zwischen den westlichen und östlichen Teilen des britischen Kolonialreichs in Afrika gelegen doch einen Machtfaktor darstellte, den die britische Regierung nicht mehr leichtfertig außer Acht lassen konnte.

Vor seinem Abflug aus Libreville hatte der Chef des Freien Frankreich noch zwei Dekrete erlassen, die den Anspruch auf Staatlichkeit unterstrichen: eine Verfügung über die Einrichtung eines *Ordre de la Libération* (»Befreiungsordens«), mit dem besondere Leistungen im Kampf gegen Hitler-Deutschland gewürdigt werden sollten, und eine »Organische Erklärung zum Manifest des 27. Oktober 1940«, mit der de Gaulle auf die Kritik an der Proklamierung einer »neuen Staatsgewalt« reagierte, die aus London und mehr noch aus Washington zu hören war. Darin begründete er die Illegitimität der Vichy-Regierung mit der verfassungswidrigen Übertragung aller Vollmachten auf Pétain, berief sich für seinen eigenen Anspruch auf einen angeblichen Auftrag von »Millionen Franzosen oder französischer Untertanen« und versprach, bei der Erfüllung seiner Mission auf das demokratische Prinzip zu achten:

> »Wir werden diese Aufgabe unter Beachtung der Institutionen Frankreichs erfüllen, und Wir werden über alle unsere Handlungen gegenüber den Vertretern der französischen Nation Rechenschaft ablegen, sobald diese die Möglichkeit hat, sie frei und regulär zu benennen.«[32]

Die Behauptung, dass »Millionen von Franzosen« de Gaulle um die Fortführung des Kampfes gebeten hatten, war natürlich maßlos übertrieben und nur als Ausfluss seines Glaubens an das »ewige Frankreich« zu verstehen. Die Beamten des *Foreign Office*, die die Verhältnisse wesentlich nüchterner sahen, ließen sich dadurch nicht davon abbringen, verschiedene Versuche zu unternehmen, General Weygand, der unterdessen das Kommando als Generaldelegierter der Vichy-Regierung in Nordafrika übernommen hatte, auf die Seite der Alliierten zu ziehen. Nachdem der Pétain-Stellvertreter Pierre Laval, der sich den deutschen Besatzern gegenüber besonders entgegenkommend gezeigt hatte, am 13. Dezember verhaftet worden war, ließ sich auch Churchill dafür gewinnen, mit der Regierung in Vichy wieder Kontakt aufzunehmen. Die Wiederannäherung ging jedoch nicht so weit, dass er deswegen bereit gewesen wäre, de Gaulle und sein Komitee ganz fallen zu lassen. Notgedrungen erklärte die britische Regierung am 24. Dezember offiziell, dass sie den Verteidigungsrat des Empire »anerkannte« – freilich nur als eigenständige Kampfeinheit der Franzosen und keineswegs schon als Regierung.

Charles und seine Frau Yvonne kämpften unterdessen auch um ihre Liebe. Yvonne, die unter der langen Trennung nicht weniger litt als Charles, schrieb im Oktober an Admiral Muselier, es sei »hart«, dass sie so ganz ohne Nachricht von ihrem Mann sei – »aber ich würde es auch nicht schätzen, wenn mein Gatte untätig sein würde.«[33] Charles wiederum schrieb ihr, bevor er Mitte März 1941 wieder nach Afrika aufbrach, von London aus:

> »Ich umarme Dich aus ganzem Herzen, meine liebe kleine geliebte Frau, und auch meine Freundin und so tapfere und gute Gefährtin durch ein Leben, das ein einziges Unwetter ist.«[34]

4 Der Kampf um die Macht

De Gaulles Argumente zur weltpolitischen Dimension des Krieges, der im September 1939 begonnen hatte, seine leidenschaftlichen Appelle an die »Ehre« der Franzosen und das britische Interesse, so viel wie möglich von dem französischen Potenzial für die Fortführung des Krieges gegen Hitler-Deutschland zu retten, hatten zusammen genommen bis zum Ende des Jahres 1940 dazu geführt, dass das »Freie Frankreich« als eigenständiger Akteur auf der internationalen Bühne existierte. Dem Repräsentanten des »ewigen Frankreich« ging es freilich nicht nur darum, das Land wieder von den deutschen Besatzern zu befreien. Die Niederlage wettzumachen hieß für ihn: Frankreich auch als Großmacht wiederherzustellen. Dazu war es notwendig, einen substantiellen Beitrag zum Sieg über das Deutsche Reich zu leisten. In dieser Hinsicht war mit der Kontrolle über Französisch-Äquatorialafrika noch nicht viel erreicht. De Gaulle versuchte daher beständig, weitere Teile des französischen Kolonialreiches auf die Seite des »Freien Frankreich« zu ziehen. Dabei kam es, was ganz unvermeidlich war, zu Zusammenstößen mit der britischen Schutzmacht, die ihre Prioritäten im gemeinsamen Kampf gegen Hitler-Deutschland natürlich anders setzte.

Mit den wenigen Truppen, die de Gaulle in Französisch-Äquatorialafrika unterstanden, beteiligte sich das »Freie Frankreich« zunächst am britischen Feldzug gegen die italienischen Streitkräfte in Eritrea und Äthiopien. Bis zur Eroberung der Hafenstadt Massaua am Roten Meer im April 1941 waren sie dabei ganz erfolgreich. Allerdings gelang es nicht, die französischen Kolonialtruppen in Französisch-Somaliland mit der Hauptstadt Djibuti zum Übertritt zum »Freien Frankreich«

zu bewegen. Parallel dazu unternahm Hauptmann Leclerc vom Tschad aus Vorstöße in die Wüste von Libyen. Am 1. März 1941 gelang es ihm, die Oase von Kufru im Handstreich zu nehmen.

Von den militärischen Erfolgen in Afrika beflügelt nahm de Gaulle die Sicherung des französischen Mandatsgebiets in Syrien und im Libanon für das »Freie Frankreich« in Angriff. Hier lockten 35.000 Mann gut ausgerüsteter französischer Besatzungstruppen, die beim weiteren Vorgehen gegen die Achsenmächte im Mittelmeerraum schon von Gewicht sein würden. Auch galt es zu vermeiden, dass die Syrer die Schwäche der französischen Schutzmacht nach dem Waffenstillstand nutzten, um an der Seite der Achsenmächte in den Krieg einzutreten. Nachdem mehrere Versuche des Syrien-Kenners Catroux, die Kommandierenden in der Levante zum Übertritt zum »Freien Frankreich« zu bewegen, ohne Erfolg geblieben waren, machte sich de Gaulle am 14. März 1941 in Begleitung von Oberst Spears nach Kairo auf. Dort bereitete er eine Übernahmeaktion nach Art des gescheiterten Dakar-Manövers vor: Aufmarsch der wenigen Bataillone des »Freien Frankreich«, wenn möglich mit britischer Unterstützung, zur Not aber auch allein. Dies sollte eine »moralische Erschütterung der französischen Truppen in Syrien«[1] auslösen und sie dazu bewegen, sich in ihrer überwiegenden Mehrheit dem »Freien Frankreich« anzuschließen.

Catroux hielt die Hoffnung auf ein Überlaufen der Vichy-treuen Truppen für maßlos überzogen und er fürchtete auch, dass die großsyrischen Nationalisten die Gelegenheit nutzen würde, die baldige Unabhängigkeit für ihr Land herauszuschlagen. Der britische Oberkommandierende in Kairo, General Archibald Wavell zeigte wenig Neigung, zu den Kämpfen in der Cyrenaika und im östlichen Mittelmeer auch noch eine dritte Front aufzumachen. Erst nachdem Anfang Mai eine antibritische Revolte im Irak ausgebrochen war und Hitler mit der Vichy-Regierung die Nutzung von Flugplätzen und Waffendepots in Syrien zur Unterstützung der Rebellen vereinbart hatte, wies Churchill Wavell an, die »Freien Franzosen«

bei ihrer Operation in Syrien zu unterstützen. Nach schwierigen Verhandlungen, in denen de Gaulle weit mehr Unterstützung verlangte als Wavell glaubte verantworten zu können, begann am 8. Juni der Angriff auf das französische Mandatsgebiet. Etwa 14 000 britischen (meist australischen) und 6000 gaullistischen Kämpfern standen den über 30 000 Mann des französischen Generalgouverneurs Fernand Dentz gegenüber.

Moralische Erschütterung löste diese Demonstration begrenzter Macht ebenso wenig aus wie acht Monate zuvor in Dakar. Stattdessen lieferten die regulären französischen Truppen gerade der Division des »Freien Frankreich« besonders heftige Kämpfe. Erst nachdem die Revolte im Irak niedergeschlagen worden war, konnte Wavell weitere britische Truppen in Richtung Libanon dirigieren und damit die Wende im Kampfgeschehen herbeiführen. Am 18. Juni bat Dentz das amerikanische Generalkonsulat in Beirut, sich bei den Briten nach den Bedingungen für einen Waffenstillstand zu erkundigen.

Das zähe Ringen zwischen britischen und gaullistischen Interessen ging dadurch in eine offene Auseinandersetzung über. Während die Briten im Sinn hatten, die Levante nach einem Abzug der Vichy-treuen Truppen zunächst selbst zu verwalten, beharrte de Gaulle auf der Etablierung der Autorität des »Freien Frankreich« und einem Angebot an die Soldaten des General Dentz, zu seinen Truppen überzutreten. Das Abkommen, das Vertreter des britischen und des Vichy-treuen Oberkommandos am 14. Juli schlossen, beschränkte sich auf den raschen Abzug der französischen Einheiten und öffnete damit den Weg zu einer Inbesitznahme Syriens und des Libanons durch die Briten. De Gaulle weigerte sich nicht nur, dieses Abkommen anzuerkennen. Er drohte dem britischen Nahost-Staatsminister Oliver Lyttelton am Morgen des 21. Juli in Kairo höchst ungehalten sogar eine Aufkündigung der Zusammenarbeit in der Levante an: Die Truppen des »Freien Frankreich« würden dem britischen Oberkommando binnen drei Tagen entzogen, Catroux würde als Generaldelegierter die Autorität über das gesamte Mandatsgebiet übernehmen und sie gegenüber jedermann geltend machen. Einem amerikanischen Journalisten erklärte er, England sei dabei, »sich mit Hitler zu arrangieren.«[2]

Das brüske und bewusst verletzende Auftreten de Gaulles ließ Lyttelton einlenken: In einem Zusatzabkommen wurde den »Freien Franzosen« erlaubt, unter den Vichy-Soldaten zu werben, die erbeuteten Waffen und Geräte zu übernehmen und die syrische Miliz zu kontrollieren. Außerdem sicherte Lyttelton zu, dass Großbritannien die historische Rechte Frankreichs in der Levante respektieren werde. Bis de Gaulles Truppen tatsächlich Zugang zu den Vichy-Soldaten erhielten, vergingen aber noch fast zwei Wochen; ganze 127 Offiziere und 6000 Soldaten schlossen sich dem »Freien Frankreich« an. Churchill sah sich genötigt, zu de Gaulle auf Distanz zu gehen. »Nach den höchst unfreundlichen Äußerungen gegenüber Großbritannien«, schrieb er am 27. August an Lyttelton, »wird er viel zu tun haben, bevor er die Wertschätzung der Briten zurückgewinnen kann.«[3]

Churchills Missmut steigerte sich zum Zorn, als er tags darauf erfuhr, dass der Chef des »Freien Frankreich« ihm in einem Interview vorgeworfen hatte, ein Arrangement mit Hitler-Deutschland im Sinn zu haben. »Wenn das Interview de Gaulles authentisch ist«, vertraute er Lyttelton an, »ist es offenkundig, dass er vollständig den Kopf verloren hat.«[4] Tatsächlich bestritt de Gaulle, sich gegenüber dem US-Journalisten so geäußert zu haben, wie es in den *Chicago Daily News* vom 27. August wiedergegeben wurde. Den Kern seiner Vorwürfe wegen zu großer Nachgiebigkeit der Briten gegenüber Pétain konnte er jedoch nicht bestreiten, und so beschloss Churchill, ihm eine Lektion zu erteilen. Nach der Rückkehr des Generals nach London am 31. August ließ er ihn erst einmal fast zwei Wochen warten, ehe er ihm eine Unterredung gewährte. Am Ende eines sehr unangenehmen Austauschs heftiger Vorwürfe am 12. September riet er ihm dringend, einen Rat zu etablieren, der ihm bei der Definition der Politik des »Freien Frankreich« helfen könne.

Damit griff er auf, was verschiedene Angehörige des Londoner Hauptquartiers des »Freien Frankreich«, die um das Verhältnis zur britischen Schutzmacht besorgt waren, wenige Tage zuvor entwickelt und verbreitet hatten. Durch Churchills Unterstützung ermutigt, planten sie jetzt eine regelrechte Entmachtung de Gaulles. Am 18. September lud Admiral Muselier de Gaulle ein, die Ehrenpräsidentschaft des geplanten Rates zu übernehmen; er selbst erklärte sich bereit, als Präsident die politische Führung des »Freien Frankreich« zu übernehmen. De Gaulle sah sich gezwungen, gegen eine solche Kaltstellung die Unterstützung Churchills in Anspruch zu nehmen. Er hoffe, erklärte er dem britischen Premierminister bei einer weiteren Unterredung am 23. September,

> »dass er auf die Unterstützung durch die britischen Autoritäten zählen kann, wenn er gezwungen sein sollte, Admiral Muselier von seinen Funktionen zu entbinden, und wenn sich daraus ein Zwischenfall entwickeln sollte.«[5]

Tatsächlich hatte Churchill nicht daran gedacht, de Gaulle durch Muselier zu ersetzen. Dazu war der Admiral in Frankreich zu wenig bekannt, und man hielt ihn auch für eine solche Aufgabe charakterlich für zu wenig gefestigt. Der britische Premier ließ Muselier daher wissen, dass ein Bruch mit de Gaulle nicht infrage kam, drängte aber zugleich de Gaulle, sich mit dem Admiral über die Zusammensetzung des Rates zu verständigen. Das Ergebnis intensiver britischer Vermittlungsarbeit am 24. September war ein »Französisches Nationalkomitee« unter de Gaulles Vorsitz und mit acht Ressortchefs, darunter Muselier mit der Zuständigkeit für die Marine. Das ließ de Gaulle weit mehr Handlungsfreiheit als der britische Premier angestrebt hatte. Churchill weigerte sich allerdings, das Nationalkomitee als Regierung anzuerkennen, und er untersagte seinem Vorsitzenden, britisches Territorium ohne sein Einverständnis zu verlassen.

Die Auseinandersetzung mit Muselier war damit noch nicht beendet. Der Admiral beklagte sich wiederholt über Einmischungen des Generals in Angelegenheiten »seiner« Marine. Als sich Muselier Anfang Dezember im Auftrag des »Freien Frankreich« zur Inselgruppe Saint-Pierre-et-Miquelon vor Neufundland aufmachte, um dieses Überbleibsel des einstigen französischen Kolonialreichs in Nordamerika der Autorität Vichys zu entreißen, legte der amerikanische Präsident Franklin D. Roosevelt Widerspruch ein. Die US-Regierung, die unterdessen (nach dem japanischen Überfall auf Pearl Harbor am 7. Dezember) in den Krieg eingetreten war, wollte die Kontrolle des starken Radiosenders, der auf einer der Inseln stationiert war, durch einen Handstreich der kanadischen Flotte sicherstellen. De Gaulle befahl Muselier, sich nicht um diesen Widerspruch zu scheren, auch nicht um den Einspruch der britischen Regierung, der darauf folgte. Der Admiral gehorchte und brachte die Inseln am 23. Dezember unter seine Kontrolle – unter großer Zustimmung der etwa 6000 Franzosen, die dort lebten. Gegenüber amerikanischen und britischen Stellen distanzierte er sich aber von dem Vorgehen des Generals, und nach seiner Rückkehr nach London erklärte er am 3. März 1942 unter Protest seinen Austritt aus dem Nationalkomitee.

De Gaulle reagierte, indem er ihm sogleich auch das Kommando über die Marine entzog. Das aber wollte Muselier sich nicht nehmen lassen, und die britische Regierung wollte es auch nicht. De Gaulle hielt freilich an seiner Entscheidung fest, auch als Eden ihm am 5. März androhte, dass das das britische Kabinett dann möglicherweise das Abkommen vom 7. August 1940 aufkündigen würde. Als Muselier darauf bestand, bei einer Befragung der Marineoffiziere durch de Gaulle am Abend des 11. März anwesend zu sein, belegte der General ihn mit einer Haftstrafe von 30 Tagen und forderte er die britische Regierung auf, diese Strafe dem Abkommen von 1940 gemäß zu vollziehen.

Das Kriegskabinett zeigte natürlich wenig Neigung, dieser Aufforderung nachzukommen. De Gaulle führte daraufhin am 18. März eine weitere Dramatisierung des Konflikts herbei: Er übergab seinem Kabinettschef François Coulet und den Kommissaren René Pleven und André Diethelm ein »politisches Testament«, in dem er die Gründe für einen eventuellen Rücktritt erklärte: »Das Eingreifen der britischen Regierung in die abscheuliche Krise, die Muselier provoziert hat, ist ebenso unerträglich wie absurd.«[6] Dann zog er sich in den neuen Familienwohnsitz in Rodinghead zurück, den Yvonne im September 1941 ausgesucht hatte, nachdem ihre Tochter Elisabeth einen Studienplatz in Oxford erhalten hatte. Nachdem er so bewusst Unsicherheit über seine weiteren Absichten hinterlassen hatte, berief er am 22. März das Nationalkomitee für den Folgetag ein, um eine Erklärung zum Verhalten der Briten in der Affäre vorzubereiten.

Dazu kam es jedoch nicht. Charles Peake, der Nachfolger von Edward Spears als Vertreter der britischen Regierung beim Nationalkomitee, suchte de Gaulle am 23. März noch vor der Sitzung des Nationalkomitees in Rodinghead auf, um ihm mitzuteilen, dass die Regierung nicht weiter auf der Rücknahme der Amtsenthebung Museliers beharrte. Damit war Krise praktisch beendet: De Gaulle ließ seinerseits die Forderung nach Inhaftierung Museliers stillschweigend unter den Tisch fallen, und der Admiral wies das Angebot eines hohen Kommandopostens, auf dem die Briten ersatzweise bestanden hatten, hochmütig und verbittert zugleich zurück. Die Autorität des Generals im Nationalkomitee wurde danach von niemandem mehr angefochten; Churchills Versuch, ihm Schranken anzulegen, war gescheitert. Offensichtlich war ihm die Unterstützung durch den schroffen Franzosen zu wichtig, um den Bruch mit ihm zu riskieren.

Churchill hielt nicht zuletzt deswegen an de Gaulle fest, weil dieser unterdessen beträchtliche Fortschritte bei der Zusammenführung der verschiedenen Widerstandsgruppen des Mutterlands unter seiner Führung erzielt hatte. Ursprünglich ganz auf die Fortsetzung des Krieges konzentriert hielt der General die Unterstützung durch diese Gruppen seit dem Herbst 1941 für nötig, um sich gegenüber seinen Kritikern zu behaupten. Die täglichen Radiosendungen des »Freien Frankreich« über Radio BBC und auch de Gaulles häufige Radioansprachen taten jetzt ihre Wirkung: Der Name des

Generals, der aus dem fernen London zum Widerstand aufrief, war mittlerweile bekannt, und bei vielen trugen diese Aufrufe auch dazu bei, dass sie sich einer Widerstandsgruppe anschlossen. Aus einer Handvoll versprengter Desperados entstand so im Laufe des zweiten Halbjahrs 1941 eine tatsächliche Widerstandsbewegung. Nach dem deutschen Angriff auf die Sowjetunion am 22. Juni 1941 gingen auch vermehrt Kommunisten zu Widerstandsaktionen über.

Die verschiedenen Widerstandsaktivitäten zu koordinieren und die Gruppen der Autorität des Chefs des »Freien Frankreich« zu unterstellen, war eine Strategie, die sich umso mehr anbot, als das Regime von Vichy mehr und mehr polizeistaatlichen Charakter annahm und sich auf Gedeih und Verderb den nationalsozialistischen Siegern auslieferte. Verfochten wurde sie in erster Linie von Jean Moulin, einem ehemaligen Präfekten und früheren Mitarbeiter von Pierre Cot, der sich gleich nach der Besetzung gegen die Zumutungen der Deutschen gewehrt hatte. Mit seiner Ankunft in London im Oktober 1941 setzte ein Prozess der Annäherung zwischen de Gaulle und der *Résistance* ein, in dem beide Seiten Zugeständnisse machen mussten: Viele Widerständler, die aus dem liberalen oder linken Sektor des politischen Spektrums kamen, mussten ihre Sorge vor diktatorischen oder faschistischen Tendenzen des politisierenden Generals zurückstellen; de Gaulle musste sich deutlicher zur republikanischen Staatsform bekennen, als er es bislang getan hatte.

Ein Durchbruch wurde erzielt, als Christian Pineau, ehemaliger Gewerkschaftssekretär und Führer der Widerstandsgruppe *Libération Nord*, im April 1942 die Zustimmung des Generals zu einem Manifest gewann, das das Programm des »Freien Frankreich« um das Ziel der demokratischen Erneuerung des Landes ergänzte:

> »Das alte französische Ideal von Freiheit, Gleichheit und Brüderlichkeit soll in Zukunft bei uns derart verwirklicht werden, dass jeder in seinem Denken, seinen Überzeugungen und seinen Handlungen frei ist, dass jeder zu Beginn seines Wirkens in der Gesellschaft die gleichen Chancen hat wie alle anderen, und dass

jeder von jedem respektiert wird und Hilfe erhält, wenn er sie benötigt.«[7]

Auf der Grundlage dieses Textes konnte Moulin, der vom Januar 1942 an illegal in Frankreich unterwegs war, die großen Widerstandsgruppe der Südzone zum Anschluss an de Gaulle bewegen – sowohl *Libération Sud* mit Emmanuel d'Astier de la Vigerie an der Spitze, einem ehemaligen Anhänger der *Action française,* als auch *Franc-Tireur* mit Jean-Pierre Lévy von der republikanischen Linken und vor allem *Combat,* in dem sich freiheitliche Sozialisten wie Henri Frenay und Christdemokraten wie Georges Bidault zusammengefunden hatten. Am 3. Juni wurde das Manifest erstmals in einem illegalen Widerstandsblatt publiziert.

Die Stärkung der Position de Gaulles nahm der Auseinandersetzung mit Churchill aber nichts von ihrer Schärfe. Im Gegenteil: Das Scheitern seiner Versuche, den Chef des »Freien Frankreich« unter die Kontrolle umgänglicher Kräfte zu bringen, ließ den britischen Premier bei der Verfolgung seiner Interessen nur noch weniger Rücksicht auf die Ambitionen des Generals nehmen. Anfang Mai eroberten die Briten die Hafenstadt Diégo-Suarez im Norden von Madagaskar, ohne de Gaulle auch nur zu informieren; die Verwaltung der restlichen Insel überließen sie dem Vichy-treuen Gouverneur. In Syrien und im Libanon drängten sie auf baldige Verwirklichung der Unabhängigkeitsversprechen, das Catroux zu Beginn des Syrienfeldzugs im Juni 1941 gegeben hatte, oder zumindest auf Abhaltung von Wahlen als erstem Schritt zur Selbstverwaltung; beides wollte de Gaulle nicht zugestehen, um nicht des Ausverkaufs nationaler Interessen bezichtigt zu werden. Gesuche des Generals, sich erneut in die Krisengebiete in Äquatorialafrika und in der Levante begeben zu dürfen, wurden wiederholt abgelehnt.

De Gaulle war darüber so erzürnt, dass er am 6. Juni über den sowjetischen Geschäftsträger beim Nationalkomitee in Moskau anfragen ließ, ob die Regierung der Sowjetunion bereit sei, ihn und seine Leute »aufzunehmen, falls sich meine

Beziehungen zu den Engländern oder Amerikanern vollständig verschlechtern sollten.«[8] Dem Bankier André Istel erklärte er, dass Frankreichs Stärke bei Kriegsende in erster Linie von der Unterstützung durch Russland abhängen werde und seine Osteuropa-Politik daher »in Verbindung mit Russland sein« müsse.[9] Die Amerikaner hingegen, die immer noch Beziehungen zur Vichy-Regierung unterhielten und bei einer Landung in Nordafrika auf die Neutralität der Vichy-treuen Militärverwaltung hofften, strafte er geradezu mit Verachtung. »Sie können Ihrem Freund Welles [dem Unterstaatssekretär im US-Außenministerium] sagen«, blaffte er Ende Mai den Vertreter des »Freien Frankreich« in den USA an,

> »dass er ein Quatschkopf ist, ein Schafskopf, ein Idiot, und richten Sie diesem alten Blödmann von Hull [dem Außenminister] von mir aus, dass er ein Quatschkopf, ein Schafskopf, ein Idiot ist. [...] Wenn Roosevelt mich sehen will, dann soll er mich offiziell einladen.«[10]

Die Beziehungen zwischen Churchill und de Gaulle entspannten sich etwas, als eine Brigade des »Freien Frankreich« unter General Pierre Koenig eine Stellung in der Wüste der Cyrenaika, genannt Bir-Hakeim Anfang Juni über zehn Tage gegenüber zehnfach überlegenen deutschen und italienischen Divisionen hielt und ihr dann auch noch am 11. Juni ein erfolgreicher Ausbruch gelang. Die britische 8. Armee wurde dadurch vor einem gefährlichen Angriff geschützt. De Gaulle weinte vor Glück, als er die Nachricht vom Ausbruch der Brigade erhielt, und er zögerte nicht, den militärischen Erfolg groß zu feiern. Am 14. Juli wurde die Parade der französischen Streitkräfte zum Nationalfeiertag mit einer Umbenennung des »Freien« in das »Kämpfende Frankreich« verbunden (*La France combattante*). In einem Klima verbreiteter Anerkennung für die französische Leistung gelang es Eden, Churchill zur Genehmigung der Inspektionsreise des Generals nach Syrien zu bewegen, die er lange versagt hatte. Am 5. August machte sich de Gaulle erneut in die Levante auf.

In Damaskus und Beirut musste er freilich feststellen, dass der britische Druck in Richtung auf baldige Wahlen anhielt und die Vertreter des »Kämpfenden Frankreich« es schwer hatten, sich zwischen britischem Militärkommando und unruhig gewordener Bevölkerung zu behaupten. Er sah darin einen Versuch, die Levante trotz gegenteiliger Behauptungen in das britische Weltreich einzubeziehen, und beklagte sich darüber in nunmehr schon gewohnt heftiger Weise, nicht nur bei den Briten und Amerikanern, sondern auch bei der sowjetischen Führung. Dem amerikanischen Generalkonsul in Beirut eröffnete er am 23. August sogar, dass er daran denke, Großbritannien den Krieg zu erklären.[11]

Als Churchill die Nachricht von dieser Entgleisung erhielt, forderte er den General auf, sofort nach London zurückzukehren. Der dachte natürlich nicht daran, der Aufforderung Folge zu leisten, und begab sich stattdessen auf eine ausführliche Rundreise durch Äquatorialafrika. Churchill stoppte daraufhin alle Planungen für eine Übertragung der Verwaltung Madagaskars an das »Kämpfende Frankreich«, wie de Gaulle sie gefordert hatte. Dann wollte er von seinen Diensten wissen, ob der General für die Befreiung Frankreichs wirklich unverzichtbar sein würde. Als dieser ihm am 30. September endlich seine Aufwartung machte, konfrontierte er ihn mit den heftigsten Vorwürfen:

> »Statt Krieg gegen Deutschland zu führen, haben Sie Krieg gegen England geführt. [...] Sie haben nicht die kleinste Neigung gezeigt, uns zu helfen, und Sie sind das Haupthindernis für eine wirkungsvolle Zusammenarbeit mit Großbritannien und den Vereinigten Staaten gewesen.«[12]

Nach dem Gespräch wurde die Beförderung von Telegrammen zwischen der Londoner Zentrale und den Akteuren des »Kämpfenden Frankreich« in Übersee eingestellt. Ebenso wurde die Zusammenarbeit der Geheimdienste gestoppt. De Gaulle dachte über eine Verlegung seiner Zentrale nach Äquatorialafrika nach. Zunächst aber bot er dem Nationalkomitee seinen Rücktritt an. Damit mobilisierte er die

Unterstützung durch den engeren Führungszirkel des »Kämpfenden Frankreich«. Sowohl Gaston Palewski als auch der neue Marine-Kommandeur Philippe Auboyneau machten britischen Stellen gegenüber deutlich, dass das gesamte »Kämpfende Frankreich« hinter seinem Chef stehe.

Das genügte, um de Gaulle am 6. November doch die Überlassung der Verwaltung Madagaskars anzukündigen. Einem viel wichtigeren Ziel kam der General damit aber noch keinen Schritt näher: der Beteiligung des »Kämpfenden Frankreich« an dem bevorstehenden Angriff der amerikanischen Streitkräfte auf die Vichy-treuen französischen Besitzungen in Nordafrika. Im Gegenteil: Wenn es Chancen gegeben haben sollte, den Widerstand der amerikanischen Militärs gegen eine Beteiligung der Kämpfenden Franzosen an dem Nordafrikafeldzug zu überwinden, dann wurden sie durch de Gaulles herrisches Auftreten gründlich zerstört. Seine Beteiligung am Feldzug in Nordafrika, so fürchtete man in Washington, würde nur zu Komplikationen führen und auf jeden Fall den Widerstand der Vichy-Truppen gegen die Invasoren verstärken. Folglich wurde der Chef des »Kämpfenden Frankreich« über die Landung der amerikanischen Einheiten an diversen Küstenabschnitten Marokkos und Algeriens am 8. November 1942 noch nicht einmal informiert.

Entgegen ihren Erwartungen wurden die amerikanischen Truppen unter dem Oberbefehl von General Dwight D. Eisenhower aber auch ohne Unterstützung durch das »Kämpfende Frankreich« nicht mit offenen Armen empfangen. Auf Befehl Pétains leisteten die französischen Truppen in Marokko und in Algerien hartnäckigen Widerstand. Gleichzeitig landeten deutsche Fallschirmjäger in Tunesien und brachten das Protektorat schnell unter ihre Kontrolle. Erst am Morgen des 10. November fanden die amerikanischen Befehlshaber in Admiral Darlan, dem Stellvertreter Pétains und Oberbefehlshaber der Streitkräfte, einen Repräsentanten des Vichy-Regimes, der bereit war, einen Waffenstillstand zu schließen, und der auch über die Autorität verfügte, diesen bei den Generälen und Offizieren auf dem nordafrikanischem Territorium durchzusetzen. Darlan, der im April seinen Platz in der Regierung an Laval hatte abgeben müssen, war kurz vor der amerikanischen Landung nach Algier geflogen, um seinen kranken Sohn zu besuchen, und nutzte nun die Gelegenheit, im Gegenzug zur Vermittlung des Waffenstillstands die politische Kontrolle über Nordafrika zu übernehmen.

Für de Gaulle war das Paktieren mit einem so kompromittierten Vertreter des Vichy-Regimes wie Darlan nicht nur vollkommen inakzeptabel. Er fürchtete auch, dass die Rettung des Vichy-Regimes, die in diesem Pakt angelegt war, den Auftakt zur Etablierung autoritärer Regime unter amerikanischer Oberhoheit in ganz Europa bilden könnte. »Wenn Darlan gewinnt«, erklärte er dem sowjetischen Botschafter in London, Iwan Maiskij am 13. Dezember,

> »wird die nächste Etappe der amerikanischen Politik die Installierung von Dino Grandi oder Marschall Badoglio in Italien sein, und dann die Installierung des früheren Kanzlers von Papen oder vielleicht sogar des Marschall Görings in Deutschland.«[13]

Um die »Lösung Darlan« zu verhindern, beschwor er einerseits gegenüber den westlichen Verbündeten die moralische Dimension dieses Krieges und die Gefahr, dass sich die Franzosen bei einem Festhalten an Darlan von ihnen abwenden würden. Andererseits versuchte er auch, die sowjetische Führung gegen eine solche Lösung in Stellung zu bringen. »Ich wünsche von ganzem Herzen«, sagte er Maiskij zum Abschied, »dass Sie vor den Amerikanern in Berlin sind.«[14]

Zum Glück für de Gaulle (und letztlich auch für die französische Demokratie) regte sich in der gesamten westlichen Welt Protest gegen das Abkommen mit Darlan – nicht nur in Großbritannien, sondern auch in der amerikanischen Öffentlichkeit und nicht zuletzt auch in Frankreich, wo Hitler die deutsche Besatzung nach der amerikanischen Landung in Nordafrika auch auf die Südzone ausgedehnt hatte. De Gaulle beeilte sich natürlich, die Berichte über die Stimmung in Frankreich, die er erhielt, an Churchill und Eden weiterzuleiten, und ihnen deutlich zu machen, dass es nun an ihnen war, die moralische Führung in diesem Krieg zu übernehmen.

Die massive Kritik veranlasste Roosevelt, am 16. November zu erklären, dass die Betrauung Darlans mit dem Amt des Hochkommissars für Nordafrika nur provisorischer Natur sei. Das bedeutete aber nicht, dass er nunmehr bereit gewesen wäre, den Anspruch de Gaulles auf Verwaltung Nordafrikas im Namen des »Kämpfenden Frankreich« anzuerkennen. Vielmehr dachte er an die Etablierung einer direkten amerikanischen Besatzungsverwaltung.

In dieser Situation wurde Darlan am 24. Dezember in seiner Residenz in Algier von einem jungen Attentäter, Fernand Bonnier de la Chapelle, erschossen. Der Attentäter war Teil einer royalistischen Verschwörung, von der de Gaulle offensichtlich Kenntnis hatte. Man wird nicht sagen können, dass er für das Attentat verantwortlich war; schließlich gehörten Verräter wie Darlan in seinen Augen vor ein Kriegsgericht oder sonst einen ordentlichen Gerichtshof. Aber er hat auch nichts unternommen, um es zu verhindern, und das Ergebnis kam ihm sehr zupass. »Das entscheidende Hindernis, das der Etablierung einer vereinten französischen Autorität im Wege stand, ist soeben beseitigt worden«, kommentierte er die Nachricht vom gewaltsamen Ende des Admirals.[15]

Der Chef des »Kämpfenden Frankreich« war damit aber noch nicht am Ziel. Durch den Tod Darlans schneller zum Handeln gezwungen als sie gedacht hatten, ernannten die Amerikaner jenen General Henri Giraud zum »zivilen und militärischen Chefkommandanten«, der einst de Gaulles Vorgesetzter in Metz gewesen war. Giraud war von den Amerikanern dafür gewonnen worden, sie bei der Landung in Nordafrika zu unterstützen. Es war ihm aber nicht gelungen, die Generäle und Offiziere vor Ort von der Opportunität eines Waffenstillstands zu überzeugen; deswegen hatte er zunächst Darlan weichen müssen. Jetzt sollte er in erster Linie dafür sorgen, dass sich die Militärs und die Zivilbevölkerung in den nordafrikanischen Gebieten nicht auf de Gaulle hin orientierten. Das Problem de Gaulle sollte dadurch gelöst werden, dass er gedrängt wurde, sich mit seiner Organisation in ein Gremium einzuordnen, das von Giraud geleitet wurde.

Das war eine Lösung, die auch Churchill sehr zusagte. In Giraud glaubte er endlich die Alternative zu de Gaulle gefunden zu haben, die er seit dem Sommer 1941 vergeblich gesucht hatte. Er schickte daher am 15. Januar 1943 von Casablanca aus, wo er mit Roosevelt konferierte, eine Einladung an de Gaulle, sich mit ihm, dem amerikanischen Präsidenten und Giraud zu treffen, um über eine gemeinsame Administration für Nordafrika zu verhandeln. De Gaulle weigerte sich zunächst, zu einem Treffen in dieser Konstellation zu erscheinen. Es schien ihm auf eine Unterordnung nicht nur unter Giraud, sondern auch unter das alliierte Oberkommando hinauszulaufen. Erst nachdem Churchill ihm angedroht hatte, dem »Kämpfenden Frankreich« bei einem Fernbleiben alle Mittel zu entziehen, fand er sich notgedrungen bereit, am 22. Januar in Anfa (dem Villenvorort von Casablanca, wo die amerikanischen Truppen ihr Hauptquartier aufgeschlagen hatten) zu erscheinen.

In den Verhandlungen war de Gaulle freilich hartnäckig genug, alle Formeln abzulehnen, die die Souveränität des »Kämpfenden Frankreich« als Repräsentanz der Nation beeinträchtigt hätten. Lediglich eine Konstruktion, bei der Giraud den militärischen Oberbefehl übernommen hätte, dieser aber der zivilen Administration unterstellt wurde, war für ihn akzeptabel. Da sich weder Churchill noch Roosevelt darauf einlassen wollten, endeten die Gespräche am Morgen des 24. Januar mit einem Misserfolg. Lediglich zu einer kurzen gemeinsamen Erklärung mit Giraud fand sich de Gaulle schließlich auf Drängen Roosevelts bereit – und zu einem Foto für die amerikanische Presse, auf dem sich die beiden Generäle vor dem Präsidenten die Hand gaben. *I shall do that for you,*[16] kommentierte de Gaulle diese Geste gegenüber Roosevelt, ausnahmsweise einmal in Englisch, einer Sprache, die er nach wie vor nur sehr schlecht beherrschte.

Churchill war über das erneute Scheitern seiner Zähmungsbemühungen außer sich. »Reden wir nicht mehr von dem da«, hakte er das Thema de Gaulle bei Roosevelt ab. »Wir nennen ihn Jeanne d'Arc und wir suchen Bischöfe, um ihn zu verbrennen.«[17] Ein Gesuch de Gaulles, erneut die vom »Kämpfenden Frankreich« kontrollierten Gebiete bereisen zu dürfen, wurde abgelehnt, der Verkehr mit ihm auf ein Minimum beschränkt. Als de Gaulle den reaktionären Charakter Girauds herausstellte und die Präsenz expliziter Vichy-Anhänger in seiner Umgebung brandmarkte, schickte Roosevelt Jean Monnet nach Algier, um dem amtierenden »Chefkommandanten« einen demokratischeren Anstrich zu verpassen. Das gelang. Nachdem sich der im Grunde unpolitische General in einer Rede zur Republik bekannt und große Teile der Vichy-Gesetzgebung per Dekret abgeschafft hatte, legte er am 1. April ein von Monnet redigiertes Memorandum vor, in dem die Verwaltung der befreiten Gebiete durch einen Rat vorgeschlagen wurde, der sich an der Verfassung vor der Übertragung der Vollmachten an Pétain orientiert.

De Gaulle beharrte demgegenüber weiter auf der Unterordnung der militärischen unter die zivile Gewalt. Er verlangte, zu Verhandlungen mit Giraud in aller Öffentlichkeit nach Algier eingeladen zu werden, setzte dazu eine Frist bis zum 3. Mai und wandte sich dann, nachdem diese Frist ohne eine Einladung verstrichen war, mit einer Rede an die Öffentlichkeit, in der er die vielen Zeichen der Zustimmung der Bevölkerung zu seinem Komitee und den begeisterten Empfang, der den Truppen Leclercs auf ihrem Feldzug in Tunesien bereitet wurde, gegen die Versuche in Stellung brachte, »mit opportunistischen Arrangements oder Kombinationen zur Bequemlichkeit fremder Mächte über die Gebiete und die Soldaten der Nation zu verfügen.«[18]

Monnet nannte das »eine Rede ganz im Stil Hitlers« und folgerte daraus, dass de Gaulle »zerstört« werden müsse, »im Interesse der Franzosen, der Alliierten und des Friedens.«[19] Roosevelt bezeichnete den widerspenstigen General als »Opfer eines messianischen Komplexes« und wollte ihn auf den Posten eines Gouverneurs von Madagaskar abschieben; das »befreite Frankreich« sollte zunächst einmal für mindestens ein halbes Jahr von den alliierten Militärs verwaltet werden. Und Churchill wollte das Nationalkomitee durch Entzug aller Mittel dazu zwingen, de Gaulle vor die Tür zu setzen.

> »Er ist egoistisch, selbstbezogen, wahnsinnig hochmütig, unvernünftig, anmaßend, er zieht alles an sich. Kaum loyal, antienglisch, antiamerikanisch.«[20]

In einem Schreiben an Eden und den stellvertretenden Premierminister Clement Attlee warnte er vor den »faschisierenden Tendenzen« des Generals und seiner Entschlossenheit, auf die Unterstützung durch die Sowjetunion zu setzen.[21]

Die Pläne zur Absetzung de Gaulles liefen jedoch ins Leere, weil dessen Appelle an die Freiheitsliebe und den Stolz der Franzosen unterdessen Wirkung zeigten. Das Verschwinden Pétains hinter dem direkten Zugriff der deutschen Besatzung und die Aussicht auf einen Sieg der Alliierten nach der deutschen Niederlage vor Stalingrad im Januar 1943 veranlassten immer mehr Franzosen, nunmehr auf de Gaulle zu setzen. Giraud ließ sich dazu überreden, ein Organisationsschema anzubieten, das ihn und de Gaulle als gleichberechtigte Präsidenten vorsah, dazu zwei Mitglieder, die von ihm ernannt wurden, zwei Mitglieder von de Gaulles Seite und drei weitere Sitze, die erst später vergeben werden sollten. Schließlich akzeptierte er am 17. Mai auch de Gaulles Forderung nach Verhandlungen am Verwaltungssitz der nordafrikanischen Besitzungen in Algier. De Gaulle wiederum akzeptierte Verhandlungen auf der Grundlage dieses Angebots, auch wenn es unterhalb seiner Forderung nach Unterordnung der militärischen Führung blieb: Wenn die Verhandlungen nicht unter dem Protektorat der angelsächsischen Mächte stattfanden, dann war er sich sicher, dass er auch in der angebotenen paritätischen Konstruktion früher oder später die alleinige Führung erringen konnte. Auch spürte er wohl, dass der Punkt gekommen war, an dem er den Bogen zu überspannen drohte. Am 25. Mai kündigte er Giraud sein Eintreffen in Algier zum Ende der Woche an.

Die britische Regierung konnte ihm den Transfer seiner Londoner Zentrale in die Hauptstadt Algeriens umso weniger verweigern, als das Kriegskabinett Churchills Vorschlag eines Bruchs mit de Gaulle zwei Tage zuvor kategorisch abgelehnt hatte. Sowohl Eden als auch Attlee hatten erklärt, dass die alliierte Propaganda gegen den Mythos de Gaulle nicht ankommen würde und man Briten und Amerikanern dann eine Einmischung in die inneren Angelegenheiten Frankreichs und die Errichtung eines Protektorats vorwerfen könne. Wenig später, am 27. Mai, einigten sich dann auch die Vertreter der verschiedenen *Résistance*-Gruppen der Südzone wie der Nordzone bei einer geheimen Zusammenkunft in Paris auf die Bildung eines Nationalen Widerstandsrates (*Conseil national de la Résistance*) unter dem Vorsitz von Jean Moulin. Die Repräsentanten der Widerstandsgruppen, politischen Parteien und Gewerkschaften erklärten nicht nur, dass »General de Gaulle der Chef der französischen Widerstandsbewegung bleiben wird«; sie verlangten auch »die baldige Errichtung einer provisorischen Regierung unter der Präsidentschaft General de Gaulles.«[22]

Das Votum der vereinten *Résistance* stärkte natürlich de Gaulles Position in den Verhandlungen über die personelle Zusammensetzung und Positionierung des neuen Leitungsorgans. Obwohl Giraud sich alles andere als entgegenkommend zeigte und Churchill selbst nach Algier reiste, um ihm gegen diesen »Riesen-Dreckskerl«[23] beizustehen, wurde am 3. Juni de Gaulles Forderung durchgesetzt, das neue Organ als »Französisches Komitee der Nationalen Befreiung« (*Comité français de libération nationale* oder abgekürzt CFLN) mit der Ausübung der Souveränität zu betrauen und ihm die Streitkräfte beider Lager zu unterstellen. De Gaulles Generaldelegierter Catroux wurde an der Stelle des zurückgetretenen Marcel Peyrouton zum neuen Generalgouverneur von Algier ernannt. In der Kernmannschaft des neuen Komitees, die tags darauf beschlossen wurde, konnte sich Giraud im Grunde nur auf den alten General Joseph Georges stützen, der als Pendant zu Catroux berufen wurde. Das Londoner Komitee war mit dem Diplomaten René Massigli und dem Sozialisten André Philip doppelt vertreten, während der de Gaulle-Gegner Jean

Monnet doch zugleich zutiefst demokratischen Grundsätzen verpflichtet war.

Auch bei der Erweiterung des Komitees am 7. Juni waren die Kommissare Londoner Provenienz mit René Pleven, Henri Bonnet, André Diethelm und Adrien Tixier zahlenmäßig stärker vertreten. Darüber hinaus orientierten sich zwei der von Giraud benannten Mitglieder, René Mayer und Maurice Couve de Murville, zunehmend an de Gaulle. Nur der algerische Lokalpolitiker Jules Abadie verstärkte die schmale Gruppe der Giraudisten. Es fiel de Gaulle daher nicht allzu schwer, nach der Ankunft der neuen Kommissare in Algier eine Intervention Eisenhowers zugunsten Girauds am 19. Juni dazu zu nutzen, die Etablierung eines »nationalen Verteidigungskomitees« durchzusetzen, das für die Organisation der Streitkräfte zuständig war, solange Giraud sich weigerte, eines seiner beiden Spitzenämter – ziviler Komitee-Präsident und Oberkommandierender – aufzugeben. Wenige Tage später reichte General Boisson, wie von de Gaulle von Beginn der Verhandlungen mit Giraud an gefordert, seinen Rücktritt als Generalgouverneur Französisch-Westafrikas ein.

Nachdem die alliierten Streitkräfte in Sizilien gelandet waren und Mussolini gestürzt worden war, konnte de Gaulle am 31. Juli auch erreichen, dass er allein mit dem Vorsitz des Verteidigungskomitees betraut wurde. Giraud blieb Oberkommandierender, aber mit der Maßgabe, dass er aus dem Komitee ausscheiden würde, sobald die französischen Truppen an der Seite der Alliierten in die Kämpfe um die Befreiung Europas eingesetzt würden.

Damit hatte sich der Chef des »Kämpfenden Frankreich« im Wesentlichen durchgesetzt. Die Integration der in Nordafrika stationierten Truppen in eine gemeinsame Kommandostruktur wurde jetzt von ihm verantwortet, und er leitete auch die Sitzungen des Befreiungskomitees. Kurz vor der Durchsetzung dieser Reform war seine Frau zusammen mit Anne, der Pflegerin und einer Köchin nach Algier gekommen. In einer Villa, die man von einem türkischen Geschäftsmann gemietet hatte, konnte fast wieder ein normales Familienleben beginnen. Dass er den Kampf um die Anerkennung als legitimer Repräsentant der Nation letztlich gewinnen würde, dessen war sich de Gaulle unterdessen vollkommen sicher.

Churchill sah sich genötigt, das *fait accompli* der Isolierung Girauds zunächst einmal hinzunehmen. Am 27. August gab die britische Regierung die Anerkennung des Befreiungskomitees als Nachfolger des Londoner Komitees und »Organ zur Sicherung der Verteidigung der französischen Interessen« bekannt. Die US-Regierung folgte, noch wesentlich reservierter, mit einer Anerkennung als »Organ, das die französischen Übersee-Gebiete regiert«. Das änderte aber nichts an der Entschlossenheit des britischen Premiers, de Gaulle zu bekämpfen. Den Mitgliedern des Komitees drohte er an, dass jeder Versuch, das Prinzip der doppelten Präsidentschaft aufzugeben, zu einem schwerwiegenden Konflikt mit der britischen und mit der amerikanischen Regierung führen würde.

De Gaulle musste daher bei der vollständigen Entmachtung seines Ko-Präsidenten sehr vorsichtig vorgehen. Am 17. September konnte er den Beschluss durchsetzen, eine »Beratende Versammlung« nach Algier einzuberufen. 40 Vertreter der *Résistance* im Mutterland sollten ihr angehören, 12 Vertreter der Exilgruppen, 20 Abgeordnete der einstigen Deputiertenkammer und des Senats sowie zwölf Vertreter der Generalräte. Am 2. Oktober folgte der Beschluss, dass *der* Vorsitzende des Komitees (im Singular) jeweils für ein Jahr gewählt werden sollte, mit dem Recht auf Wiederwahl. Nachdem die Beratende Versammlung am 3. November zu ihrer ersten Sitzung zusammengetreten war, konnte er das Komitee am 6. November zu einem kollektiven Rücktritt bewegen. General Georges unterschrieb das entsprechende Dekret erst nach langem Zureden. Giraud unterzeichnete dagegen sogleich, offensichtlich ohne recht zu sehen, was es eigentlich bedeutete.

Tatsächlich war damit der Weg zur Wahl de Gaulles frei. Am 9. November konnte er der Öffentlichkeit ein Komitee präsentieren, das um eine ganze Reihe von Vertretern der *Résistance* und der politischen Parteien erweitert worden war – Emmanuel d'Astier, Henri Frenay und François de Menthon von den Widerstandsgruppen im Mutterland, René Capitant von den Gaullisten in Algerien, der konservative Abgeordnete Louis Jacquinot, die Sozialisten Pierre Bloch und André Le Trocquer sowie die Radikalen Pierre Mendès France und Henri Queuille.

Mit der Erweiterung des Befreiungskomitees war die Akzentverschiebung in der Mission abgeschlossen, die sich de Gaulle im Juni 1940 zu eigen gemacht hatte. War es ursprünglich um eine Fortführung des Krieges mit so viel militärischen Mitteln wie irgend möglich gegangen, so stand jetzt, nach dem sehr begrenzten Erfolg dieser Strategie und der Entscheidung des Kriegsausgangs durch das militärische Engagement der neuen Weltmächte, die Etablierung einer neuen politischen Ordnung nach der Diskreditierung und dem absehbaren Zusammenbruch des Vichy-Regimes im Mittelpunkt des Programms. Charles de Gaulle entwickelte sich über diese Akzentverlagerung vom militärischen Strategen zum politischen Führer und Begründer eines neuen politischen Konsenses, der eindeutiger als bisher auf dem Bekenntnis zu den Prinzipien der Republik beruhte und zugleich ihre sozialstaatliche Dimension stärker akzentuierte. Die Kräfteverhältnisse innerhalb der *Résistance* und de Gaulles eigene Sympathien für den sozialen Katholizismus passten hier ganz gut zusammen. In dieser neuen Rolle, die ihm zugewachsen war, ohne dass er sie bewusst angestrebt hätte, war er wesentlich erfolgreicher als in der alten, weil sich die Realität der französischen Nation unterdessen auf seine Fiktion vom »ewigen Frankreich« zu entwickelt hatte.

Natürlich ging die Etablierung dieses neuen Konsenses nicht ohne Konflikte vonstatten. Am 21. Juni 1943, vier Wochen nachdem ihm die Einigung der *Résistance*-Bewegungen unter de Gaulles Führung gelungen war, wurde Jean Moulin bei einem Treffen von *Résistance*-Führern der Südzone in Caluire verhaftet. Wenige Tage später starb er nach Folterungen auf dem Weg in ein deutsches Konzentrationslager. Danach nahmen die Rivalitäten und die politischen Gegensätze zwischen den *Résistance*-Führern wieder zu, und die Verbindungen zum

Befreiungskomitee in Algier lockerten sich wieder. Die Kommunisten erhielten verstärkten Zulauf, besonders im Südwesten, wo sie zu Guerilla-Aktivitäten übergingen. Das schürte bei vielen anderen Gruppen die Furcht, im Moment der Befreiung von den Kommunisten überrannt zu werden.

De Gaulle verstand es aber, mit Hilfe von Moulins Nachfolger Georges Bidault letztlich auch die Kommunisten in den nationalen Konsens einzubinden. Am 15. März 1944 verabschiedete der nationale Widerstandsrat ein Programm, das auch von den Kommunisten unterstützt wurde. Es sah, in vielem an die Programmatik der Volksfront erinnernd, eine Erneuerung und Demokratisierung der bürgerlichen Republik vor, verbunden mit einer Beschränkung des Einflusses der großen Monopole und sozialen Reformen. Am 4. April 1944 wurden nachträglich zwei kommunistische Führer in das Befreiungskomitee aufgenommen, François Billoux als Staatskommissar und Fernand Grenier als Kommissar für die Luftfahrt. Gleichzeitig wurde Giraud auch noch das Oberkommando über die Streitkräfte entzogen.

Problematisch war nur, dass weder Churchill noch Roosevelt daran dachten, de Gaulle und sein Komitee in die Entscheidungsfindung über die Befreiung Frankreichs einzubeziehen. Dass der Mann des 18. Juni 1940 unterdessen breite Zustimmung unter den Franzosen gefunden hatte, nahmen sie schlicht nicht wahr. Stattdessen fürchteten sie weiterhin die Etablierung eines diktatorischen Regimes, das dann auch noch gemeinsame Sache mit der Sowjetunion machen würde, auf Kosten der britischen wie der amerikanischen Interessen. Roosevelt hielt daher trotz vieler Widersprüche aus dem Innen- und Kriegsministerium an seinem Plan fest, das Land nach dem Sieg über die deutschen Besatzer zunächst von einer alliierten Militärregierung verwalten zu lassen. In einem Ausbildungszentrum in Charlottesville/Virginia wurden Zivilisten auf den Einsatz in dieser Verwaltung vorbereitet, und es wurde auch schon neues Geld gedruckt, das sie in Umlauf bringen sollte.

De Gaulle litt unter dieser hartnäckigen Missachtung seines Souveränitätsanspruchs umso mehr, als er in den Wintermonaten 1943/44 ein zweites Mal nach dem April 1942 vom Sumpffieber geplagt wurde, das er sich auf seiner zweiten Afrikareise geholt hatte. Derart geschwächt, trat er gegenüber den Alliierten nur noch anmaßender und gereizter auf. Er konnte damit aber lediglich erreichen, dass Eisenhower als Oberkommandierender der alliierten Streitkräfte ihm zusicherte, eine französische Panzerdivision in den Streitkräfteverbund aufzunehmen, die an der Normandieküste landen sollten; sie sollte insbesondere bei der Befreiung von Paris in Erscheinung treten. Die genauen Einzelheiten der *Operation Overlord* wurden jedoch vor ihm geheim gehalten. Als ihre Umsetzung heranrückte, unterband die britische Regierung am 17. April sogar den chiffrierten Funkverkehr zwischen den Londoner Vertretern des Befreiungskomitees und seiner Zentrale in Algier.

Angesichts des Beitrags, den französische Truppen unter dem Kommando von General Alphonse Juin – jetzt in einem Umfang von etwa 130 000 Mann – zur Befreiung Italiens leisteten, war das eine Haltung, die in der britischen Öffentlichkeit und auch im Kriegskabinett auf wenig Verständnis stieß. Von Eden entsprechend bedrängt, stimmte Churchill am 24. Mai schließlich zu, de Gaulle zu Gesprächen über die bevorstehende Invasion nach London einzuladen. Der wollte aber nur kommen, wenn ihm vollkommene Bewegungs- und Redefreiheit zugesichert wurde, und zu Gesprächen über die Invasion war er nur bereit, wenn daran auch Vertreter der USA teilnahmen. Letzteres konnte Churchill ihm nicht zusagen, weil sich Roosevelt weiterhin gegen Verhandlungen mit dem Befreiungskomitee sperrte. Am Nachmittag des 3. Juni bestieg de Gaulle dennoch das Flugzeug, das Churchill ihm geschickt hatte – freilich nicht, ohne zuvor das Befreiungskomitee zur »Provisorischen Regierung« der französischen Republik proklamiert zu haben, und seinerseits offenlassend, welchem Zweck dieser Besuch dienen sollte.

In London ging das Tauziehen weiter. De Gaulle weigerte sich, allein mit den Briten über ein Abkommen zu verhandeln, das dann Roosevelt zur Genehmigung vorgelegt werden sollte, und er weigerte sich auch, am Tag der Landung der alliierten

Truppen unmittelbar nach dem alliierten Oberbefehlshaber zu den Franzosen zu sprechen. Tatsächlich forderte Eisenhower dann in seiner Radiobotschaft am Morgen des 6. Juni die Anerkennung der Autorität des alliierten Oberkommandos ein, während de Gaulle in einer Ansprache, die am Abend des 6. Juni gesendet wurde, seine Landsleute kategorisch aufforderte, die »Anweisungen der französischen Regierung und der von ihr eingesetzten französischen Chefs genauestens zu befolgen.«[24] Am 14. Juni nutzte er einen Truppenbesuch in der Normandie (den ihm Churchill unter dem Druck der öffentlichen Meinung und des Kabinetts nicht mehr verweigern konnte), um seinen früheren Kabinettschef François Coulet zum Kommissar für die befreiten Gebiete der Normandie zu ernennen und zur Übernahme der Geschäfte nach Bayeux zu schicken. Der dort amtierende Unterpräfekt und der Bürgermeister spielten mit, und dann bereiteten die Bevölkerungen von Bayeux und Isigny dem Mann des 18. Juni einen herzlichen, bisweilen auch begeisterten Empfang.

Das genügte, um den Ausgang des Kräfteringens zu entscheiden. »Du siehst«, sagte de Gaulle während der nächtlichen Rückfahrt nach England mit dem Torpedobootzerstörer *Combattante* voller Genugtuung zu einem seiner Begleiter, dem General Émile Béthouart,

> »man musste die Alliierten vor vollendete Tatsachen stellen. Unsere neuen Autoritäten sind im Amt; Du wirst sehen, dass sie nichts sagen werden. […] Die nationale Souveränität ist praktisch gesichert. Wir können nach Algier zurückkehren.«[25]

5 Die Befreiung

Als der Präsident der »Provisorischen Regierung der französischen Republik« am 16. Juni 1944 von seinem Besuch in London nach Algier zurückkehrte, war er sichtlich guter Dinge. Die Befreiung Frankreichs von deutscher Besatzungsherrschaft war endlich im Gange, und er war sich sicher, die Weichen dafür gestellt zu haben, dass die von ihm geführte Regierung nun die Kontrolle des Landes übernehmen würde. Für ihn war das nicht nur ein persönlicher Triumph. Es war der Erfolg der »nationalen Sammlung für den Krieg und für die Größe«, zu der er am 18. Juni 1940 aufgerufen hatte, und damit auch eine Chance für die Erneuerung des Landes, die er immer für notwendig gehalten hatte. »Frankreich«, erklärte er zum Schluss einer Ansprache vor der Beratenden Versammlung am vierten Jahrestag seines Appells, »sieht in der Morgendämmerung eines Sieges, an dem es nie gezweifelt hat, die Erneuerung herannahen, die es ihm erlauben wird, zu all dem, was es für die Welt getan hat, noch etwas hinzuzufügen.«[1]

In der Tat wagten es die Alliierten nicht mehr, gegen den von de Gaulle installierten Kommissar für die befreiten Gebiete der Normandie vorzugehen. Im Generalstab von Eisenhower wurde zwar geplant, François Coulet in Gewahrsam zu nehmen und nach England zurückzuschicken. Als aber eine Woche nach der Abreise de Gaulles Vertreter der amerikanischen Militärregierung und der britischen Zivilverwaltung in Bayeux auftauchten, erklärten sie, die französische Verwaltung vorerst tolerieren zu wollen, bis sie von ihren Regierungen weitere Instruktionen erhielten. Offensichtlich hatte Eisenhower eingesehen, dass er es sich nicht leisten konnte, hier noch einen Nebenkriegsschauplatz zu eröffnen. Der Widerstand der Wehrmacht war viel härter, die Kämpfe in der Normandie viel verlustreicher als das Oberkommando erwartet hatte. Da konnte man Auseinandersetzungen um die Zivilverwaltung, die möglicherweise auch noch die Mobilisierung der *Résistance*-Kämpfer gefährdeten, nicht brauchen.

De Gaulle war sich seines Erfolgs umso sicherer, als er um seine Popularität in der amerikanischen Öffentlichkeit wusste und Roosevelt um seine Wiederwahl im kommenden November zu kämpfen hatte. Darum gab er jetzt auch dem Drängen Churchills und Eisenhowers nach, dem amerikanischen Präsidenten auch ohne offizielle Einladung seine Aufwartung zu machen. Das *fait accompli* der Übernahme der Zivilverwaltung war nur zu legalisieren, wenn auch der amerikanische Präsident seinen Widerstand aufgab. Am 24. Juni ließ er Washington wissen, dass er den Präsidenten gerne besuchen würde. Dann begab er sich zu einem Besuch der siegreichen französischen Truppen in Neapel und zum alliierten Hauptquartier in Rom; dort ließ er sich am 30. Juni auch von Papst Pius XII. empfangen. Anschließend flog er am 5. Juli mit einer Maschine, die Roosevelt ihm geschickt hatte, nach Washington.

Präsident Roosevelt suchte die Niederlage, die er jetzt mitten im Kampf seiner Truppen in Europa zu konsumieren hatte, hinter einer ausgesuchten Höflichkeit zu verbergen. In den drei Gesprächen, die er mit dem eigenwilligen General aus Algier führte, war von der Frage, um die es eigentlich ging – der Anerkennung der Provisorischen Regierung – mit keinem Wort die Rede. Stattdessen breitete Roosevelt seine Vision von den »vier Weltpolizisten« aus, und de Gaulle beharrte demgegenüber auf der eigenständigen Rolle, die Frankreich und die kleineren Nationen Europas auch in Zukunft zu spielen hätten. Außerhalb der offiziellen Begegnungen verstärkte der Chef der Provisorischen Regierung freilich den Druck auf den Präsidenten: Das begann mit einer kurzen Ansprache nach seiner Landung, in der er – zum ersten Mal ganz in einstudierter englischer Sprache – den amerikanischen Freunden, die für den gemeinsamen Sieg kämpften und arbeiteten, die Grüße des »whole french people« überbrachte.[2] Weiter ging es mit einer Pressekonferenz nach Abschluss der Gespräche am 10. Juli, in der er sich »überzeugt« gab, dass Roosevelt und die amerikanische Regierung »keinerlei Absicht hegten, irgendwelches französisches Territorium zu annektieren.«[3] Ihren Höhepunkt erreichte die Mobilisierung der amerikanischen Öffentlichkeit, auf die sich de Gaulle unterdessen gut verstand, mit einem Empfang durch den Oberbürgermeister von New York, Fiorello La Guardia, der die Begeisterung seiner Wähler für den Freiheitskämpfer aus dem fernen Europa für den Präsidentschaftswahlkampf einzusetzen wusste. Das Bad in der Menge, das der »provisorische« Regierungschef an diesem 10. Juli vor dem Rathaus in New York genoss, ging weit über seine diesbezüglichen Erfahrungen in Brazzaville, Algier und Bayeux hinaus.

Der Erfolg ließ auch nicht auf sich warten. Bereits am 11. Juli, als de Gaulle nach Québec weitergereist war, um den Beitrag der kanadischen Verbände zur Befreiung Frankreichs zu würdigen, teilte Roosevelt Churchill mit, dass man das französische Befreiungskomitee *de facto* anerkennen könnte, wenn nur die militärische Handlungsfreiheit Eisenhowers gesichert sei. Als de Gaulle am 13. Juli nach weiteren Stationen in Montréal und Ottawa nach Algier zurückkehrte, fand er eine offizielle Erklärung aus Washington vor, die ihn in der Hauptsache zufriedenstellte: »Die Vereinigten Staaten erkennen an, dass das französische Komitee für die nationale Befreiung qualifiziert ist, die Administration Frankreichs zu sichern.« Das war zwar immer noch keine diplomatische Anerkennung, wie sie die kanadische Regierung sogleich ausgesprochen hatte. Die Formulierung ermöglichte es aber, die Autorität der Provisorischen Regierung in dem Maße auszuweiten, wie die alliierten Truppen Fortschritte erzielten. Die Ausgabe des in den USA fabrizierten Besatzungsgeldes wurde eingestellt. Manche Bauern in der Normandie nutzten aber schnell noch die Gelegenheit, ihre Schulden mit dem nutzlos gewordenen Geld zu begleichen.

Die Provisorische Regierung war damit gut vorbereitet, als im Kampf gegen die deutsche Besatzung Ende Juli bei Avrenches der entscheidende Durchbruch erzielt wurde. Während die britischen Truppen das Gros der deutschen Streitkräfte bei Caen banden, konnten die amerikanischen Verbände nach Süden in Richtung auf die Hauptstadt marschieren. Mit ihnen rückte auch die 2. Französische Panzerdivision unter General Leclerc vor, die, aus Freiwilligen des »Kämpfenden Frankreich« und nordafrikanischen Truppen zusammengestellt, gemäß der Vereinbarung mit Eisenhower eine wesentliche Rolle bei der Befreiung von Paris spielen sollte. Am 15. August begann eine zweite Invasion an der Küste der Provence. Amerikanische Truppen unter General Patch rückten von dort aus in Richtung Grenoble vor; das französische Expeditionskorps unter General Juin, das an der Eroberung Roms beteiligt gewesen war, marschierte, jetzt unter dem Befehl von General de Lattre, durch das Rhône-Tal in Richtung auf den Rhein. Parallel dazu erzielten die bewaffneten *Résistance*-Kämpfer, deren Einsatz von General Koenig soweit wie möglich koordiniert werden sollte, nach großen Verlusten in den ersten beiden Monaten seit Beginn der Invasion jetzt beachtliche Erfolge – teils nach blutigen Kämpfen, zum Teil aber auch, weil zahlreiche »Widerständler« der letzten Stunde nun die Front wechselten und sich die Deutschen, um nicht abgeschnitten zu werden, von selbst nach Osten absetzten.

Am 15. August hielt Charles de Gaulle den Zeitpunkt für gekommen, selbst nach Frankreich zurückzukehren. Angesichts der nunmehr absehbaren deutschen Niederlage wollte er möglichen Versuchen der Vichy-Leute vorbeugen, den Amerikanern eine republikanische Übergangsregierung zu präsentieren, die ihn in letzter Minute doch noch von der Macht fernhielt. Auch wollte er wohl einem Aufstand der *Résistance*-Kämpfer in Paris zuvorkommen, der den Kommunisten eine strategische Schlüsselposition verschaffen würde. Vor allem aber schien ihm die baldige Befreiung der Hauptstadt durch die Truppen Leclercs das beste Mittel zu sein, um die Autorität der Provisorischen Regierung im ganzen Land zu bekräftigen und seiner Interpretation des Kriegsgeschehens Geltung zu verschaffen. Der rasche Vormarsch auf Paris musste aber erst einmal gegen Eisenhower durchgesetzt werden, der es unter militärischen Gesichtspunkten für wesentlich effektiver hielt, die Festung Paris südlich zu umgehen, um die Wehrmacht von beiden Seiten her einzuschließen.

Die Alliierten hatten es folglich nicht sehr eilig, dem Wunsch de Gaulles nach einem raschen Transfer auf den Kriegsschauplatz im Norden Frankreichs nachzukommen. Nach allerlei Verzögerungen und Pannen und einer Zwischenstation in Casablanca kam er erst am Morgen des 20. August auf dem kleinen Flughafen von Maupertius in der Nähe Saint-Lô an, wo sich das Hauptquartier von General Eisenhower befand. Unterdessen hatte der Aufstand in Paris schon begonnen; Alexandre Parodi und Jacques Chaban-Delmas, seine beiden Repräsentanten in der Hauptstadt, hatten dazu ihre Zustimmung gegeben, um die Kontrolle über den Gang der Ereignisse nicht zu verlieren. Von Eisenhower konnte de Gaulle dennoch nur die ungenaue Zusage erreichen, »bald« den Marsch der 2. Panzerdivision auf Paris zu gestatten.

Nach dem Besuch bei Eisenhower inspizierte der Chef der Provisorischen Regierung zunächst einmal die befreiten Gebiete von Cherbourg bis Rennes, wobei ihm jedes Mal ein begeisterter Empfang bereitet wurde. Von Rennes aus drängte er Eisenhower am 21. August noch einmal per Brief, jetzt den Befehl zum Angriff auf Paris zu geben; andernfalls könne es in der Hauptstadt »ganz schnell zu schweren Unruhen« kommen.[4] Von Leclerc erhielt er die Nachricht, dass er notfalls auch ohne einen Befehl Eisenhowers losmarschieren wolle. Daraufhin machte er sich nach Osten hin auf den Weg, in der Absicht, den Befehlshaber der 2. Panzerdivision am 23. August im westlichen Vorfeld von Paris zu treffen.

Während de Gaulle seine Tour durch die befreiten Städte und Dörfer absolvierte, wurden in Paris Barrikaden errichtet und zahlreiche öffentliche Gebäude besetzt. Ein Waffenstillstand, den Parodi und Chaban-Delmas in der Nacht vom 19. zum 20. August mit dem deutschen Stadtkommandanten

Dietrich von Choltitz vereinbart hatten - sehr zum Unwillen de Gaulles -, wurde nicht eingehalten und dann offiziell aufgekündigt. Die Aufständischen baten dringend um Luftunterstützung gegen deutsche Verbände, die nach Paris zurückkommandiert wurden; ein Abgesandter des kommunistischen Kommandanten der *Résistance*-Verbände der Pariser Region Henri Tanguy, genannt »Rol« drängte bei Eisenhowers Stabschef Omar Bradley auf raschen Vormarsch der Truppen. Die Entschlossenheit, jetzt den entscheidenden Kampf zu wagen, die er dabei an den Tag legte, hat Eisenhower wohl mehr überzeugt als de Gaulles Warnung vor Unruhen, die ihn kurz zuvor erreicht hatte. Jedenfalls gab er am Abend des 22. August Leclerc den Befehl, mit dem Vormarsch auf Paris zu beginnen.

De Gaulle konnte also am Abend des 23. auf Schloss Rambouillet einen General Leclerc empfangen, der in offizieller Mission unterwegs war. Mit sichtlicher Genugtuung nahm er zur Kenntnis, wie »dieser junge Chef, der schon ganz vom Gedanken an die Schlacht besessen war«[5], am nächsten Tag Paris von Westen her einnehmen und von Choltitz, der im Hôtel Meurice residierte, zur Kapitulation zwingen wollte. Der Vorstoß nach Paris verlief nicht ganz so glatt, wie die beiden sich das vorgestellt hatten. Obwohl die freiwilligen Kämpfer in der Stadt den Aufmarsch der deutschen Panzer nach Kräften behinderten (und darüber schmerzliche Verluste erlitten), blieb der Hauptteil von Leclercs Division in den westlichen Vororten stecken. Erst am Morgen des 25. Juli gelang der Durchbruch. Gegen 14.30 Uhr wurde von Choltitz gefangen genommen und zur Polizeipräfektur gebracht. Dort unterzeichnete er mit Leclerc eine Kapitulationserklärung. Eine Stunde später wurde in Leclercs Hauptquartier im Bahnhof Montparnasse eine weitere Erklärung unterzeichnet, mit der die verbliebenen deutschen Truppen zur Einstellung des Kampfes aufgefordert wurden. Diesmal gehörte auch Rol-Tanguy zu den Unterzeichnern. Die Résistance-Führer hatten das so verlangt, und Chaban-Delmas hatte dem zugestimmt

Kurz darauf, gegen 16.15 Uhr, traf auch de Gaulle im Bahnhof Montparnasse ein. Nach einer kurzen Unterredung mit Leclerc und Chaban-Delmas und einem Wiedersehen mit seinem Sohn Philippe, der nunmehr schon im Rang eines Leutnants zur See zu den Offizieren gehörte, die die Nachricht von der Einstellung der Kämpfe an die deutschen Truppen zu überbringen hatten, fuhr er weiter zum Kriegsministerium, wo er auch Quartier bezog. Dann suchte er die Polizeipräfektur auf der Ile de la Cité auf, wo er mit dem neuen Präfekten Charles Luizet den Ablauf der Feierlichkeiten besprach, die für den nächsten Tag vorgesehen waren. Erst danach machte er sich zu Fuß und durch eine dicht gedrängte Menschenmenge zum Rathaus auf, wo der Nationale Widerstandsrat und das Pariser Befreiungskomitee ungeduldig auf ihn warteten. In einer improvisierten Ansprache zeigte er sein Talent zum Volksredner:

> »Warum sollen wir die Rührung verbergen, die uns alle hier ergriffen hat? [...] Paris! Paris geschmäht! Paris gebrochen! Paris gemartert! Aber Paris befreit! Befreit durch sich selbst, befreit durch sein Volk mit der Hilfe der Armeen Frankreichs, mit der Unterstützung und Hilfe des ganzen Frankreich, des kämpfenden Frankreich, des einzigen Frankreich, des wahren Frankreich, des ewigen Frankreich.«[6]

Was de Gaulle hier im Moment des Sieges betrieb, war kühl kalkulierte Symbolpolitik und Geschichtspolitik in einem. Er wollte jeden Anschein vermeiden, dass er von einem revolutionären Aufstand an die Macht getragen wurde. Mit der Rückkehr in das Ministerium, aus dem ihn im Juni 1940 eine »verräterische« Regierungsmehrheit vertrieben hatte, galt es vielmehr zu demonstrieren, dass er die legitime Kontinuität des »ewigen« Frankreich verkörperte. Als Georges Bidault ihn mit Tränen in den Augen im Namen des Widerstandsrats anflehte, jetzt vor der Masse, die sich auf dem Rathausplatz versammelt hatte, feierlich die Republik auszurufen, fuhr er ihn an:

> »Die Republik hat nie aufgehört zu bestehen. Das Freie Frankreich, das Kämpfende Frankreich und das Französische Komitee der Nationalen Befreiung haben sie nacheinander verkörpert. Vichy war immer und bleibt null und nichtig. Ich bin der Präsident der Regierung der Republik. Warum sollte ich sie ausrufen?«[7]

Von der »Hilfe unserer lieben und bewundernswerten Verbündeten« war nur am Rande seiner Ansprache die Rede. Die Bevölkerung wurde über Radio aufgerufen, am Nachmittag des nächsten Tages, eines Samstags, zu einer Parade an die Champs-Elysées zu kommen. Obwohl weder die Métro noch sonstige Verkehrsmittel ihren Betrieb schon wieder aufgenommen hatten, folgten etwa 2 Millionen Menschen dem Aufruf. De Gaulle entzündete um 15 Uhr das Feuer am Grabmal des Unbekannten Soldaten und schritt dann an der Spitze einer Gruppe von Regierungsmitgliedern, Präfekten, *Résistance*-Führern und Generälen die Champs-Elysées hinunter, begleitet vom Gesang der *Marseillaise* und den Darbietungen mehrerer Musikkapellen. Als Bidault zu ihm aufholte, hielt er ihn auf Distanz: »Ein wenig zurück, bitte!«[8] An der Place de la Concorde bestieg er einen Wagen, der ihn zu einem Dankgottesdienst in der Kathedrale *Notre Dame* brachte. Als er dort aus dem Wagen stieg, gab es Schüsse, die von den anwesenden Widerstandskämpfern und Soldaten sogleich erwidert wurden. Auch während der Zeremonie flogen einige Kugeln, sodass sich zahlreiche Teilnehmer duckten. De Gaulle, der natürlich aufrecht stehen blieb, gab daraufhin eine diskrete Anweisung, den Ablauf des Gottesdienstes zu verkürzen.

Der Zweck der Veranstaltung, »die politische Einheit der Nation herzustellen« (so de Gaulle in der Vorbesprechung in der Polizeipräfektur[9]) wurde dennoch weitgehend erreicht, auch durch die Bilder, die die neuen widerstandsorientierten Tageszeitungen und die Wochenschauen verbreiteten. Die Schüsse *in Notre Dame* und ein letzter Bombenangriff der deutschen Luftwaffe auf Paris in der kommenden Nacht erinnerten de Gaulle allerdings auch daran, dass der Krieg noch nicht zu Ende war und die Etablierung der Autorität der Provisorischen Regierung ebenfalls noch weiterer Anstrengung bedurfte. Von den Vichy-Leuten drohte keine Gefahr mehr, seit die Deutschen Pétain am 20. August im Hôtel du Parc in Vichy abgeholt hatten, um ihn auf das Schloss von Sigmaringen zu bringen. Die Gefahr einer Machtergreifung durch die bewaffneten *Résistance*-Kräfte war aber immer noch nicht ganz gebannt. Den Brief an seine Frau, in dem der »provisorische« Präsident über die »unerhörte Kundgebung gestern« berichtete, unterzeichnete er mit »Dein armer Mann«.[10]

Bei der Durchsetzung der Autorität der Provisorischen Regierung zögerte de Gaulle keine Sekunde. Den Generalstab der *Résistance*-Kämpfer und das Militärkomitee des Widerstandsrats bestellte er für den Morgen des 28. August zu sich. Ohne viele Worte über die Anerkennung ihrer Leistungen zu verlieren kündigte er ihnen an, dass sie nun in ihre zivilen Berufe zurückzukehren hätten. Am Nachmittag erklärte er den Mitgliedern des Widerstandsrats, dass das Oberkommando und der Generalstab der *Résistance*-Streitkräfte aufgelöst seien. Von Protesten nicht nur der kommunistischen *Résistance*-Führer gegen diesen Beschluss zeigte er sich unbeeindruckt. Er bot dem Chef des Militärkomitees Pierre Villon einen bedeutenden Ministerposten an (den dieser nach Rücksprache mit der kommunistischen Parteiführung allerdings nicht annahm) und ließ dann General Pierre Billotte die Einzelheiten der Integration der *Résistance*-Streitkräfte in eine neue Infanterie-Division verhandeln. Von den etwa 400 000 *Résistance*-Kämpfern traten knapp 120 000 den regulären Streitkräften bei.

Parallel zur Integration der *Résistance*-Streitkräfte in die reguläre Armee betrieb er die Integration der *Résistance*-Führung in eine erweiterte Regierung. Bis zum 8. September wurden die entsprechenden Verhandlungen abgeschlossen, am Vormittag des 9. September trat der neue Ministerrat erstmals im Hôtel Matignon zusammen. Die beiden wichtigsten Neuerungen waren die Berufung Bidaults zum Außenminister und die Ernennung des langjährigen Senatspräsidenten Jules Jeanneney zum Staatsminister. De Gaulle wollte damit sowohl die Führer der *Résistance* an sich binden als auch die Repräsentanten der demokratischen Parteien auf sich verpflichten. Édouard Herriot von den Liberalen, Léon Blum von den Sozialisten und Louis Marin von den Konservativen sollten die Liste der *elder statesmen* später noch ergänzen. Bei der Bestellung beziehungsweise Bestätigung der einzelnen Minister ging er freilich ziemlich selbstherrlich vor. Manche Regierungsmitglieder erfuhren erst nach ihrer Ankunft im Hôtel Matignon, welches Ressort ihnen zugeteilt worden war.

Am 12. September schwor de Gaulle die Nation in einer Rede im Palais Chaillot auf die Notwendigkeit einer Fortsetzung des Kampfes zur Sicherung des »Rangs« und der Wiederherstellung der republikanischen Ordnung ein. Dann begab er sich auf eine Rundreise durch die befreiten Gebiete des Zentrums und des Südens, die von Paris aus noch schwer zu erreichen waren. Hier hatten die neuen Kommissare der Republik bisweilen Schwierigkeiten, sich gegenüber den lokalen Widerstandskomitees und ihren Führern zu behaupten. De Gaulle strafte sie systematisch mit Verachtung und verwies sie in ihre Schranken: »Die zivilen Fragen gehen Sie nichts an. Sie fallen allein in die Zuständigkeit des Kommissars der Republik.«[11] In Marseille ordnete er an, die *Résistance*-Einheiten, die weiterkämpfen wollten, an die Front ins Elsass zu schicken und die anderen sofort zu entwaffnen. Zur Sicherheit beorderte er auch noch ein Regiment aus Algerien in die Stadt.

Nach der Rückkehr von seiner Inspektionsreise in den Süden und Südwesten bezog Charles de Gaulle ein schönes Haus am Rande von Neuilly, das Gaston Palewski ihm besorgt und eingerichtet hatte. Yvonne, die jetzt aus Algier nachkam, fand es »ein Grad über dem, was ich geliebt hätte«.[12] Sie schätzte dann aber doch den Garten und die Spaziergänge im nahen Bois de Boulogne, die der mittlerweile 16-jährigen Anne guttaten. Ihr Charles hatte immerhin dafür gesorgt, dass keine Gemälde, Bücher oder Möbel aus Staatseigentum zur Ausstattung verwendet wurden, etwa aus dem prächtigen Palais in der Rue Saint-Dominique, in dem das Kriegsministerium seinen Sitz hatte und in dem er weiterhin arbeitete.

Weitere Inspektionsreisen schlossen sich an: in der vierten Septemberwoche in den Osten, in der zweiten Oktoberwoche in den Nordwesten. Gleichzeitig betrieb de Gaulle die Erweiterung der Beratenden Versammlung. In einem Dekret, das die Regierung am 12. Oktober verabschiedete, bestimmte er, dass die *Résistance* hier ganz überwiegend vertreten sein sollte: mit allen Mitgliedern des Nationalrats und insgesamt 174 von

248 Sitzen. 60 Sitze waren für Angehörige der letzten Kammer vorgesehen, die sich dem Vichy-Regime früher oder später verweigert hatten; zwölf Sitze gingen an die Generalräte der Überseegebiete. Der Einbindung der *Résistance*-Kräfte in den Staat wurde damit ein formaler Rahmen gegeben.

So vorbereitet konnte de Gaulle die entscheidende Kraftprobe mit dem »Nationalen Widerstandsrat« wagen: Nachdem die »Patriotischen Milizen«, die der Widerstandsrat im März aufgestellt hatte, am 23. Oktober in Maubeuge zwei Kollaborateure exekutiert hatten, die zuvor von ihm begnadigt worden waren, ließ er Innenminister Adrien Tixier gleich am nächsten Tag ein Dekret im Ministerrat verlesen, mit dem die Milizen für aufgelöst erklärt wurden. Die beiden kommunistischen Regierungsmitglieder, François Billoux und Charles Tillon unterließen jeden Protest, und damit war die Sache für de Gaulle entschieden. »Mit ihren Milizen sind sie am Ende«, sagte er danach zu seinem Sekretär Claude Mauriac. »Aber ja! Wenn sie Widerstand leisten, dann schießen wir [...] in die Luft. Aber sie werden keinen Widerstand leisten.«[13]

Damit sollte er recht behalten: Der Widerstandsrat protestierte zwar, als die Auflösung der Milizen am 28. Oktober bekannt gegeben wurde. Nachdem de Gaulle seinen Vertretern aber bedeutet hatte, sie müssten schon eine eigene Regierung aufmachen, wenn sie sich den Entscheidungen der Regierung nicht fügen wollten, ging die Ablieferung Zehntausender von Waffen der Miliz ohne größere Zwischenfälle vonstatten. Die Kommunisten hielten eine revolutionäre Situation in Frankreich definitiv nicht für gegeben, und die revolutionären Heißsporne unter den Widerständlern schreckten desorientiert vor der Konfrontation zurück. Mit der Rückkehr des 1939 wegen Desertion verurteilten Generalsekretärs der kommunistischen Partei Maurice Thorez aus seinem Moskauer Exil am 30. November 1944 stellte de Gaulle sicher, dass auch die letzten Milizen ihre Waffen abgaben.

So notwendig die Durchsetzung der Autorität der Regierung im Interesse an der Einheit der Nation und der Etablierung einer demokratischen Ordnung war, die Härte, mit der de

Gaulle sie durchzog, und die Verachtung für die *Résistance*-Kämpfer jedweder Couleur, die er dabei an den Tag legte, hinterließen doch auch viel Bitterkeit und viel Enttäuschung. Der Elan, den Viele in den Wiederaufbau und die Erneuerung der Nation legen wollten, ging darüber nicht selten verloren. De Gaulle wiederum vermisste diesen Elan, sah überall Mittelmäßigkeit und Rückfall in nebensächlichen Streit. Mit den Funktionsbedingungen einer pluralen Demokratie nicht vertraut, dirigierte er das Land, als ob er eine Armee kommandieren würde, und entfremdete sich damit die Menschen, die ihn als ihren Repräsentanten anerkannt hatten. Alsbald häuften sich wieder die Klagen über Einsamkeit und Unverständnis. »Ich bin schon in einer Wüste«, hielt er Ende September einem Verwandten entgegen, der ihn zu größerer Eile bei der Ablösung kompromittierter Vichy-Funktionäre mahnte. »Ich habe nicht einen Mann, niemand hilft mir, und Sie wollen noch, dass ich Säuberungen vornehme!«[14]

Bei den Säuberungen, die zunächst von *Résistance*-Organen ziemlich willkürlich vorgenommen worden waren und erst mit der Etablierung der Autorität der Regierung in rechtsstaatliche Bahnen gelenkt wurden, übte de Gaulle generell einen mäßigenden Einfluss aus; er zeigte aber immer wieder Härte, wenn seiner Meinung nach Interessen des Staates auf dem Spiel standen. Als Präsident hatte er über die Vollstreckung von Todesurteilen zu entscheiden; das beschäftigte ihn sehr. So lehnte er eine Begnadigung von Robert Brasillach ab, weil er als Schriftsteller große Verantwortung für die Bereitschaft zur Kollaboration trug. Charles Maurras hingegen ließ er vom Obersten Gerichtshof aburteilen, der sich erwartungsgemäß mit einer lebenslangen Freiheitsstrafe begnügte: Er hatte zwar die »nationale Revolution« gepredigt, sich dabei aber der Zusammenarbeit mit den Deutschen enthalten. Insgesamt entschied sich de Gaulle in 998 von 1554 Fällen für die Begnadigung.

Dem 88-jährigen Marschall Pétain hätte er gerne einen Prozess erspart – nicht nur, weil er ihm persönlich viel zu verdanken hatte, sondern vor allem, weil ein solcher Prozess das ganze Ausmaß der Verstrickung der Franzosen in das Vichy-Regime deutlich zu machen drohte. Nachdem Pétain am 23. April 1945 Sigmaringen mit Genehmigung der Deutschen in Richtung Schweiz verlassen hatte, schlug de Gaulle ihm darum vor, dort im Exil zu bleiben. Er bot sogar an, ihm ehemalige Mitarbeiter und alle notwendigen Dokumente zukommen lassen, die er zur Rechtfertigung seiner Entscheidung im Juni 1940 benötigte. Pétain zog es jedoch vor, nach Frankreich zurückzukehren. Damit wurde der Prozess unvermeidlich. Er fand vom 23. Juli bis zum 15. August statt und endete mit der Verhängung der Todesstrafe. De Gaulle wandelte sie sofort in eine lebenslange Freiheitsstrafe um, die sein ehemaliger Mentor dann bis zu seinem Tod im Juli 1951 in der Zitadelle der Ile d'Yeu verbüßte.

Bei der Fortführung des Krieges machten sich die Interessengegensätze zwischen den Verbündeten weiterhin bemerkbar. Eisenhower ging es um einen möglichst effektiven Einsatz seiner militärischen Mittel bei möglichst geringen Verlusten unter den eigenen Soldaten. De Gaulle hingegen strebte einen möglichst deutlichen Beitrag der Franzosen zum Sieg über Hitlerdeutschland an, auch – er sagte das jetzt ganz offen – um bei der künftigen Behandlung der Deutschen mitreden zu können. Bereits am 6. September 1944 forderte er den Oberkommandierenden der westlichen Alliierten auf, die französischen Truppen an den bevorstehenden Kämpfen auf deutschem Boden zu beteiligen. Um sie dazu in die Lage zu versetzen, verlangte er neue und bessere Waffen, vor allem zur Ausrüstung der *Résistance*-Kämpfer, die jetzt in die reguläre Armee integriert wurden. Eisenhower wollte davon freilich nichts wissen, und in Washington hielt man die Bewaffnung der ehemaligen *Résistance*-Kämpfer sogar für gefährlich.

De Gaulles Verhandlungsposition wurde auch nicht dadurch besser, dass die USA die Provisorische Regierung am 23. Oktober endlich diplomatisch anerkannten. Die Anerkennung, der eilige Anerkennungserklärungen der wieder einmal überrumpelten Briten und der Sowjets noch am gleichen Tag folgten, war nichts anderes als ein Wahlkampfmanöver im amerikanischen Präsidentschaftswahlkampf. Zwei Wochen vor der Wiederwahl Roosevelts am 7. November machten ihm seine Berater deutlich, dass mit einer Revision seiner Haltung gegenüber de Gaulle mehr Stimmen zu gewinnen waren als mit trotzigem Festhalten an seiner bisherigen Ablehnung. De Gaulle quittierte den Vorgang denn auch gleich mit einer sarkastischen Bemerkung: »Die Regierung ist zufrieden«, erklärte er auf einer Pressekonferenz am 25. Oktober, »dass man so gütig ist, sie bei ihrem Namen zu nennen.«[15] Zugleich machte er das Drängen auf amerikanische Waffenlieferungen öffentlich.

Das einzige Zugeständnis, das er Eisenhower entreißen konnte, war ein Auftrag an die 2. Panzerdivision unter General Leclerc, die Befreiung Straßburgs in Angriff zu nehmen. Leclerc überwand die Vogesen auf wenig bewachen Nebenstraßen, erschien dann am 22. November für die Deutschen überraschend auf der Ebene vor der elsässischen Hauptstadt und konnte bis zum Vormittag des 23. November die ganze Stadt unter Kontrolle bringen. De Gaulle war über diesen Sieg von hohem Symbolgehalt so erfreut, dass er ihn in der eilig zusammengerufenen Beratenden Versammlung sogleich als »eine der brillantesten Episoden unserer Militärgeschichte« pries.[16] Umso größer war sein Entsetzen, als er am 28. Dezember erfuhr, dass Eisenhower die Stadt wieder aufgeben wollte, um einen deutschen Angriff im nördlichen Elsass abzuwehren. Er wies de Lattre als Oberkommandierenden der 1. Armee an, Straßburg auch dann zu halten, wenn sich die Amerikaner zurückzögen, und ließ Eisenhower wissen, dass er entschlossen sei, um Straßburg zu kämpfen. Am Abend des 2. Januar 1945 telegraphierte er zusätzlich an Roosevelt und Churchill: Sie sollten ihm helfen, den Rückzugsbefehl zu stoppen.

Roosevelt antwortete nur, dass es sich hier um eine militärische Angelegenheit handele, in die er sich nicht einmischen werde. Churchill aber stürzte sich sogleich ins Flugzeug, um Eisenhower in seinem aktuellen Hauptquartier in Versailles aufzusuchen. Bei allem persönlichen Groll gegenüber de Gaulle, der nicht gewichen war, hielt er eine Preisgabe des

Elsass sowohl in strategischer als auch vor allem in politischer Hinsicht für einen schweren Fehler. Außerdem war er unterdessen darauf bedacht, eine Beteiligung Frankreichs an der Besatzung Deutschlands zu sichern. Er fürchtete, dass die amerikanischen Truppen nicht lange in dem besetzten Land bleiben würden und sah sich darum auf die Unterstützung durch die Franzosen angewiesen. Im Trianon-Palais konferierte er nun am 3. Januar mit Eisenhower und de Gaulle – freilich zu einem Zeitpunkt, zu dem die Entscheidung im Grunde schon gefallen war. Eisenhower hatte am Morgen erfahren, dass die deutsche Offensive gestoppt worden war. Da war der Rückzug aus Straßburg und dem Elsass nicht mehr notwendig.

Wichtiger war Churchills Unterstützung für die Entscheidung der Vereinten Stabschefs, ebenfalls an diesem 3. Januar, den französischen Plan zur Aufstellung von acht neuen Divisionen, darunter einer weiteren Panzerdivision, und einer raschen Ausweitung der französischen Luftwaffe zu akzeptieren. Ihre Ausrüstung war damit noch nicht gesichert, aber sie war doch zumindest auf den Weg gebracht. Noch wichtiger war, dass es Churchill auf der Konferenz der »Großen Drei« in Jalta Anfang Februar gelang, Roosevelt und Stalin für eine Beteiligung Frankreichs an der Besatzung des besiegten Deutschlands zu gewinnen. Darüber hinaus wurde den Franzosen in Jalta eine Beteiligung an der »Alliierten Kontrollkommission« in Berlin zugestanden, die einvernehmlich über den Umgang mit den Deutschen entscheiden sollte, und ein permanenter Sitz im Sicherheitsrat der Vereinten Nationen. De Gaulle hatte all dies seit November immer wieder gefordert, und wenn ihm auch eine Teilnahme an der Konferenz von Jalta verwehrt blieb (in dieser Frage hatte sich nur Eden für ihn eingesetzt), so konnte er mit ihrem Ergebnis doch sehr zufrieden sein.

Nach außen hin zeigte er das natürlich nicht. Stattdessen nutzte er eine Ungeschicklichkeit Roosevelts, um seinen Anspruch auf eine Großmachtstellung Frankreichs einmal mehr vor aller Welt zu demonstrieren. Außenminister Bidault hatte Roosevelt ausrichten lassen, dass sein Chef erfreut sein würde, den amerikanischen Präsidenten auf der Rückreise von Jalta zu treffen. Als Roosevelt ihn daraufhin am 11. Februar zu einem Treffen in Algier einlud (wohl an Bord seines Panzerkreuzers, der im Hafen von Algier Station machen sollte), lehnte de Gaulle das aber rundweg ab: Er sei gerne bereit, den Präsidenten in Paris zu empfangen, aber es sei ihm unmöglich, sich »unversehens nach Algier zu begeben.« Vielleicht war Algier für Roosevelt ja nicht Frankreich, kommentierte er die Ausladung später in seinen Memoiren. »Ein Grund mehr, ihn darin zu erinnern.«[17] Roosevelt spottete daraufhin in seinem Bericht über die Jalta-Konferenz an den Kongress über »ziemlich viele Primadonnen in der Welt, die gehört werden möchten«,[18] und Bidault erklärte seinen Chef im Gespräch mit Claude Mauriac schlicht für »verrückt«.[19]

Die Spannungen flammten darum wieder auf, als die alliierten Truppen in der letzten Märzwoche die Eroberung der linksrheinischen Gebiete abschließen konnten. Während Eisenhower vorsah, dass die französische 1. Armee auf dem linken Rheinufer verbleiben und den amerikanischen Vormarsch absichern sollte, gab de Gaulle de Lattre den ausdrücklichen Befehl, auf das rechte Rheinufer überzusetzen. Am 30. April überschritten die ersten französischen Truppen bei Germersheim und Speyer den Rhein. Eisenhower akzeptierte dann eine Beteiligung der 1. Armee am Vormarsch auf Stuttgart. Als aber die französischen Truppen nach der Einnahme der württembergischen Hauptstadt am 22. April sogleich nach Süden in Richtung Österreich weiterziehen sollten, sperrte sich de Gaulle gegen diesen Befehl: Er wollte die Stadt als Faustpfand für die Verhandlungen über die Abgrenzung der Besatzungszonen in der Hand behalten. Eisenhower musste die Nachschublieferungen für die französischen Truppen stoppen, um die Räumung Stuttgarts zu erreichen.

Der Vorgang wiederholte sich nach der deutschen Kapitulation am 8. Mai im französisch-italienischen Grenzgebiet in den Alpen: Hier war das französische Alpenkommando unter General Paul Doyen im Laufe des Aprils auf Befehl de Gaulles in das frankophone Aostatal vorgedrungen, und in den letzten

Kriegstagen wurden auch die grenznahen Orte Tende, La Brigue und Ventimiglia vor der Rivieraküste besetzt, die früher ebenfalls zu Savoyen gehört hatten. De Gaulle ließ letztere an das Département Alpes-Maritimes angliedern und im Aostatal eine französische Verwaltung einrichten. Als Eisenhower die Truppen Doyens aufforderte, sich wieder auf französisches Gebiet zurückzuziehen, blieb dieser Befehl unbeachtet. Am 2. Juni wies de Gaulle General Doyen an, die Einrichtung einer alliierten Militärregierung im Aostatal »mit allen notwendigen Mitteln ohne jede Ausnahme zu verhindern.«[20] Roosevelts Nachfolger Harry S. Truman ließ, über diese Drohung aufs Höchste erregt, erneut allen Nachschub für die französischen Truppen sperren und erreichte damit, dass sie sich auf die Grenzen von 1939 zurückzogen.

Für de Gaulle war das eine erneute Demütigung – auch wenn Tende und La Brigue bei einer Volksabstimmung 1947 für den Anschluss an Frankreich stimmen sollten und dem Aostatal der Sonderstatus einer autonomen Region in der italienischen Republik gewährt wurde. Noch stärker traf ihn, dass die britischen Streitkräfte in Syrien und im Libanon die in der Levante stationierten französischen Truppen am 2. Juni in ihren Unterkünften internierten, nachdem diese gegen syrische Demonstranten in Damaskus vorgegangen und dabei über 1000 Syrer und einige Briten zu Tode gekommen waren. Dem neuen britischen Botschafter in Paris, Duff Cooper erklärte er unverblümt:

> »Wir sind, ich muss das zugeben, im Augenblick nicht in der Lage, Krieg gegen Sie zu führen. Aber Sie haben Frankreich schwer beleidigt und den Westen verraten. Das kann man nicht vergessen.«[21]

Bei Kriegsende sah sich de Gaulle folglich weit davon entfernt, seine Ziele erreicht zu haben: »Ich stehe jetzt hier und muss die Last eines Landes tragen, das ruiniert, dezimiert, zerrissen und von Böswilligkeit umgeben ist,« beschrieb er die Situation in seinen Memoiren.[22] So engagiert die 1. Armee und die sonstigen Einheiten der französischen Streitkräfte kämpften, mit etwa 300 000 Nordafrikanern und »Freien Franzosen«, 120 000 ehemaligen *Résistance*-Kämpfern und einigen Zehntausend neu Rekrutierten hatten sie, zumal die Ausrüstung immer noch ungenügend war, doch nur einen geringen Anteil an der Befreiung Frankreichs und einen noch geringeren an der Erzwingung der bedingungslosen Kapitulation Deutschlands. Entsprechend weit war Frankreich davon entfernt, de Gaulles Anspruch auf eine Großmachtstellung einlösen zu können. Dem General war das nur zu bewusst. »Die Aktion unserer Streitkräfte«, sollte er 14 Jahre später im vertrauten Kreis seiner Minister sagen,

> »war für das Endergebnis von keinerlei Gewicht. Sie hat den Zeitpunkt der deutschen Kapitulation nicht einen Tag oder eine Stunde verkürzt. Natürlich habe ich wieder und wieder das Gegenteil gesagt, weil Frankreich zu den großen Siegermächten gehören und am Tisch der Sieger präsent sein musste.«[23]

Umso wichtiger war es in seiner Sicht nun, alle Kräfte auf den materiellen Wiederaufbau zu konzentrieren. Dazu gehörte, wie er am 2. März vor der Beratenden Versammlung erklärte, »dass der Staat die Kommandohebel [der Wirtschaft] übernahm«, dass er für die Erschließung der Energiequellen und den Ausbau der Verkehrsverbindungen verantwortlich wurde, dass er die Stahlproduktion auf das erforderliche Niveau brachte und dass er als Eigentümer der großen Banken für Investitionen an der richtigen Stelle sorgte.[24] Hier traf sich das colbertistische Denken des Präsidenten mit den Reformhoffnungen der *Résistance* und dem Bedürfnis, die vielen Wirtschaftsführer zu bestrafen, die mit dem Vichy-Regime gemeinsame Sache gemacht hatten. Entsprechend wurde, beginnend mit der Verstaatlichung zahlreicher Kohlengruben im Dezember 1944, ein breites Nationalisierungsprogramm in Gang gesetzt, das einzelne Unternehmen der Schwerindustrie, die Pariser Verkehrsbetriebe, die Luftfahrtgesellschaften und die Handelsmarine, die Elektrizitätswerke und die Gasversorgungsunternehmen sowie die *Banque de France*, große Depotbanken und Versicherungsgesellschaften umfasste. Jean Monnet, der bei der Regierungsumbildung im September 1944 wieder als Unterhändler für amerikanische Lieferungen und Kredite nach Washington gegangen war, überzeugte de Gaulle im Sommer 1945 von der Notwendigkeit einer systematischen Planung der wirtschaftlichen Modernisierung. Daraus ergab sich dann die Einrichtung eines Nationalen Planungsrats und eines Planungskommissariats, das seine Arbeit im Januar 1946 unter dem Vorsitz von Monnet aufnahm.

Nachdem die zwei Millionen Kriegsgefangenen aus den Lagern in Deutschland zurückgekehrt waren, stand die Organisierung der Wahlen an, die die Provisorische Regierung stets versprochen hatte. Ursprünglich wollte de Gaulle sie nicht mit der Vorbereitung einer neuen Verfassung verbinden. Er fürchtete, eine »Verfassunggebende Versammlung« könnte zu einem Konvent nach dem Muster der französischen Revolution ausarten, vielleicht sogar mit einer Mehrheit kommunistischer Abgeordneter. Stattdessen sollten die Deputiertenkammer und der Senat zusammen einige Änderungen an der Verfassung der III. Republik beschließen, die ein effektiveres Regieren ermöglichten: Verzicht auf die Pflicht zur Gegenzeichnung wichtiger Akte des Präsidenten durch den Vorsitzenden des Ministerrats, Verzicht auf die Bindung der Auflösung der Deputiertenkammer an eine Zustimmung des Senats, Einführung von Referenden als Instrument direkter Verständigung zwischen dem Präsidenten und dem Volk.

Die linke Mehrheit der Beratenden Versammlung und auch die meisten Getreuen des Generals bestanden jedoch auf einer Konstituante, die einen klaren Bruch mit dem politischen System der III. Republik sicherstellte. Ende Juni spitzte sich die Auseinandersetzung derart zu, dass sowohl die linken Minister als auch de Gaulle mehr oder weniger deutlich mit Rücktritt drohten. Doch dann gaben ihm Jules Jeanneney und Léon Blum (der unterdessen aus dem Konzentrationslager Buchenwald zurückgekehrt war) zu bedenken, dass sich auch die Deputiertenkammer und der Senat zu einem Konvent zusammenschließen konnten. Das brachte ihn dazu, sich drei Tage in seinem Haus in Neuilly einzuschließen. Dann präsentierte er dem Ministerrat am 7. Juli seine Lösung: eine Abstimmung, ob die zu wählende Versammlung verfassunggebende Kompetenzen haben sollte; wenn ja, die Beschränkung ihrer Amtszeit auf sieben Monate und ihrer Rechte auf Wahl des Regierungschefs, Verabschiedung des Haushalts und der dringenden Strukturreformen sowie Ratifizierung der internationalen Verträge. Der gewählte Regierungschef sollte während dieser sieben Monate der Versammlung gegenüber nicht verantwortlich sein. Die von der Versammlung erarbeitete Verfassung sollte anschließend eines Referendums bedürfen, um in Kraft treten zu können.

Der Vorschlag einer Beschränkung der »Verfassunggebenden Versammlung« stieß auf erhebliche Widerstände in der öffentlichen Meinung wie in der Beratenden Versammlung. Nicht wenige sahen darin die Gefahr der Etablierung eines neuen autoritären Regimes, möglicherweise sogar einer persönlichen Herrschaft de Gaulles. Und die Kommunisten setzten dem ganz klar das Projekt einer in Amtszeit und Kompetenzen unbeschränkten Konstituante entgegen, in der sie Aussicht hatten, mit Hilfe der Sozialisten die führende Rolle zu spielen. In der heftigen Debatte, die sich daraus entwickelte, modifizierte de Gaulle seinen Vorschlag noch zwei Mal. Zunächst folgte er am 12. Juli dem dringenden Rat seiner Mitarbeiter, das Projekt der Verfassunggebung nicht *en bloc* zur Abstimmung zu stellen, sondern zwei Fragen zuzulassen: die erste nach der Notwendigkeit einer neuen Verfassung, die zweite nach der Begrenzung der Kompetenzen der Konstituante. Sodann nahm er am 17. August einen Kompromissvorschlag hinsichtlich der Verantwortlichkeit der Regierung an: Er sah vor, dass die künftige Regierung vor der Versammlung verantwortlich sein würde, sie aber nur mit der absoluten Mehrheit ihrer Mitglieder gestürzt werden könnte.

In dieser Form war de Gaulles Verfahrensvorschlag für die Sozialisten und die Christdemokraten akzeptabel. Lediglich die Kommunisten kämpften vehement für ein »Nein« zur zweiten Frage. Und die traditionellen Linksliberalen (die Partei der *Radicaux*) empfahlen, auch bei der ersten Frage mit »Nein« zu stimmen und so am System der III. Republik festzuhalten. De Gaulle versuchte in dem nun unvermeidlichen Wahlkampf nach Möglichkeit nicht als Partei zu erscheinen, rief dann aber am 17. Oktober, vier Tage vor dem Urnengang, in einer Radioansprache dazu auf, bei beiden Fragen mit »Ja« zu stimmen. Das wünsche er »von ganzem Herzen«; es sei »im nationalen Interesse«.[25]

Das Referendum am 21. Oktober brachte eine eindrucksvolle Bestätigung des Erneuerungswillens, aber auch der Vorsicht, die de Gaulle dabei walten ließ. Die Wähler, zu denen zum ersten Mal in der französischen Geschichte auch die Frauen gehörten, entschieden sich mit 96,4 Prozent der abgegebenen Stimmen für eine neue Republik und mit 66,48 Prozent für eine Begrenzung der Vollmachten der Konstituante. Die *Radicaux* mussten auch in den gleichzeitigen Wahlen zur Konstituante starke Verluste hinnehmen; sie kamen auf 9,3 Prozent der Stimmen und 29 Sitze. Die Kommunisten stiegen mit 26,1 Prozent der Stimmen und 160 Sitzen zur stärksten Partei des Landes auf, konnten die neue Versammlung aber nicht dominieren. Die Christdemokraten, unterdessen formiert zum *Mouvement Républicain Populaire* (MRP), kamen auf 25,6 Prozent der Stimmen und 152 Sitze. Die Sozialisten traten unter ihrem alten Parteinamen SFIO an (*Section Française de l'Internationale Ouvrière*), nachdem Verhandlungen über eine Fusion mit einer linken *Résistance*-Gruppierung gescheitert waren; sie wurden mit 24,6 Prozent und 142 Sitzen drittstärkste Partei. Die *Résistance*-Gruppierung, zu der so unterschiedliche Persönlichkeiten wie René Pleven, Jacques Soustelle und François Mitterrand gehörten, figurierte unter der Bezeichnung *Union Démocratique et Socialiste de la Résistance* (UDSR); sie erhielt nur wenige Stimmen, konnte sich aber dank einer Listenverbindung mit den Sozialisten 30 Sitze sichern.

Anders als es seine Kritiker befürchteten und Anhänger im Nachhinein wahrhaben wollten, dachte de Gaulle ursprünglich nicht daran, über diesen Wahltag hinaus zu regieren. Seine Mission, so wie er sie seit dem Juni 1940 verstand, war es, die Nation zum Sieg zu führen und die Souveränität des Landes wiederherzustellen, und diese Mission war mit der Abhaltung freier Wahlen nach der Rückkehr der Kriegsgefangenen erfüllt. Bei einem Empfang der führenden Sozialisten im November 1944 hatte er ganz selbstverständlich von »meinen Nachfolgern« gesprochen.[26] Er dachte da in erster Linie an Léon Blum, der viel Verständnis für seine Vorstellungen von effektiver Sicherheitspolitik und effektivem Regieren gezeigt hatte und als führender Kopf der Sozialisten dafür prädestiniert war, mit einer *Résistance*-Mehrheit zu regieren. Wenige Wochen vor dem Referendum rief er den einstigen Ministerpräsidenten der Volksfront zu sich, um über mit ihm die Nachfolge zu sprechen: »Ich sehe eigentlich sonst niemanden«, sagte er ihm.[27]

Blum machte allerdings nicht nur die Polarisierung geltend, die er in der Zeit der Volksfront hervorgerufen hatte, sondern auch seinen geschwächten Gesundheitszustand. Tatsächlich hatten ihm die Ärzte nach seiner Rückkehr aus der KZ-Haft dringend nahegelegt, nicht mehr als drei oder vier Stunden am Tag zu arbeiten. Erst nach dieser Absage, die ihn sehr enttäuschte, zog de Gaulle in Betracht, wenigstens noch bis zum Abschluss der Verfassunggebung als Präsident zu amtieren. Zu einer realen Option wurde aber auch diese Vorstellung erst, als die Kommunisten als stärkste Partei das Präsidentenamt für Thorez reklamierten und die Sozialisten dies zugunsten einer Einbeziehung der Volksrepublikaner in die Regierungsmehrheit ablehnten. Da für die Volksrepublikaner de Gaulle der einzig akzeptable Kandidat für das Präsidentenamt war, war eine Regierungsbildung nur möglich, wenn der General dieses Amt wieder übernahm; und so investierte die Verfassunggebende Versammlung de Gaulle am 13. November erneut. Die Abgeordneten waren so honorig, ihn einstimmig mit der Regierungsbildung zu beauftragen.

Die Kommunisten wollten ihren Wahlerfolg jetzt allerdings wenigstens dadurch honoriert sehen, dass sie eines der »entscheidenden« Ministerien erhielten: das Innenministerium, das Verteidigungsministerium oder das Außenministerium. Das führte zu einer Machtprobe mit dem General, der über die Verteilung der Ressorts wie bisher selbst zu befinden gedachte.

De Gaulle lehnte die Forderung der Kommunisten ab, gab sein Mandat am 16. November zurück und begründete seine Weigerung dann öffentlich mit dem Argument, eines dieser drei Ministerien in der Hand eines Kommunisten würde die »Politik des Gleichgewichts zwischen zwei sehr großen Mächten« gefährden.[28] Implizit war das eine Aufforderung, zwischen ihm und den Kommunisten zu wählen. Weil er sich nicht ganz sicher war, ob die Drohung wirken würde, fühlte er in der Nacht zum 20. November beim kanadischen Botschafter vor, ob seine Regierung ihm für eine gewisse Zeit Asyl gewähren könne: »Meine Anwesenheit hier könnte zu Kundgebungen zu meinen Gunsten führen, mich in Verlegenheit bringen und meinem Nachfolger Schwierigkeiten bereiten.«[29]

Tatsächlich fanden sich sowohl die Kommunisten als auch de Gaulle am Nachmittag des 20. November zu einem Kompromiss bereit, den Étienne Burin des Roziers vorgeschlagen hatte: Das Verteidigungsministerium wurde aufgeteilt in ein Rüstungsministerium, das der Kommunist Charles Tillon erhielt, und ein Armeeministerium, das Edmond Michelet von den Volksrepublikanern zu verantworten hatte. Thorez wurde einer von vier Staatsministern, drei weitere Kommunisten wurden mit der Führung der Wirtschaftsressorts betraut. Ansonsten gab es eine starke Kontinuität zur bisherigen Provisorischen Regierung. Der Schriftsteller André Malraux, der seit August in persönlichem Kontakt zu de Gaulle stand, wurde Informationsminister.

Schon bald nach der Überwindung dieser Gründungskrise der neuen Regierung musste de Gaulle aber erneut feststellen, dass das Regieren mit der Mehrheit eines gewählten Parlaments etwas anderes war als das Entscheiden mit Unterstützung von Repräsentanten der verschiedenen politischen Strömungen, die seine Einladung zur Mitarbeit akzeptiert hatten. Die Minister beharrten jetzt selbstbewusster auf ihren Auffassungen, und die verschiedenen Fraktionen in der Versammlung waren darauf bedacht, sich gegenüber den konkurrierenden Parteien zu profilieren. De Gaulle sah seine Autorität folglich ständig in Frage gestellt, und mehr als einmal musste er zum Mittel der

Rücktrittsdrohung greifen, um seine Auffassung durchsetzen zu können. Mit Sorge nahm er wahr, dass sich der Verfassungsausschuss der Versammlung auf eine Schwächung der Stellung des Präsidenten zubewegte – just deswegen, weil die Mehrheit und insbesondere auch die Sozialisten jetzt fürchteten, dass das Präsidentenamt auch in Zukunft von de Gaulle wahrgenommen würde und er dann zu viel Macht hätte.

Als die Sozialisten in der Nacht zum 1. Januar 1946 den Antrag stellten, den Verteidigungsetat für die ersten drei Monate des neuen Jahres um 20 Prozent zu kürzen, war das Maß für de Gaulle voll. Wieder drohte er mit Rücktritt, und wieder hatte er damit Erfolg: Die Abgeordneten beschlossen die Kürzung nur unter dem Vorbehalt, dass der versprochene Entwurf zur Friedensorganisation der Armee nicht bis zum 15. Februar vorgelegt werden würde. De Gaulle aber war so entnervt (er war am Morgen des 1. Januars wegen des Antrags der Sozialisten aus dem Bett geholt worden und musste dann am Nachmittag im Parlament stundenlang dagegen argumentieren), dass er für sich beschloss, dieses Theater nicht länger mitzumachen. Es sei »zweifellos das letzte Mal, dass ich in diesem Plenum spreche«, sagte er im Zuge der Debatte.[30]

Die Hochzeit seiner Tochter Elisabeth mit dem Hauptmann Alain de Boissieu, einem Kameraden Leclercs, am 3. Januar und ein anschließender kurzer Urlaub mit seiner Frau, seinem Bruder Pierre, seinem Schwager Jacques Vendroux und dessen Frau am Cap d'Antibes (der erste Urlaub seit 1939) gaben ihm Gelegenheit, seine Entscheidung noch einmal zu überdenken. Lange Wanderungen am Strand, die Lektüre der Memoiren des Kardinal Retz und einiger Schriften von Saint-Simon und Gespräche mit den Verwandten änderten aber nichts mehr an der Überzeugung, dass es ein Fehler gewesen war, sich auf die Übernahme der Präsidentschaft in der Zeit der Verfassungsgebung einzulassen. »Es ist mir unmöglich, mit den Parteien zu regieren«, sagte er nach seiner Rückkehr nach Paris am 14. Januar zu Jules Moch, dem Verkehrsminister der neuen Regierung, der aus den Reihen der Sozialisten kam.

»Ich fühle mich für diese Art von Kämpfen nicht gemacht. Ich will nicht jeden Tag von Menschen angegriffen, kritisiert und in Frage gestellt werden, die nichts anderes vorzuweisen haben als einen Wahlerfolg in einer ganz kleinen Ecke Frankreichs.«[31]

Als Moch ihm entgegenhielt, dass er sich auf das parlamentarische Spiel nicht hätte einlassen dürfen und es jetzt zu spät sei, wieder auszusteigen, gab der General ihm weitgehend Recht:

»Vielleicht haben Sie Recht: Man kann sich Jeanne d'Arc in der Tat nicht verheiratet vorstellen, als Familienmutter und, wer weiß, von ihrem Mann betrogen.«[32]

Die außerordentliche Erfahrung, die er in den Kriegsjahren gemacht hatte, hatte sein ohnehin gewaltiges Selbstbewusstsein in einem Maße gesteigert, das ihn zu Kompromissen, wie sie in einer parlamentarischen Demokratie nun einmal unabdingbar sind, vollkommen unfähig machte. »Ich habe Frankreich aus dem Nichts wiedererschaffen, mit diesem einsamen Mann in einer fremden Stadt am Anfang«, sagte er drei Monate später zu seinem Adjutanten.[33] Dass irgendjemand anders die Interessen Frankreichs besser wahrnehmen könnte als er selbst, lag außerhalb seiner Vorstellungskraft. Widerspruch, den er unterdessen reichlich erfuhr, war darum nichts anderes als Verrat.

Gegenüber Moch argumentierte er aber auch, dass er trotz des Fehlers, den er im Oktober begangen hatte, nicht bleiben müsse:

»Wenn ich versuchen würde, meinen Weg mit den Parteien weiterzugehen, die, kaum wieder hergestellt, in die alten Irrtümer, in die grundlosen Agitationen zurückgefallen sind, dann hieße das die Ohnmacht zu akzeptieren, meine Macht zerbröseln zu lassen, wenn sie zur Erneuerung Frankreichs mehr denn je notwendig ist.«[34]

Sich für die Rettung der Republik in Reserve zu halten, das war das Argument, mit dem er das schlechte Gewissen beruhigte, das ihn wegen seiner Fahnenflucht plagte. Es war nicht der Kerngedanke eines strategischen Plans zur dauerhaften Sicherung der Macht, wie ihn Freunde und Gegner alsbald hinter seinem Rücktritt vermuten sollten.

De Gaulle verpflichtete Moch, niemanden außer Léon Blum über seine Absichten zu informieren. Vielleicht, so seine Hoffnung, konnte er den legendären Ministerpräsidenten der Volksfront ja doch noch dazu bewegen, seine Nachfolge anzutreten. Der lehnte aber erneut ab, sodass die Präsidentschaft auf den Sozialisten Félix Gouin zulief, der schon in Algier Präsident der Beratenden Versammlung gewesen war und jetzt als Präsident der Verfassunggebenden Versammlung amtierte. De Gaulle informierte einige Mitarbeiter, am 19. Januar die Kommissare der Republik, die zu ihrem monatlichen Treffen beim Innenminister gekommen waren, und um die Mittagszeit des 20. Januar, eines Sonntags, die Mitglieder der Regierung, die zu einer außerordentlichen Sitzung des Ministerrats in die Rue Saint-Dominique gerufen worden waren. Seine Mission sei beendet, sagte er ihnen. Sie sei es eigentlich schon am 21. Oktober 1945 gewesen, »aber da es in der Konstituante Einstimmigkeit auf meinen Namen gegeben hat, bin ich geblieben.«[35] Dann ließ er sie stehen, stieg in sein Arbeitszimmer hinauf und sammelte dort seine letzten Papiere ein. Sich öffentlich zu seinem Rücktritt zu äußern, lehnte er ab.

6 Der Traum von der Größe

Wie sollte Frankreichs Rolle in der Weltpolitik aussehen? Darüber hatte sich Charles de Gaulle schon in seiner Zeit als Mitarbeiter im Sekretariat des Nationalen Verteidigungsrats Gedanken gemacht. Geprägt von den machtpolitischen Analysen eines Charles Maurras, ehrgeizig auch für sein geliebtes Frankreich, aber doch auch mit wachem Blick auf die aktuellen internationalen Entwicklungen hatte er 1932 ein internes Papier geschrieben, das die Möglichkeiten zur Stärkung der französischen Rolle in der Weltpolitik umfassend beschrieb und daraus die Vision einer »freien Entfaltung« Frankreichs »in einer Welt im Gleichgewicht« entwickelte.[1] Zu realisieren war sie seiner Meinung nach im Falle eines Krieges – den Frankreich nicht anstrebte, aber mit dem es rechnen musste –, und zwar in dem Maße, wie es die Kriegsergebnisse zuließen.

Das erste Ziel, das er nannte, stand ganz in der Tradition des militärstrategischen Denkens seit dem 18. Jahrhundert: Schutz des französischen (und belgischen) Territoriums durch »Ausdehnung der Souveränität Frankreichs zum Rhein hin«, maximal bis zur Flussgrenze. Dabei dachte er offensichtlich an flexible Formen des Souveränitätswechsels: Die Bevölkerung der Rheinlande sollte »nach und nach re-assimiliert werden«. An zweiter Stelle stand ein Programm zur Ausweitung des französischen Kolonialbesitzes im Wesentlichen auf Kosten der Briten: Beseitigung »fremder« (d.h. meist britischer) Enklaven im französischen Besitz in Westafrika, Erweiterung nach Osten hin bis ans Rote Meer, vollständige Beherrschung Marokkos. Damit verbunden war die Forderung nach Sicherung der Verbindungen zu allen Teilen des Kolonialreichs durch Neutralisierung der Meerengen und Kanäle, See- und Luftfahrtstützpunkte und Überflugrechte. Drittens entwickelte de Gaulle ein Programm zu gezielter Gegenmachtbildung: Stärkung der osteuropäischen Verbündeten Frankreichs, Föderation der Nachfolgestaaten des Habsburgerreiches einschließlich Jugoslawiens und Rumäniens, Föderation der lateinamerikanischen Staaten als Gegengewicht zu den USA, Bildung einer »lateinischen Union« mit Spanien, Portugal, Italien und Belgien als Gegengewicht zu Großbritannien.

Zu diesen klassischen Instrumenten machtsteigernder Außenpolitik kamen ein wirtschaftliches und ein »moralisches« Programm: In wirtschaftlicher Hinsicht ging es zum einen um die Sicherung von Rohstoffen durch Gebietserweiterungen (Kohle von der Saar und aus dem Aachener Land, Erdöl aus dem Gebiet um Mossul) und durch eine »wirtschaftliche Union« (etwa mit Spanien und Belgien wegen des Kupfers). Zum anderen sollten »vertragliche Regelungen« die Entwicklung der landwirtschaftlichen und industriellen Produktion sichern und für Absatzmärkte sorgen. Dazu sollte auch die Sicherstellung aller Formen des Zuzugs von Arbeitskräften gehören, von Saisonarbeitern bis zu Einwanderern, die die französische Staatsbürgerschaft annahmen. Unter »moralischen« Instrumenten verstand de Gaulle die Förderung der französischen Sprache, die nach Möglichkeit wieder einzige Diplomatensprache und vielleicht sogar führende Weltsprache werden sollte, und das Verbot ausländischer Propaganda, die den »moralischen Zusammenhalt des französischen Volkes und die Loyalität der Bevölkerung unserer Kolonien« zu beeinträchtigen drohten. *A la limite* nannte er in diesem Zusammenhang die »Beseitigung politischer Regime gewisser Staaten, die in dieser Hinsicht eine latente Drohung gegen uns darstellen (Bolschewismus, Faschismus, …).«

Insgesamt schwebte de Gaulle also ein Gleichgewichtssystem vor, in dem Frankreich in etwa die gleiche Rolle spielte wie Deutschland, Großbritannien und die USA. An eine weltpolitische Rolle der Sowjetunion dachte er zu diesem Zeitpunkt noch nicht. Erreicht werden sollte dieses Gleichgewicht durch eine Stärkung Frankreichs auf Kosten Deutschlands und Großbritanniens und unter Eindämmung der USA. Und garantiert werden sollte es durch einen Völkerbund, »der über Mittel zur Kontrolle und eigene Streitkräfte verfügt und seinen Mitgliedern soweit wie möglich Sicherheit gibt.« Eventuell sollte dieser Völkerbund auch ein verbindliches »internationales Wirtschaftsregime« schaffen.

Man wird dieses Programm nicht einfach als Ausdruck eines hemmungslosen Nationalismus abtun können. Bemerkenswert ist es nicht nur wegen der Reichhaltigkeit und teilweisen Originalität der Mittel, die zur Beförderung der französischen *Grandeur* herangezogen werden sollen, sondern auch aufgrund seiner Flexibilität. Die Verfolgung der verschiedenen Ziele wurde ausdrücklich von der »Art des Konflikts« abhängig gemacht, in den Frankreich hineingezogen wurde, und von seiner Situation bei Kriegsende. Als minimales Kriegsziel nannte de Gaulle »die Beibehaltung des Status quo.« Alle Ziele zusammen genommen waren für ihn »das Maximum dessen, was beim gegenwärtigen Zustand der Welt erreichbar ist.« Gleichzeitig warnte er vor einer »Hegemonie, die [Frankreich] nicht aufrechterhalten könnte.« Problematisch waren nur die optimistischen Annahmen hinsichtlich des Verhaltens der Mitakteure: Würden die Bewohner der Rheinlande zur »Re-Assimilierung« bereit sein? Würden die Bewohner der Kolonialgebiete weiterhin »Loyalität« aufbringen? Würden die anderen Großmächte eine Stärkung Frankreichs zulassen? Und würden die Nationen insgesamt Föderationen und eine Stärkung des Völkerbunds akzeptieren? De Gaulle hatte keine Antwort auf die Frage, was geschehen sollte, wenn sich diese Annahmen als trügerisch erweisen sollten.

Nach dem Kriegseintritt der Sowjetunion 1941 setzte er vor allem auf den sowjetischen Beitrag zum Sieg über das Deutsche Reich. Eine siegreiche Sowjetunion sollte ihm helfen, seine Ziele im Hinblick auf das Rheinland zu erreichen, die latente Feindseligkeit der Briten auszubalancieren und vor allem eine amerikanische Hegemonie über die klein gewordenen europäischen Staaten zu verhindern. Die Zukunft Europas werde von der Zusammenarbeit zwischen Frankreich und Russland

signalisierte er sein vorläufiges Einverständnis. Die Alliierten mussten ihm lediglich zugestehen, zu Verhandlungen über eine Revision der Zonenaufteilung zu einem späteren Zeitpunkt bereit zu sein. Für die französischen Pläne in Bezug auf ein Rheinland unter französischer Kontrolle war das ein schwerer Rückschlag: Jetzt hatte man im Grunde zwei Besatzungszonen, die nur durch einen schmalen Brückenkopf am Rhein miteinander verbunden waren, keine Großstadt, von der die Bildung regionaler Autonomie-Bewegungen hätte ausgehen können, keine rechtsrheinischen Brückenköpfe, die für die strategischen Planungen von entscheidender Bedeutung waren, dafür aber ein südwürttembergisches Territorium, das eigene wirtschaftliche Probleme aufwarf und bei der Herausbildung eines badischen Sonderbewusstseins nur störte.

Noch wesentlich herber war die Niederlage, die de Gaulle mit den Beschlüssen der »Großen Drei« in Potsdam erhielt. Mit der Vereinbarung deutscher Zentralverwaltungen, der Zulassung politischer Parteien in ganz Deutschland, der Behandlung der vier Besatzungszonen als wirtschaftlicher Einheit und der Ankündigung eines Friedensvertrages mit einer »Regierung Deutschlands« war nicht nur der Weg zu weiteren Gebietsabtretungen über die Abtretungen an Polen und die Sowjetunion hinaus versperrt; es drohte darüber hinaus die Wiedererrichtung eines einheitlichen, nunmehr stärker nach Westen ausgerichteten deutschen Staates ohne Berücksichtigung der französischen Dezentralisierungsforderungen und Dismemberment-Hoffnungen. Hinzu kam, dass die provisorische Unterscheidung zwischen einer sowjetischen und einer westlichen Reparationszone einer Sonderbehandlung des Ruhrgebiets im Sinne des Internationalisierungs-Projekts tendenziell zuwiderlief.

Die französische Regierung legte darum sogleich Protest gegen die Potsdamer Beschlüsse ein. In einer Note vom 7. August erklärte sie, die Zulassung politischer Parteien und die Schaffung zentraler Verwaltungen für ganz Deutschland nicht akzeptieren zu können, solange über dessen Grenzen noch nicht entschieden sei. De Gaulle bemühte sich um einen Besuchstermin bei Truman und legte diesem am 22. und 24. August in eindringlichen Gesprächen dar, Frankreich könne und werde der Einrichtung deutscher Zentralverwaltungen erst dann zustimmen, wenn das Ruhrgebiet, das Saargebiet und das Rheinland zuvor in der gleichen Weise abgetrennt sein würden wie die Gebiete jenseits von Oder und Neiße. Sodann suchte er die Furcht vor einer allzu massiven Machtausdehnung der Sowjetunion, die unterdessen offenkundig auf die amerikanische Führung übergegriffen hatte, für seine Ziele zu mobilisieren: Deutsche Zentralverwaltungen, legte er Truman dar, würden wohl unvermeidlich von den Russen beherrscht werden, und ein geeintes Deutschland würde sich »eines Tages doch dem auf der Grundlage der Beschlüsse von Jalta und Potsdam gebildeten mächtigen slawischen Block anschließen.«[15]

Nachdem Truman demgegenüber nur die Atomwaffe als eine zusätzliche Garantie gegen ein Wiederaufleben der deutschen Gefahr ins Feld geführt hatte, appellierte de Gaulle zwei Wochen später in ähnlicher Weise, freilich öffentlich und damit nur indirekt, an die Ohnmachtsgefühle der Briten. In einem Interview, das die Londoner *Times* am 10. September veröffentlichte, beschwor er die Notwendigkeit, »im Westen eine Regelung [zu] treffen, die zu der im Osten ein Gleichgewicht schafft.« Darunter verstand er, dass Frankreich das Rheinland »strategisch und politisch beherrscht« und die westeuropäischen Länder dies gemeinsam für das Ruhrgebiet leisteten. Beide Regionen müssten »vom Rest Deutschlands in der Weise getrennt [werden], dass ihre Bewohner wissen, dass ihre Zukunft nicht in Deutschland liegt.« Gleichzeitig warb er wieder für die Integration dieser Regionen in eine westeuropäische Gruppierung: Frankreich und Großbritannien, die Niederlande und Belgien, Italien und die Schweiz besäßen zusammen

> »die nötigen Existenzmittel in hinreichender Menge für ein wirtschaftliches Ensemble, das zwar nicht völlig sich selbst genügen, aber nicht weniger Möglichkeiten als andere Wirtschaftsräume der Welt haben wird.«[16]

Auf die neuen Regierungen in Washington und London (Churchill war am 26. Juli nach einem Wahlsieg der Labour-Party durch Clement Attlee abgelöst worden) machten die Warnungen vor einem gefährlichen Machtzuwachs der Sowjetunion umso weniger Eindruck, als der französische Präsident weiterhin an der Idee einer Beteiligung der Sowjetunion an dem internationalen Ruhr-Regime festhielt. Nach seiner Enttäuschung über die mangelnde Unterstützung durch Stalin und dessen Kurswechsel in der Frage einer Aufteilung Deutschlands war er durchaus an einer Stärkung der amerikanischen und der britischen Präsenz in Europa interessiert. Wenn Frankreich nicht in die Lage versetzt wurde, alleine ein Gegenwicht zum sowjetischen Block im Osten Europas zu bilden, dann sollten es eben Großbritannien und Frankreich zusammen mit amerikanischer Unterstützung tun. Er wünsche »im Hinblick auf ein notwendiges Gleichgewicht«, hatte er schon am 8. Mai zu seinem Mitarbeiter Jean Donnedieu de Vabres gesagt, »dass sich die Vereinigten Staaten in Zukunft an der Sicherheit des europäischen Kontinents beteiligen.«[17]

Aber das bedeutete nicht, dass er deswegen bereit gewesen wäre, an seinem deutschlandpolitischen Programm Abstriche vorzunehmen. Die Briten und die Amerikaner sollten das Bündnis mit Frankreich, das ja auch in ihrem Interesse liegen musste, nur bekommen, wenn sie bereit waren, Frankreich bei seinen legitimen Forderungen nach Sicherheit und Wiederaufbau-Hilfen zu unterstützen. Am 1. Oktober legte General Koenig, nunmehr Gouverneur der französischen Besatzungszone, im Alliierten Kontrollrat sein Veto gegen die Errichtung deutscher Zentralverwaltungen ein.

De Gaulle war davon überzeugt, dass diese Blockierung deutscher Zentralverwaltungen langfristig doch noch zur Durchsetzung der französischen Rheinlandforderungen führen würde. Man müsse nur darauf achten, erklärte er am 8. Oktober den Verantwortlichen im Pariser Außenministerium, dass Preußen nicht wiederhergestellt werde.

»Sobald es Preußen nicht mehr gibt und also auch kein Deutschland mehr, werden sich die benachbarten westlichen Regionen notwendigerweise Frankreich zuwenden. Die Pfalz wird wieder entstehen, eine rheinische Region (von Trier bis Koblenz), die hessischen Staaten. Die französische Armee besetzt diese Territorien und regiert sie. Sie wird das weiterhin tun, ganz gleich, was geschieht. Sie sollen natürlich ihre Autonomie in der Justiz, im Schulwesen, in der Verwaltung usw. haben. Aber sie werden sich notwendigerweise unter der Führung Frankreichs dem westlichen Ensemble angliedern müssen, dem darüber hinaus Belgien, Luxemburg, Holland und, falls dieses es wünscht, auch Großbritannien angehören.«[18]

Eine Rundreise durch die neue Besatzungszone vom 3. bis 5. Oktober bestärkte ihn in der Überzeugung, dass die »Partikularismen« bereits ihre Wirkung entfalteten.

Für das Saargebiet, das am 18. Juli 1945 zusammen mit 147 Gemeinden der Kreise Saarburg, Trier und Birkenfeld aus der französischen Besatzungszone ausgegliedert und am 30. August einer eigenen *Délégation Supérieure de la Sarre* unter Oberst Gilbert Grandval unterstellt worden war, sollte die Verbindung mit Frankreich noch wesentlich weiter gehen: bis zur vollständigen Annexion. Auf die Präzisierung, Frankreich werde die Staaten des Rheinlands »nicht annektieren«, folgte in der Besprechung vom 8. Oktober der Satz, dies gelte jedoch nicht für das Saargebiet, »das, wenn Preußen erst einmal verschwunden ist, über keinerlei natürliche Verbindung mit Deutschland verfügt und im Gegenteil in Frankreich seine Absatzmärkte und die Quellen für seine Lebensmittelversorgung findet.« Die Stadt Kehl, fuhr er fort, »die nur ein Vorort von Straßburg ist und deren Hafen nur ein Anhängsel des Straßburger Hafens darstellt, muss ebenfalls an Frankreich gehen.« Am 25. August hatte er von der Politischen Abteilung des Außenamtes erarbeitete »Besondere Weisungsentwürfe für das Saarland« unterzeichnet, in denen erklärt wurde, die Bevölkerung der Saar müsse

»an die als unausweichlich betrachtete Vereinigung mit unserem Land gewöhnt werden, die dem Saarland Reichtum und Wohl-

> ergehen bringen und gleichzeitig dessen Eigenheiten respektieren würde. Diese Eigenheiten würden mit der Zeit unter dem Einfluss einer richtig verstandenen Assimilierungspolitik verschwinden.«[19]

Wesentlich problematischer waren die weiteren Aussichten für eine Verwirklichung der Pläne für das Ruhrgebiet. Hier verfügte de Gaulle über keinerlei Hebel zur Beförderung regionaler Identitäten, und es fehlten dafür auch die historischen Grundlagen, wie er am 8. Oktober zu recht feststellte:

> »Das Problem der Ruhr ist von vollständig anderer Natur. Die Ruhr ist keine politische Einheit; sie ist von Menschen bevölkert, die aus allen Teilen Deutschlands und sogar aus dem Ausland (Polen) gekommen sind.«

Gleichzeitig war die Realisierung der Ruhr-Internationalisierung viel dringlicher als die Integration des Rheinlandes in den französischen Machtbereich – »vor allem weil wir Kohle brauchen.« Um sie zu erreichen, konnte de Gaulle im Grunde nur auf eine Einsicht der Briten hoffen, dass sie zur Wahrung ihrer Großmachtstellung unterdessen ebenso sehr auf Kooperation angewiesen waren wie die Franzosen. Eine »französisch-britische Verständigung«, beendete er seine Ausführungen in der Besprechung am Quai d'Orsay, sei »das einzige Mittel, beiden Ländern einen wichtigen Einfluss in den internationalen Beratungen zu verschaffen.«[20]

Das Angebot des neuen britischen Außenministers Ernest Bevin, die französischen Rheinland- und Ruhrforderungen von Experten prüfen zu lassen, griff er daher sogleich auf. Vom 12. bis 26. Oktober suchte eine hochrangig besetzte französische Delegation unter der Leitung von Maurice Couve de Murville, nunmehr Direktor der Politischen Abteilung des Quai d'Orsay, ihre Gesprächspartner in London von der Machbarkeit und den Vorteilen der französischen Vorstellungen zu überzeugen. Damit waren sie jedoch nicht erfolgreich. Die britischen Experten sorgten sich vor allem, dass die Errichtung einer Zollgrenze zwischen dem Ruhrgebiet und den anderen Teilen des Reiches zu Arbeitslosigkeit und schweren Wirtschaftskrisen auf beiden Seiten führen würde. Außerdem machten sie geltend, dass die langfristige Stärkung der französischen Schwerindustrie nicht nur auf Kosten der deutschen, sondern auch der britischen Konkurrenz gehen würde. Politisch sahen sie mit einer exklusiven Westorientierung von Rhein und Ruhr eine Ostorientierung der verbleibenden deutschen Gebiete auf sich zukommen; sie schien ihnen dann allein schon aus ökonomischen Gründen unvermeidlich zu sein.

De Gaulle schickte seine Emissäre darum anschließend auch noch nach Washington und nach Moskau. In der amerikanischen Hauptstadt, wo sie vom 13. bis 20. November verhandelten, stießen sie auf ähnliche Bedenken wie in London. Außerdem drohte ihnen ein Vertreter des *State Department*, die USA würden Zentralverwaltungen zu dritt ansteuern, wenn Frankreich sich weiterhin einer Vierer-Lösung verweigern würde. Lediglich in Moskau, wo Hervé Alphand als Direktor der Wirtschaftsabteilung und General Catroux als französischer Botschafter am 12. und 21. Dezember mit Molotow sprachen, konnten sie eine gewisse Unterstützung in der Ruhrfrage registrieren. Molotow erklärte ihnen, »das wir auf diesem Gebiet gemeinsame Interessen haben«, und versprach, darüber mit den Briten sprechen zu wollen, die nun einmal an der Ruhr das Sagen hätten, ebenso mit den USA und den »übrigen interessierten Staaten.«[21] Die Zusage löste er jedoch nicht ein. Stattdessen forderte er Catroux am 17. Januar 1946 auf, sich mit einer Vier-Mächte-Verwaltung für die Ruhrindustrie zufrieden zu geben, wie sie die Sowjetregierung vorschlug.

Am Ende seiner Amtszeit als Präsident der Provisorischen Regierung stand de Gaulle in seiner Deutschlandpolitik also mit leeren Händen da. Es blieben vage Hoffnungen auf eine Kurskorrektur der Briten und die Umerziehung der Deutschen im Rheinland. Dass dabei ebenso Wunschdenken im Spiel war wie zuvor bei der Hoffnung auf Unterstützung durch die Sowjetunion, wurde ihm nicht klar. Ebenso wenig sah er, dass die Blockierung deutscher Zentralverwaltungen bei Briten und Amerikanern die Tendenzen zur Bildung eines deutschen

Weststaates beförderte, dem sich Frankreich auf Dauer nicht verweigern konnte. Zweiflern an der Sinnhaftigkeit seines Konzepts, die sich unterdessen auch in der Regierung und im diplomatischen Apparat bemerkbar machten, hielt er trotzig entgegen: »Man muss wissen, was man will.« Am Abend des 18. Januar 1946 schärfte er den Mitgliedern des Interministeriellen Ausschusses für deutsche Angelegenheiten noch einmal ein, »was wir wollen«: keine deutsche Zentralregierung, Wiederherstellung der »Einheiten Bayerns, Sachsens, der drei Hessen usw.«, lockere »Konföderation« dieser Staaten, aber kein Ausgreifen auf das linke Rheinufer. »Die Einheiten des linken Ufers werden niemals in diese Konföderation eintreten; sie werden sich auf uns zu entwickeln.«[22]

Hinsichtlich der Überseegebiete zielte de Gaulles Konzept von vorneherein nur auf die Wahrung bzw. Wiederherstellung des Status quo. Das war angesichts der Unabhängigkeitstendenzen, die sich nach dem Zusammenbruch von 1940 in allen Teilen des französischen Kolonialreiches bemerkbar machten, schwer genug. Die Unabhängigkeitsbestrebungen lehnte er auch nicht grundsätzlich ab. Den Syrern und Libanesen hatte er schon im Juni 1941 die Unabhängigkeit versprochen, um sie im Feldzug gegen die Vichy-Truppen auf seine Seite zu bringen. Vor der *Royal African Society* in London kündigte er im Oktober des gleichen Jahres eine »tiefgreifende und heilsame Transformation Afrikas« als Folge des Engagements der Afrikaner im Krieg gegen die Achsenmächte an.[23] Im Oktober 1943 stimmte er einer Initiative von Henri Laurentie zu, einem Ratgeber des Tschad-Gouverneurs Félix Éboué, der alle Repräsentanten der afrikanischen Territorien Frankreichs zu einer Beratung über die Reichweite dieser Transformation versammeln wollte. Zur Eröffnung dieser Konferenz am 30. Januar 1944 in Brazzaville rief er zur Förderung der Emanzipation auf: Fortschritt im französischen Afrika »und allen anderen Territorien, in denen Menschen unter unserer Fahne leben« werde es nur geben, »wenn die Menschen von der Erde, auf der sie leben, moralisch und materiell Nutzen haben und sich nach und nach bis zu einem Niveau erheben können, auf dem sie in der Lage sind, sich an der Regelung ihrer eigenen Angelegenheiten zu beteiligen.«[24]

Dieser Prozess sollte jedoch nicht nur von Frankreich gefördert werden, er sollte auch unter französischer Kontrolle bleiben – mit dem Ergebnis, dass die wirtschaftlichen und strategischen Interessen Frankreichs auch bei weitgehender Autonomie und späterer Selbständigkeit gewahrt blieben. Eine Selbständigkeit im Rahmen einer französischen Einflusszone, nach Möglichkeit vertraglich abgesichert, war also das Ziel dieser Politik; auf diese Weise sollte die Weltmachtstellung Frankreichs langfristig gesichert werden. Um es zu erreichen, war es zunächst nötig, die Autorität Frankreichs überall dort wiederherzustellen, wo sie durch die Kriegsereignisse erschüttert worden war. Daher rührte de Gaulles Zögern, in Syrien und im Libanon schon freie Wahlen zuzulassen; daher auch seine Rückendeckung für das gewaltsame Vorgehen des Generals Oliva-Roget gegen Demonstranten in Damaskus im Mai 1945.

Nach der Internierung der französischen Truppen in Syrien und im Libanon verfügte die Provisorische Regierung über kein Druckmittel mehr, um in den Verhandlungen mit den Regierungen in Beirut und Damaskus eine dauerhafte wirtschaftliche und militärische Präsenz Frankreichs über die Erlangung der formellen Unabhängigkeit hinaus durchzusetzen. De Gaulle musste so das einstige Völkerbund-Mandat notgedrungen vollständig aufgeben. Im Dezember 1945 begann der Rückzug der französischen Truppen aus den beiden Ländern. Bis zum Herbst 1946 sollte er abgeschlossen sein.

Ganz ähnlich wie in der Levante ließ de Gaulle es auch in Algerien zu, dass die Liberalisierungspolitik durch massiven Gewalteinsatz konterkariert wurde. Im März 1944 hatte er eine Ordonnanz erlassen, durch die einige Zehntausend arabische Einwohner der algerischen Departements die französische Staatsbürgerschaft erhielten. Als sich im April 1945 Unzufriedenheit mit diesem begrenzten Zugeständnis bemerkbar machte, wurde der Führer der Unabhängigkeitspartei, Messali Hadj aber verhaftet und nach Brazzaville deportiert. Daraufhin brachen in Algier und Oran heftige Unruhen aus. Die Polizei ging mit Waffengewalt gegen die Demonstranten vor, heizte den Aufruhr damit aber nur noch weiter an. Am 8. Mai, während in Reims in bedingungslose Kapitulation des Reiches vollzogen wurde und in Syrien die ersten Demonstranten auf die Straße gingen, begannen bewaffnete Demonstranten in Sétif mit Angriffen auf öffentliche Gebäude und europäische Siedler. In zwei Tagen wurden 75 Siedler auf grausame Weise ermordet. Der Kommandant der Region Constantine, General Duval reagierte mit einer drakonischen Säuberungsaktion, bei der nach Angaben der Militärs 6000 bis 8000 Algerier den Tod fand. Die Angaben von algerischer Seite gehen weit darüber hinaus. De Gaulle deckte auch diese Aktion, indem er den Gouverneur am 12. April telegrafisch anwies, »alle Maßnahmen zu ergreifen, die zur Unterdrückung des antifranzösischen Treibens einer Minderheit von Aufwieglern notwendig sind.«[25] Das ganze Ausmaß der Gewalt, die dabei zum Einsatz kam, war ihm offensichtlich nicht bekannt, und über die Belastungen für den Liberalisierungskurs, die daraus resultierten, machte er sich keine Gedanken.

In Marokko gelang de Gaulle die Liberalisierungspolitik deutlich besser. Auch hier kam es zu Unruhen, die gewaltsam niedergeschlagen wurden, sogar schon im Januar 1944. Sie nahmen jedoch nicht das Ausmaß an wie in Algerien. In Rabat gab es 20 Todesopfer, in Fès 40. Über 1500 »Anführer« wurden zu Gefängnisstrafen verurteilt. Der Souverän, Sultan Mohammed Ben Jussef war danach noch in der Lage, mit der Provisorischen Regierung zusammenzuarbeiten, und de Gaulle wusste diese Chance zu nutzen. Er lud den Sultan im Frühjahr 1945 nach Paris ein, empfing ihn dort am 18. Juni mit allen Ehren und begegnete seiner Forderung nach Unabhängigkeit mit dem Angebot einer »vertraglichen Assoziierung«.[26] Die Verhandlungen darüber sollten beginnen, sobald die neue Verfassung Frankreichs in Kraft getreten war.

Nicht ganz so erfolgreich war die gleiche Methode in Tunesien. Hier hatte General Giraud im Mai 1943 den Bey

Moncef absetzen lassen, weil er sich zum Wortführer der Unabhängigkeitsbewegung gemacht hatte. De Gaulle lud den Nachfolger Sidi Lamine zur Feier des 14. Juli 1945 nach Paris ein und verhandelte mit ihm in gleicher Weise wie einen Monat zuvor mit dem Sultan von Marokko: »Der Ton ist gedämpfter [...], aber das Lied ist das gleiche. Meine Antwort auch. Der Bey empfängt sie mit Freundschaft.«[27] Die Autorität des Bey war freilich ungleich geringer als die des Sultans; er galt in seinem Land als ein Symbol der Kollaboration und nicht der Emanzipation. Der Führer der Unabhängigkeitsbewegung, Habib Bourgiba agierte seit dem März 1945 aus dem Exil in Ägypten. Zu ihm fand de Gaulle keinen Zugang.

In Indochina wurde das Liberalisierungskonzept dadurch konterkariert, dass die französische Herrschaft durch die Besetzung strategischer Schlüsselstellungen durch die japanischen Streitkräfte im Juni 1940 praktisch schon an ihr Ende gekommen war. Gegen die japanische Kontrolle regte sich unter den französischen Kolonisten, Militärs und Verwaltern mancherlei Widerstand, dessen Repräsentanten auch Kontakt zu de Gaulle aufnahmen. Im Dezember 1943 kündigte die Provisorische Regierung in Algier die künftige Bildung einer »freien und engen Assoziation zwischen Frankreich und den Völkern Indochinas« an.[28] In Indien wurde ein Expeditionskorps zusammengestellt, das Indochina wieder unter französische Kontrolle bringen sollte; der Kommandant der französischen Truppen in Indochina, ein General Mordant wurde beauftragt, den Widerstand auf der Halbinsel zu koordinieren. Im Frühjahr 1944 versuchte de Gaulle zu dem Vichy-treuen Generalgouverneur von Indochina, Admiral Alain Decoux Kontakt aufzunehmen, um auch ihn in die Durchsetzung der Autorität der Provisorischen Regierung einzubinden.

Das Vorhaben scheiterte aber nicht nur an der Weigerung Decoux's, der darauf setzte, dass sich die Japaner von selbst wieder zurückziehen würden. Am Abend des 9. März 1945 verlangte der japanische Botschafter von Decoux, das französische Militär und die Zivilverwaltung dem japanischen Kommando zu unterstellen. Als dieser sich weigerte, wurden die französischen Garnisonen angegriffen und binnen 24 Stunden außer Gefecht gesetzt; die Angehörigen der Verwaltung wurden interniert und zum Teil schwer misshandelt, und auch die französische Zivilbevölkerung sah sich schweren Repressalien ausgesetzt. Nach dem Verlust der Philippinen hatte sich die japanische Führung entschlossen, sich in Indochina ein neues Operationsgebiet zu sichern. In ihrem Schatten konnten traditionelle Autoritäten – Kaiser Bao Daï von Annam und König Sihanuk von Kambodscha – die Unabhängigkeit ihrer Länder proklamieren.

De Gaulle rief natürlich gleich zum Widerstand gegen die japanischen Eroberer auf. Dann ließ er Henri Laurentie eine Erklärung redigieren, die der Bevölkerung der Halbinsel die Autonomie im Rahmen einer »indochinesischen Föderation« anbot, freilich von einem französischen Generalgouverneur gelenkt. Für die Nationalbewegung, die sich unterdessen in den drei vietnamesischen Regionen dieser Föderation gebildet hatte (Tonkin, Annam und Cochinchina), war das zu wenig. De Gaulles Angebot konnte nicht verhindern, dass die Nationalbewegung unter der Führung des Kommunisten Ho Chi Minh nach dem Abwurf der Atombomben auf Hiroshima und Nagasaki einen Aufstand organisierte und am 2. September, dem Tag der japanischen Kapitulation, in Hanoi die »Demokratische Republik Vietnam« proklamierte.

De Gaulle schickte jetzt Thierry d'Argenlieu als neuen Hochkommissar nach Indochina und unterstellte die französischen Bodentruppen dem Kommando von Leclerc, dem Sieger von Paris und Straßburg. Beide sollten zunächst die Autorität Frankreichs auf der Halbinsel wiederherstellen, bevor sie mit Ho Chi Minh und anderen regionalen Autoritäten verhandelten. Im Süden gelang ihnen das ganz gut: Bis zum Februar 1946 konnte Leclerc Conchinchina militärisch und politisch unter Kontrolle bringen; daraufhin beeilten sich Kambodscha und Laos, die französische Oberhoheit anzuerkennen. In der nördlichen Region Tonkin dagegen, wo sich der größte Teil der vietnamesischen Truppen befand, rangen die französischen Unterhändler mit Ho Chi Minh über die

Bedeutung einer Unabhängigkeit im Rahmen der indochinesischen Föderation.

Am 6. März gelang es Jean Sainteny, dem Repräsentanten der französischen Regierung in Saigon, Ho Chi Minh zur Unterzeichnung eines Abkommens zu bewegen, das den französischen Truppen den Weg nach Norden freimachen sollte, zugleich aber ihren Abzug aus allen drei vietnamesischen Regionen nach fünf Jahren vorsah. Danach sollte Vietnam einen »Freien Staat« im Rahmen der indochinesischen Föderation bilden. Das ging wiederum de Gaulle zu weit. Im Gespräch mit d'Argenlieu, der ihn im Mai in seinem Privathaus in Colombey besuchte, argumentierte er, dass Ho Chi Minh ein »Gegner Frankreichs« und ein »Bauer auf dem Schachbrett Stalins« sei und ein Abkommen daher erst geschlossen werden dürfe, wenn die französischen Truppen in Hanoi einmarschiert seien.[29] D'Argenlieu, für den de Gaulle auch nach seinem Rücktritt als Regierungschef die oberste Autorität war, proklamierte daraufhin am 1. Juni in Saigon die Bildung einer autonomen Republik Cochinchina und blockierte damit die Verhandlungen über eine Ausgestaltung des Abkommens. Das führte zu ersten Zusammenstößen zwischen französischen Truppen und Vietminh-Kämpfern im November und zum Beginn des französischen Indochinakrieges am 19. Dezember. De Gaulle zeigte sich darüber sehr erfreut: »D'Argenlieu [...] hat jetzt die Möglichkeit zu handeln und die Angelegenheit zu regeln.«[30]

Der Indochinakrieg muss damit ebenfalls zum Erbe der Außenpolitik de Gaulles gerechnet werden. Wie im Hinblick auf die Regelung der deutschen Frage fesselte ihn auch hier der Traum von der französischen Größe zu stark, um rechtzeitig einzulenken. Die Misserfolge, die ihm keineswegs verborgen blieben, schob er auf das Konto der Politiker und Parteien, mit denen er nicht mehr regieren wollte:

> »Als ich versucht habe, das Empire wieder zusammenzubringen, mich dauerhaft am Rhein zu installieren und unsere Souveränität im Äußeren auf der Ebene der Großmächte aufrechtzuerhalten, da

> wäre ich beinahe gescheitert, so sehr haben mir das Treiben und wechselseitige Überbieten der politischen Gruppen, die aus der Résistance hervorgegangen sind, das Leben schwer gemacht.«[31]

Das bewahrte ihn lange Zeit davor, seine außenpolitischen Positionen revidieren zu müssen.

7 Im Unruhestand

Gleich am Tag nach seinem Rücktritt, am 21. Januar 1946, verließ Charles de Gaulle mit seiner Familie, den Hausangestellten und zwei Adjutanten, die ihm als Brigadegeneral zustanden, die Dienstvilla in Neuilly und zog in einen Pavillon des Schlösschens von Marly-le-Roi im Westen von Paris, das er zuvor für 5000 Francs im Monat gemietet hatte. Die Fenster waren zugig, die Wände feucht und die Einrichtung höchst unvollständig. De Gaulle ließ sich dadurch aber nicht in der heiteren Gelassenheit beeinträchtigen, die er zum Erstaunen seiner Umgebung ausstrahlte; und seine Frau freute sich sichtlich darauf, dass das aufreibende Leben an der Spitze des »Freien Frankreich« nun zu Ende ging. So ganz traute sie ihrem Glück noch nicht, aber sie nahm sich fest vor, jetzt daran zu glauben.

Seine ursprüngliche Idee, zunächst für einige Zeit nach Kanada ins Exil zu gehen, hatte der Ex-Präsident aufgegeben – angeblich, so erklärt er es in seinen Memoiren, um der Welt zu zeigen, dass die Angriffe, denen er sich ausgesetzt fühlte, ihn »nicht treffen konnten«.[1] Tatsächlich ging es aber wohl mehr darum, sich vor den Selbstvorwürfen zu schützen, die aus dem Rückzug resultieren konnten. Schließlich konnte er sich zwar sagen, Frankreich zum Sieg über Hitler-Deutschland geführt zu haben; das Ziel der Wiederherstellung französischer *Grandeur* war damit aber noch nicht erreicht. »Was die anständigen Franzosen erwarten,« so hatte er schon im Oktober 1944 einen Entwurf seines neuen Mitarbeiters Georges Pompidou korrigiert,

> »ist auf einen Punkt gebracht, dass das Frankreich von heute etwas anderes wird als es ist, das heißt eine Nation, die seit langem schwer

> krank ist, ohne Institution, ohne effektive Verwaltung, ohne Diplomatie, ohne Hierarchie [...] und gänzlich frei von Staatsmännern. Das können weder ich noch sonst jemand in zwei Monaten in Ordnung bringen. Hier geht es um eine lange und harte Anstrengung, und es geht um mindestens eine Generation.«[2]

Anders gesagt: Noch ehe die Mission zu Ende gegangen war, zu der de Gaulle sich berufen gefühlt hatte, hatte er eine zweite Mission entdeckt, die, so fühlte er es, eigentlich über seine Möglichkeiten hinausging.

Aber musste er sich ihr nicht trotzdem stellen? Die Antwort, die er sich in den Tagen des Zweifelns zu Beginn des Jahres gegeben hatte, lautete: sich dem Spiel der Parteien entziehen, um seine Macht für die Rettung der Republik zu erhalten, die eines Tages notwendig sein würde. »Wenn die Franzosen den Weg des Lebens ohne meine Hilfe finden, dann ist alles gut«, sagte er fünf Tage nach seinem Rücktritt zu Claude Guy. »Ich müsste dann nicht mehr eingreifen.«[3] Aber an diesen bequemen Ausweg konnte er nicht recht glauben. »Es wird keine acht Tage dauern«, so am Abend des 18. Januar zu Francisque Gay, dem *spiritus rector* der Volksrepublikaner, »und sie [die Parteiführer] werden mit einer Delegation kommen und mich bitten zurückzukehren, und dann werde ich zu meinen Bedingungen zurückkommen.«[4] Und wenn die Parteiführer, »diese Pygmäen«[5] nicht von selbst zu dieser Einsicht gelangten, dann würde das Volk sie zwingen, für de Gaulle Platz zu machen.

Die vage Hoffnung, er könne ganz schnell zurückgerufen werden, schlug allerdings schon nach wenigen Wochen in eine ziemliche Enttäuschung darüber um, dass ein solcher Ruf ausblieb. »Wir sind in die Ära der Gemeinheit eingetreten«, klagte er am 15. Februar beim Spaziergang mit Guy. »Wir sind da wahrscheinlich für lange Zeit eingetreten, denn die Überlegenheit ist für die politischen Kleingeister unerträglich.« Das hinderte ihn aber nicht daran, nach einer Pause trotzig hinzuzufügen: »Nach einigen Jahren des Abstiegs wird das französische Volk mich plötzlich auf einem Höhepunkt seiner Geschichte bemerken.«[6] Bis dahin wollte er erst einmal seine Memoiren schreiben; die nahm er jetzt neben einer Redaktion der Reden, die er während der Kriegszeit gehalten hatte, mit großer Energie in Angriff.

Verschiedene Versuche seiner Getreuen, ihn zu einer baldigen Rückkehr in die Politik zu bewegen, wies de Gaulle jeweils mit großer Geste zurück. Weder wollte er an die Spitze des MRP treten, wie es ihm dessen Vorsitzender Maurice Schumann Anfang März antrug, noch wollte er etwas von den Plänen zur Schaffung einer »gaullistischen« Bewegung wissen, wie sie René Capitant, André Malraux und andere lancierten. Das eine wie das andere würde ihn, davon war er überzeugt, zum Gefangenen der Parteien machen und damit der Gefahr des Autoritätsverlusts aussetzen, der er gerade entronnen war. »Mit dem Regime der Parteien kann man Frankreich nicht wieder stark machen«, erklärte er nach dem Scheitern des ersten Verfassungsentwurfs, den die Konstituante ausgearbeitet hatte, in der Volksabstimmung vom 5. Mai 1946.

> »Deswegen werde ich sie bis zum Boden fallen lassen. Ich habe Zeit. Es ist schrecklich, aber es geht nur auf diesem Weg. Danach ja, denn dann werde ich meine Bedingungen stellen können.«[7]

Dass Capitant Anfang Mai auf eigene Verantwortung eine *Union gaulliste* ins Leben rief, nahm er mit gemischten Gefühlen zur Kenntnis.

De Gaulles Sorge um Distanzierung vom »Regime der Parteien« ging so weit, dass er auch jede Auszeichnung durch seine Vertreter ablehnte. Als Gouin seinen Vorgänger, der nach der Aberkennung des Generalstitels auf Zeit durch die Regierung Pétain alle Dienstgrade verloren hatte, zum Marschall befördern wollte, holte er sich nur eine schallende Ohrfeige: Seine Situation sei so außergewöhnlich, dass jeder Versuch, sie administrativ zu klären, »seltsam und sogar lächerlich« wirken würde. Angemessen sei allein, »die Dinge so zu belassen wie sie sind.«[8] Einen Fragebogen zur Berechnung eines Ruhestandsgehalts ließ er unbeantwortet.[9] Gegenüber Guy kommentierte er diese Zurückweisung mit der Bemerkung, dass »der gute Gouin« und seine Minister überhaupt nicht begriffen hätten, was er geleistet habe.

> »Sie können sich nicht zu meinem Niveau emporschwingen, ganz gleich was sie tun, denn das Grandiose dringt niemals in ihren Geist. […] Man verleiht doch keine Auszeichnung an Frankreich!«[10]

Ende Mai bezog die Familie de Gaulle den Landsitz in Colombey-les-Deux-Églises. Die Schäden, die deutsche Truppen während des Krieges angerichtet hatten, waren jetzt repariert, und er war auch noch ausgebaut worden: De Gaulle hatte vor dem zweistöckigen Langhaus einen sechseckigen Turm anbringen lassen. Der General, wie ihn alle Welt jetzt nannte, im Gespräch mit Dritten auch seine Ehefrau, war damit noch entschieden weniger erreichbar als in Marly. Nur wenige Besucher nahmen die Strapazen einer Autofahrt von über 250 Kilometern auf National- und Landstraßen auf sich, um von Paris aus in den kleinen Flecken am Südostrand der Champagne zu gelangen. Manche Bitten um einen Besuchstermin lehnte de Gaulle auch einfach ab. Die meiste Zeit verbrachte er im unteren Turmzimmer, das er als sein Arbeitszimmer eingerichtet hatte und wo ihn niemand stören durfte. Wenn er unterwegs war, dann mit einem kleinen Citroën; den Cadillac, den Roosevelt ihm geschenkt hatte, hatte er verkauft.

Nachdem die Volksrepublikaner zur Ablehnung des Verfassungsentwurfs aufgerufen hatten und eine Mehrheit der Wähler diesem Aufruf gefolgt war, sah er eine Chance, seine Vorstellungen von gutem Regieren doch noch kurzfristig verwirklichen zu können. Dazu sollte eine öffentliche Präsentation seiner Verfassungspläne dienen: Sie sollte entweder die Parteien dazu zwingen, bei der Erarbeitung des zweiten Entwurfs seinen Vorstellungen Rechnung zu tragen, oder – was er für viel wahrscheinlicher hielt – eine Ablehnung auch des zweiten Entwurfs provozieren.

> »Das würde wahrscheinlich das Ende des Regimes bedeuten. Das Volk würde diese Leute auskotzen, die unfähig sind, eine Verfassung auszuarbeiten und sich um Frankreich zu kümmern.«[11]

So nahm er eine Einladung der Bürgermeister von Courseulles, Isigny und Bayeux an, den zweiten Jahrestag seiner Rückkehr in die Normandie mit ihnen zu begehen, und entschied sich dann, in Bayeux nicht über die nötigen Grundsätze der Außenpolitik zu sprechen, wie er es zunächst vorhatte, sondern über die Grundzüge einer guten Verfassung.

In der Rede von Bayeux, über Wochen bis ins letzte Detail ausgearbeitet und am Nachmittag des 16. Juni bei strömendem Regen vorgetragen, plädierte er für die Einführung eines Präsidialsystems, das den Einfluss der Parteien bzw. einer Parlamentsmehrheit auf die Exekutive stark einschränkte. Neben der direkt gewählten Nationalversammlung sollte es eine zweite Kammer geben, die von den Generalräten und Gemeinderäten gewählt wurde und in der auch »die Organisationen der Wirtschaft, der Familien und der Intellektuellen« vertreten waren. Sie sollte die erste Kammer dazu veranlassen, Gesetzesentwürfe zu revidieren und sich mit eigenen Entwürfen der zweiten Kammer zu beschäftigen. Außerdem sollte sie zusammen mit lokalen Versammlungen der Übersee-Gebiete den »Großen Rat der Französischen Union« bilden. Der »Staatschef« sollte von einem »Kollegium« gewählt werden, das »viel mehr« umfasst als das Parlament. Er sollte die Minister und den Premierminister auswählen, in »Abstimmung« des allgemeinen Interesses mit der Ausrichtung, die sich aus dem Parlament ergibt. Er sollte die Sitzungen des Ministerrats leiten und bei Streitfragen den Ausschlag geben. Im Falle »schwerer Konfusion« sollte er Neuwahlen ausschreiben können. Außerdem sollte er der »Garant der nationalen Unabhängigkeit und der Verträge« sein.[12]

An diesem Entwurf war Vieles unklar: Das Verhältnis zwischen den diversen Versammlungen, die Zusammensetzung von zweiter Kammer und Kollegium, die Länge der Wahlperioden von Versammlungen und Staatschef, der Spielraum bei der Abstimmung von »allgemeinem Interesse« und Parlamentsmehrheit, die Kriterien für die Feststellung »schwerer Konfusion«. Das legte es nahe, die Gefahr eines Hinübergleitens vom Präsidialregime zur autoritären Herrschaft zu beschwören. Die Führer der regierenden Drei-Parteien-Koalition aus Sozialisten, Kommunisten und Christdemokraten schenkten den Mahnungen des Generals zur Zähmung »unseres ständigen politischen Aufbrausens«[13] jedenfalls wenig Beachtung. Stattdessen verständigten sie sich auf einen Verfassungsentwurf, der dem Anliegen einer Stärkung der Exekutive nur bedingt Rechnung trug. Der zweite Entwurf sah zwar anders als der erste die Einrichtung einer zweiten Kammer aus Vertretern der Kommunen vor; deren Votum konnte jedoch von der ersten Kammer mit absoluter Mehrheit wieder außer Kraft gesetzt werden. Ebenso gab er dem von beiden Kammern gewählten Staatspräsidenten das Recht, den Vorsitz im Ministerrat zu führen und den Premierminister vorzuschlagen; dieser musste freilich für seine Vorhaben eine Mehrheit in der Nationalversammlung finden. Unter bestimmten Umständen konnte der Präsident das Parlament auch vorzeitig auflösen.

Für de Gaulle war das zu wenig. Nachdem Maurice Schumann und Pierre-Henri Teitgen vergeblich versucht hatten, ihn von der Tragfähigkeit dieses Kompromisses zu überzeugen, nutzte er die Einladung zur Feier des zweiten Jahrestags der Befreiung von Épinal, um die »Fortschritte«, die der zweite Entwurf gegenüber dem ersten enthielt, als »ungenügend« abzulehnen. Zur Begründung verwies er erstmals auf den heraufziehenden Konflikt zwischen der »ehrgeizigen Gruppierung der Slawen« und dem »jungen Amerika mit seinen unerschöpflichen Ressourcen, das jetzt ebenfalls die Perspektiven der kriegerischen Macht entdeckt hat.« Unabhängigkeit und Sicherheit könnten in dieser »harten und gefährlichen Welt« nur von einem »gerechten und starken Staat« gewährleistet werden.[14]

Die Beschwörung der Zukunftsängste, die de Gaulle mit vielen seiner Zeitgenossen teilte, führte freilich nicht zu dem Erfolg, den sich der General erhofft hatte. In der Volksabstimmung vom 13. Oktober stimmten nur 33 Prozent der Abstimmungsberechtigten mit »Nein«. 35 Prozent stimmten mit »Ja«, und 32 Prozent blieben einfach zu Hause. Die Niederlage war für de Gaulle umso bitterer, als Capitants *Gaullistische Union* in den anschließenden Wahlen zur Nationalversammlung am 10. November gerade einmal drei Prozent der Stimmen erringen konnte und mit fünf (später sechs) Sitzen in dem neuen Parlament vertreten war. Die Kommunisten wurden wieder stärkste Partei, die Christdemokraten konnten ihre Position trotz des nunmehr offenkundigen Bruchs mit de Gaulle nahezu unverändert halten.

Den einstigen Chef des »Freien Frankreich« stürzte diese Niederlage in eine tiefe Depression. Als sich die Mehrheit für den zweiten Verfassungsentwurf abzeichnete, hatte er noch vorgegeben, sich »im tiefsten Grund meines Herzens« darüber zu freuen: »Die Parteien sind noch nicht fertig oder verfault genug, um einen Erfolg zu wünschen, der mich zum Eingreifen verpflichten würde.«[15] Nachdem die Wähler aber am 10. November auch seinen Appell missachtet hatten, sich für diejenigen Kandidaten zu entscheiden, »die wirklich entschlossen sind, diese schlechten Institutionen ganz schnell zu ändern«,[16] kam zu der Enttäuschung über den »Verrat« der Parteien, die nicht auf ihn hören wollten, auch noch die Enttäuschung über das Volk, das anders als er gehofft hatte keinerlei Verständnis für seine Einschätzung des »Parteienregimes« zeigte. »Jeder Franzose ist zuerst und vor allem in totaler Opposition mit allen anderen«, klagte er jetzt. »Und zweifeln Sie nicht: Er wird es bleiben. [...] Ich sehe keinerlei Anzeichen für eine bevorstehende Verständigung unter den Franzosen.«[17]

Die Erfahrung seines Unabhängigkeitskampfes erschien ihm nach dieser Enttäuschung in einem anderen Licht: Hatte er noch im Mai von der »großen Welle« gesprochen, die er ausgelöst hatte, und die »unendlich weit über meine Person hinausging«,[18] so ereiferte er sich jetzt, dass seine Landsleute »alle Komplizen« gewesen seien und noch dazu höchst undankbare Komplizen.

> »Jeder von ihnen hat heimlich in den Waffenstillstand eingewilligt. [...] Dass de Gaulle sie aus der Affäre zog, dass de Gaulle unverhofft auftauchte, das war in Ordnung. Was dagegen schockierend war, war, dass er ihnen nicht sogleich das Huhn im Topf zurückgegeben hat. [...] Sie waren sehr mies und sie werden es bleiben.«

Für die Zukunft hieß das, dass eine längere »Periode der mageren Kühe« bevorstand »und, sagen wir es, der Verzweiflung.«[19] Am Abend des 18. Dezember brach es nach einer langen Phase der Meditation unvermittelt aus ihm heraus: »Wir werden fünfzig Jahre brauchen. Wir werden damit anfangen müssen, ganz auf uns gestellt zu leben, zusammengeschrumpft, klein.«[20]

Angesichts solch trüber Aussichten fing Charles de Gaulle wieder an, an den Memoiren zu arbeiten, die er seit der Vorbereitung der Rede von Bayeux liegen gelassen hatte. Seine Stimmung aber blieb schlecht, und sie verdüsterte sich noch mehr, als Philippe und Elisabeth die angekündigten Besuche zu Weihnachten absagen mussten. Claude Guy fand bei seiner Rückkehr aus dem Weihnachtsurlaub am 13. Januar 1947 einen General vor, der schlecht schlief, wenig las, nicht mehr spazieren ging, niemanden mehr sehen wollte, jede Unterhaltung mied und selbst das Meditieren aufgegeben zu haben schien. »Mir ist alles egal«, gestand er dem treuen Helfer nach einer unendlich langen Stille.[21]

Allzu lange hielt der Tatmensch in de Gaulle die Lethargie, zu der er sich selbst verurteilt hatte, aber nicht aus. »Man wird diese Sammlungsbewegung [doch] angehen müssen«, gab er nach dem Mittagessen des 24. Januars plötzlich von sich[22] – diese Sammlungsbewegung, die er bislang immer als vollkommen sinnlos abgelehnt hatte. »Das ist die einzige Hoffnung«, so am 2. Februar zu Claude Mauriac und Jean Richement. Es sollte eine »Massenbewegung« sein, geführt von einem »sehr beschränkten Kern von Getreuen, die absolut sicher und kompetent sind.« Sie sollte sich für den Fall bereithalten, dass die Kommunisten doch noch versuchen würden, die Macht mit Gewalt zu ergreifen (woran er aber nach wie vor nicht recht glaubte). Vor allem aber sollte sie bis zu den nächsten Wahlen so viele Kandidaten wie irgend möglich aufbauen, »das heißt Franzosen, die entschlossen sind, sich um Frankreich zu kümmern.«[23] Im Gespräch mit Claude Guy vergaß er nicht hinzuzufügen, dass das sehr schwer werden würde, schwerer als das Unternehmen von 1940: »Man muss sie [die Franzosen] gegen ihre eigene Feigheit, gegen ihren eigenen Hang zur Kapitulation aufhetzen.«[24]

Yvonne war über diesen Sinneswandel ihres Gatten entsetzt. Seit seinem Rücktritt vom Präsidentenamt hatte sie ihn vor dem Schicksal geschützt geglaubt, das ihr eine Wahrsagerin aus Polen vorausgesagt hatte: Der General werde eines Tages erhängt werden. Jetzt drohte diese Gefahr erneut, und das in einem Alter, in dem man nach ihren Maßstäben keine politische Karriere mehr starten sollte. Außerdem war sie davon überzeugt, dass die Initiative zu nichts führen würde: Die Franzosen würden ihrem Mann nicht folgen, und die meisten Getreuen würden ihn im Stich lassen, sobald es gefährlich werden würde. »Ich glaube nicht an dieses Abenteuer«, vertraute sie Guy am 6. Februar an. Freilich wollte sie ihren Mann in der Gefahr auch nicht allein lassen. »Von nun an werde ich keinen Schritt mehr von ihm weichen.«[25] Die Krise vom Herbst 1940 sollte sich nicht wiederholen.

Yvonne de Gaulle fuhr folglich mit, als sich der General am 5. Februar nach Paris aufmachte, um seine Getreuen auf das Projekt eines neuen »Freien Frankreich« einzuschwören. An dem Treffen im schlecht geheizten und nach der Plünderung durch die Deutschen kaum möblierten Apartment seines Schwagers Jacques Vendroux nahmen Gaston Palewski, Jacques Soustelle und André Malraux teil, dazu Michel Debré, der nach einem Engagement in der *Résistance* dem Kabinett de Gaulles angehört hatte, Gilbert Renault, der als »Oberst Rémy« ein Geheimdienstnetz für das »Freie Frankreich« aufgebaut hatte, und Jean Richement, der unter dem Pseudonym »Alain Bozel« ebenfalls in der *Résistance* aktiv gewesen war. In den folgenden Wochen kamen noch weitere Mitstreiter hinzu, so Jacques Baumel und Jacques Chaban-Delmas. René Pleven dagegen, auf den de Gaulle große Hoffnungen gesetzt hatte, wies die Einladung empört zurück: Er fand es »schockierend, dass die Erinnerung an das Freie Frankreich für eine innenpolitische Debatte genutzt werden sollte.«[26]

Die öffentliche Ankündigung der Gründung eines *Rassemblement du Peuple Français* (RPF) erfolgte in drei Schritten. Am

30. März nutzte de Gaulle eine große Gedenkfeier zur Erinnerung an den ersten Militäreinsatz des »Freien Frankreich« auf den Klippen von Bruneval an der Normandieküste, die Rémy organisiert hatte, um anzukündigen, dass »der Tag kommen wird, an dem sich die große Masse der Franzosen [...] auf Frankreich versammeln wird.«[27] Am 7. April rief er vor 50 000 Zuhörern, die sich zum Jahrestag der Befreiung vor dem Rathaus von Straßburg zusammen gefunden hatten, »die große Masse unseres Volkes« dazu auf, »sich zu sammeln«, um das »Taumeln am Rande des Abgrunds« zu beenden:

> »Es ist Zeit, dass sich die Sammlung des Französischen Volkes bildet und organisiert, die im Rahmen der Gesetze die große Anstrengung für das gemeinsame Wohl und die grundlegende Reform des Staates fördert und über die unterschiedlichen Meinungen hinweg durchsetzt.«[28]

Am 14. April veröffentlichte er eine Erklärung, mit der die Gründung des *Rassemblement* bekanntgegeben wurde: »Ich übernehme dessen Führung.«[29]

Anders als 1940 glaubte der General nicht so recht an den Erfolg seines neuen Unternehmens. »Er ist pessimistisch«, bemerkte Palewski schon am 22. März. »Ich weiß nicht, was ich in Paris soll«, klagte er am 10. April auf dem Weg zu einem weiteren Treffen mit den Organisatoren. »Es ist ermüdend, weil nichts geschieht, ganz gleich was ich mache.« Entsprechend unwohl fühlte er sich in seiner Haut. »Ich hätte es vorgezogen, nicht eingreifen zu müssen«, belehrte er die Runde der Mitstreiter beim Abendessen. »Bis zum Ende meiner Tage in Colombey leben? Dort sterben? Aber, wissen Sie, Palewski, damit wäre ich verdammt zufrieden.«[30] Wenn er sich dennoch wieder engagierte, dann nur, weil er glaubte, dass Frankreich ihn vielleicht noch einmal brauchen würde. Er blieb ein »Gefangener seiner Illusion«, wie Léon Blum im Gespräch mit seinem Freund Vincent Auriol (dem neuen Staatspräsidenten) ganz treffend bemerkte.[31]

Die praktische Arbeit des Aufbaus der neuen Organisation überließ de Gaulle denn auch den Mitstreitern, allen voran

Jacques Soustelle, der von Anfang an als Generalsekretär vorgesehen war. Dass der engagierte Intellektuelle Soustelle damit überfordert war und neben einigen Luftschlössern zahlreiche Friktionen mit den Mitstreitern produzierte, bemerkte de Gaulle nur zum Teil, und wenn er es bemerkte, beließ er es bei Klagen über den Mangel an fähigem Personal. Er selbst fuhr, meist begleitet von seiner Frau, in der Regel einmal pro Woche nach Paris, wo er in dem sehr bescheidenen Hotel *La Pérouse* in der Nähe der Place de l'Étoile übernachtete und auch Besucher empfing. Darüber hinaus nutzte er weitere Gedenktage, um überall im Land vor großem Publikum für die Sammlungsbewegung zu werben. Ende Juni entschied er gegen die Mehrheit des provisorischen Exekutivkomitees, dass die Bewegung für die Kommunalwahlen im Oktober Kandidaten aufstellen sollte.

De Gaulles öffentliche Auftritte taten durchaus ihre Wirkung. Vor allem seit er Ende Juni damit begann, über die allgemeinen Angriffe auf den »Parteiengeist« hinaus insbesondere die »Partei des Auslands«, sprich: die Kommunisten zu attackieren, konnten sich die Auswahlkommissionen vor Aufnahmeanträgen nicht mehr retten und stieg auch die Zustimmung in der Wählergunst. De Gaulle nutzte den Rauswurf der Kommunisten aus der Regierung Ramadier am 4. Mai, die erzwungene Absage der osteuropäischen Regierungen an den Marshall-Plan im Juli und schließlich die Gründung des Kominform Anfang Oktober, um die alten Ängste vor einer kommunistischen Machtergreifung zu mobilisieren und sein Projekt als einzigen wirklichen Schutz vor dieser Gefahr zu präsentieren:

> »Auf unserem Boden, mitten unter uns, haben Menschen den Befehlen eines auswärtigen Herrschaftsunternehmens Gehorsam geschworen, das von den Herren einer großen slawischen Macht dirigiert wird. Sie wollen die Diktatur bei uns errichten, wie es Ihresgleichen mit Hilfe dieser Macht anderswo tun konnten.«

Sowjetrussland habe schon »zwei Drittel des Kontinents« unter seine Herrschaft gebracht; die Grenze dieses Blocks sei »nur

500 Kilometer von der unsrigen entfernt, also kaum soweit wie zwei Etappen der Tour de France!«[32]

Die Mobilisierung der Ängste vor dem Sowjetkommunismus erwies sich als wesentlich zugkräftiger als die pauschale Verunglimpfung der Parteien und des Verfassungskompromisses, zu dem sie sich nach ermüdenden Debatten durchgerungen hatten. Bis Ende Oktober konnte der RPF zwar nicht die 1,5 Millionen Mitglieder verzeichnen, die Soustelle für die Bewegung reklamierte. Über 400 000 Anhänger waren es aber schon, die aufgenommen worden waren und ihren Mitgliedsbeitrag zahlten – nur 20 Prozent weniger als der Mitgliederbestand der Kommunisten und deutlich mehr als die Mitgliederzahlen aller anderen Parteien. Am 19. Oktober konnten die Kandidaten des RPF in den Kommunalwahlen einen spektakulären Erfolg erringen: Gerade einmal sechs Monate nach dem Beginn der Mobilisierung für die »Bewegung«, bei der zunächst noch nicht einmal klar war, dass es eine Partei sein sollte, stimmten nicht weniger als 40 Prozent der Wähler für ihre Vertreter. 13 der 25 großen Städte des Landes wurden fortan von »Gaullisten« regiert, darunter Paris, Marseille, Straßburg und Bordeaux.

De Gaulle interpretierte das Wahlergebnis sogleich als den Anfang vom Ende der Parteien. Fast zwei Drittel der bisherigen Wähler des MRP hatten für ihn gestimmt und ein Drittel der bisherigen Wähler der SFIO. »Das ist der Tod des Regimes«, erklärte er Guy am Abend des 20. Oktober in abgeklärter Heiterkeit.[33] Wenn er jetzt weiter Druck ausübte, dann würden sich die Parteien entweder seiner Forderung nach Verfassungsrevision beugen oder sie würden ganz verschwinden. So verlangte er gleich nach dem zweiten Wahlgang am 26. Oktober alsbaldige Neuwahlen zur Nationalversammlung, verbunden mit einer vorherigen Wahlrechtsänderung: Die Einführung des Mehrheitswahlrechts sollte dafür sorgen, dass »eine kohärente Mehrheit [...] die schlechten Institutionen unverzüglich ändert.«[34] In einer Pressekonferenz am 12. November gab er sich optimistisch und drohend zugleich:

»Das *Rassemblement du Peuple Français* wird sich ausweiten, bis es die ganze Nation umfasst, mit Ausnahme der Separatisten natürlich, einiger Generalstäbe ohne Truppen und wahrscheinlich einiger isolierter Fanatiker und Melancholiker. [...] Die Welle hat sich erhoben, und ich sage Ihnen nochmals, dass sie größer und mächtiger werden wird. Ich kann diejenigen, die das nicht begreifen wollen, nur beklagen. Wenn sie gegen diese Kraft ankämpfen wollen, [...] nun, dann werden sie hinweggeschwemmt werden. Wenn sie nutzlos schimpfend am Ufer zurückbleiben wollen, werden ihre Verwünschungen nicht mehr Bedeutung haben als die Spucke im Meer.«[35]

De Gaulles wiedergewonnener Optimismus wurde durch die Fortdauer der Wirtschaftskrise, die Radikalisierung der Kommunisten und große Streikbewegung, die Frankreich im November und Dezember heimsuchte, noch weiter bestärkt. Er war jetzt davon überzeugt, dass die Wähler die regierende Parteienkoalition spätestens im kommenden Frühjahr zwingen würden, das Parlament aufzulösen. Bei den Neuwahlen würden die Kandidaten des *Rassemblement* dann »zwischen sechzig und achtzig Prozent« der Sitze erhalten. Die öffentliche Meinung werde bis dahin »viel stärker als jetzt entschlossen sein, der Ordnung zum Sieg zu verhelfen.« Danach werde sogleich die Verfassung geändert, und dann werde er »die Mittel zum Regieren haben.«[36]

Offenkundig trübten dem General hier der Wille zum Sieg und das Bedürfnis nach Rache an den »Kleingeistern«, die ihn am Regieren hinderten, den Blick. Dass ihm die Wähler aus Angst vor den Kommunisten zuliefen, bedeutete ja noch nicht, dass sie bereit gewesen wären, sich in relevanter Zahl für ihn zu engagieren. Die Parteiführungen spürten jedenfalls keinerlei Druck, einem vorzeitigen Ende der Legislaturperiode zuzustimmen und damit ihre eigene Entmachtung zu riskieren. Im Gegenteil: Sobald Jules Moch als Innenminister der Regierung des Christdemokraten Robert Schuman (vom 24. November an) gezeigt hatte, dass ein Sozialist durchaus mit den Unruhen und Sabotageakten fertig werden konnte, und die Streikbewegung in der zweiten Dezemberwoche ergebnislos zusammengebrochen war, ging der Bedarf an einem Retter de Gaulle sogleich wieder zurück. Der Ausbau des RPF ging zwar noch weiter, bis zu etwa einer halben Million Mitgliedern Ende 1948, die Resonanz bei den Wählern ließ aber deutlich nach. Hinzu kamen Erfolge bei der Bekämpfung des Schwarzmarkts und der Sanierung des Haushalts, die der Regierung der »Dritten Kraft« (zwischen Kommunisten und Gaullisten) zu unerwarteter Stabilität verhalfen.

Der rasche Zusammenbruch der Welle, auf die er gesetzt hatte, blieb de Gaulle nicht verborgen. Noch gekennzeichnet von dem tiefen Schmerz, den der Tod seiner geliebten Anne am 6. Februar 1948 bei ihm ausgelöst hatte, äußerte er eine Woche später wieder Zweifel am Erfolg seines Unternehmens:

> »Ich sehe, dass der Wille zur Erneuerung im Land mehr und mehr nachlässt. [...] Die Frage ist, ob das für immer ist. [...] Ich weiß, es gibt noch rührende Leute, Leute, die der Sache treu sind. Aber in Wirklichkeit ist es eine Minderheit, der ich vorwerfe, sich nicht deutlich genug zu zeigen... Man muss hoffen ...Man kann immer hoffen... Man kann noch hoffen«.

Einen Monat später stellte er den Ausgang des Unternehmens als offen hin:

> »Entweder wird die Gefahr noch größer und die Meinung zwingt sie [die Parteien] zu gehen. Oder die Dinge arrangieren sich, und dann haben wir keine Existenzberechtigung mehr; wir können dann nur noch nach Hause gehen, und all das hat überhaupt keine Bedeutung mehr.«

Am 4. April, knapp zwei Wochen vor dem ersten Parteitag des RPF in Marseille, befand er nur noch mit unverhohlener Traurigkeit: »Die Aussichten sind kläglich.«[37]

Weiter zu gehen, wie manche seiner Mitstreiter wünschten und Malraux als Propagandachef der Bewegung in bizarren Bildern suggerierte, also: öffentlich gegen die führenden Politiker zu hetzen, den Druck der Straße zu organisieren, vielleicht sogar die Ordnungskräfte und das Militär für seine Rückkehr an die Macht zu mobilisieren, dazu war de Gaulle nicht bereit. Sicher juckte es ihn manchmal in den Fingern, daran lassen zahlreiche sarkastische Bemerkungen über die Plattheit der Demokratie und wehmütige Erinnerungen an die Größe Frankreichs zur Zeit Ludwigs XIV. keinen Zweifel. Aber dann sagte ihm die Vernunft immer wieder, dass ein monarchisches Regime im 20. Jahrhundert nicht mehr möglich war und eine Diktatur nicht von langer Dauer sein würde. »Die Erfahrung beweist leider«, erläuterte er im Juni 1946 seinem Sekretär Claude Mauriac, »dass die Diktaturen fasst immer übel enden.«[38] Es blieb also vorerst nur, auszuharren und zu warten, ob die Angst oder die Einsicht eine Mehrheit der Wähler, vielleicht sogar die überwiegende Mehrheit, schließlich doch noch in die Arme des *Rassemblement* treiben würden.

So bediente de Gaulle also den großen Apparat, der durch seinen Aufruf vom April 1947 entstanden war, unverdrossen weiter, ohne große Hoffnungen, aber mit bemerkenswert hartnäckigem Pflichtbewusstsein. »Es gibt keinen Zweifel, dass ihn das nicht wirklich interessiert«, bemerkte Madame de Gaulle schon im April 1948.[39] Dennoch fuhr er Woche für Woche nach Paris, um im Exekutivkomitee des RPF Streitfragen zu schlichten und manche Angelegenheiten bis ins kleinste Detail zu regeln. Und immer wieder machte er sich zu Reden vor einem Massenpublikum auf, meist auf Gedenkveranstaltungen zur Erinnerung an *Résistance* und Befreiung, aber auch auf den großen Massenveranstaltungen, die der RPF organisierte. Auf diese Weise wurde der RPF zum eigentlichen Widerpart der Kommunisten im öffentlichen Raum. Bei den Handgreiflichkeiten, die daraus entstanden, gab es sogar einmal, im September 1948 in Grenoble, ein Todesopfer auf Seiten der Kommunisten. Gleichzeitig entwickelte sich das *Rassemblement* zu einem Diskussionsforum für Politiker und Intellektuelle, die auf der Suche nach einer glaubwürdigen Alternative zu der kommunistischen Herausforderung waren. Die Politik der späteren V. Republik sollte an vieles anknüpfen können, was hier vorgedacht und diskutiert wurde.

Freilich: Bei Claude Mauriac klagte der Präsident des *Rassemblement*, er könne sich gar nicht vorstellen,

»welch ein Martyrium diese Reden für mich bedeuten. Es fällt mir immer schwerer zu schreiben... und es dauert immer länger. Aus drei Gründen ist das so: Erstens, weil ich nicht mehr von den Ereignissen getragen werde. Zweitens, weil ich alt werde. Und drittens, weil ich schon sagen muss, dass das Ganze darin besteht, immer wieder dasselbe zu wiederholen, und die Sache langweilig wird.«[40]

Als die Auseinandersetzungen innerhalb der Regierungskoalition im Juni 1948 zunahmen, schöpfte er vorübergehend wieder neue Hoffnung auf ein baldiges Ende des Regimes. Nachdem es Henri Queuille von den *Radicaux*, einem Provinzpolitiker alten Stils im Herbst gelungen war, die streitenden Parteien auf einen gemeinsamen Stabilisierungskurs zu verpflichten, verfiel de Gaulle aber wieder in den alten Pessimismus: »Mit diesem Land ist nichts anzufangen, es ist dieselbe Sauerei wie 1940 oder wie 1944. [...] Es gibt nicht einen, der handeln will,« klagte er im Oktober. Mitte Januar 1949 bekräftigte er: »Die öffentliche Meinung ist taub und wird auf keinerlei Appell hören, denn – warum sollte man sich darüber hinwegtäuschen – dieses Land ist tot.«[41]

In der Tat bestätigten die nächsten Wahlergebnisse, dass die Welle, die de Gaulle im Herbst 1947 getragen hatte, gebrochen war. Bei den Wahlen zum Rat der Republik am 7. November 1948 votierten die Generalräte der Départements und die Stadträte zu 35 Prozent für Kandidaten, die sich zu einer »interfraktionellen Gruppe der Gaullisten« bekannten. Als de Gaulle ihnen aber die gleichzeitige Zugehörigkeit zu einer anderen Fraktion untersagte, waren es nur noch 56 von 123 Senatoren, die sich der Fraktion der Gaullisten anschlossen, gerade einmal 18 Prozent aller Senatsmitglieder. Bei den Kantonalwahlen (den Wahlen zu den Generalräten) entschieden sich im ersten Wahlgang am 20. März 1949 31 Prozent der Wähler für Kandidaten des RPF. Wahlabsprachen zwischen den Parteien der »Dritten Kraft« und Übertritte gewählter Kandidaten zu anderen Fraktion sorgten dann dafür, dass der Anteil der Gaullisten an den vergebenen Sitzen noch deutlich geringer ausfiel.

Damit entschwanden nicht nur alle Aussichten auf vorzeitige Neuwahlen zur Nationalversammlung, auch die Aussichten auf das Ergebnis von Wahlen zum regulären Termin verschlechterten sich dramatisch. Der wirtschaftliche Aufschwung, die Isolierung der Kommunisten, der Schutz durch das amerikanische Engagement im Atlantikpakt vom April 1949, das Versprechen der Sicherheit vor einer neuen deutschen Gefahr im Schuman-Plan vom Mai 1950, all das nahm den beständigen Warnungen vor der bevorstehenden Katastrophe ihre Glaubwürdigkeit. De Gaulle wollte das nicht sehen; er wollte das Sammlungsunternehmen aber auch nicht aufgeben, bevor die Wähler Gelegenheit hatten, definitiv dazu Stellung zu nehmen. »Die Franzosen sind reif für die Knechtschaft«, belehrte er Guy im September 1949. »Und zweifeln Sie nicht, sie werden sie schließlich bekommen.« Mit höhnischem Lachen fügte er hinzu: »Ja, nur [...] vorher lassen wir sie noch einmal wählen.«[42]

Die »entscheidende Gelegenheit« – so de Gaulle in einem persönlich gehaltenen Schreiben an alle Mitglieder der Bewegung im Vorfeld der regulären Wahlen zur Nationalversammlung[43] wurde denn auch gründlich verpasst. Der organisatorisch und finanziell schon ziemlich angeschlagene RPF kam in den Wahlen vom 17. Juni 1951 auf 21,6 Prozent der abgegebenen Stimmen. Infolge des Wahlsystems, das sich die Regierungskoalition ausgedacht hatte, um eine negative Mehrheit von Kommunisten und Gaullisten zu verhindern, ergaben sich daraus nur 19 Prozent der Sitze im Palais Bourbon. Gewählt wurde nach dem Prinzip der absoluten Mehrheit; die Parteien konnten sich aber in den *Départements* zu Listenverbindungen zusammenschließen, die, wenn sie die absolute Mehrheit errungen hatten, die Sitze unter den beteiligten Parteien aufteilten. Erzielte weder eine Partei noch eine Listenverbindung mehr als 50 Prozent der Stimmen, wurden die Sitze proportional verteilt. Da de Gaulle nur in wenigen Ausnahmen Listenverbindungen zugelassen hatte – es ging ihm um »Alles oder Nichts«[44] –, kam die gaullistische Fraktion nur auf 118 von 625 Abgeordneten, mit Hospitanten auf 121 Abgeordnete.

Der General trug die absehbare Niederlage mit Fassung. »Was wollen Sie, lieber Freund«, erklärte er dem Journalisten Raymond Tournoux, »man kann ein Land, das 265 Käsesorten zählt, nicht im Kältezustand sammeln.«[45] Nach den Prämissen, unter denen er angetreten war, hätte er das *Rassemblement* jetzt eigentlich auflösen müssen, und nicht wenige seiner Getreuen fürchteten auch, dass er dies tun würde. Zu so viel Konsequenz war er aber vorerst nicht in der Lage; dazu waren das Engagement, das er in den Wahlkampf gesteckt hatte, und das Pflichtbewusstsein, das ihn immer noch plagte, zu groß. Als der Direktionsrat des RPF (das Nachfolgeorgan des Exekutivkomitees) am Mittwoch nach dem Wahlsonntag zusammentrat, begrüßte er die Teilnehmer mit der Ankündigung, dass es »eine Fortsetzung geben« würde: »Das ist für uns eine heilige Pflicht dem Land gegenüber.«[46]

Wie diese Fortsetzung aussehen sollte, dazu wusste er freilich nichts zu sagen. Die Übernahme von Regierungsverantwortung im Rahmen der bestehenden Verfassungsordnung lehnte er nach wie vor ab; darin konnte nach seiner festen Überzeugung kein Heil für Frankreich liegen. »Niemand kann irgendetwas im Parlament oder durch das Parlament erreichen«, sagte er zu Georges Pompidou, seinem Kabinettschef seit April 1948. »Das kann nie und nimmer gelingen.«[47] Stattdessen kaprizierte er sich auf die Idee, Politiker des MRP, der durch die Wahlen sehr geschwächt worden war, zum Übertritt zum RPF zu bewegen. Zu diesem Zweck etablierte er Louis Terrenoire, einen der wenigen MRP-Abgeordneten, die 1948 zu den Gaullisten gewechselt hatten, als neuen Generalsekretär des *Rassemblement*. Das aber erwies sich als wenig erfolgreich. Nicht nur, dass viele MRP-Politiker dem »Verräter« Terrenoire grollten; die Gesprächsbereitschaft endete immer dann, wenn es um die Verfassungsrevision ging, auf der de Gaulle bestand.

Zwischen der neuen Parlamentsfraktion und dem General baute sich folglich ganz unvermeidlich eine Spannung auf: Mangels plausibler Alternativen tendierten die gewählten Abgeordneten alsbald dazu, Macht im bestehenden System zu erringen. Das galt nicht nur für lokale Honoratioren, die die

Kandidatur auf einer RPF-Liste genutzt hatten, um ins Parlament zu kommen. Auch treue Anhänger de Gaulles mussten sich fragen, wie sinnvoll die Strategie des »Alles oder Nichts« noch war. Darüber kam es zunächst zu einem Zerwürfnis zwischen de Gaulle und Soustelle. De Gaulle hatte Soustelle zum Wechsel vom Amt des Generalsekretärs zum Fraktionsvorsitzenden verpflichtet; er konnte das unabhängige Agieren seines bisherigen Gefolgsmanns in der neuen Funktion aber zunehmend schwerer ertragen. Als Staatspräsident Auriol Soustelle im Januar 1952 einlud, Sondierungsgespräche zur Bildung einer neuen Regierung zu führen, kam es zum Eklat. Soustelle wollte im Direktionsrat vom ersten, noch ganz unverbindlichen Gespräch mit Auriol berichten, doch de Gaulle unterbrach ihn mit ungezügelter Wut: »Ihr seid alle gleich. Es reicht, dass man einen roten Teppich unter euren Füßen ausrollt, und ihr tretet drauf, ganz gleich in welche Richtung er führt.« Dann qualifizierte er ein Kommuniqué, das Soustelle zum Treffen mit Auriol verfasst hatte, noch als »idiotisch« ab und beendete mit einem brüsken »Das war's. Auf Wiedersehen, die Herren«, die Sitzung.[48] Soustelle war in Tränen aufgelöst, die anderen Teilnehmer peinlich berührt.

Zwei Monate später führten die Spannungen zu einem ersten Bruch. Auriol präsentierte jetzt den Konservativen Antoine Pinay als Kandidaten für das Amt des Ministerpräsidenten, und dieser erhielt am 6. März gegen das ausdrückliche Votum de Gaulles die Unterstützung von 27 Abgeordneten der RPF-Fraktion. De Gaulle war erneut außer sich, dachte eine Zeitlang über einen Rücktritt oder einen neuen Aufruf zum Widerstand nach und berief dann zum 5. Juli einen »außerordentlichen Nationalrat« des *Rassemblement* ein. Dort kam es erwartungsgemäß zu einem breiten Votum für die Unterordnung der Fraktion unter die Beschlüsse des Direktionsrats. Damit konnte aber nicht verhindert werden, dass 26 der 27 dissentierenden Abgeordneten ihren Austritt aus der Fraktion erklärten und fortan als *Action républiquaine et sociale* eine eigene Gruppierung bildeten, die die Regierung Pinay unterstützte. Auch bestanden die verbliebenen 89 Abgeordneten darauf, ihre Vertreter im Direktionsrat künftig selbst zu benennen.

Nach dem Scheitern dieses Disziplinierungsversuchs dachte de Gaulle an eine Distanzierung von der Parlamentsfraktion, diesem ungewollten Nebenprodukt einer gescheiterten Kampagne, und an ein Einfrieren aller Aktivitäten des *Rassemblement*. »Ich kehre nach Colombey zurück und ich schalte den RPF auf Nachtlicht«, sagte er zu Jacques Bruneau, dem Gebietsleiter der Bewegung für die Bretagne.[49] Die engsten Mitarbeiter konnten ihn von einem solchen Schritt zunächst noch abhalten. Sie konnten aber nicht verhindern, dass er jetzt die Arbeit an seinen Memoiren wieder aufnahm – zur großen Genugtuung von Madame de Gaulle, die schon gezweifelt hatte, ob er sie je zu Ende bringen würde. Bis 1958 saß er in der Regel vier bis fünf Stunden am Tag an dem Manuskript. Er wertete aus, was er an persönlichen Dokumenten aus der Kriegszeit mitgenommen hatte, ließ sich zusätzliche Dokumente aus London kommen und bat auch Mitakteure um Auskunft; zahlreiche Dokumente wurden dann jeweils im zweiten Teil der umfangreichen drei Memoirenbände veröffentlicht. Gleichzeitig war er um einen klassischen Stil und einen souveränen Ton bemüht. Das Werk sollte sich des Gegenstands als würdig erweisen und auch literarisch auf Dauer Bestand haben. Seine Tochter Elisabeth übertrug die vielfach korrigierten Manuskriptseiten geduldig in ein Typoskript, Verwandte und Besucher wie André Malraux und Raymond Aron bekamen lange Passagen zur Probe vorgelesen.

Unterbrochen wurde die Arbeit an den Memoiren von drei ausgedehnten Reisen in die französischen Überseegebiete. Im März 1953 war der General vom Sénégal über den Kongo bis nach Tunesien unterwegs, im Oktober des gleichen Jahres von Madagaskar bis nach Äthiopien, im August-September 1956 auf den Südsee-Inseln. Offiziell ging es ihm dabei darum, aus erster Hand zu erfahren, wie es um die *Union française* stand. Tatsächlich hatte er aber wohl auch das Bedürfnis, den Auseinandersetzungen mit den Parlamentariern, die sich von der

Macht korrumpieren ließen, für einige Zeit zu entkommen und das Bad in der Menge zu genießen, das sich ihm zu Hause nicht mehr bot. Die Gefährten aus der Zeit des »Freien Frankreich«, die ihn eingeladen hatten, wussten ihm solche Erlebnisse zu verschaffen.

In den Kommunalwahlen vom 26. April 1953 erlitt der RPF eine Niederlage, die noch deutlicher war als das Debakel bei den Parlamentswahlen zwei Jahre zuvor. Die gaullistische Bewegung verlor 60 Prozent der Stimmen, die sie im Oktober 1947 auf sich hatte vereinen können; von den 13 Städten, die sie damals erobert hatte, blieben nur noch Bordeaux, Lille und Straßburg. De Gaulle dachte wieder an Rücktritt, und Pompidou stimmte ihm diesmal resigniert zu. Dagegen machten Soustelle und Terrenoire ihren Einfluss dahingehend geltend, dass es bei dem halben Rücktritt blieb, den er schon im Jahr zuvor ins Auge gefasst hatte. Am 6. Mai gab er in einer Erklärung bekannt, dass sich das *Rassemblement* künftig nicht mehr an der parlamentarischen Arbeit beteiligen werde: »Gefährten [des *Rassemblement*] können sich legitimer Weise bei dieser oder jener Wahl präsentieren, aber sie tun das individuell und nicht in seinem Namen.« Das *Rassemblement* werde aber weiter bestehen bleiben, als »Avantgarde des sozialen und nationalen Zusammenschlusses des Volkes, der das schlechte Regime ersetzen soll.«[50]

Mit der Beibehaltung der Organisation wollte de Gaulle für den Fall gerüstet sein, dass sein Eingreifen in das politische Geschehen doch noch erwünscht oder notwendig sein würde. »Wenn ich wieder einen 18. Juni machen soll, muss ich auf einen harten Kern um mich herum zurückgreifen können.«[51] Damit verband sich jedoch keine neue Strategie zur Herbeiführung einer solchen Situation. Den Getreuen, die angesichts des Scheiterns des parlamentarischen Weges mehr denn je nach der Möglichkeit eines Staatsstreichs fragten, erklärte er immer wieder, dass das nur Sinn mache, »wenn es an der Basis eine allgemeine Zustimmung gibt.« Um die Getreuen nicht zu verprellen und die Situation für einen Regimewechsel nicht zu verpassen, ließ er durchscheinen, dass so etwas »durchaus möglich sei«[52] und dass er sich dafür bereithielt; auf konkrete Zusagen ließ er sich aber nie ein.

Das Fehlen einer plausiblen Strategie ließ die Beibehaltung der Organisation allerdings zu einer zunehmend schwierigeren Angelegenheit werden. Nach der Trennung von der Fraktion gab es keine strukturierte Führung mehr. De Gaulle berief den Direktionsrat nicht mehr ein; stattdessen ließ er sich mittwochs am Sitz des RPF in der Rue de Solférino nur noch von seinen persönlichen Kabinettsmitgliedern berichten und empfing dann separat einzelne Mitglieder des Führungskreises und sonstige Besucher, die ihn zu sprechen wünschten. Die Mitgliederzahlen gingen drastisch zurück, sodass im weiteren Verlauf des Jahres 1953 fast alle hauptamtlichen Mitarbeiter entlassen werden mussten. Pompidou kehrte zur Rothschild-Bank zurück. Einen Versuch Capitants und anderer, das *Rassemblement* durch die Propagierung des Konzepts der »Assoziation« von Kapital und Arbeit wiederzubeleben, wurde von de Gaulle gestoppt, indem er eine Delegiertenversammlung, die für den 7./8. November 1953 geplant war, kurzfristig absagte: »Sie langweilt mich; ich weiß nicht was ich sagen soll.«[53] Zu Jacques Foccart, der ihn auf die Vorbereitung der Delegiertenversammlung ansprach, sagte er: »Sie fangen an, mir mit *Ihrem* RPF auf die Nerven zu gehen.«[54]

Stattdessen setzte der General jetzt auf eine Erneuerung der persönlichen Beziehungen zwischen den Anhängern und seiner Person. Die Anhänger sollten um neue Mitgliedskarten bitten, und er persönlich wollte dann darüber entscheiden, wem er sie ausstellen würde. Anfang April 1954 kündigte er zum Schluss einer Pressekonferenz an, sich am 9. Mai zu einer Ehrenbezeugung am Grab des Unbekannten Soldaten begeben zu wollen, und lud dann »das Volk« ein, ihn dabei zu begleiten, »um zu zeigen, dass es sich an das erinnert, was getan wurde, um die Unabhängigkeit Frankreichs zu retten, und dass es sie bewahren will.«[55] »Ich werde an die Macht zurückkehren, ich will es«, erklärte er Terrenoire am Vorabend der Veranstaltung.

»Ich werde sehen, was morgen geschieht, aber ich glaube, dass sehr viele da sein werden. In einigen Tagen werde ich eine Erklärung zu Dien Bien Phu abgeben [wo die französischen Indochina-Truppen gerade eine vernichtende Niederlage erlitten hatten]; dann, wenn es eine Regierungskrise gibt, die anhält, werde ich eingreifen.«[56]

»Das Volk« war dann aber bei weitem nicht so zahlreich, wie de Gaulle erhofft hatte. Beobachter schätzten die Zahl der Menschen, die zu den Champs Elysées gekommen waren, um dem General zu applaudieren, auf allenfalls 10 000. Für de Gaulle war das eine große Enttäuschung. Er wurde, als er die geringe Präsenz bemerkte, »so bleich wie ich ihn noch nie gesehen habe«, wie Terrenoire festhielt, und zog daraus den Schluss, »dass sich den Franzosen die Rettung noch nicht aufdrängt.«[57] Seinem Sohn erklärte er, dass mit dem RPF jetzt »Schluss« sei. »Was willst du! Die Franzosen haben kein Muffensausen mehr.«[58] Die Auflösung konnte nicht sogleich bekanntgegeben werden, weil zunächst noch die finanziellen Probleme geklärt werden mussten. Am 4. Dezember beschloss dann aber ein letzter Delegiertentag, zu dem noch einmal 4000 Anhänger in den Sportpalast an der Porte de Versailles kamen, die Umwandlung des RPF in ein »*Rassemblement* der Franzosen und Französinnen, [...] die sich persönlich engagieren, die Aktion des General de Gaulle zu unterstützen.«

Was die Engagierten tun sollten, verriet de Gaulle ihnen freilich nicht. Am 30. Juni 1955 kündigte er in einer Pressekonferenz an, so bald nicht mehr öffentlich auftreten zu wollen. Zweieinhalb Monate später suspendierte er sämtliche Delegierten der Bewegung und sämtliche Gremien. Nur das Generalsekretariat mit Jacques Foccart, Olivier Guichard und zwei weiteren Mitarbeitern wurde beibehalten. US-Botschafter Douglas Dillon, der sich in dieser Zeit mit ihm unterhielt, fand ihn äußerst pessimistisch: »Er ist düster im Hinblick auf die unmittelbare Zukunft Frankreichs, er denkt, dass das französische Volk zumindest vorübergehend die Tatkraft verloren hat, die für eine große Nation erforderlich ist.«[59]

Dass die Abgeordneten, die 1951 auf der Liste des RPF gewählt worden waren, unterdessen zum Teil im Rahmen des Systems Karriere machten, munterte den General auch nicht gerade auf. Die Regierung René Mayer, die im Januar 1953 ins Amt kam, wurde von allen gaullistischen Abgeordneten unterstützt, nicht nur von den Dissidenten des Jahres 1952. Im Juni 1953 traten fünf Gaullisten in die Nachfolgeregierung von Joseph Laniel ein, drei als Minister, zwei als Staatssekretäre. Bei der Bildung der Regierung von Pierre Mendès France ein Jahr später waren die Gaullisten wieder dabei, diesmal sogar mit prominenten Mitgliedern wie General Pierre Koenig, Jacques Chaban-Delmas und Christian Fouchet. Bis 1957 waren Ex-Gaullisten jetzt kontinuierlich in den Regierungen vertreten. Jacques Soustelle akzeptierte im Januar 1955 das Amt des Generalgouverneurs von Algerien; dort kämpfte seit kurzem eine »Nationale Befreiungsfront« gegen die Herrschaft der Franzosen. Nachdem de Gaulle erklärt hatte, dass die Übernahme von Regierungsämtern nicht mit der Mitgliedschaft im *Rassemblement* vereinbar sei, half ihnen ihre neue Rolle aber nicht bei den Wählern. In den Parlamentswahlen vom 2. Januar 1956 erhielten die »Sozialrepublikaner« (wie sie sich nannten, nachdem ihnen de Gaulle jeden Bezug auf den RPF verboten hatte) nur 3,9 Prozent der abgegebenen Stimmen; die Zahl der Fraktionsmitglieder sank von 118 auf 21.

Wenige Wochen nach diesem Wahldebakel, das trotz der Distanzierung des Generals allgemein als Tiefpunkt der gaullistischen Bewegung wahrgenommen wurde, schöpfte de Gaulle aber wieder neuen Mut. »Der Beweis, dass nicht alles verloren ist«, sagte er am 26. Februar zu Terrenoire, »liegt darin, dass ich schweige, dass ich zuhöre, dass ich warte.«[60] Vermutlich malte er sich neue Chancen aus, nachdem Guy Mollet als Ministerpräsident einer Mitte-Links-Regierung bei einem Besuch in Algier am 6. Februar vor den Protesten der Algerienfranzosen eingeknickt war und sein Programm zur Gleichstellung der muslimischen Bevölkerung mit den Siedlern sogleich wieder aufgegeben hatte. Mendès France hatte daraufhin vertraulich erkennen lassen, dass er bereit war, de Gaulles Pläne für eine Stärkung der Exekutive und eine Rückkehr ins Präsidentenamt zu unterstützen, wenn dieser sich für eine liberale Lösung des Algerienproblems engagierte. Im Herbst häuften sich de Gaulles vertrauliche Andeutungen, dass er »vielleicht« an die Macht zurückkehren könnte. An General Henry de Rancourt, einen Weggefährten seit der Londoner Zeit, schrieb er am 30. Oktober, er sei »fest davon überzeugt, dass die gegenwärtige Flaute [...] nicht anhalten wird und dass wir sehr bald eine kraftvolle Wiedergeburt erleben werden.«[61]

In der Tat mehrte sich das Ansehen de Gaulles paradoxerweise wieder, seit er aus der politischen Öffentlichkeit verschwunden war und das *Rassemblement* auf eine organisatorische Kümmerexistenz reduziert hatte. Die Dankbarkeit für seinen Einsatz im Kampf um die Freiheit und Unabhängigkeit Frankreichs wurde jetzt nicht mehr von der Furcht vor der Etablierung eines autoritären Regimes überschattet. Die Veröffentlichung der ersten beiden Bände der Kriegsmemoiren, Band 1 im Oktober 1954, Band 2 im Juni 1956, wurde zu einem großen Erfolg. Von Band 1 wurden allein im ersten Monat 100 000 Exemplare verkauft; das Urteil in der Presse war einhellig positiv. Die detaillierte Darstellung der Gründe für sein Handeln, die der Autor ins Feld führte, verlieh seinem Anspruch Glaubwürdigkeit, die »Einheit« der Franzosen – so der Titel des zweiten Bandes – herbeigeführt zu haben, und beförderte die Neigung, sich mit ihm zu versöhnen.

Der Bucherfolg verbesserte die finanzielle Situation der de Gaulles allerdings nur wenig. Seit Anfang der 1950er Jahre die verschiedenen Erbschaften aufgezehrt waren, die vor allem Yvonne gemacht hatte, fiel es ihr manchmal schwer, über die Runden zu kommen; manches Silberstück wurde deswegen heimlich verkauft. Sie hoffte daher auf Erleichterung durch die Autorenhonorare, die ihr Mann ausgehandelt hatte. Der aber befand: »Man macht kein Geld mit der Geschichte Frankreichs.«[62] Was nicht zur Rückzahlung von Darlehen verwendet wurde, die ihm einige Bankdirektoren zur Bestreitung seines

Lebensunterhalts gegeben hatten,[63] ging an die Anne-de-Gaulle-Stiftung zur Betreuung von Mädchen und Frauen mit dem Down-Syndrom, die das Ehepaar de Gaulle im Sommer 1945 mit einem Teil ihrer Erbschaften eingerichtet hatten – nicht zuletzt, um ihre Tochter für die Zeit nach dem Tod ihrer Eltern abzusichern.

Auch schlug die Hoffnung auf eine Wende angesichts der Belastung Frankreichs durch den Algerienkrieg bald wieder in Enttäuschung um. Im nächsten Gespräch de Gaulles mit Botschafter Dillon zu Beginn des Jahres 1957 war von dem Optimismus des Vorjahres schon wieder nichts mehr zu spüren: »Die Masse wird erst aktiv werden, wenn das französische Volk in seiner großen Mehrheit spürt, dass das Leben hart und schwierig ist. Das ist zurzeit gewiss nicht der Fall.« Der Krieg in Algerien könne eine solche Situation nicht auslösen: »Algerien ist ein hochgradig emotionelles Problem, aber es hat keine direkten Auswirkungen auf das Leben der Franzosen im Mutterland.«[64]

Im Gespräch mit Maurice Schumann, dem Vertrauten der Londoner Jahre, der zur großen Enttäuschung de Gaulles dem MRP treu geblieben war, wurde der General im Februar 1958 noch deutlicher: »Es ist vorbei: Ich werde niemals an die Macht zurückkehren.«[65] Seinem Neffen Bernard de Gaulle, der ihn zu Ostern 1958 mit seiner Familie besuchte, sagte er mit ähnlicher Bestimmtheit:

> »Es ist alles hin […] Dieses Land wird sich niemals erholen […] Eine einzige Chance: Kinder machen, Bernard, das ist der einzige wahre Dienst, den Deine Generation dem Land noch leisten kann.«[66]

Im dritten Band der Memoiren, der jetzt fertiggestellt wurde, aber erst im Oktober 1959 erscheinen sollten, stilisierte er sich zu einem alten Mann in einem alten Land auf alter Erde:

> »Alter Mann, von Prüfungen erschöpft, aller Unternehmungen ledig, der fühlt, wie die ewige Kälte naht, aber niemals müde wird, in der Dunkelheit nach dem Hoffnungsschimmer Ausschau zu halten.«[67]

Sein Stolz war zu groß, um zugeben zu können, dass er sich gründlich verrannt hatte. Der Gedanke war ihm unerträglich, dass seine Frau die Dinge klarer gesehen hatte: »Den 18. Juni wiederholen? Mein armer Freund, niemand wird Ihnen folgen.«[68] Ebenso wenig konnte er begreifen, dass die Chancen für die Verwirklichung seiner Ideale mit seinem Scheitern gewachsen waren.

8 Die Rückkehr

Nur wenige Wochen nachdem Charles de Gaulle seinem Neffen gegenüber das traurige Schicksal Frankreichs beklagt hatte, bot sich ihm plötzlich eine Chance, doch noch an die Macht zurückzukehren. Er ergriff sie mit traumwandlerischer Sicherheit, schreckte dabei nicht vor kräftigen Manipulationen zurück und fand im Ergebnis doch zu einem Kompromiss, der ihn aus der Sackgasse herausführte, in die er durch seine Strategie des »Alles oder Nichts« gelangt war.

Die Chance ergab sich aus der Aufstandsbewegung gegen die Entlassung Algeriens in die Unabhängigkeit, auf die sich die Regierungen angesichts der unterdessen gewaltigen Kosten des Algerienkrieges unweigerlich zubewegten. Als sich über drei Wochen nach dem Sturz der Regierung Félix Gaillard die Bildung einer Regierung unter dem Vorsitz des Volksrepublikaners Pierre Pflimlin abzeichnete, die bereit war, Gespräche mit der algerischen Befreiungsbewegung zu führen, schickten die in Algerien kommandierenden Generäle – Salan, Allard, Jouhoud, Massu und Admiral Auboyneau – am Abend des 9. Mai 1958 eine Botschaft an Staatspräsident René Coty, in der sie für den Fall eines Rückzugs aus Algerien indirekt mit einem Aufstand drohten:

> »Die Armee würde die Preisgabe dieses nationalen Erbes geschlossen als eine Beleidigung empfinden. Ihre Verzweiflungsreaktion wäre nicht vorauszusehen.«[1]

Am Nachmittag des 13. Mai mündete eine Demonstration von 100 000 aufgebrachten Algerienfranzosen in die Erstürmung des Amtsgebäudes des Generalgouverneurs und Residierenden Ministers in Algier; einige Aktivisten um den Studentenführer

Pierre Lagaillarde betrieben die Bildung eines »Wohlfahrtsausschusses«. General Massu, der als Kommandeur des *Départements* Algier eine halbe Stunde nach dem Durchbruch der Demonstranten im Generalgouvernement eintraf, wusste der tobenden Masse nur dadurch Herr zu werden, dass er sich zum Präsidenten des Ausschusses bestimmen ließ und von Paris »die Bildung einer Wohlfahrtsregierung unter dem Vorsitz des General de Gaulle« verlangte.[2] De Gaulle sollte den Verbleib Algeriens bei Frankreich garantieren, darauf hofften viele Algerienfranzosen und auch die Spitzen des in Algerien kämpfenden Militärs.

Anders als es die gaullistische Legende behauptet, wusste das »Regime der Parteien« den beginnenden Aufstand zunächst wirkungsvoll einzudämmen. Nachdem die Nachricht von dem Aufruhr in Algier gegen 21 Uhr in Paris angekommen war, erteilte Gaillard als noch amtierender Regierungschef dem Oberkommandierendem der Streitkräfte in Algerien, General Raoul Salan außerordentliche Vollmachten zur Wiederherstellung der Ordnung. Er erklärte sich auch damit einverstanden, dass Salan diese Vollmachten an Massu weiterreichte, ließ dann aber alle Telefon-, Telegrafie- und Flugverbindungen nach Algerien unterbrechen. Staatspräsident Coty dachte nicht daran, der Aufforderung der Frondeure Folge zu leisten; in der Nationalversammlung fand sich unter dem Eindruck des Aufruhrs gegen 3.30 Uhr am Morgen des 14. Mai eine deutliche Mehrheit für Pflimlin (274 gegen 120 Stimmen, bei Stimmenthaltung der 137 Kommunisten). Die Sozialisten, die sich ursprünglich mit einer parlamentarischen Unterstützung der Regierung Pflimlin hatten begnügen wollen, traten in die Regierung ein und stellten mit Jules Moch einen Innenminister, der sich schon einmal in einer Krisensituation bewährt hatte.

Die neue Regierung bestätigte die Vollmachten für Salan, untersagte aber die weitere Delegation an Massu. Soustelle als ehemaliger Generalgouverneur und Befürworter eines auf Dauer französischen Algeriens, den die wenigen Gaullisten unter den Frondeure dringend in Algier zurückerwarteten, wurde in Paris unter Hausarrest gestellt. Salan, der damit in eine entscheidende Position rückte, ließ sich von dieser Demonstration republikanischer Entschlossenheit beeindrucken: Er weigerte sich, mit Paris zu brechen, wie es die Frondeure von ihm erwarteten, und hielt sich stattdessen an die Fiktion der Legalität, die die Regierung ihm angeboten hatte. Das Äußerste, was die Frondeure ihm abtrotzen konnten, war ein Hochruf auf de Gaulle im Nachsatz zu einer Ansprache vom Balkon des Generalgouvernements aus am Vormittag des 15. Juni. Damit lief der Aufruhr ins Leere: Die Armee schreckte vor dem entscheidenden Schritt zurück, und die Regierung konnte ihre Autorität nach und nach bekräftigen. Polizei und Präfekte reagierten auf die Notstandsorder Mochs besser als erwartet.

Mehr noch: Pflimlin gelang es, für eine Reform der Verfassung, mit der die Exekutive beträchtlich gestärkt werden sollte, eine breite Mehrheit zu erhalten. Das Reformprojekt, das schon von der Regierung Gaillard auf den Weg gebracht worden war und nach dem Verständnis von Pflimlin im Zentrum seiner Mission stehen sollte, wurde noch einmal ausgeweitet. Am 22. Mai stimmte der Ministerrat zu, am 27. Mai sprach sich die Nationalversammlung mit 408 gegen 165 Stimmen dafür aus. Insbesondere sollte der Ministerpräsident künftig auch dann Gesetzesentwürfe durchbringen können, wenn es in der Nationalversammlung dafür keine Mehrheit gab – es sollte genügen, dass er sie mit der Vertrauensfrage verband und es danach keine Mehrheit für einen Misstrauensantrag gab. Das sollte Abgeordnete des Regierungslagers, die Neuwahlen zu fürchten hatten, daran hindern, gegen Vorlagen ihres eigenen Regierungschefs zu stimmen. Ein Sturz des Ministerpräsidenten sollte nur noch mit einem konstruktiven Misstrauensvotum möglich sein, das hieß in Verbindung mit einer Mehrheit für einen Nachfolger.

De Gaulle war keineswegs bereit, die Rolle zu übernehmen, die die Frondeure ihm zugedacht hatten. Dass Algerien auf Dauer nicht zu halten sein würde, war ihm spätestens seit dem Beginn des muslimischen Aufstands 1954 klar, und er wollte auch nicht von putschierenden Generälen an die Spitze eines Regimes getragen werden, das aufgrund mangelnder Legitimität keinen Bestand haben würde. Wohl aber sah er in dem beginnenden Aufstand eine Chance, auf legalem Weg zu seinen Bedingungen an die Macht zu kommen – getragen von einer Mehrheit, die in ihm die letzte Möglichkeit zur Vermeidung eines Bürgerkriegs oder einer Militärdiktatur sah. Folglich hütete er sich, das Unternehmen des »Wohlfahrtsausschusses« zu desavouieren. Stattdessen übergab er seinem Sekretär Guichard am Vormittag des 15. Mai (also noch vor Salans »Es lebe de Gaulle!«) eine Erklärung, mit der er sich einmal mehr als Retter der Nation anbot: »Angesichts der Herausforderungen, die von Neuem [auf das Land] zukommen« halte er sich »bereit, die Gewalten der Republik zu übernehmen.«[3] Yvonnes Warnungen vor den Belastungen einer Aufgabe, die er sich im Seniorenalter wirklich nicht mehr zumuten sollte, mussten einmal mehr hinter der Überzeugung zurückstehen, dass er allein eine Wende zum Besseren herbeiführen könne.

Gegen 18 Uhr publiziert, stärkte diese Erklärung die Entschlossenheit von Angehörigen des Generalstabs von Salan, dem steckengebliebenen Putschvorhaben mit einer Landung von Fallschirmtruppen in Paris am 19. Mai doch noch zum Durchbruch zu verhelfen. Gleichzeitig setzte sie einen Prozess der Destabilisierung der Regierung Pflimlin in Gang. In einer Parlamentsdebatte am nächsten Tag ließ sich Guy Mollet, der als Führer der Sozialisten zugleich stellvertretender Regierungschef war, dazu verleiten, de Gaulle zumindest indirekt ein Kompromissangebot zu machen: Ob er die gegenwärtige Regierung als »allein legitim« anerkenne, fragte er ihn öffentlich. Ob er sich von den »Urhebern des Wohlfahrtsausschusses« distanziere? Ob er bereit sei, sich im Falle eines Auftrags zur Regierungsbildung »vor der Nationalversammlung mit einem Programm zu präsentieren und sich zurückzuziehen, wenn Sie geschlagen werden?«[4] Das zielte in erster Linie darauf, de Gaulle von den Frondeuren zu trennen, brachte ihn aber auch als Alternative zu Pflimlin ins Gespräch.

De Gaulle reagierte auf die Herausforderung durch Mollet mit einem diskreten Stopp der Putschvorbereitungen. In einer Pressekonferenz am Nachmittag des 19. Mai wies er den Verdacht, eine Einschränkung der politischen Freiheiten anzustreben, weit von sich: »Glaubt man, dass ich mit 67 Jahren eine Karriere als Diktator beginnen werde?« Zugleich bestand er aber darauf, sich nicht an die Regeln der Verfassung halten zu müssen:

> »Wenn de Gaulle in einem außerordentlichen Moment außerordentliche Vollmachten für eine außerordentliche Zeit erteilt werden sollten, dann könnte das natürlich nicht gemäß der gewöhnlichen Prozedur und mit den gewöhnlichen Riten geschehen – dermaßen gewöhnlichen, dass sie alle Welt zur Verzweiflung bringen.«

Zur Aufforderung, den Aufruhr zu verurteilen, meinte er nur, die Regierung habe das ja auch nicht getan.[5]

Das Kräftemessen zwischen de Gaulle und der republikanischen Regierungskoalition, das damit begonnen hatte, dauerte einige Tage an. Pflimlin hob die Kontaktsperre nach Algerien wieder auf, konnte damit aber nicht erreichen, dass der neue Algerienminister – André Mutter von den Konservativen – seine Tätigkeit in Algier aufnehmen konnte. Am 24. Mai genügte ein simpler Appell des korsischen Abgeordneten Pascal Arrighi, um Korsika mit Hilfe der dort stationierten Fallschirmtruppen und der lokalen Polizei unter die Kontrolle des aufständischen Militärs zu bringen. Einheiten der nationalen Polizeikräfte CRS, die zum Schutz des Präfekten nach Korsika geschickt wurden, wurden von der lokalen Polizei fehlgeleitet und ließen sich schnell entwaffnen. In der Regierung fand die Forderung Mochs, Korsika mit Gewalt zurückzuholen, keine Mehrheit. Stattdessen sicherte Mollet jetzt de Gaulle seine Unterstützung zu, wenn er sich nur von den Frondeuren distanzieren würde. Und Pflimlin war bereit, der Aufforderung de Gaulles zu einem Treffen mit Regierungsvertretern Folge zu leisten. Es sollte, wie der General ihm am Morgen des 26. Mai schrieb, dazu dienen,

»zu prüfen, wie in der Zeit bis zur Etablierung öffentlicher Gewalten, die in der Lage sind, die Einheit und Unabhängigkeit des Landes zu sichern, Zwischenfälle vermieden werden können, die die Situation verschärfen könnten.«[6]

Das Treffen, von dem neben den Mitarbeitern nur Mollet und einige andere Minister wussten, fand in der Nacht zum 27. Mai in der Residenz des Direktors des Parks von Saint-Cloud statt, eines alten Bekannten von de Gaulle. Es führte aber nicht zu einer Verständigung. Pflimlin ließ wohl seine Bereitschaft erkennen, »nach einer Übergangsperiode« zugunsten de Gaulles zurückzutreten, bestand aber darauf, dass der General zuvor die Rebellen öffentlich verurteilte. De Gaulle antwortete, genau das nicht tun zu können:

»Diese Leute wollen, dass sich etwas bewegt; sie finden das Regime schlecht, ich kann ihnen nicht Unrecht tun. […] Wenn ich es tun würde, und mein Appell würde gehört, was würde geschehen? Alles würde weitergehen wie zuvor.«[7]

Pflimlin wollte sicherstellen, dass sich der Machtwechsel tatsächlich in legalen Bahnen vollzog; de Gaulle aber wollte die Putschdrohung aufrechterhalten, um sicherzustellen, dass tatsächlich ein Regimewechsel stattfand. Das Gespräch endete nach zwei Stunden damit, dass de Gaulle vorschlug, es zu viert, unter Einbeziehung von Mollet und Antoine Pinay fortzusetzen. Das lehnte Pflimlin nicht explizit ab, es wurde aber keine weitere Vereinbarung getroffen.

Für de Gaulle war das insofern ein schlechtes Ergebnis, als er von einer Quelle im Innenministerium erfahren hatte, dass General Massu für die Nacht vom 27. auf den 28. Mai die Landung von Fallschirmtruppen in Paris plante. Sie sollten zusammen mit Truppen, die südwestlich der Hauptstadt stationiert waren, alle strategischen Positionen der Stadtmitte besetzen und dann, wie Massu später schrieb,

»mit Hilfe einer Massendemonstration den Sturz der gegenwärtigen Regierung und die Etablierung einer republikanischen Wohlfahrtsregierung unter dem Vorsitz des General de Gaulle erreichen.«[8]

Um dem zuvorzukommen, ohne sein Druckmittel aus der Hand zu geben, griff de Gaulle jetzt zu einer Manipulation, die – man kann es nicht anders sagen – ebenso dreist wie genial war: Er erklärte in einem Kommuniqué, das am 27. Mai kurz nach der Mittagszeit veröffentlicht wurde, dass er »gestern das reguläre Verfahren eingeleitet« habe, »das zur Etablierung einer republikanischen Regierung erforderlich ist, die die Einheit und Unabhängigkeit des Landes sichern kann.« Sodann rief er die Streitkräfte öffentlich zum Stillhalten auf:

> »Ich rechne damit, dass dieses Verfahren fortgesetzt wird und dass das Land durch seine Ruhe und seine Würde zu erkennen gibt, dass es seinen erfolgreichen Abschluss wünscht. Unter diesen Umständen droht jede Aktion, die die öffentliche Ordnung in Frage stellt, gleich von welcher Seite sie kommt, schwerwiegende Folgen zu haben. Auch unter Berücksichtigung der Umstände würde ich das nicht billigen können. Ich erwarte von den Land-, See- und Luftstreitkräften in Algerien, dass sie sich unter dem Befehl ihrer Chefs, des Generals Salan, des Admirals Auboyneau und des Generals Jouhaud weiterhin vorbildlich verhalten. Diesen Chefs spreche ich mein Vertrauen aus, verbunden mit der Absicht, unverzüglich mit ihnen in Kontakt zu treten.«[9]

So dick die Lüge hinsichtlich des Ergebnisses des nächtlichen Gesprächs mit Pflimlin war, die in dieser Verlautbarung steckte, mit dem Bekenntnis zum »regulären Verfahren« zur Bildung einer Regierung und der Forderung nach »vorbildlichem Verhalten« der Streitkräfte hatte sich de Gaulle zugleich den Forderungen der Regierungsmehrheit beträchtlich angenähert. Staatspräsident Coty, der schon seit längerem davon überzeugt war, dass die notwendige Verfassungsreform und die Lösung des Algerienproblems letztlich nur von dem Einsiedler in Colombey-les-Deux-Églises bewerkstelligt werden könnten, beschwor Pflimlin folglich auch sogleich, die de Gaulle'sche Version der Unterredung nicht zu dementieren. Dieser sah keinen Sinn mehr darin, sich dem zu widersetzen, seine Minister auch nicht; und so wurde, wie er später formulierte, »aus dem, was nicht gerade die Wahrheit war, die Wahrheit.«[10] Am Morgen des 28. Mai reichte Pflimlin seinen Rücktritt ein.

Damit war der Weg für de Gaulle aber noch nicht frei. Am Abend zuvor hatte sich die sozialistische Parlamentsfraktion mit 117 gegen drei Stimmen gegen die Unterstützung einer »Kandidatur de Gaulle« ausgesprochen und sie »eine Herausforderung an die republikanische Legalität« genannt.[11] Weder Mollet noch der ehemalige Staatspräsident Vincent Auriol, der in einer Investitur de Gaulles jetzt ebenfalls das einzig verbliebene Mittel zur Abwehr einer Militärdiktatur oder eines Bürgerkriegs sah, konnten sie davon abbringen. Das veranlasste de Gaulle, die »Operation Auferstehung«, wie die Militärs ihr Unternehmen getauft hatten, nicht einfach zu verbieten, sondern die Entscheidung darüber Salan zu überlassen. Dessen Stabschef André Dulac, den er am Vormittag des 28. Mai in Colombey empfing, sagte er, es sei »unendlich viel wünschenswerter gewesen, wenn sich meine Rückkehr auf dem Wege des Verfahrens vollzogen hätte«; man müsse aber »die Hütte retten«. Deutlicher wurde er nicht; er verabschiedete Dulac mit den Worten: »Sagen Sie dem General Salan, dass das, was er getan hat und was er tun wird, für das Wohl Frankreichs ist.«[12]

Salan, dem das Treiben seiner Untergebenen ohnehin nicht ganz geheuer war, zog aus der mangelnden Eindeutigkeit der Weisungen de Gaulles den Schluss, das Unternehmen »Auferstehung« erst einmal zu vertagen. Zur gleichen Zeit bekräftigten die Sozialisten aber ihren Widerstand: Am Nachmittag des 28. Mai zogen 150 000 bis 200 000 Demonstranten unter der Parole »Verteidigung der Republik« und mit dem Ruf »De Gaulle ins Museum« von der Place de la Nation zur Place de la République, an ihrer Spitze der sozialistische Minister Albert Gazier, daneben Pierre Mendès France, François Mitterrand, Édouard Daladier, André Philip und der Fraktionsvorsitzende der Kommunisten, Émile Waldeck-Rochet. Am späten Abend machte sich de Gaulle auf Drängen Cotys wieder nach Saint-Cloud auf, um dort mit den Präsidenten der beiden Kammern über die Modalitäten seiner Investitur zu verhandeln. Dabei wies der Präsident der Nationalversammlung, der Sozialist André Le Troquer alle Forderungen zurück, die de Gaulle jetzt stellte: Außerordentliche Vollmachten und Beurlaubung des Parlaments für ein Jahr, keine Präsentation der neuen Regierung vor dem Parlament, Billigung einer neuen Verfassung durch ein Referendum.

De Gaulle quittierte diese Abfuhr mit einer expliziten Warnung vor dem Putsch:

> »Nun ja, [...] wenn das Parlament Ihnen folgt, dann bleibt mir nur noch, Sie der Auseinandersetzung mit den Fallschirmjägern zu überlassen, zu meinem Ruhestand zurückzukehren und mich in meinem Kummer einzuschließen.«[13]

Am nächsten Morgen – dem 29. Mai – ließ er Salan gegen neun Uhr durch Guichard telefonisch ausrichten: »Unsere Geschäfte laufen schlecht. Jetzt ist Ihr Auftritt dran.«[14] Zweifel der drei Oberkommandierenden, ob damit wirklich gemeint war, dass sie die »Operation Auferstehung« jetzt anlaufen lassen sollten, beseitigte er gegen zwölf Uhr in einem Telefongespräch mit seinem Büro in der Rue Solférino: »Der General gibt sein volles Einverständnis, die Operation jetzt ohne weiteres Zuwarten auszulösen.«[15] Kurz nach 16 Uhr wurde General Jouhaud, der Oberkommandierende der Luftstreitkräfte von seinem in Paris weilenden Stabschef Gelée telegrafisch informiert,

> »dass General de Gaulle vollständig einverstanden – stop – Wir erwarten Ihre gestaffelte Ankunft am 30. Mai 1958 von 2.30 Uhr an – Mittel der Metropole vor Ihnen im Einsatz – stop – Es kann keine Änderung geben.«[16]

De Gaulle war also unterdessen tatsächlich bereit, eine Rückkehr mit Hilfe der Generäle in Kauf zu nehmen, wenn seine Investitur auf legalem Wege partout nicht gelingen wollte. Von der Nähe zur Macht und zur grundlegenden Reform des Staates fasziniert, die er ganz plötzlich erlangt hatte, brachte er es nicht über sich, diese Perspektiven einfach wieder aufzugeben, nur weil man dem Abtritt des Regimes, auf den er gehofft hatte, offensichtlich etwas nachhelfen musste. Um die Nachteile zu minimieren, die mit einer gewaltsamen Rückkehr verbunden waren, stellte er sich vor, zwischen der Ankunft der Generäle in Paris und seiner Berufung einige Zeit verstreichen zu lassen: »Ich will nicht sogleich in Erscheinung treten«, sagte er dem Emissär Salans am 28. Mai.

> »Nach einigen Tagen möchte ich wie ein Schiedsrichter gerufen werden, der auf Bitten aller die Führung des Landes übernimmt, um ihm unnötige Zerfleischungen zu ersparen. Ich muss als Mann der Versöhnung erscheinen und nicht als der Meister einer der Fraktionen, die sich bekriegen.«[17]

Zum Glück für seine Reputation und für die politische Kultur des Landes musste de Gaulle aber doch nicht zu dieser zweitbesten Lösung greifen. Davor bewahrte ihn zum einen Coty, indem er in einer Erklärung, die am 29. Mai um 15 Uhr – also knapp drei Stunden nach de Gaulles Putschorder – vor beiden Häusern des Parlaments verlesen wurde, bekanntgab, dass er sich »an den berühmtesten der Franzosen gewandt« und ihn zu Verhandlungen über die Bildung einer »nationalen Wohlfahrtsregierung« eingeladen habe.[18] Zum anderen wurde die republikanische Reputation de Gaulles dadurch gerettet, dass Salan auf die Nachricht von Cotys Erklärung hin die Putschvorbereitungen ein zweites Mal abbrach. Sechs Flugzeuge waren zu diesem Zeitpunkt schon planmäßig vom Flughafen Le Bourget aus in Richtung Perpignan gestartet. Es gelang, sie während des Flugs nach Orléans umzudirigieren und so den Beginn der »Operation Auferstehung« im letzten Moment zu kaschieren.

Coty hatte seine Einladung an de Gaulle mit der Ankündigung verbunden, dass er zurücktreten werde, wenn das Parlament der Beauftragung des einstigen Chefs des »Freien Frankreich« nicht zustimmen würde. Das ließ den »legalen Weg« wieder aussichtsreicher erscheinen, und so fuhr der General am späten Nachmittag mit seinem Citroën 15CV wieder nach Paris, diesmal um mit dem Staatspräsidenten zu konferieren. Von René Cassin, dem Weggefährten aus dem Anfangstagen des »Freien Frankreich« und nunmehrigem Vizepräsidenten des Staatsrats dringend ermahnt, die republikanischen Formen zu wahren, machte er im Gespräch mit Coty weitere Zugeständnisse im Hinblick auf die Verfassungsmäßigkeit des Verfahrens: Präsentation vor der Nationalversammlung mit einer kurzen Erklärung, Bestätigung der Regierung durch die Nationalversammlung, Beschränkung der außerordentlichen Vollmachten auf sechs Monate. Indirekt war mit der Festlegung auf eine Bestätigung durch die Nationalversammlung auch gesagt, dass die Regierung *en bloc* mit diesen Vollmachten ausgestattet würde und nicht de Gaulle allein.

Da die Ausarbeitung einer neuen Verfassung und ihre Bestätigung durch ein Referendum nicht strittig waren, konnte sich de Gaulle auf dieser Basis mit den Führern der Regierungsparteien verständigen. Mollet, der ihn auf Betreiben Cotys am 30. Mai zusammen mit seinem Fraktionsvorsitzenden Maurice Deixonne in Colombey aufsuchte, erhielt von ihm so viele Versicherungen hinsichtlich der Rechtsstaatlichkeit der Verfassungsreform, der Distanzierung von den Frondeure und der Beibehaltung der außenpolitischen Grundlinien, dass er uneingeschränktes Vertrauen zu ihm fasste. »Das ist ein großer Herr, ein sehr großer Herr«, sagte er nach seiner Rückkehr zu Jules Moch. »Er wünscht die Macht nicht, er findet sich damit ab, sie anzunehmen.«[19] Am Nachmittag des 31. Mai reichte er die detaillierten Zusicherungen, die er von de Gaulle erhalten hatte, an die Abgeordneten und den Vorstand seiner Partei weiter. Er erreichte damit, dass die Abgeordneten jetzt einer Investitur de Gaulles zustimmten, wenn auch nur mit der knappen Mehrheit von 79 zu 74 Stimmen. Die parlamentarische Mehrheit für eine Regierung de Gaulle war damit gesichert.

Nach einer *Tour d'horizon* mit den Parteiführern und Fraktionsvorsitzenden stellte de Gaulle im Laufe des 31. Mai seine Regierung zusammen. Um sich eine breite Mehrheit in der Nationalversammlung zu sichern, berief er die beiden führenden Persönlichkeiten der bisherigen Regierung, Pflimlin und Mollet zu Staatsministern. Pinay wurde mit den Finanzen betraut, ein weiterer Sozialist (Max Lejeune) mit dem Saharaministerium, ein weiterer Volksrepublikaner (Paul Bacon) mit dem Arbeitsministerium. Das Innenministerium ging an Émile Pelletier, den bisherigen Präfekten des Départements Seine.

Ebenso wurden die Ministerien, die für Äußeres und Verteidigung zuständig waren, mit hohen Beamten besetzt, darunter der bisherige Botschafter in Bonn, Maurice Couve de Murville als Außenminister. Gaullisten waren in der neuen Regierung nur eine Minderheit: Michel Debré als Justizminister, dessen Fachkompetenz für die Verfassungsreform gebraucht wurde, Edmond Michelet als Minister für die ehemaligen Frontkämpfer und André Malraux erneut als Informationsminister.

Mit dieser Mannschaft im Rücken bat de Gaulle am späten Abend des 1. Junis (eines Sonntags) die Nationalversammlung um Zustimmung zu der neuen Regierung und zu Gesetzen, die sie mit außerordentlichen Vollmachten ausstatteten und die Verfassungsreform erleichterten. Nach der Verabschiedung dieser Gesetze sollten sich beide Kammern bis zum Beginn der nächsten regulären Sitzungsperiode Anfang Oktober vertagen – also nur noch für vier Monate, nicht für sechs. Die Nationalversammlung sprach de Gaulle nach einer kurzen, aber leidenschaftlichen Debatte mit 329 gegen 224 Stimmen das Vertrauen aus. Neben den Kommunisten verweigerte ein Teil der Sozialisten, der Radikalen und der UDSR seine Zustimmung, darunter Pierre Mendès France und François Mitterrand, die eine Regierungsbildung unter dem Druck der Putschdrohung ablehnten.

Am nächsten Tag hatte die Nationalversammlung über die Vorlagen zu den Ermächtigungsgesetzen zu befinden, die zuvor schon mit den neuen Regierungsmitgliedern abgestimmt worden waren. Das Gesetz zur Verlängerung der außerordentlichen Vollmachten für Algerien, mit denen schon die Regierung Pflimlin ausgestattet worden war, machte keine Probleme; es wurde mit 337 gegen 199 Stimmen angenommen. Auch die Ermächtigung der Regierung, unbeschadet eines erneuten Zusammentretens der Nationalversammlung im Oktober sechs Monate lang mit Erlassen zu regieren, ging relativ glatt über die Bühne; es wurde mit einigen Einschränkungen mit 322 gegen 232 Stimmen verabschiedet. Größere Schwierigkeiten machte dann aber der Gesetzentwurf zur Verfassungsreform, für den, weil er eine Verfassungsänderung mit einschloss, eine Dreifünftel-Mehrheit erforderlich war. Er sah vor, dass die neue Verfassung von der Regierung erarbeitet würde, unter Beratung durch einen Ausschuss, dem zu zwei Dritteln Abgeordnete angehörten, die von den zuständigen Fachausschüssen der beiden Kammern bestimmt wurden. Nach einer Stellungnahme durch den Staatsrat sollte sie dem Volk zur Abstimmung vorgelegt werden. Inhaltlich legte der Entwurf fest, dass die Regierung auch künftig vor dem Parlament verantwortlich sein würde, Legislative und Exekutive aber klar voneinander zu trennen waren. Dem stimmte das Parlament erst zu, nachdem de Gaulle seine Überzeugung zum Ausdruck gebracht hatte, auch die erklärten Gegner für die Reform gewinnen zu können, und sowohl Pflimlin als auch Mollet das Verfahren im Detail verteidigt hatten. Die Mehrheit bei der Abstimmung nach Mitternacht war sogar noch größer als bei allen vorherigen Abstimmungen, 350 gegen 161 Stimmen.

Am Morgen des 3. Juni verteidigte de Gaulle das Gesetz zur Verfassungsreform dann auch noch vor dem Rat der Republik. Hier waren die Mehrheitsverhältnisse noch viel eindeutiger: Nachdem der Rat den beiden ersten Gesetzesvorlagen schon am Vortag zugestimmt hatte, billigte er das Verfahren zur Verfassungsreform mit 236 zu 30 Stimmen. Im weiteren Verlauf des Tages richtete sich der neue Ministerpräsident in seinem Amtssitz im Hôtel Matignon ein. Georges Pompidou, den er schon am 24. Mai gebeten hatte, von der Rothschild-Bank zurückzukehren, wurde sein Kabinettschef, Olivier Guichard dessen Stellvertreter. Auch empfing er Salan, den er sogleich zu seinem Generaldelegierten in Algerien ernannte. Als er am späten Abend ein letztes Mal in das Hotel *La Pérouse* zurückkehrte, in dem er seit elf Jahren fast jeden Mittwoch übernachtet hatte, konnte er es sich nicht verkneifen, dem Nachtportier einen Schubs zu geben und verstohlen zu kichern: »Albert, ich habe gewonnen!«[20]

De Gaulle verstand diesen Sieg als Erneuerung »des Vertrages, den das Frankreich der Vergangenheit, der Gegenwart und der Zukunft mir 18 Jahre zuvor auferlegt hat, um dem Desaster zu entkommen«, wie er es 11 Jahre später in seinen »Memoiren der Hoffnung« ausdrücken sollte.[21] Er machte sich freilich nicht klar, dass er, um ihn zu erringen, sich zuletzt den Regeln einer Republik gebeugt hatte, die zuvor von ihm als schädliches Regime bekämpft worden war. Die Erneuerung des Vertrages bestand in einem Bündnis mit den Repräsentanten der IV. Republik; damit hatte er sie implizit als Repräsentanten der Nation anerkannt. Nicht er hatte außerordentliche Vollmachten erhalten, sondern eine Regierung, die von einer großen Mehrheit des Ende 1955 gewählten Parlaments getragen wurde. Zu verdanken hatte er diesen Sieg nicht nur seiner Rückkehr zu taktischer Flexibilität sondern auch der Weitsicht eines Coty und eines Mollet, dem nüchternen Pragmatismus eines Pflimlin und der Ängstlichkeit eines Salan. Die V. Republik, die jetzt Gestalt annahm, hatte viele Väter. Sie war weit mehr eine Fortentwicklung der IV. Republik als die Überwindung einer unglücklichen Parenthese, von der de Gaulle jetzt sprach.

Die Regierung de Gaulle fand denn auch keineswegs den Beifall der revoltierenden Algerienfranzosen: Sie sahen sich in ihren Hoffnungen auf einen Sturz Pflimlins und die Festlegung auf einen Verbleib Algeriens beim Mutterland getäuscht. Um die Revolte einzudämmen und die Autorität der Regierung gegenüber dem »Wohlfahrtsausschuss« durchzusetzen, flog der neue Regierungschef gleich am 4. Juni nach Algier. Gegen die Bedenken von Salan nahm er zwei Minister mit, die nicht dem gaullistischen Lager angehörten: den konservativen Staatsminister Louis Jacquinot, der schon neun Regierungen der IV. Republik angehört hatte, und den Sahara-Minister Max Lejeune. Er ließ den Tag zum Feiertag erklären und stellte so sicher, dass er sogleich bei der Fahrt ins Stadtzentrum von den Massen auf den Straßen gefeiert wurde. In der Sommerresidenz des Generalgouverneurs empfing er zunächst die Vertreter der regulären Körperschaften und dann erst den »Wohlfahrtsausschuss«. Diesen ließ er nicht im Unklaren darüber, dass er die höchst Autorität in Algerien beanspruchte und Salan als sein Stellvertreter handelte. Am Abend trat er dann vor die Masse, die sich vor dem Generalgouvernement versammelt hatte, und begann seine Rede mit dem scheinbar spontanen, tatsächlich aber sorgfältig überlegten Satz: »Ich habe Euch verstanden!«[22]

Für die meisten Algerienfranzosen, die soeben noch Hochrufen auf Massu, Soustelle und das »französische Algerien« applaudiert hatten, hieß das, dass sich der General ihre Forderungen zu eigen gemacht hatte. In dem ungeheuren Jubel, den diese vier Worte auslösten, überhörten sie, dass de Gaulle im weiteren Verlauf der Rede den Begriff des »französischen Algeriens« selbst nicht in den Mund nahm. Stattdessen kündigte er eine Wahlrechtsreform an, die den muslimischen Algeriern das gleiche Wahlrecht sicherte wie den Franzosen. Dass diese Reform nur eine Etappe auf dem Weg zur Unabhängigkeit der algerischen Nation sein konnte, ließ er natürlich im Dunkeln. Wie selbstverständlich sprach er von den »10 Millionen Franzosen in Algerien« und nährte damit die Illusion, dass die Emanzipation der muslimischen Bevölkerung mit der Fortdauer der Zugehörigkeit des Landes zu Frankreich einhergehen könnte.

Das sicherte ihm fürs Erste die Unterstützung der Algerienfranzosen und half ihm, die Führer des Aufruhrs zu entmachten. In Oran, der Hochburg der französischen Siedler, herrschte er ihre Vertreter zwei Tage später direkt an, sie hätten jetzt mit der Revolution aufzuhören und stattdessen ihre Landsleute »für die nationale Einheit, die französische Reform und die Unterstützung des General de Gaulle zu gewinnen, ohne ihm ihren Willen aufzuzwingen.«[23] Anfang Juli reiste er ein zweites Mal nach Algerien, diesmal um sich der Unterstützung der Armee zu versichern und sie auf die Rückkehr zur Oberhoheit der zivilen Autoritäten vorzubereiten. Dabei suchte er, um sich vor einer Verschwörung politisierender Generäle zu schützen, gezielt das Gespräch mit den Offizieren und besuchte Einheiten, die an vorderster Front kämpften. Den fortdauernden Rufen nach einer Rückkehr Soustelles als Algerienminister begegnete er damit, dass er den Hoffnungsträger der Algerienfranzosen am 6. Juli anstelle von Malraux zum Informationsminister bestellte. Damit verhinderte er nicht nur, dass ihm in Algier ein Gegenspieler seiner Algerienpolitik erwuchs; er stellte auch seine Vernebelungstaktik in der Algerienfrage auf Dauer.

Die latente Unzufriedenheit der Frondeure und der Algerienfranzosen war ein zusätzlicher Grund, das zügig voranzutreiben, was de Gaulle ohnehin am Wichtigsten war: die Reform der Verfassung. Sogleich nach der Rückkehr von seinem ersten Besuch in Algerien am Abend des 6. Juni machte sich der neue Ministerpräsident daran, zwei Komitees zusammenzustellen, die die Vorlage für die neue Verfassung erarbeiten sollten: ein »politisches« Komitee, dem neben ihm selbst die vier Staatsminister sowie Michel Debré, René Cassin und Georges Pompidou angehörten, und ein Expertenkomitee unter dem Vorsitz von Debré, in dem neben den Vertretern der vier Staatsminister vorwiegend jüngere Angehörige des Staatsrats arbeiteten. Raymond Janot, der Generalsekretär des Staatsrats, der von Pompidou für das Kabinett de Gaulle gewonnen worden war, sorgte für die Verbindung zwischen den beiden Gruppen.

Inhaltlich ging es in der Arbeit der Komitees nicht einfach um eine Ausformulierung der Vorstellungen, die der General zwölf Jahre zuvor in Bayeux vorgetragen hatte. Insbesondere Pflimlin und Mollet sorgten dafür, dass die Tendenzen zu autoritärer Herrschaft, die in dem Bayeux-Entwurf enthalten waren, zugunsten einer Bekräftigung des Prinzips parlamentarischer Verantwortlichkeit eingedämmt wurden. So blieb es dabei, dass der Präsident von einem breiten Kollegium gewählt werden sollte (allen Parlamentariern, Bürgermeister, Stadträten, Generalräten, was auf eine Bevorzugung der ländlichen Regionen hinauslief) und den Premierminister zu berufen hatte. Die weiteren Minister sollte er aber wie bisher auf Vorschlag des Premierministers ernennen. Von de Gaulles Forderung, dass sie ihre Parteimitgliedschaft aufgeben müssten,[24] war in dem endgültigen Entwurf nicht mehr die Rede. Auch konnte der Präsident die Regierung, die das Vertrauen einer Mehrheit der Nationalversammlung besitzen musste, nicht einfach wieder abberufen; er konnte lediglich die Nationalversammlung vorzeitig auflösen, ein zweites Mal erst nach Ablauf eines Jahres. In Artikel 20 des Entwurfs wurde auf Initiative Pflimlins und Mollets ausdrücklich festgehalten: »Die Regierung bestimmt und leitet die Politik der Nation.«[25]

Das Instrument der Volksabstimmungen, mit dem de Gaulle ein Gegengewicht gegen den Einfluss der Parteien schaffen wollte, wurde nur für Gesetzesvorhaben eingeführt, die »die Organisation der öffentlichen Gewalt« oder den Abschluss von Verträgen betreffen, die »Rückwirkungen auf das Funktionieren der Institutionen haben« könnten. Außerdem konnte der Präsident es nur einsetzen, wenn entweder die Regierung oder beide Kammern des Parlaments zusammen einen entsprechenden Vorschlag gemacht hatten (Artikel 11). Verkündete der Präsident nach Anhörung des Verfassungsrats den Notstand, so durfte die Nationalversammlung unter dem Notstandsregime nicht aufgelöst werden. Bei der zweiten Kammer konnte de Gaulle seine Forderung nach Ergänzung durch Vertreter der »wirtschaftlichen und sozialen Kräfte« und der »Übersee-Völkerschaften« nicht durchsetzen; es blieb bei der Vertretung der Gebietskörperschaften. Nur der Name änderte sich: Der Rat der Republik wurde jetzt in Wiederaufnahme der Bezeichnung der (anders zusammengesetzten) zweiten Kammer der III. Republik »Senat« genannt. Aus dem Ministerpräsidenten wurde ein »Premierminister«, aber auch das war nur eine Namensänderung: Auch in der IV. Republik waren die Sitzungen des Ministerrats schon vom Staatspräsidenten geleitet worden.

Insgesamt handelte es sich bei dem Entwurf, der am 3. September in der Regierung abschließend beraten wurde, also nicht um die Verfassung eines Präsidialregimes. Vielmehr lag eine eigentümliche Mischung aus Präsidialregime und parlamentarischem Regime vor, die vieles offenließ und, wie sich später zeigen sollte, in unterschiedlicher Weise gehandhabt werden konnte. Die Stabilität verdankte die Regierung im Wesentlichen dem Schutz vor negativen Mehrheiten, der schon im Reformgesetz der Regierung Pflimlin enthalten war. Für sie war eine so starke Stellung vorgesehen, dass Pflimlin den General bei den Beratungen im Regierungskomitee fragte, ob er nicht eher Premierminister als Staatspräsident werden wollte. De Gaulle antwortete: »Das ist nichts mehr für mein Alter. Ich bin nicht mehr in der Lage, solche Lasten zu schultern.«[26] Offensichtlich sah er sich jetzt mehr in der Rolle eines Schiedsrichters, wie er in dem von ihm formulierten Artikel 5 der Verfassung beschrieben wurde, und nicht so sehr als Verantwortlicher für das Tagesgeschäft, wie er es von 1944 bis Anfang 1946 betrieben hatte.

Zugeständnisse musste de Gaulle auch noch in ganz anderer Hinsicht machen: an die Unabhängigkeitsbewegungen in Afrika. Ursprünglich wollte er den afrikanischen Territorien nur »Autonomie« im Rahmen einer »Gemeinschaft« zugestehen, an deren Spitze der Präsident stand. Vom Recht auf Unabhängigkeit war in dem Entwurf, der am 25. Juli kommuniziert wurde, nicht die Rede. Angesichts des starken Protestes, den dieser Entwurf bei den Repräsentanten afrikanischer Territorien und Bewegungen auslöste, ergriff er dann aber die Flucht nach vorn: Am 8. August billigte er den Bevölkerungen der Territorien zu, sich beim Referendum über den Verfassungsentwurf gegen eine Mitgliedschaft in der Gemeinschaft zu entscheiden; und während einer Rundreise durch die afrikanischen Gebiete in der dritten Augustwoche bekräftigte er das Recht auf Unabhängigkeit ganz generell. Die Verbindung des Freiheitsversprechens mit der Drohung, im Falle einer Separation jede Unterstützung zu verweigern, brachte die meisten Schwarzafrikaner dazu, sich zu dieser Gemeinschaft mit französischer Nationalität zu bekennen. Lediglich die Bevölkerung von Guinea nutzte unter dem Einfluss von Sékou Touré die Gelegenheit, sich mit dem Inkrafttreten der neuen Verfassung von Frankreich zu trennen. De Gaulle war sich allerdings darüber im Klaren, dass mit der Neuregelung des Verhältnisses zu den schwarzafrikanischen Territorien nicht viel gewonnen war: »Die Gemeinschaft, das ist Quatsch«, sagte er zu Jean Mauriac, die ihn als Vertreter der *Agence France Presse* auf seiner Werbetour begleitete. »Diese Leute werden, kaum dass sie eingetreten sind, nur einen Gedanken haben: sie wieder zu verlassen.«[27] Als sich diese Prophezeiung 1959/60 erfüllte, war ihm das nur ein Achselzucken wert.

Die Kompromisse, die der General eingehen musste, hinderten ihn natürlich nicht, die Annahme der neuen Verfassung als entscheidenden Schritt zur Erneuerung Frankreichs darzustellen und mit aller Macht für sie zu werben. Nach der »Konfusion, in der sich das Regime der Parteien dahinschleppte« werde jetzt eine »neue Republik errichtet, um Frankreich zur Erneuerung zu führen«, sagte er in einer Rundfunk- und Fernsehansprache zwei Tage vor dem Referendum vom 28. September. Dann bekannte er sich zu dem Glauben, im Namen aller Generationen von Franzosen zu sprechen, und erklärte die Zustimmung zu der neuen Verfassung gleichsam zur nationalen Pflicht: »Jedem Einzelnen von Ihnen vertraue ich das Schicksal Frankreichs an.«[28] Mit Reden vor Massenpublikum an sorgfältig ausgewählten Orten – Paris, Rennes, Bordeaux, Straßburg und Lille – brachte er diese Botschaft über drei Wochen lang ans Volk und machte so aus der Abstimmung über die Verfassung auch ein Plebiszit über seine Person. Jedermann war klar, dass er die Position des »nationalen Schiedsrichters«[29] für sich beanspruchte und dass er sich zurückziehen würde, wenn der Verfassungsentwurf scheitern sollte. Im Hinblick auf die Zukunft Algeriens forderte er auch explizit Vertrauen »auf, ich wage es zu sagen, mich selbst« ein.[30]

Die Einforderung der Zustimmung als nationale Pflicht wurde noch dadurch verstärkt, dass staatliche Stellen einseitig gegen die Gegner der neuen Verfassung vorgingen. Bei der Präsentation des Entwurfs am 4. September wurden Gegendemonstranten von den Polizeikräften abgedrängt. Soustelle wechselte als Informationsminister die Spitzen des staatlichen Rundfunks aus und sorgte so für eine starke Benachteiligung der Reformgegner in den Rundfunk- und Fernsehprogrammen. Im Hinblick auf das Ergebnis der Abstimmung wäre diese einseitige Parteinahme freilich gar nicht nötig gewesen: Viele Franzosen waren auch so davon überzeugt, dass nur de Gaulle die Gefahr eines Militärputsches und eines Bürgerkriegs definitiv abwenden konnte; viele trauten nur noch ihm die Lösung des Algerienproblems zu (in welcher Weise auch immer); und viele waren der Auffassung, dass eine Verfassungsreform, wie sie hier vorgeschlagen wurde, notwendig oder zumindest vertretbar war. An der Abstimmung am 28. September beteiligten sich fast 85 Prozent der Wahlberechtigten, mehr als bei allen Wahlen und Referenden seit 1945. 79,2 Prozent stimmten mit Ja, nur 20,7 Prozent mit Nein.

Nach diesem Triumph kam es de Gaulle darauf an, die Gefahr einer autoritären Herrschaft zu bannen, die allen Bekenntnissen zur Republik zum Trotz ja doch in seinem Unternehmen angelegt war. Auch wollte er nicht von einer rechten Parlamentsmehrheit abhängig werden, die sich seinen Erfolg zunutze machte, um gegen die Linke zu regieren. Dass sich verschiedene Gruppierungen seiner Anhänger bildeten und dann unter der Führung von Soustelle zusammenschlossen, um in der künftigen Nationalversammlung vertreten zu sein, konnte er nicht verhindern. Er untersagte dieser *Union pour la Nouvelle République* (UNR) aber, sich das Etikett »gaullistisch« zuzulegen, und er verhinderte auch, dass sie einen Vorsitzenden erhielt. Bei der Festlegung des Wahlmodus zu den Parlamentswahlen entschied er sich gegen die Gaullisten und Konservativen und mit den Sozialisten für eine Rückkehr zur Mehrheitswahl in zwei Wahlgängen auf der Ebene der *Départements.* Damit sollte nicht nur die Macht der Parteiapparate gebrochen werden; es galt auch, einen Erdrutschsieg einer Allianz von Gaullisten und Konservativen zu verhindern. Zum Premierminister einer breiten Mitte-links-Regierung wollte er Guy Mollet berufen.

Die Halbierung der Stimmen für die *Radicaux* und die UDSR in den Wahlen vom 23. und 30. November machte ihm allerdings einen Strich durch diese Rechnung: Den Sozialisten fehlte es dadurch an Unterstützung im zweiten Wahlgang, sodass sie trotz leicht gestiegenem Stimmenanteil (15,7 Prozent) eine Halbierung ihrer Parlamentssitze (44 statt bisher 88) hinnehmen mussten. Umgekehrt kamen UNR und Linksgaullisten zusammen mit 20,4 Prozent auf 196 Sitze, und die

Konservativen brachten es mit 22,1 Prozent auf 132 Sitze. Die profiliertesten Gegner des Generals, Pierre Mendès France und François Mitterrand, waren in dem neuen Parlament nicht mehr vertreten.

Wie erwartet wurde de Gaulle am 21. Dezember vom Kollegium zum Präsidenten der Republik gewählt. Um die Berufung eines seiner Anhänger zum Premierminister kam er jetzt umso weniger herum, als sich die sozialistischen Minister gegen einen Plan zur Haushaltssanierung und Währungsstabilisierung wendeten, den ein Expertenkomitee unter dem Vorsitz von Jacques Rueff am 9. Dezember vorgelegt hatte. Weil damit aus ihrer Sicht zu viele Kürzungen an Sozialleistungen verbunden waren, erklärten sie am 27. Dezember ihren Rücktritt. Der wurde von de Gaulle zwar nicht sogleich angenommen (»Mein lieber Guy Mollet, Sie können und dürfen mich nicht kurz vor dem Abschluss verlassen«[31]), bei der Neubildung der Regierung am 9. Januar 1959 waren die Sozialisten aber nicht mehr dabei.

Um nicht von der breiten Koalition aus Gaullisten und Konservativen abhängig zu werden und dabei insbesondere seine Bewegungsfreiheit in der Algerienfrage zu verlieren, blieb de Gaulle jetzt nur noch, in noch höherem Maße parteiunabhängige hohe Beamte als Fachminister zu berufen, als dies schon bei der Bildung der Übergangsregierung im Juni 1958 der Fall gewesen war. Premierminister wurde Michel Debré, den de Gaulle als ebenso treuen wie effektiven Mitarbeiter schätzen gelernt hatte. Soustelle musste sich mit dem Amt eines Beigeordneten des Premierministers begnügen, zuständig für die Überseegebiete und die Atomforschung. Pompidou, der den UNR-Abgeordneten noch zu wenig bekannt war, um als Premierminister Anerkennung zu finden, lehnte das Finanzministerium ab und kehrte wie vorgesehen zur Rothschild-Bank zurück. Konservative und Volksrepublikaner gehörten der neuen Regierung in ähnlicher Weise an wie bisher. Nur Pflimlin fehlte: Er zog sich gegen den Willen de Gaulles zurück, weil die Gesundheit seiner Frau unter den Ereignissen des Mai zu stark gelitten hatte.

Mit dieser »Operation Flügelstutzen«, wie Bidault de Gaulles Vorgehen nannte,[32] war freilich auch entschieden, dass sich der neue Präsident weit stärker dem Tagesgeschäft widmen musste, als ihm während der Arbeit an dem Verfassungsentwurf vorgeschwebt hatte. Nicht der Premierminister suchte sich seine Regierung in den Verhandlungen mit den Fraktionsspitzen zusammen; der künftige Präsident selbst präsentierte dem Premierminister-Kandidaten seiner Wahl die Männer, die er für die anderen Ministerämter ausgesucht hatte. Dass de Gaulle, um den Buchstaben der Verfassung Genüge zu tun, Debré am Nachmittag des 8. Januar mit der Erstellung einer Ministerliste beauftragte und dieser dann eine Stunde später mit der fertigen Liste zum Präsidenten zurückkehrte, war nicht mehr als eine Farce. Charles de Gaulle war jetzt, wie er in einer Radio- und Fernsehansprache am 28. Dezember 1958 eher beiläufig erklärte, nicht nur »Chef des republikanischen Staates«, sondern auch der »Führer Frankreichs«.[33]

Anders als er es sich selbst zugetraut hatte, packte er die neue Aufgabe mit ungeheurem Elan an. In den Wochen und Monaten vor dem 15. Mai hatten ihn Besucher als gealtert und erschöpft wahrgenommen. Nachdem er im Dezember 1947 aus Angst vor einem Kehlkopfkrebs das Rauchen aufgegeben hatte (nach einem Konsum von zuletzt 40 bis 60 Zigaretten plus ein oder zwei Zigarren pro Tag), hatte er allmählich zugenommen. Nach zwei Operationen an den Augen wegen eines Grauen Stars benötigte er eine Lesebrille, damit kam er nur schwer zurecht. Das Haupthaar hatte sich stark gelichtet, die Augen schienen geschwollen zu sein. Von Zeit zu Zeit plagte ihn die alte Kriegsverletzung im Oberschenkel. Seit er aber um die Rückkehr an die Macht kämpfte, schien er mit jedem Tag wieder jünger zu werden. Die Strapazen des wochenlangen Hin und Her zwischen Colombey und Paris, der Reisen nach Algerien und Schwarzafrika und der Arbeit an den Reformprogrammen ertrug er scheinbar mühelos. War er bislang für seinen Groll, seine Übellaunigkeit und seinen Sarkasmus gefürchtet, so überraschte er jetzt mit ausgesprochener Liebenswürdigkeit, Gelassenheit und souveräner Handhabung der unterschiedlichen Dossiers. Die notorische Aggressivität war einer offenen Geselligkeit gewichen.

Es kann kein Zweifel sein: Dieser de Gaulle des Sommers und Herbstes 1958 war glücklich, zumindest bis zum Ausgang der Parlamentswahlen am 30. November. Er war so glücklich wie seit den ersten Jahren seiner Ehe nicht mehr. Dass er wider Erwarten doch noch das tun konnte, was er seit der Befreiung des Landes mehr und mehr als den umfassenderen Teil seiner Mission begriffen hatte, erfüllte ihn mit tiefer Genugtuung. Die »großen Schritte auf dem Wege der Aufrichtung«, von denen er in der Rede nach seiner Wahl zum Staatspräsidenten sprach,[34] beflügelten ihn.

Yvonne de Gaulle gönnte ihrem Mann dieses Glück. Sie war, wie sich ihr Sohn erinnert, keineswegs erfreut über »all die materiellen Komplikationen, die moralischen Zwänge und natürlich all die Schwierigkeiten«, die jetzt wieder auf ihren Charles zukamen. »Den Frieden, von dem sie gehofft hatte, dass er sich für immer bei ihm eingestellt hatte, sah sie definitiv dahinschwinden.«[35] Ihre Sorgen wurden freilich von der Erleichterung darüber überdeckt, dass es ihrem Mann offensichtlich gut ging. Und die Strapazen, beginnend mit den Umzügen zunächst ins Hotel Matignon und dann in den Elysée-Palast, nahm sie mit gewohnter Selbstverständlichkeit hin. Als das Radio am Abend des 28. September die große Zustimmung zu der neuen Verfassung meldete, löste das in Colombey-les-Deux-Églises, wo die de Gaulles jetzt nur noch jedes zweite Wochenende verbringen konnten, keine Jubelstürme aus. Yvonne blieb gefasst, Charles war ganz bei sich selbst.

9 Abschied von Algerien

Hatte der Ausgang der Parlamentswahlen vom 23. und 30. November 1958 schon eine stärkere Involvierung des neuen Präsidenten in die Exekutive der V. Republik zur Folge, als de Gaulle sie ursprünglich im Sinn gehabt hatte, so führte die Lösung der Algerienfrage vollends zu einer Präsidialisierung des Regimes. Eine Beendigung des Krieges in Algerien, wo unterdessen über 500 000 französische Soldaten im Einsatz waren, war dringlich: Er kostete das Leben französischer Wehrpflichtiger, verschlang ein Viertel der Staatseinnahmen und schädigte Frankreichs Ansehen in der Welt, nicht zuletzt infolge der Foltermethoden, die französische Armeeeinheiten in der Auseinandersetzung mit den Guerillakämpfern des *Front de Libération Nationale* (FLN) anwandten. Zugleich war die Beendigung des Krieges angesichts einer Million von Franzosen, die zumeist seit vielen Generationen in Algerien lebten, und einer Armeeführung, die größtenteils mit ihnen sympathisierte, aber auch außerordentlich schwierig. Dies machte es erforderlich, dass sich de Gaulle nach der Übernahme des Präsidentenamtes stark auf die Lösung des Algerienproblems konzentrierte.

Dem neuen Präsidenten schwebte dabei eine Lösung vor, wie er sie ähnlich auch für die bisherigen französischen Besitzungen südlich der Sahara propagiert hatte: eine »Assoziation« zwischen einem formal unabhängigen Algerien und dem französischen Mutterland, die die Siedler in ihren Rechten beließ und Frankreich sowohl die Erdölvorkommen in der Sahara sicherte als auch die weitere Nutzung der Wüste als Testgebiet für die Entwicklung von Atomwaffen ermöglichte. Dazu diente die Verleihung des gleichen Wahlrechts an die

9 Millionen nichteuropäischer Algerier, das bei der Abstimmung über die neue Verfassung am 28. September 1958 zum ersten Mal zur Geltung kam; dazu diente vor allem aber auch ein umfangreiches Programm zur Entwicklung der Infrastruktur, schulischen Bildung, Industrialisierung und Eingliederung muslimischer Algerier in die Verwaltung, die Armee und die öffentlichen Dienste, das innerhalb von fünf Jahren zur wirtschaftlichen Gleichstellung mit den französischen Siedlern führen sollte.

Durch die Resonanz ermutigt, die dieses Programm in der muslimischen Bevölkerung fand, wollte de Gaulle mit den Führern des FLN, die im Exil in Kairo residierten, nicht verhandeln. Sie waren für ihn nicht repräsentativ für die muslimische Bevölkerung und vor allem keine Garanten für die Wahrung der französischen Rechte. Alles, was er ihnen in einer Pressekonferenz am 23. Oktober 1958 anbot, war darum nur ein »Friede der Tapferen«, das heißt einen Verzicht auf Sanktionen und die Freilassung von Gefangenen, wenn die Guerillakämpfer ihre Waffen abgaben. Das war den FLN-Führern freilich viel zu wenig, und so flammten die Kämpfe nach einer kurzen Phase der Irritation über die Sympathiekundgebungen der Bevölkerung für den General wieder auf. Die Algerienfranzosen setzten ihre Hoffnungen wieder ganz auf die militärische Niederringung des Aufstands; und tatsächlich erzielte die Armee, nach der Abberufung Salans im Dezember 1958 unter dem Kommando von General Maurice Challe, im Frühjahr 1959 beachtliche Erfolge.

Den Frieden brachten die Militäraktionen aber nicht näher. In den Sommerferien 1959 entschloss sich de Gaulle daher, der algerischen Unabhängigkeitsbewegung deutlich weiter entgegenzukommen. Hatte er bislang mit Rücksicht auf die zahlreichen Gegner einer Trennung Algeriens vom französischen Mutterland in den Reihen seiner Anhänger öffentlich nur sehr vage von einer Lösung gesprochen, die sowohl die »Persönlichkeit« Algeriens als auch »eine enge Solidarität mit der französischen Metropole« respektierte,[1] so bekannte er sich in einer Radio- und Fernsehansprache am 16. September zum ersten Mal zum Recht der Algerier auf Selbstbestimmung. Sie sollten es »dank des Fortschritts in der Befriedung, des demokratischen und des sozialen Fortschritts« eines Tages wahrnehmen können und dann die Wahl zwischen drei Alternativen haben: einer »Sezession«, einer »vollständigen Französisierung« und einer »Regierung Algeriens durch die Algerier, gestützt auf die Hilfe Frankreichs und in enger Verbindung mit ihm.« Wie immer, waren die Begriffe, mit denen de Gaulle hantierte, sorgfältig gewählt; und das Angebot war auch, wie schon im Umgang mit den schwarzafrikanischen Unabhängigkeitsbewegungen, mit einer Drohung verbunden: Die Sezession, warnte er, würde zu »entsetzlichem Elend [...] und bald zu kriegerischer Diktatur der Kommunisten« führen.[2]

Die Rede zielte also in erster Linie auf eine Isolierung der radikalen Kräfte in der FLN-Führung. Warum sollte man noch kämpfen, wenn die Unabhängigkeit auch so zu haben war? Und war es nicht besser, sich der wirtschaftlichen Hilfe Frankreichs zu versichern als eine Diktatur der radikalen FLN-Führer zu riskieren? Das Angebot an die Algerier machte aber auch den Anwälten eines französischen Algeriens unmissverständlich deutlich, dass de Gaulle nicht bereit war, für ihre Vision der algerischen Zukunft zu kämpfen. Dass sich mehr als 40 Prozent der muslimischen Algerier für eine vollständige Integration in die französische Nation entscheiden würde (soviel brauchte man bei einer Abstimmung aller algerischen Wähler), war auch bei größtem Optimismus nicht zu erwarten.

Entsprechend begannen militante Vertreter des französischen Algeriens im Militär wie unter den Siedlern einen neuen Putsch zu planen, der sich diesmal gegen de Gaulle richtete und eine Militärregierung unter General André Zeller an die Macht bringen sollte. In Paris machten Gerüchte über den bevorstehenden Coup die Runde. Zahlreiche Anhänger der französischen Lösung schieden unter Protest aus der Regierungskoalition oder aus der gaullistischen Fraktion aus; ein *Rassemblement pour l'Algérie française*, dem sich auch Bidault anschloss, suchte Mehrheiten gegen de Gaulles Politik zu mobilisieren. Am 18. Januar 1960 veröffentlichte die *Süddeutsche Zeitung* ein Interview mit General Massu, in dem der Kommandant des Armeekorps von Algier – durchaus wahrheitsgemäß – erklärte, dass die Armee die Politik de Gaulles nicht mehr verstehen würde, und dunkel damit drohte, dass sie mit ihrer Macht eingreifen würde, »wenn die Situation es erfordert.«[3]

Massu wurde sogleich nach Paris gerufen und, weil er sich nur schlecht rechtfertigen konnte, am 20. Januar seines Amtes enthoben. Das provozierte einen Generalstreik und eine Massenversammlung in Algier am 24. Januar, die einzelne Verschwörer – auf der einen Seite wiederum der ehemalige Studentenführer Pierre Lagaillarde, auf der anderen Seite eine »Nationale Front der Franzosen« um den Kaffeehausbesitzer Jo Ortiz – zur Auslösung des Aufstands nutzen wollten. Als Gendarmen auf dem Plateau des Glières aufmarschierten, kam es gegen 18 Uhr zu einem Schusswechsel, bei dem 22 Todesopfer und über 200 Verletzte zu beklagen waren. Eine Fallschirmeinheit, die die Gendarmen unterstützen sollte, ließ sich nicht blicken, sodass sich die bewaffneten Freischärler der Aufrührer hinter Barrikaden verschanzen konnten.

Am Morgen des 25. Januar appellierte de Gaulle in einer kurzen Rundfunkansprache an die Aufständischen, »in die nationale Ordnung zurückzukehren.«[4] Aber nichts geschah. General Maurice Challe und Generalgouverneur Paul Delouvrier zögerten, den Befehl zur Räumung der Barrikaden zu geben; sie fürchteten, dass die Armee diesen Befehl verweigern würde. Premierminister Debré, der in aller Heimlichkeit nach Algier geschickt wurde, um den Befehl zur Räumung durchzusetzen, konnte auch nichts ausrichten. Selbst ein Sympathisant der französischen Lösung kehrte er, moralisch stark angeschlagen, mit dem Eindruck nach Paris zurück, dass ein Putsch der Armee unmittelbar bevorstand. Unter den Mitarbeitern und Ministern breiteten sich Zweifel aus, wer im Ernstfall noch zu de Gaulle stehen würde; Generäle wurden mit aufrührerischen Parolen zitiert; Abgeordnete aus dem Lager der Algerienfranzosen solidarisierten sich mit den Barrikadenkämpfern.

Erst nach sieben Tagen quälender Ungewissheit konnte de Gaulle dem Treiben ein Ende setzen. Am Nachmittag des 27. wies er Delouvrier an, zusammen mit Challe Algier zu verlassen und sich im 30 Kilometer entfernten Hauptquartier der Luftwaffe zu installieren. Das nahm den Aufständischen fürs Erste den Gegner und der Armee die Führung. Ihre Verwirrung wurde noch dadurch gesteigert, dass Delouvrier die Siedler wie die jungen Offiziere in einer Rundfunkrede am 28. beschwor, ein Blutvergießen unter Franzosen zu vermeiden. Dann trat de Gaulle am 29. in Generalsuniform vor die Fernsehkameras und Rundfunkmikrofone und forderte die Armee kategorisch zum Gehorsam auf. Gleichzeitig bekräftigte er noch einmal, dass »die Selbstbestimmung die einzige Politik ist, die Frankreichs würdig ist.« Sie sei »von der Regierung beschlossen, vom Parlament gebilligt und von der französischen Nation angenommen worden.«[5] Die demonstrative Entschlossenheit, den Forderungen der Aufrührer kein Jota nachzugeben, und die Beschwörung der Geschlossenheit der Nation machten Eindruck. In der Nacht vom 31. Januar auf den 1. Februar gab Lagaillarde demoralisiert auf, ohne dass die Fallschirmeinheiten, wie von de Gaulle für alle Fälle befohlen, von den Waffen Gebrauch machen mussten. Ortiz konnte bei der Stürmung der Barrikaden entkommen; er floh verkleidet auf die Balearen.

Auf die Niederschlagung der Revolte folgten gründliche Umbesetzungen im Machtapparat. Die Regierung wurde umgebildet; dabei verloren die beiden entschlossensten Verfechter des französischen Algeriens, Jacques Soustelle und Bernard Cornut-Gentille ihre Ämter. Pierre Guillaumat wurde als Armeeminister durch Pierre Messmer ersetzt, den Sieger von Bir Harkeim, der als entschlossener im Umgang mit renitenten Generälen galt. Challe wurde als Oberkommandierender in Algerien abgelöst, ebenso der Sicherheitschef von Algier, Oberst Yves Godard. Abgeordnete, die allzu offenkundig mit der Revolte sympathisiert hatten, wurden aus der UNR ausgeschlossen. Parallel dazu ließ sich die Regierung durch das Parlament ermächtigen, ein Jahr lang mit Ordonanzen zu regieren. Auch wurde unter dem Vorsitz des Präsidenten ein Algerien-Komitee aus hohen Beamten gebildet, das notwendige Entscheidungen häufig auch unter Umgehung der Regierung traf. De Gaulle war damit mächtiger denn je, er stand aber auch ganz im Zentrum der Algerienpolitik. Die Franzosen erwarteten von ihm jetzt in ihrer überwiegenden Mehrheit eine rasche Beendigung des Krieges, gleich zu welchem Preis.

Das hieß auch, dass er nicht in aller Ruhe abwarten konnte, bis die Strategie der Mobilisierung autochthoner Kräfte jenseits der radikalen FLN-Führung aufgegangen war. Nachdem es Pompidou als verdecktem Emissär schon im November/Dezember 1959 gelungen war, einige Rebellenführer für eine 10-jährige Übergangszeit bis zur vollen Unabhängigkeit zu gewinnen, und der Chef des Wehrkreises IV des FLN, Si Salah, im März 1960 Kontakt zu französischen Stellen aufgenommen hatte, um die Bedingungen eines Waffenstillstands zu sondieren, rang sich de Gaulle darum Anfang Juni dazu durch, die FLN-Führung direkt anzusprechen. Am Schluss einer langen Rundfunk- und Fernsehansprache am 14. Juni wandte er sich an die »Führer des Aufstands« und bekundete, »dass wir sie hier erwarten, um mit ihnen ein ehrenhaftes Ende der Kämpfe zu finden, die immer noch andauern, um den Verbleib der Waffen zu regeln und das Schicksal der Kämpfer abzusichern.«[6]

Die unterdessen in Tunis ansässige FLN-Führung nutzte diesen Appell, um auf ihre Anerkennung als »Provisorische Regierung der algerischen Republik« zu drängen: Sie kündigte die Entsendung von Emissären an, die die Begegnung einer Delegation unter ihrem Regierungschef Ferhat Abbas mit Präsident de Gaulle vorbereiten sollten. Das war nun nicht das, was de Gaulle angestrebt hatte, und so entwickelte sich die Begegnung mit den beiden Emissären, die am 25. Juni in Paris eintrafen, zu einem »Dialog der Taubstummen«. Sie wurden sogleich zur Präfektur von Melun geführt, wo sie praktisch unter Hausarrest standen. Der Sprecher der Abbas-Regierung, Ahmed Boumendjel konnte noch nicht einmal mit seiner Tochter telefonieren, die in Paris gerade ihre Abiturprüfung absolviert hatte. Seine Gesprächspartner auf französischer Seite, der Generalsekretär des Algerienkomitees und ein General ohne Verhandlungsvollmacht, beharrten darauf, dass vor dem Beginn von Verhandlungen die Waffen ruhen müssten. Eine Anerkennung des FLN als alleiniger Repräsentation des algerischen Volkes lehnten sie ab. Nach vier Tagen gab de Gaulle das Signal zum Abbruch der Gespräche. Sie hatten in der Tat keinerlei Annäherung der Standpunkte gebracht.

Nach dem Scheitern der Gespräche von Melun verhärteten sich die Positionen auf beiden Seiten noch weiter. Die FNL-Führung verschärfte den Guerillakampf – nicht nur um stärkeren Druck auf de Gaulle auszuüben, sondern auch um die Kontrolle über die verschiedenen Kampfeinheiten nicht zu verlieren. Französische Gefangene wurden völkerrechtswidrig hingerichtet; zahlreiche Terrorakte gipfelten in der Ermordung von Frauen und Kindern am Strand von Chenoua. Angesichts dieses Terrors konnte de Gaulle nicht anders, als auf der Niederlegung der Waffen als Voraussetzung für jede Verhandlung zu beharren. Das wiederum führte zu einer Radikalisierung in den Reihen derjenigen, die auf einen möglichst raschen Friedensschluss drängten. Durch Veröffentlichungen über die Folterpraktiken der französischen Armee alarmiert, unterzeichneten viele Franzosen das »Manifest der 121« vom 6. September, in dem bekannte Intellektuelle das Recht auf Widerstand gegen die Staatsgewalt proklamierten und die jungen Soldaten in Algier zur Desertion aufriefen. Gegner der algerischen Selbstbestimmung sammelten sich in Spanien – so General Salan, dem politische Aktivitäten in Algerien untersagt worden waren, und Lagaillarde, der von einem Militärgericht freigelassen wurde. Andere verfassten Manifeste zur Verteidigung des französischen Algeriens. Marschall Juin, der einstige Kommandant des französischen Italienfeldzugs und Kommandeur der NATO-Truppen in Zentraleuropa, kündigte öffentlich seine »Freundschaft seit 50 Jahren« mit de Gaulle auf.

Für den Jahrgangs-Kameraden Juins in der Offiziersschule von Saint-Cyr kam es jetzt zunächst darauf an, den latenten Widerstand in der Armee und in Teilen der Regierungsmehrheit zu überwinden. Dazu verdeutlichte er in einer weiteren Fernsehansprache am Abend des 4. Novembers, was er unter einer »Regierung Algeriens durch die Algerier« verstand: nicht weniger als ein Algerien, »das seine Regierung, seine Institutionen und seine Gesetze haben wird.« Gleichsam nebenbei (und trotz des Protestes von Debrés) nannte er dieses künftige Algerien die »algerische Republik«.[7] Dann kündigte er am 16. November ein Referendum über die »Selbstbestimmung« Algeriens an. Und schließlich richtete er am 22. November ein Staatsministerium für algerische Angelegenheiten ein, mit dem die retardierende Handhabung der Algerienpolitik durch Debré unterbunden wurde. Zum Algerienminister ernannte er Louis Joxe, den Generalsekretär seiner Präsidentschaft in der Befreiungsära, der viele Jahre als Geschichtslehrer in Algerien unterrichtet hatte.

Sodann begab er sich am 9. Dezember auf eine Rundreise durch Algerien – um Vertrauen bei den verängstigten Algerienfranzosen zu werben, aber auch, um einen verlässlicheren Eindruck von der Stimmung in der muslimischen Bevölkerung zu gewinnen. Dabei kam es fast überall zu Missfallenskundgebungen der französischen Siedler. In Algier, Oran und Bougie lieferten sich muslimische Demonstranten mit den Europäern und den Ordnungskräften heftige Straßenschlachten; dabei starben über 100 Menschen. De Gaulle musste sich am 12. Dezember vor demonstrierenden Europäern in Bougie in Sicherheit bringen und brach daraufhin die Reise vorzeitig ab.

Nachdem ihm so die Feindseligkeit der Algerienfranzosen eindrücklich vor Augen geführt worden war, warb er umso nachdrücklicher um das Vertrauen des Mutterlandes. Formal galt das Referendum, das für den 8. Januar 1961 angesetzt worden war, nur der Billigung eines Gesetzentwurfes zur »Organisation der öffentlichen Gewalten in Algerien vor der Selbstbestimmung«. Tatsächlich aber ging es um ein neues Plebiszit für den Präsidenten. »Französinnen und Franzosen«, hämmerte er den Wahlberechtigten zwei Tage vor der Abstimmung in einer weiteren Fernsehansprache ein, der dritten seit der Ankündigung des Referendums,

> »Sie wissen, dass Sie *mir* antworten werden. [...] Der Kampf ist wirklich hart, und deswegen brauche ich, um ihn zu einem guten Ende zu führen, eine nationale Zustimmung, anders gesagt eine Mehrheit, die der Dimension der Herausforderung entspricht. Ich muss aber auch wissen – ja, ich muss! –, was in Ihren Köpfen und in Ihren Herzen vorgeht. Deswegen wende ich mich über alle Mittelsmänner hinweg direkt an Sie. In Wahrheit – wer wüsste das nicht? – ist es eine Sache zwischen einer Jeden, einem Jeden von Ihnen und mir.«[8]

Sollte er nicht mindestens 50 Prozent der Stimmberechtigten zu einem »Ja« bewegen können, würde er zurücktreten, sagte er gleich nach der Aufzeichnung der Ansprache zu seinem Adjutanten François Flohic. Dann werde Pinay Präsident werden und Mollet Premierminister, meinte er zu Louis Terrenoire, der ihm seit der Regierungsumbildung vom Februar 1960 als Informationsminister diente. Offensichtlich war er sich keineswegs sicher, ob er den nötigen Vertrauensbeweis erhalten würde. Innerlich stellte er sich schon auf den Rückzug ein. Niemand könne ihn dann mehr bewegen, noch einmal von Colombey zurückzukehren, spann er den Faden bei Terrenoire weiter. Und als Terrenoire darauf bestand, dass man ihn auf Knien bitten würde zurückzukommen, sah er sich allenfalls in der Rolle des Diktators, die er bislang immer abgelehnt hatte: »Wenn ich zurückkommen sollte, dann wäre das ohne Parlament, ohne öffentlichen Dienst, ohne Unverletzlichkeit der Gerichte.«[9]

Das Ergebnis der Abstimmung am 8. Januar 1961 bewahrte de Gaulle vor solch dramatischen Schritten. Gewiss, es nahmen nur 76 Prozent der Stimmberechtigten an der Abstimmung teil, neun Prozent weniger als beim Referendum vom 28. September 1958. Aber von diesem 76 Prozent stimmten 75,2 Prozent mit »Ja«, und das bedeutete eine Zustimmungsquote von fast 56 Prozent der Stimmberechtigten. Nach einer genaueren Analyse des Abstimmungsergebnisses hellte sich die Miene des Präsidenten noch weiter auf: Hinter den 18,3 Prozent der Stimmberechtigten, die mit »Nein« gestimmt hatten, verbarg sich die extreme Rechte, die ewig Gestrigen und die ewig Unzufriedenen; »dort, wo man an die Zukunft glaubt«, hatte man mit »Ja« gestimmt.[10] Auf dieser Grundlage konnte man die Trennung Algeriens vom Mutterland jetzt in die Wege leiten. Soustelle, Bidault und die anderen Anwälte des französischen Algeriens hatten dem nichts mehr entgegenzusetzen.

Wichtig für das weitere Vorgehen war eine Analyse des Abstimmungsergebnisses in Algerien selbst: Hier stimmten 18 Prozent der Stimmberechtigten mit »Nein«, offensichtlich fast alle Algerienfranzosen. Die 39 Prozent Ja-Stimmen kamen größtenteils von der muslimischen Bevölkerung. Aufschlussreicher war aber noch, dass sich 42 Prozent der Stimmberechtigten der Stimme enthalten hatten und damit der Parole des FLN gefolgt waren. Das passte zu der Erfahrung, die de Gaulle während seiner Rundreise hatte machen müssen: Die »de Gaulle«-Rufe, die dort unter der muslimischen Bevölkerung zu hören waren, waren sehr schnell in Rufe nach dem »arabischen Algerien«, nach Ferhart Abbas und dem in Frankreich inhaftierten FLN-Führer Ben Bella übergegangen. Auf eine Spaltung des FLN konnte er jetzt nicht mehr hoffen, und erst recht konnte von einer möglichen Alternative zum FLN keine Rede mehr sein.

De Gaulle zog daraus den Schluss, dass er nicht länger auf der Niederlegung der Waffen als Vorbedingung für die Aufnahme von Verhandlungen bestehen konnte. Schon einen Tag nach dem Referendum ließ er der FLN-Führung über einen Schweizer Journalisten die Nachricht zukommen, dass er »angesichts der Ergebnisse des Referendums entschlossen [sei], die Regelung des algerischen Problems mit oder ohne den FLN voranzubringen« und dazu einen »offiziellen, aber absolut geheimen Kontakt« anbot, der »in kurzer Frist« organisiert werden könnte.[11] Das führte über weitere Kontakte in der Schweiz Anfang Februar zu der Vereinbarung, am 20. Februar in Luzern mit Vorgesprächen zu beginnen. Um den FLN-Führern zu signalisieren, dass sie diesmal direkt mit ihm verhandeln würden, entsandte de Gaulle dazu Pompidou und mit ihm den Politischen Direktor des Algerienministeriums, Bruno de Leusse. Die Abbas-Regierung war wieder durch Ahmed

Boumendjel vertreten; dazu kam der FLN-Vertreter in der Schweiz.

Die Gespräche in Luzern erwiesen sich als schwierig, weil de Gaulle wenigstens noch eine Waffenruhe vor Beginn der Verhandlungen auf Ministerebene durchsetzen wollte und auch auf inhaltlichen Vorentscheidungen bestand: keine Verhandlungen über die Sahara, kein Rückzug der französischen Armee vor der Volksabstimmung über die Selbstbestimmung. Nichts davon ließ sich bei den misstrauischen FLN-Führern durchsetzen. Dennoch stimmte die französische Seite schließlich am 30. März der Veröffentlichung eines gemeinsamen Kommuniqués zu, in dem der Beginn von Verhandlungen über die Zukunft Algeriens für den 7. April angekündigt wurde. Verhandlungsort sollte Évian am französischen Ufer des Genfer Sees sein – eine Stadt auf französischem Boden, die es den Vertretern des FLN aber erlaubte, die Nächte in ihrer Residenz in der Nähe von Genf zu verbringen. Zuvor hatte de Gaulle im Ministerrat betont, dass

> »die Ära des Empire zu Ende ist. […] Wir haben nicht mehr das gleiche Interesse, zu ›kolonisieren‹. Die industrielle Ära hat alles geändert. Unsere Kraft liegt im Inneren.«[12]

Der Kompromiss, zu dem man sich so zusammengefunden hatte, wurde von der algerischen Seite am nächsten Tag wieder aufgekündigt, weil sich Algerienminister Joxe in einem Interview dazu bekannte, auch mit dem *Mouvement national algérien* (MNA) von Messali Hadj sprechen zu wollen, der in den Augen des FLN als Kollaborateur galt. Das hinderte den harten Kern der Gegner einer Unabhängigkeit Algeriens aber nicht daran, zu Gewaltaktionen überzugehen. Angesichts der nunmehr offenkundigen Entschlossenheit de Gaulles, die Herrschaft Frankreichs in Algerien zu beenden, sahen sie nur noch darin eine Chance, die Preisgabe der französischen Siedler und ihrer Unterstützer unter den Muslimen zu verhindern. Am 7. April wurde der Bürgermeister von Évian bei einem Bombenattentat getötet; und auch in Paris gab es mehrere Sprengstoffexplosionen, am spektakulärsten vor der Wohnung von

François Mitterrand. Eine mysteriöse *Organisation armée secrète* (OAS), die offensichtlich von hochrangigen Militärs unterstützt wurde, übernahm dafür die Verantwortung.

Zwei Obersten, Antoine Argoud und Joseph Broizat, die seit dem September 1960 für einen Putsch gegen de Gaulle warben, gelang es jetzt, General Challe für das Unternehmen zu gewinnen; dieser hatte gerade das NATO-Hauptquartier verlassen, um eine Stelle in der Rüstungsindustrie zu übernehmen. Mit von der Partie waren auch General Jouhaud, der ehemalige Generalinspekteur der Luftwaffe, der 1959 in den vorläufigen Ruhestand gegangen war und schon die Algerienreise des Präsidenten in der zweiten Dezemberwoche zu einer Putschaktion nutzen wollte, sowie drei weitere Generäle im Ruhestand oder ohne aktuelle Verwendung. General Salan sollte im entscheidenden Moment von seinem selbstgewählten Exil in Madrid aus dazu stoßen. Nachdem Challe sich das Oberkommando gesichert hatte, begann die Aktion in der Nacht zum 22. April mit der Besetzung aller strategisch wichtigen Gebäude in Algier. Die zivilen und militärischen Autoritäten mit Generalgouverneur Jean Morin an der Spitze wurden gefangengesetzt. Um 6.30 Uhr wandte sich Challe per Radio mit der Botschaft an die Offiziere, Gendarmen und Soldaten, dass er nach Algier gekommen sei, »um den Eid der Armee zu halten«, den »eine Regierung des Verzichts« gebrochen habe.[13]

Ein Aufruf zum Sturz de Gaulles, wie ihn Argoud und Jouhaud im Sinn hatten, war das nur bedingt. Challe ging es in erster Linie um die Fortführung des Krieges, bei dem die Armee, wie er überzeugt war, kurz vor dem militärischen Sieg stand. Aber auch damit befand er sich auf verlorenem Posten. De Gaulle schickte gleich am Morgen des 22. Aprils – noch im Schlafanzug – Joxe und Generalstabschef Jean Olié nach Algier, um die Autorität der Regierung wiederherzustellen. Potenzielle Mitverschwörer im Mutterland wurden vorsorglich verhaftet, die Sicherheitsvorkehrungen im Élysée-Palast verstärkt. Während in Paris das Gerücht von einer bevorstehenden Landung von Fallschirmtruppen die Runde machte und Malraux am 23. April zur Bildung einer Art von Bürgerwehr aufrief, zeigte sich de Gaulle davon überzeugt, dass die Putschisten an ihrer Inkompetenz und ihrer Uneinigkeit scheitern würden. Am Abend des 23., während sich eine bunte Truppe von Intellektuellen, Künstlern, spanischen Oppositionellen und Aktivisten der extremen Linken in der Nähe des Élysée-Palastes sammelte, um den Fallschirmjägern entgegenzutreten, trat er um 20 Uhr wiederum in Uniform vor die Fernsehkameras und Mikrofone, um die Inanspruchnahme der außerordentlichen Vollmachten gemäß Artikel 16 der Verfassung zu verkünden.

De Gaulle gab sich zornig und entschlossen, bekundete seine Verachtung für »die Gruppe voreingenommener, ehrgeiziger und fanatischer Offiziere« und »das Kleeblatt von vier pensionierten Generälen«, die ihnen als Aushängeschild diente, ordnete an, sie »mit allen Mitteln« zu bekämpfen, verbot »allen Franzosen und in erster Linie allen Soldaten, irgendeinem ihrer Befehle zu gehorchen« und kündigte an, dass sie die »Strenge der Gesetze« treffen werde. Im Übrigen beklagte er, dass ausgerechnet »Männer, deren Pflicht, Ehre und Daseinsberechtigung es war, zu dienen und zu gehorchen« großes Unglück über das Vaterland zu bringen drohten. Er endete mit einem pathetischen Appell an seine Landsleute: »Französinnen und Franzosen, helfen Sie mir!«[14]

Die Rede, sicherlich die geschickteste, die er je gehalten hat, tat sofort ihre Wirkung: Die Gerüchte über eine bevorstehende Landung von Fallschirmtruppen verflogen, und in Algerien verweigerten die Soldaten und Leutnants, die sie mit ihren neuen Transistorradios gehört hatten, ihren Vorgesetzten die Gefolgschaft. Oberste und Generäle außerhalb von Algier, die noch gezögert hatten, sich dem Aufstand anzuschließen, beeilten sich, dem Präsidenten ihre Loyalität zu versichern. Challe verstand schon in der Nacht zum 24., dass er verloren hatte. Nachdem im Laufe des 25. klar wurde, dass die Lebensmittelvorräte von Algier zur Neige gingen, ergab er sich. General Zeller folgte ihm am 6. Mai. Salan und Jouhaud gingen dagegen in den Untergrund, wo sie das militärische Kommando der OAS übernahmen.

Der Präsident nutzte die außerordentlichen Vollmachten, um hart durchzugreifen. Es gab zahlreiche Verhaftungen und Amtsenthebungen; Einheiten, die sich an dem Putsch beteiligt hatten, wurden aufgelöst. Ein militärisches Sondergericht verurteilte Challe und Zeller am 1. Juni zu 15 Jahren Haft. Salan und die anderen Rädelsführer, die in den Untergrund gegangen waren, wurden in Abwesenheit zum Tode verurteilt. 500 Offiziere und 500 Unteroffiziere wurden degradiert, 150 Offiziere zu Strafen unterschiedlichen Ausmaßes verurteilt. In seinen Memoiren schilderte sich de Gaulle

> »bis auf den Grund der Seele betrübt über die Vergeudung von Werten, die aus dem Ereignis resultierte, und insbesondere über den Untergang der großen Chefs, die es hervorgerufen haben, und einiger derjenigen, die es ausführten.«[15]

Tatsächlich war er entsetzt über das Ausmaß an Inkompetenz und Opportunismus, das sich ihm hier offenbart hatte, und es wurde ihm auch klar, dass die Erneuerung des Staates, die er angestrebt hatte, noch auf sehr schwachen Füßen stand. »Der Staat muss von Kopf bis Fuß neu gemacht werden«, sagte er am 26. April im Ministerrat.[16]

Die Regelung des Algerienproblems wurde damit noch dringlicher. De Gaulle ließ darum jetzt auch die Forderung nach Einbeziehung anderer politischer Kräfte in Gespräche stillschweigend fallen, und so konnten die Regierung in Paris und die »Provisorische Regierung der algerischen Republik« am 10. Mai übereinstimmend bekanntgeben, dass die Verhandlungen in Évian am 20. Mai beginnen würden.

Die Verhandlungen, die von französischer Seite von einer Delegation unter der Führung Louis Joxe geführt wurden, von algerischer Seite unter der Führung vom ehemaligen Maquis-Kämpfer und jetzigen Außenminister Belkacem Krim, liefen sich schnell fest. Die französische Seite wollte den Algerienfranzosen eine doppelte Nationalität sichern, die algerische keine Sondergemeinschaften innerhalb des algerischen Staates zulassen. Frankreich wollte den Flottenstützpunkt Mers el-Kébir als exterritoriale Enklave behalten, was die Algerier im

Namen der Integrität ihres Territoriums ablehnten. Vor allem aber wollten die Franzosen über die Sahara überhaupt nicht verhandeln, während die Algerier sie uneingeschränkt als Bestandteil des algerischen Territoriums sahen. Als die algerische Delegation sich weigerte, über die wirtschaftliche Nutzung der Sahara zu verhandeln, solange das Prinzip der Zugehörigkeit zum algerischen Territorium nicht anerkannt sei, wies de Gaulle, der sich drei Mal am Tag vom Fortgang der Gespräche unterrichten ließ, Joxe am 13. Juni an, die Verhandlungen abzubrechen. Zwei Wochen später sprach er öffentlich von einer möglichen Teilung Algeriens, sollten die Verhandlungen auf Dauer scheitern: Algier und Oran könnten dann bei Frankreich verbleiben und französische Siedler sowie Muslime aufnehmen, die nicht in einem algerischen Algerien leben wollten.

Dahinter stand kein durchdachter taktischer Plan. De Gaulle war nur einfach unwillig, nach all den Zugeständnissen, die er schon gemacht hatte, auch noch den Verlust der Sahara hinzunehmen. Zur Enttäuschung über die Armeeführung und über den geringen Effekt, den die Verfassungsreform gehabt hatte, kamen jetzt auch noch die Enttäuschung über die Hartnäckigkeit der Verhandlungspartner und die Entdeckung, dass sie letztlich am längeren Hebel saßen. Zusammen mit den körperlichen und nervlichen Anstrengungen, die mit dem Verhandeln inmitten von Terrorattacken der OAS und Gegenattacken des FLN verbunden waren, führte das zu einer Mischung aus Depression und zielloser Aggressivität. Er verspüre eine »ungeheure Müdigkeit«, sagte er Ende Juni zu Flohic. Gegenüber Joxe äußerte er, er wolle nicht, dass »sein Haus« ihm beim »körperlichen Verfall« zusehe. Es gäbe daher nur zwei Lösungen: »Meinen Rücktritt oder meinen Tod.«[17]

Die Aggressivität bekam Tunesiens Präsident Habib Bourgiba zu spüren, als er am 18. Juli den französischen Flotten- und Luftwaffenstützpunkt Bizerta an der tunesischen Nordspitze angreifen ließ. Darum besorgt, dass sich der französisch-algerische Konflikt noch ewig hinziehen könnte (und Frankreich den Stützpunkt weiterhin zur Kriegführung in Algerien benötigte), hielt er den Zeitpunkt für gekommen, de Gaulles Rückgabe-Versprechen mit militärischer Gewalt nachzuhelfen. Daraus wurde aber nichts. De Gaulle schickte seine Fallschirmtruppen, setzte Raketen ein und ließ Panzer vorrücken. Nach vier Tagen mussten die tunesischen Truppen kapitulieren; sie bezahlten den Angriff mit über 700 Todesopfern. Weil die tunesische Regierung auch ein östliches Stück der Sahara für sich beanspruchte, drängte die FLN-Führung auf Wiederaufnahme der Verhandlungen. De Gaulle stimmte dem zu, sodass die Gespräche vom 20. Juli an fortgesetzt wurden, diesmal auf Schloss Lugrin in der Nähe von Évian. Nachdem die Franzosen in Bizerta gesiegt hatten und der FLN somit von Tunesien fürs erste keine Gefahr mehr drohte, wurden sie am 28. Juli wieder abgebrochen, diesmal von den FLN-Vertretern. Irgendwelche Fortschritte hatten sie nicht gebracht.

Der fehlende Verhandlungserfolg kostete Ferhart Abbas sein Amt an der Spitze der »Provisorischen Regierung«. Ende August wurde er durch Ben Youssef Ben Khedda abgelöst, der in den Augen westlicher Beobachter als »radikaler« galt. De Gaulle schickte Joxe daraufhin noch einmal auf die Suche nach »gemäßigten« Notabeln, mit denen sich eine Alternative zu FLN-Führung aufbauen ließ. Nachdem aber auch dieser Verzweiflungsakt nichts gebracht hatte, ließ er sich endlich auf das Unvermeidliche ein: Am 5. September gab er in einer Pressekonferenz – beiläufig wie immer, wenn er Zugeständnisse zu machen hatte – seine Bereitschaft zu erkennen, die Sahara in das Territorium der künftigen algerischen Republik einzubeziehen: Es gebe »keinen einzigen Algerier, der nicht denkt, dass die Sahara Teil Algeriens sein muss«; Frankreichs Interesse sei es nur, das Öl und das Gas frei ausbeuten zu können, »das wir entdeckt haben oder entdecken werden«, und über die Flugstützpunkte und Flugrechte »für unsere Verbindungen mit Schwarzafrika« zu verfügen.[18]

Die neue FLN-Führung nahm den Verhandlungsfaden freilich nicht sogleich wieder auf. Durch die Unbeweglichkeit de Gaulles während der Gespräche von Évian und Lugrin vorsichtig geworden hielt sie es für günstiger, die OAS zunächst einmal für eine Schwächung der Verhandlungsposition des französischen Präsidenten sorgen zu lassen. In der Tat führte die Pressekonferenz vom 5. September zu einer Intensivierung der Attentate und Gewaltaktionen, im Mutterland wie in den algerischen Städten. Am späten Abend des 8. Septembers war de Gaulle selbst zum ersten Mal Ziel eines Attentats: Auf dem Weg nach Colombey geriet sein Dienstwagen plötzlich in eine Explosion. Yvonne und er überlebten sie nur dank der Kaltblütigkeit ihres Fahrers und weil die Plastikbombe am Straßenrand, die sie auslösen sollte, nicht zündete. Es folgten zahlreiche weitere Terroranschläge gegen Repräsentanten des gaullistischen Staates wie gegen Muslime. Am 13. Oktober ging die Pariser Polizei, offensichtlich von der OAS infiltriert, mit drakonischen Mitteln gegen 30 000 Algerier vor, die unbewaffnet demonstrierten. Es gab über 100 Tote und Hunderte von Verletzten; 10 000 Demonstranten wurden verhaftet. Unabhängigkeitsgegner wie Bidault und Soustelle bekannten sich offen zum Widerstand gegen die Staatsgewalt.

Mitte Oktober fand sich die FLN-Führung aber wieder zu Kontakten bereit. Vertreter beider Seiten trafen sich in aller Heimlichkeit in Basel und einige Wochen später ein zweites Mal in der Nähe von Vevey. Anfang Dezember begann man Texte auszutauschen, um sicher zu gehen, wie groß der Verhandlungsspielraum auf beiden Seiten war. Dabei standen jetzt nur noch Ausmaß und Dauer der französischen Sonderrechte in der Sahara und Mers el-Kébir zur Diskussion sowie der zeitliche Ablauf einer friedlichen Lösung, die den Algerienfranzosen ihre Freiheiten garantierte. Nach zwei Spitzentreffen zwischen Joxe und dem neuen algerischen Außenminister Saad Dahlab Ende Dezember und Anfang Januar waren diese Fragen soweit geklärt, das offizielle Verhandlungen auf Ministerebene vereinbart werden konnten.

Sie begannen am 11. Februar 1962 in einem Alpenchalet in Les Rousses nahe der Schweizer Grenze, wo man sich vor einem Attentat der OAS einigermaßen sicher glaubte. Nach einer Woche standen die wesentlichen Kernpunkte eines Abkommens fest: Ausbeutung der Gas- und Erdölvorkommen der Sahara durch französische Gesellschaften für weitere sechs Jahre, Nutzung der Militärinstallationen in der Sahara für fünf Jahre, Nutzung von Mers el-Kébir für 15 Jahre, mit einer Option für weitere Verhandlungen. Die französischen Truppen sollten innerhalb eines Jahres von 550 000 auf 80 000 Mann reduziert werden, die restlichen sollten das Land nach drei Jahren verlassen. De Gaulle betrachtete diese Regelungen als einigermaßen günstig, war sich aber nicht sicher, ob sie auch von der »Provisorischen Regierung« in ihrer Gesamtheit akzeptiert werden würden. Tatsächlich war die FLN-Führung angesichts verschärfter Terroraktionen der OAS sehr darauf bedacht, die Situation nach dem Waffenstillstand nicht außer Kontrolle geraten zu lassen. Die abschließenden Verhandlungen vom 7. bis 18. März in Évian gestalteten sich daher noch einmal sehr schwierig.

Der Vertrag von Évian, der am Nachmittag des 18. März bekanntgegeben wurde, sah vor, dass vom 19. März 12 Uhr an die Waffen schweigen würden. Die französischen Truppen würden, einem französischen Hochkommissar unterstellt, bis zur Volksabstimmung über die Selbstbestimmung im Land bleiben. Diese sollte in drei bis sechs Monaten stattfinden, zu einem Zeitpunkt, den die französische Regierung auf Vorschlag der »Provisorischen Exekutive« der Algerier festlegen würde. Danach sollte der Abbau der französischen Truppen gemäß dem in Les Rousses vereinbarten Rhythmus erfolgen. Nach dem Abzug aller französischen Truppen sollten die Algerienfranzosen entscheiden, ob sie die algerische Nationalität oder ein besonderes Statut ausländischer Residenten annehmen wollten. In den Parlamenten sollten sie über Gruppenrechte verfügen; Wahlkreise, in denen sie die Mehrheit stellten, sollten von ihnen verwaltet werden. Landbesitzer sollten bei einer Bodenreform unter Beteiligung des französischen Staates entschädigt werden. Franzosen, die das Land verlassen wollten, sollten ihren Besitz oder den Erlös ihrer Güter mitnehmen können. Im Übrigen sollte das Entwicklungsprogramm, das de Gaulle im September 1958 initiiert hatte, in vollem Umfang fortgeführt werden; französische Unternehmen sollten weiterhin aktiv sein.

Angesichts des Drängens de Gaulles auf einen raschen Abschluss war das ein Verhandlungsergebnis, mit dem sich die französische Delegation sehen lassen konnte. Die Perspektive auf eine produktive Zusammenarbeit von Franzosen und Algeriern beim Aufbau des neuen Staates, die es enthielt, sollte sich aber nicht realisieren. Von der Propaganda und dem Terror der OAS in Panik versetzt, verließen Hunderttausende von Algerienfranzosen in aller Eile das Land, noch ehe die Volksabstimmung am 1. Juli 1962 den Wechsel der Souveränität brachte. In der Atmosphäre mörderischer Gewalt, die der OAS-Terror verbreitete, nahmen FLN-Einheiten mancherorts grausame Rache an Europäern und vor allem an Landsleuten, die ihnen gedient hatten, den sogenannten *Harkis*. Mit der Ablösung der Unterzeichner des Évian-Vertrags durch die Hardliner um Achmed Ben Bella im September nahm der Gegenterror noch weiter zu.

De Gaulle sah es nicht als seine Aufgabe an, die Algerienfranzosen und die *Harkis* vor diesem Gegenterror zu schützen. Er lehnte es ab, die verbliebenen Armee-Einheiten nach dem 1. Juli weiter zu ihrem Schutz einzusetzen, und er ließ auch die Aufnahme verfolgter *Harkis* in Frankreich sehr restriktiv handhaben. Für die eine Million Algerienfranzosen, die bis Ende 1962 nach Frankreich übersiedelten, fand er kein Wort des Mitgefühls oder der Ermutigung. Diese Leute »verwechseln die Interessen Frankreichs mit ihren eigenen Interessen«, ließ er im Ministerrat verlauten. »Sie irren sich. Frankreichs Interesse ist es, die algerische Angelegenheit zu regeln.«[19]

So sah es auch die große Mehrheit seiner Landsleute. Das Ende des Algerienkrieges registrierten sie mit großer Erleichterung. Beim Referendum über den Évian-Vertrag und seine Ausführung, das für den 8. April 1962 angesetzt wurde, stimmten 90,6 Prozent der Abstimmenden mit »Ja«; das waren bei etwa gleicher Teilnahme (75,6 Prozent) über 15 Prozent mehr als bei dem Referendum vom 8. Januar 1961. Die Bevölkerung in Algerien, ob muslimisch oder europäisch, wurde diesmal nicht mehr nach ihrer Meinung gefragt; sie sollte sich bei dem Referendum vom 1. Juli ausdrücken.

Für Charles de Gaulle war das Referendum vom 8. April Teil einer Strategie zur Stärkung seiner persönlichen Machtstellung. Die Depression des Sommers 1961 war einem neuen Tatendrang gewichen. Er hatte sich mit der Konzentration auf die Beendigung des Algerienkrieges aus dieser Depression herausgearbeitet und erlebte sein Ende nun als Befreiung und als Chance, all das in Angriff zu nehmen, woran er sich durch die Belastung mit diesem Krieg gehindert geglaubt hatte: eine gründlichere Erneuerung des Staates, die wirtschaftliche Modernisierung des Landes und – mit beidem eng verbunden – die Rückkehr Frankreichs zu einer Großmachtstellung. All das wollte er nun persönlich in die Hand nehmen, und dazu galt es, die Stellung des Präsidenten auf Kosten der Parteien und des Parlaments zu stärken. Die Kritik der parlamentarischen Linken an der Langsamkeit des Verhandlungsprozesses und der Widerstand gegen die Verhandlungen in den Reihen der Rechten hatten ihm signalisiert, dass das »Regime der Parteien« doch noch nicht soweit eingedämmt worden war, wie er das für nötig hielt. Im Ministerrat sprach er am 23. März von einem »eklatanten Unterschied zwischen dem Volk, das mit mir einverstanden ist, und den Berufspolitikern, die mich angreifen.«[20]

Entsprechend machte er das Referendum vom 8. April 1962 – gegen Geist und Buchstaben der Verfassung – zu einem weiteren Plebiszit über seine Person. Die Abstimmung galt neben dem Abschluss von Verträgen, die aus dem Abkommen von Évian resultierten, auch der Ermächtigung des Präsidenten, gesetzliche Regelungen, die in diesem Zusammenhang nötig wurden, per Ordonnanz zu treffen. In den Ansprachen vor dem Referendum bat er ausdrücklich um einen Vertrauensbeweis auch über den Rückzug aus Algerien hinaus: »In großer Zahl zustimmend zu antworten«, sagte er am 26. März, bedeute für die Franzosen auch,

»dass ich in der sehr harten Aufgabe, die mir zufällt und von der die algerische Angelegenheit nur ein Teil inmitten anderer ist, ihr Vertrauen für heute und für morgen habe.«[21]

Durch die 90,6 Prozent Zustimmung gestärkt, ging de Gaulle sogleich daran, den Premierminister auszutauschen. Im August 1961 hatte er ein Rücktrittsgesuch Debrés noch abgelehnt, weil er dessen Verbindungen zu Gegnern der algerischen Unabhängigkeit gebraucht hatte, um sich des Drucks von rechts zu erwehren. Nachdem das Algerienproblem gelöst war, war dieser Puffer nicht mehr nötig, und so durfte der unglückliche Debré jetzt schneller gehen als ihm lieb war. Ohne mit den Parteiführern oder auch nur mit den Ministern zuvor ein Wort darüber gesprochen zu haben, ließ de Gaulle seinen Premierminister am 14. April seinen Rücktritt erklären. Dann nominierte er Georges Pompidou als seinen Nachfolger. Der ebenso effektive wie verbindliche Manager sollte ihm besser helfen, die anstehenden Aufgaben zu bewältigen.

Die Parteien hatten schon das de-facto-Plebiszit nur zähneknirschend hingenommen. Die Nominierung eines Premierministers, der noch nicht einmal dem Parlament angehörte, fanden selbst die Gaullisten unangebracht. Von Mollet erhielt de Gaulle eine klare Absage, als er sich um einen Wiedereintritt der Sozialisten in die Regierung bemühte, von den Volksrepublikanern nur eine bedingte Zusage. Auf seinen dringenden Appell hin fand sich Pflimlin bereit, wieder als Staatsminister in die Regierung einzutreten. Weiterhin verstärkte Maurice Schumann die Reihen der christdemokratischen Minister. Als Pompidou am 27. April um Vertrauen für die neue Regierung bat, stimmten aber nur 30 von 50 MRP-Abgeordneten zu. Drei Wochen später schieden die Volksrepublikaner komplett aus der Regierung aus – aus Protest gegen eine öffentliche Attacke de Gaulles auf ihren europapolitischen Kurs, auf die noch zurückzukommen sein wird.

Das Schwergewicht der neuen Regierung lag damit ganz bei den Gaullisten. Gaston Palewski, der 1957 dank der Fürsprache des Generals Botschafter in Rom geworden war und sich folglich an der Machtergreifung des Mai 1958 nicht beteiligen konnte, stieg zum Staatsminister auf und übernahm das neue Ressort für Forschung, Atom- und Weltraumfragen, das bei der wirtschaftlichen Modernisierung eine zentrale Rolle spielten sollte. Zum neuen Informationsminister bestimmte de Gaulle den jungen UNR-Abgeordneten und Diplomaten Alain Peyrefitte. »Er wird den Salat zu verkaufen wissen«, war seine Begründung gegenüber Pompidou.[22] Bei der schwachen parlamentarischen Unterstützung, die die Regierung Pompidou erhielt – 259 gegen 198 Stimmen gegenüber 459 Stimmen, die Debré Anfang 1959 erhalten hatte – , war das eine schwierige Aufgabe.

Das Scheitern der Gewichtsverlagerung nach links führte zu einer regelrechten Polarisierung zwischen Präsident und Parlament. Mitte Juni unterzeichnete eine Mehrheit von 293 Abgeordneten (praktisch alle außer den Gaullisten und den Kommunisten) ein »Manifest der Europäer«; nach seiner Verlesung verließen die Unterzeichner den Saal. Anfang Juli stimmte die Nationalversammlung nur mit der denkbar knappsten Mehrheit von 241 Stimmen für die Aufhebung der parlamentarischen Immunität von Bidault, der zum Widerstand gegen die »gaullistische Diktatur« aufgerufen hatte. Mitte Juli bekam die Regierung für einen Haushaltsentwurf unter Einschluss von Mitteln für den Bau einer Atomreaktoranlage in Pierrelatte nur 206 Stimmen, sodass er nur unter Rückgriff auf Artikel 49 Absatz 3 der Verfassung durchsetzbar war.

Parallel dazu verlagerte die OAS ihren Terror ganz auf das Mutterland. Nachdem Salan und Jouhaud verhaftet worden waren, war das Ziel der Terroristen nur noch die Ermordung de Gaulles – aus Rache und um der Verfolgung durch das Regime zu entgehen. Im Juli bildeten die Verschwörer um Oberst Argoud eine Art Militärgericht, das den Staatspräsidenten wegen Hochverrats zum Tode verurteilte. Danach wurden verschiedene Pläne zur Vollstreckung des Urteils entwickelt. Ein erster Versuch, de Gaulle auf dem Weg vom Élysée-Palast zu einem der Flughäfen von Paris zu erschießen, schlug am 8. August fehl: Im letzten Moment kam den Attentätern ein anderer Wagen in die Schusslinie. Ein zweiter Versuch am Morgen des 22. August, diesmal auf dem Weg vom Flughafen in die Innenstadt, wurde ebenfalls nicht ausgeführt: Die Wagen der Attentäter waren wegen der Straßenverstopfung an diesem Morgen nicht rechtzeitig zur Stelle. Als de Gaulle am Abend des 22. August zusammen mit seiner Frau und seinem Schwiegersohn wieder zum Flughafen zurückfuhr, warteten die Attentäter aber am richtigen Ort: Unweit der Kreuzung von Petit-Clamart geriet der Präsidentenwagen in einen gewaltigen Kugelhagel. Alain de Boissieu, der die Gewehrmündungen als erster wahrnahm, rief seinen Schwiegereltern geistesgegenwärtig zu, sich zu ducken. Die Reifen des Wagens wurden zerfetzt, die Rückscheibe zersplittert, das Getriebe beschädigt. Der Fahrer – der gleiche wie im September 1961 – hielt mit dem beschädigten Wagen unverändert Kurs und rettete dem Präsidenten so ein zweites Mal das Leben.

Die Attentäter wurden bis auf drei nach einigen Wochen gefasst. Den Chef der Operation, einen Oberst Jean-Marie Bastien-Thiry, der zum Tode verurteilt wurde, wollte de Gaulle zunächst begnadigen. Als die Terroristen aber seinen Freund Henri Laffont kurz nach einem Besuch in Colombey ermordeten, sah er davon ab. »Wenn jeder, der den General besucht, kurz darauf ermordet wird«, hatte Yvonne zu ihm gesagt, »dann werden Sie verstehen, dass das nicht mehr möglich ist.«[23] Tatsächlich brach der OAS-Terror danach zusammen. Argoud, der wie die meisten Verschwörer ins Ausland geflohen war, wurde im Februar 1963 in München vom französischen Geheimdienst entführt und dann in Frankreich ebenfalls verurteilt.

De Gaulle aber nutzte den zweiten Anschlag auf sein Leben dazu, nunmehr rasch durchzusetzen, was er schon seit dem Putschversuch vom April 1961 für notwendig hielt: die Direktwahl des Staatspräsidenten. »Was mich erschreckt«, hatte er damals zu Flohic gesagt,

»ist daran zu denken, dass, wenn ich auf die eine oder andere Weise verschwinden sollte, nichts und niemand da sein wird, um mich zu ersetzen. […] Es muss ein Präsidialregime errichtet werden, um zu verhindern, dass wir in die Kämpfe von einst zurückfallen. Der Präsident der Republik muss nach dem allgemeinen Wahlrecht gewählt werden: So wird er, gleich über welche Qualitäten er verfügt, während seiner Amtszeit doch über einen Schein von Autorität und Macht verfügen.«[24]

Die Erfahrung, dass die Altparteien auf Oppositionskurs gingen, kaum dass die Évian-Vereinbarungen unterschrieben waren, ließ ihm diese Reform noch dringlicher erscheinen: Sie würde nicht nur das Überleben des Regimes sichern, sondern ihm auch schon in der Auseinandersetzung mit den Parteien helfen, die offensichtlich die Rückkehr zu den Verhältnissen der IV. Republik anstrebten.

»Meine eigene Macht wird dadurch gefestigt werden. Man wird nicht mehr auf eine machtvolle Rückkehr des Regimes der Parteien spekulieren können.«[25]

Im allgemeinen Erschrecken über das Attentat von Petit-Clamart konnte die Angelegenheit nun auch einer breiteren Öffentlichkeit als dringlich vermittelt werden. Folglich eröffnete de Gaulle dem Ministerrat am 19. September, dass er die Verfassungsänderung mit einem weiteren Referendum auf den Weg bringen wollte.

Das war nun ein Weg, der verfassungsrechtlich höchst problematisch war. Artikel 11 der Verfassung vom 4. Oktober 1958, den de Gaulle hier in Anspruch nahm, sah zwar Referenden über Gesetzesvorhaben vor, »die die Organisation der öffentlichen Gewalten betreffen«. Nach übereinstimmender Auffassung der meisten Juristen, damals wie heute, schloss das aber nicht Verfassungsänderungen ein. Denn dafür war ein eigenes Verfahren vorgesehen: übereinstimmende Voten der beiden Kammern mit einem anschließenden Referendum oder, wenn der Vorschlag vom Präsidenten kam, Verabschiedung mit drei Fünfteln der abgegebenen Stimmen. Die Verfassungsrechtler bescheinigten diesem Weg Ausschließlichkeitscharakter. De Gaulle hingegen wollte ihn allein schon deswegen nicht gehen, weil er langwierig zu werden drohte und seine Erfolgsaussichten ungewiss waren.

Die Parteien der IV. Republik verstanden natürlich sofort, dass de Gaulle dabei war, den Kompromiss aufzukündigen, den er 1958 um der Legalität seiner Rückkehr willen eingegangen war. Sie nutzten die verfassungsrechtliche Fragwürdigkeit, um eine heftige Kampagne gegen das Vorhaben zu entfachen. Gaston Monnerville, der sonst so um Ausgleich bemühte Präsident des Senats, warf dem Staatspräsidenten nicht weniger als »ein Amtsvergehen« vor, »eine Verletzung der Verfassung der Republik in voller Absicht«.[26] Sozialisten, Volksrepublikaner und ein Teil der Unabhängigen brachten einen Misstrauensantrag in die Nationalversammlung ein, in dem ebenfalls von einer Verletzung der Verfassung die Rede war, dazu von der Gefahr künftiger Unterdrückung der Freiheiten. Er fand in der Nacht zum 5. Oktober eine Mehrheit von 280 gegen 200 Stimmen; damit war die Regierung Pompidou gestürzt.

De Gaulle reagierte mit einer Auflösung des Parlaments und vorzeitigen Neuwahlen, die für den 18. und 25. November angesetzt wurden. Darüber hinaus machte er das Referendum, das am 28. Oktober stattfinden sollte, einmal mehr zu einem Votum über seine Person.

> »Wenn Ihre Antwort ›Nein‹ lautet«, warnte er in der Radio- und Fernsehansprache vom 18. Oktober, »wie es alle alten Parteien wollen, um das Unglücksregime wieder zu errichten, ebenso wie all die Aufrührer, die den Umsturz versuchen, und auch wenn die Mehrheit für das ›Ja‹ nur schwach, mäßig oder zufällig ausfällt, ist es ganz offensichtlich, dass meine Aufgabe sofort und unwiderruflich zu Ende sein wird.«[27]

Zwei Tage vor der Abstimmung nutzte er auch noch die allgemeine Erregung über die Kuba-Krise, um das Wahlvolk für sich zu mobilisieren:

> »Ich bin sicher, dass Sie ›Ja‹ sagen werden [...], weil Sie wissen, dass Frankreich in unserer Welt, die so gefährlich ist – man sieht es gerade in diesem Moment –, nicht überleben könnte, wenn es in die frühere Ohnmacht zurückfallen würde«.[28]

Das Referendum vom 28. Oktober 1962 brachte 61,7 Prozent Zustimmung. Bei einer Beteiligung von 77,3 Prozent waren das 46,4 Prozent der Stimmberechtigten. War das die große Zustimmung, die de Gaulle verlangt hatte, um sein Amt fortzuführen? Er war sich da nicht so sicher. Sichtlich enttäuscht über das Abstimmungsergebnis, blieb er am nächsten Tag erst einmal zu Hause. Zu Pompidou sagte er, er sei zu alt, um weiterzumachen.[29] Am Dienstag kehrte er aber nach Paris zurück, nunmehr entschlossen, aus dem halben Sieg doch noch einen ganzen zu machen. Dazu war es nötig, dass er sich, anders als im November 1958, massiv in den Wahlkampf zu den Parlamentswahlen einschaltete, und zwar zugunsten der UNR und ihrer Verbündeten, die alleine für das »Ja« zur Verfassungsänderung gestritten hatten. So nutzte er einen weiteren Fernsehauftritt am 7. November, um mit dem »verhängnisvollen Regime der Parteien« abzurechnen und die Wähler aufzufordern, nur für solche Kandidaten zu stimmen, die sich zu der Verfassungsänderung bekannt hatten. »Französinnen und Franzosen, ich bitte Sie darum« – im Namen »des Staatswohls, des Schicksals der Republik und der Zukunft Frankreichs.«[30]

Die scharfe Abrechnung mit den »Parteien von gestern« tat, verbunden mit geschickten Absprachen bei der Kandidatenaufstellung, ihre Wirkung. Zur Überraschung der meisten politischen Beobachter, die schon das Ende des Gaullismus vorausgesagt hatten, kamen die Gaullisten und ihre Verbündeten im zweiten Wahlgang am 25. November auf 42,1 Prozent der Stimmen und 233 Sitze – nur neun Sitze weniger, als zur absoluten Mehrheit notwendig waren. Mit einem Teil der Unabhängigen, die sich unter der Führung des bisherigen Finanzministers Valéry Giscard d'Estaing zur Fraktion der »Unabhängigen Republikaner« mit 36 Abgeordneten zusammenfanden, konnten sie bequem regieren.

Jetzt triumphierte der General. »Sehen Sie«, sagte er einem Besucher,

> »die sogenannten Chefs der sogenannten Parteien hätten es natürlich vorgezogen, weiterhin Schafskopf zu spielen. Aber ich habe sie gezwungen, Poker zu spielen. Und da bin ich der Stärkste.«[31]

In der Tat hatte er das neue Medium des Fernsehens mit instinktiver Sicherheit dazu genutzt, die Stellung des Präsidenten auf Kosten der Parteien und des Parlaments zu stärken. Freilich hatte er für diesen Sieg auch einen Preis bezahlen müssen, der ihm kaum bewusst war: Angetreten, das Regime der Parteien zu überwinden, war er jetzt selbst der Chef einer mächtigen Partei – und noch dazu einer, die unabweislich auf der rechten Hälfte des politischen Spektrums angesiedelt war. Die Konservativen wie die extreme Rechte hatten jeweils mehr als die Hälfte ihrer Wähler verloren.

Um den Sieg zu unterstreichen, setzte de Gaulle die gestürzte Regierung Pompidou nahezu unverändert wieder ins Amt. Nur Erziehungsminister Pierre Sudreau, der nicht bereit gewesen war, die fragwürdige Verfassungsinterpretation mitzutragen, war nicht mehr dabei; er wurde durch Christian Fouchet ersetzt. Entsprechend verlangte der Präsident auch, nicht von einer Vorstellung der Regierung im Parlament zu sprechen:

> »Hüten Sie sich vor diesem Ausdruck! Die Regierung ist im Wesentlichen die gleiche geblieben, während die Versammlung vollständig erneuert wurde. Also ist es nicht die Regierung, die sich der Versammlung vorstellt, die Versammlung stellt sich der Regierung vor! […] Das parlamentarische Regime ist zu Ende.«[32]

10 Europa

Wäre Charles de Gaulle über den 20. Januar 1946 hinaus im Amt geblieben, hätte er seine Forderungen nach Rheinlandabtretung, Ruhrkohle-Lieferungen und Zerschlagung des reichsdeutschen Staatsverbands weiterhin offensiv vertreten. »Was man tun muss«, sagte er bei einem Mittagessen mit André Malraux und seinem Schwager Jacques Vendroux im März 1946, »ist, sie alle drei zu attackieren [gemeint waren die anderen drei Besatzungsmächte in Deutschland] und keine Angst davor zu haben, sie mit ihrer Nase auf die Realität zu stoßen.« Sowohl die Briten und Amerikaner als auch die Sowjets suchten Deutschland als künftigen Verbündeten zu gewinnen und gefährdeten damit die Sicherheit Frankreichs massiv.[1] Dass Georges Bidault, dieser Außenminister, der »nichts von Außenpolitik versteht«,[2] über diesen Schneid nicht verfügte, bekümmerte ihn zutiefst. Und als Léon Blum als Präsident einer Übergangsregierung im Januar 1947 de facto auf die Rheinland- und Ruhrforderungen verzichtete, indem er ein Bündnis mit Großbritannien auch ohne dessen Zustimmung zu den französischen Thesen in die Wege leitete, da war die Erbitterung des Generals grenzenlos. »Dieser arme Blum [...] war immer nur fähig, gegen Frankreich zu handeln«, schimpfte er über den Doyen der Sozialisten, den er noch ein Jahr zuvor zu seinem Nachfolger hatte machen wollen.[3]

Die ohnmächtige Wut über die angebliche Stümperei und den Verrat der Politiker des Parteienregimes hinderte de Gaulle aber nicht daran, selbst fundamentale Positionen zu räumen, sobald sie auch ihm nicht mehr durchsetzbar erschienen. Nachdem sich die drei westlichen Besatzungsmächte im

Sommer 1947 über die Einbeziehung ihrer Besatzungszonen in den Marshall-Plan verständigt hatten, ließ er seine zentrale Forderung nach dauerhafter französischer »Präsenz auf dem Rhein« (so noch in seiner Rede in Lille am 29. Juni 1947[4]) stillschweigend fallen und konzentrierte sich stattdessen auf die Forderung nach Konstituierung deutscher Einzelstaaten, die voneinander unabhängig waren. Die Saar sollte allerdings wirtschaftlich dauerhaft an Frankreich gebunden bleiben (die politische Annexion hielt er jetzt nicht für durchsetzbar), und die Ruhr sollte dauerhaft Kohle an Frankreich liefern. Auf dieser Grundlage, meinte er im Dezember 1947 im Gespräch mit John Foster Dulles, damals außenpolitischer Sprecher der republikanischen Opposition in den USA, könne nicht nur eine deutsch-französische Wirtschaftsvereinbarung geschlossen werden, sondern »zum ersten Mal eine Entente zwischen Frankreich und Deutschland« im Rahmen eines westlichen Europas.[5]

Auf die Entscheidung der drei Westmächte, einen westdeutschen Staat zu konstituieren, reagierte de Gaulle denkbar hart. Die Zustimmung Bidaults zu den Londoner Deutschlandvereinbarungen vom 6. Juni 1948 geißelte er in einer Presseerklärung am 9. Juni sogleich als »finale Preisgabe nach einer Serie von Rückzügen.« Sie führe zu einem Wettbewerb zwischen West und Ost um die Restituierung des Reiches, und den werde zweifellos der Osten gewinnen. Frankreich stehe damit »am Rande eines Abgrunds.«[6] Das Reich sei praktisch schon wieder hergestellt, fügte er nach dem Zusammentritt des Parlamentarischen Rates hinzu.[7] Die Verabschiedung des Grundgesetzes im Mai 1949 quittierte er mit der Warnung vor einem neuen deutschen Totalitarismus: »Alles deutet darauf hin, dass eine neue Diktatur die Geschicke Deutschlands in die Hand nehmen wird, auch wenn sie ihre Natur verbirgt und ihren Namen leugnet.«[8]

Gegenüber Henry F. Luce, dem Herausgeber des *Time*-Magazins, begründete er diese Kassandrarufe mit einer völkerpsychologischen Betrachtung:

»Es gibt nur eine Sorte des Deutschen, und dieser Deutsche zeigt je nach den Umständen zwei absolut getrennte Formen von Psychologie. Einmal denkt der Deutsche individuell. Mit harter Arbeit konstruiert und produziert er, er erschließt auswärtige Märkte, nimmt an der Weltwirtschaft und den internationalen Konferenzen teil. Dieser Deutsche weiß, dass er keinerlei Chance zu dominieren hat und dass seine einzige Chance darin besteht, sich mit der Öffnung seiner Tore zum Westen hin den Werken des Friedens zu widmen. Aber wenn die Umstände erlauben, dass der Deutsche dazu kommt kollektiv zu denken, das heißt wenn er sich als Instrument eines einzigen Reiches fühlt, dann wünscht er die Herrschaft; durch die Herrschaft möchte er den anderen Nationen die Größe und die Macht des deutschen Reiches auferlegen, und die Energie eines jeden Individuums stellt sich in den Dienst des großem deutschen Traums von der Eroberung.«[9]

Noch in der gleichen Rede, in der er vor einer neuen deutschen Diktatur gewarnt hatte, beschwor de Gaulle aber auch schon eine »wirkliche Entente zwischen dem französischen und dem deutschen Volk«. Von einer Revision der Entscheidung für die Gründung der Bundesrepublik Deutschland war nicht mehr die Rede; stattdessen plädierte er für die Schaffung einer »europäischen Einheit um Frankreich und Deutschland herum«.[10] Im November 1949, nach der Bildung der ersten westdeutschen Bundesregierung unter Konrad Adenauer, präzisierte er, dass die Vereinbarung zwischen Frankreich und der Bundesrepublik, die am Beginn der europäischen Gemeinschaftsbildung stehen sollte, zunächst die wirtschaftlichen und eventuell auch die kulturellen Fragen betreffen sollte. Die Verteidigung und die Politik sollten »später« folgen.[11] Ganz klar setzte er hier auf die Unterstützung durch den ersten Bundeskanzler: »Seit 30 Jahren verfolge ich die Taten und Vorschläge von Konrad Adenauer mit Interesse und Hochschätzung.«[12]

Um die Integration der jungen Bundesrepublik in das vereinte Europa rechtzeitig voranzutreiben, drückte er aufs Tempo. Wie die europäischen Föderalistenverbände verlangte er im August 1949 ein Referendum über die Einberufung einer konstituierenden Versammlung Europas. Dabei ließ er keinen

Zweifel daran, dass er mit einer europäischen »Konföderation« oder »Föderation« – er gebrauchte beide Ausdrücke wie die meisten seiner französischen Zeitgenossen synonym – tatsächlich eine politische Einheit meinte, an die die Mitgliedsstaaten einen Teil ihrer souveränen Rechte abgaben:

> »Die Einheit würde zunächst die Form einer Konföderation annehmen. So behielte jeder Staat seine Souveränität – bis auf jene Bereiche, die die Nationen der Gemeinschaft zuteilen würden, um hier die Einigung zu verwirklichen. In einer ersten Periode sollten diese Bereiche umfassen: die Verteidigung aller Territorien der konföderierten Völker, zu Lande, zu Wasser und in der Luft; die Anpassung der nationalen Produktionen und des Außenhandels; die Währung; die Erschließung gewisser Ressourcen in den Überseegebieten; die kulturelle und wissenschaftliche Entwicklung.«[13]

Gegen die konkreten Einigungsinitiativen der Regierungen der IV. Republik – den Schuman-Plan zur Schaffung einer *Europäischen Gemeinschaft für Kohle und Stahl* (EGKS)- und den Pleven-Plan zur Schaffung einer *Europäischen Verteidigungsgemeinschaft* (EVG) – ging de Gaulle dann in Opposition. Das hat ihm den Ruf eines notorischen Gegners jeder Beschränkung nationaler Souveränität eingebracht. Dabei wurde jedoch übersehen, dass er die beiden Vertragswerke von Paris nicht etwa wegen eines Zuviel, sondern wegen eines Zuwenig an supranationalen Elementen kritisierte. Sowohl die Montanunion als auch die Verteidigungsgemeinschaft sollten einer demokratisch kontrollierten »Politischen Gemeinschaft« untergeordnet werden. Als die Volksrepublikaner Anfang September 1952 in einem Positionspapier zur möglichen Kooperation mit den Gaullisten die Festlegung auf ein »politisches Europa« verlangten, das die »Preisgabe eines Teils der alten nationalen Souveränitäten« erforderte, schrieb der General an den Rand: »Gewiss doch. Aber so, dass jede Hegemonie ausgeschlossen ist, zum Beispiel die deutsche!«[14] Zum Vertrag über die *Europäische Wirtschaftsgemeinschaft* (EWG) , meinte er bei der Befragung durch die Abgeordneten am 31. Mai 1958 nur, er finde ihn, »sagen wir: ein wenig eng.«[15]

Nach der Integration der Bundesrepublik in die NATO und in die Europäischen Gemeinschaften ging nach Auffassung des Generals vorerst keine Gefahr mehr von Deutschland aus. »Ich glaube«, sagte er dem amerikanischen Botschafter Douglas Dillon im Juli 1955, »dass Westdeutschland jetzt definitiv und fest im Westen verankert ist.« Die Sowjets hätten es mit der Wiedervereinigung offensichtlich nicht mehr eilig. Sie hätten überhaupt »die Führung ihres ideologischen Kreuzzuges verloren« und entwickelten sich zu einem »Regime bürgerlicher Funktionäre«, das große Schwierigkeiten hätte, die Kontrolle über die Länder des sowjetischen Blocks zu erhalten. In dieser Situation sei eine Politik der Entspannung nicht nur »einfach notwendig« sondern auch »im Interesse der freien Völker«. Man müsse »Westeuropa die zwanzig oder dreißig Jahre geben, die es braucht, um wieder Kraft und Selbstvertrauen zu erlangen.«[16] Langfristig optierte er für eine »freie Konföderation Europas, […] ein Europa, dem Polen und eines Tages auch Russland angehören würden.« In einem solchen Europa könne es auch ein geeintes Deutschland geben, freilich nur unter der Bedingung, »dass es seine jetzigen Grenzen anerkennt.«[17] Die DDR anzuerkennen war er folglich nie bereit; sie war für ihn ein Kunstgebilde, das den Abzug der sowjetischen Truppen nicht überleben würde.

Nach der Übernahme der Regierungsverantwortung im Juni 1958 setzte de Gaulle seinen Ehrgeiz zunächst darin, Frankreich eine Beteiligung an der Führung der westlichen Welt zu verschaffen. »Frankreich muss die Gewissheit haben, dass es weltweit Verantwortung trägt«, legte er Dulles, nunmehr Außenminister der Eisenhower-Administration, bei dessen Besuch am 5. Juli 1958 dar.

> »Diese weltweite Verantwortung ist vor allem atomarer Natur. Alles organisiert sich in Bezug auf die Atomwaffe. […] Deswegen müssen wir uns formelle oder praktische Arrangements vornehmen, dank derer Frankreich an der Vorbereitung und dem Einsatz der strategischen Atomwaffen beteiligt ist.«[18]

Am 17. September verlangte er in gleichlautenden Memoranden an Präsident Eisenhower und den britischen Premierminister Harold Macmillan die Bildung einer »Organisation auf politischer und strategischer Weltebene, an der Frankreich direkt beteiligt ist.« Diese Organisation sollte

> »einerseits gemeinsame Entscheidungen in politischen Fragen treffen, die die weltweite Sicherheit betreffen, und andererseits strategische Aktionspläne, insbesondere im Hinblick auf den Einsatz der Atomwaffen, entwickeln und falls nötig anwenden.«[19]

De Gaulle verlangte also erstens die Beteiligung an einem Dreierdirektorium der westlichen Welt, in dem es über ein Vetorecht bei der Planung und dem Einsatz von Atomwaffen haben würde, und zweitens eine Ausweitung der Sicherheitsorganisation der westlichen Welt über den atlantischen Bereich hinaus. Dass das ein Maximalprogramm war, das nur schwer durchzusetzen sein würde, war ihm nach den ersten negativen Reaktionen von Macmillan und Dulles schon klar. Deswegen stellte er auch gleich die weitere Mitarbeit Frankreichs in der NATO unter Vorbehalt und kündigte damit an, dass er so oder so nach Wegen suchen würde, die Sicherheit und den Einfluss Frankreichs im atomaren Zeitalter optimal zu sichern:

> »Die französische Regierung betrachtet eine solche Sicherheitsorganisation als unverzichtbar. Sie ordnet ihr schon jetzt jede Entwicklung ihrer gegenwärtigen Beteiligung an der NATO unter und beabsichtigt, das Revisionsverfahren nach Artikel 12 des Nordatlantikvertrags geltend zu machen, wenn dies für den Erfolg notwendig sein sollte.«[20]

Den Anspruch auf gleichberechtigte Mitwirkung in der Führung der westlichen Welt suchte de Gaulle durch die Entwicklung einer eigenen Atomstreitmacht zu untermauern. Hier konnte er an die Entscheidungen der Vorgängerregierungen anknüpfen, die seit 1954 die Weichen für eine militärische Nutzung der Kernenergie gestellt hatten. Er bestätigte die Entscheidung der Regierung Gaillard vom April 1958, Anfang 1960 eine erste Atombombe eigener Produktion in der Sahara zu zünden, und setzte dann beträchtliche Mittel zur Entwicklung thermonuklearer Sprengköpfe ein, zur atomaren Bewaffnung von Bombern und Unterseeboten und zum Bau von Mittelstreckenraketen, die sowjetisches Territorium erreichen konnten. Sie sollten Frankreich auch dann noch Entscheidungsfreiheit und politisches Gewicht garantieren, wenn der Aufstieg zur gleichberechtigten Führungsmacht des Westens nicht gelang.

Im Kampf um die Emanzipation von US-amerikanischer Vorherrschaft setzte de Gaulle zudem auf die Unterstützung durch Konrad Adenauer. Mit ihm, davon war er überzeugt, ließ sich das politische Europa entwickeln, das den westlichen Europäern Eigenständigkeit innerhalb des westlichen Bündnisses sichern sollte. Noch ehe er das Memorandum an Eisenhower und Macmillan abschickte, griff er darum zu einer Geste, die ihm die Entente mit Adenauer sichern sollte: Er lud den Bundeskanzler zu einem halb privaten Besuch in Colombey-les-Deux-Églises ein. Dieser Besuch am 14. und 15. September 1958 (Adenauer, sein Außenminister Heinrich von Brentano und dessen Staatssekretär Karl Carstens blieben über Nacht) begründete in der Tat ein Vertrauensverhältnis: Adenauer hörte mit großer Erleichterung, dass der neue französische Präsident an den Römischen Verträgen zur Errichtung der Europäischen Wirtschaftsgemeinschaft festhalten wollte und darüber hinaus eine »organisierte Zusammenarbeit« in Europa anstrebte; de Gaulle vernahm mit Genugtuung, dass der Bundeskanzler mit der Führung der NATO durch die USA auch nicht glücklich war: »Wir müssen Europa daher von den Vereinigten Staaten unabhängig machen.«[21]

Nachdem die Verhandlungen mit Eisenhower und Macmillan bis zum Frühjahr 1960 nur zur Etablierung einer informellen Dreiergruppe geführt hatten, die sich gelegentlich zur diskreten Beratung über die Probleme der NATO traf, hielt de Gaulle den Zeitpunkt für gekommen, den entscheidenden Schritt zur Verwirklichung des politischen Europas zu tun. Beim Staatsbesuch Adenauers auf Schloss Rambouillet am 29. und 30. Juli 1960 regte er nicht nur regelmäßige

Adenauer bei de Gaulle in Colombey-les-Deux-Églises, 14. September 1958 (Bundesarchiv B 145 F015892-0010).

Zusammenkünfte der Staats- und Regierungschefs der sechs EWG-Mitglieder an, die in Abständen von drei Monaten über alle Bereiche politischer, wirtschaftlicher, kultureller und militärischer Zusammenarbeit beraten sollten. Darüber hinaus schlug er auch die Bildung einer deutsch-französischen Konföderation mit gemeinsamer Staatsangehörigkeit vor, die bei der Verwirklichung des politischen Europas eine Vorreiterrolle spielen sollte:

»Drei Ressorts, Außenpolitik, Verteidigung und Finanzen, sollten beiden Ländern gemeinsam sein. Niemand aus der Sechser-Gemeinschaft werde sich dann dem Sog der politischen Neuformierung entziehen können, wenn Deutschland und Frankreich vorangingen.«[22]

Als sich Adenauer über Frankreichs Ambitionen auf ein Dreier-Direktorium des Westens beklagte, wies de Gaulle auf die strategische Perspektive seiner Initiative hin:

> »Ich verstehe Sie, aber wissen Sie: All das ist nur für den Augenblick. Später, wenn wir wirklich vereint sind, wird es notwendigerweise Änderungen geben, eine gewisse Teilung; und auch Sie werden zweifelsohne eines Tages die Atomwaffe haben, vor allem in dem Fall, dass sich unsere beiden Länder – und vielleicht auch noch andere – auf europäischer Ebene vereinigen können.«[23]

In der Tat war die eigenständige Entscheidung über den Einsatz von Atomwaffen für ihn unterdessen zum Kern des europäischen Einigungsprojekts geworden. »Es kann keine europäische Einheit geben«, notierte er sich ein Jahr später,

> »wenn Europa nicht eine politische Körperschaft bildet, die sich von anderen Körperschaften unterscheidet. Eine Persönlichkeit. Aber es kann keine politische Persönlichkeit Europas geben, wenn Europa nicht hinsichtlich der Verteidigung über seine Persönlichkeit verfügt. Die Verteidigung ist immer die Grundlage der Politik.«

Dass »Europa seine Persönlichkeit in seiner eigenen Verteidigung haben muss«, war für ihn

> »umso mehr angezeigt, als Europa ein strategisches Ganzes bildet. Es stellt das Aufmarschgebiet für eine einzige und gleiche Schlacht dar. Amerika kann die Schlacht um Europa verlieren ohne zu verschwinden. Europa kann es nicht.«[24]

Damit bekam die atomare *Force de Frappe* Frankreichs eine europäische Funktion: Die Abschreckungsdrohung, die von ihr ausging, bot allen Mitgliedern dieser strategischen Einheit zusätzlichen Schutz, vor allem für den – in seiner Sicht sehr wahrscheinlichen – Fall, dass die USA aus Furcht vor der eigenen Vernichtung vor dem Einsatz ihrer Atomwaffen zur Verteidigung Europas zurückschrecken sollten. In der gleichen Perspektive wünschte sich de Gaulle durchaus eine Kooperation mit der britischen Atomstreitmacht (auch wenn er sie nicht für sehr wahrscheinlich hielt), und langfristig konnte er sich auch ein Aufgehen der *Force de Frappe* in einer europäischen Atomstreitmacht vorstellen. Kurzfristig sah er sie als zentrales Element eines europäischen Verteidigungssystems, das den europäischen Pfeiler einer »anderen NATO«[25] bilden würde.

Allerdings verband de Gaulle diese Initiative für ein politisches Europa auch mit dem Versuch, die Kompetenzen der Hohen Behörde der Europäischen Gemeinschaft für Kohle und Stahl und der beiden Kommissionen der Europäischen Wirtschaftsgemeinschaft und der Europäischen Atomgemeinschaft zu beschränken. Für ihnen waren das demokratisch unzureichend legitimierte technokratische Institutionen, »die unvermeidlicher Weise und missbräuchlich dazu tendieren, unverantwortliche Super-Staaten zu werden«. Sie sollten daher den Regierungen, genauer: dem künftig regelmäßig tagenden Rat der Staats- und Regierungschefs »untergeordnet« werden und »den normalen Aufgaben der Beratung und der Technik« dienen.[26] Mit diesem Angriff auf die Handlungsfreiheit der Exekutivorgane der bestehenden europäischen Institutionen beschädigte er die Glaubwürdigkeit seiner Vision von einer europäischen »Konföderation«: Wie sollte Europa denn künftig in der Außen- und Verteidigungspolitik mit einer Stimme sprechen, wenn selbst die Gemeinschaftsorgane im Bereich der Wirtschaftsintegration in ihren Kompetenzen beschnitten wurden?

De Gaulles Initiative für ein eigenständiges Europa traf daher auch auf vielfältigen Widerstand. Die einen wollten die supranationale Qualität des Gemeinsamen Marktes bewahren, die anderen das amerikanische Engagement in Europa nicht gefährden, und viele wollten beides zugleich. Adenauer war nicht bereit, sich auf einen so weitreichenden Umbau der EWG und der NATO einzulassen, wie sie de Gaulle vorschwebte. Zur Unterstützung seines Vorschlags zur Bildung einer *Europäischen Union*, wie das Projekt jetzt genannt wurde, fand sich der deutsche Kanzler erst bereit, als de Gaulle am Vorabend eines Treffens der sechs Staats- und Regierungschefs am 10./11. Februar 1961 zwei wesentliche Zugeständnisse machte: eine

Beschränkung auf die Forderung nach »organisierter Zusammenarbeit«, die die bestehenden europäischen Institutionen nicht direkt in Frage stellte, und eine Zurückstellung der Forderung nach enger militärischer Zusammenarbeit.

In einer »Studienkommission« unter dem Vorsitz von Christian Fouchet, die daraufhin zur Beratung des französischen Vorschlags gebildet werden konnte, setzte ein Tauziehen mit den Vertretern der kleineren Mitgliedsstaaten ein, die auf Stärkung der supranationalen Ausrichtung der EWG und Beibehaltung der NATO-Integration in ihrer gegenwärtigen Form drängten. Nach langem Hin und Her fand sich de Gaulle Anfang April 1962 (bei einem Treffen mit dem italienischen Außenminister Antonio Segni) zu der Formulierung bereit, dass die gemeinsame Außen- und Verteidigungspolitik der Stärkung der atlantischen Allianz dienen sollte. Weiterhin präzisierte er, dass der Bereich der Wirtschaft »in Anwendung der Verträge von Paris und Rom« (EGKS und EWG/EURATOM) behandelt werden sollte.[27] Bei einem Treffen der Außenminister am 17. April bot Couve de Murville zudem an, sich für die Vertragsrevision, die nach drei Jahren der Zusammenarbeit erfolgen sollte, auf die »Beachtung der Strukturen« von EGKS und EWG/EURATOM und eine »stärkere Heranziehung« des Europäischen Parlaments zu verpflichten.[28]

Diese Zugeständnisse reichten jedoch nicht aus, um die Vertreter der kleineren Staaten zur Mitwirkung an dem Unionsprojekt zu bewegen. Segni, sein niederländischer Amtskollege Joseph Luns und sein belgischer Kollege Paul-Henri Spaak verlangten in den Verhandlungen vom 17. April, dass im Hinblick auf die Revision auch der Übergang zur Direktwahl des Parlaments, die Stärkung seiner Kompetenzen und der schrittweise Übergang zu Mehrheitsbeschlüssen im Rat festgelegt werden müssten. Als Couve de Murville darauf nicht einging, erklärte Spaak, dass Belgien den Vertrag über die Schaffung der Europäischen Union erst nach dem Beitritt Großbritanniens zur EWG unterzeichnen würde. Luns schloss sich dem an. Danach gab es nichts mehr zu verhandeln. Die Außenminister gingen auseinander, ohne einen neuen Termin zu vereinbaren oder die Kommission mit weiteren Klärungen zu beauftragen.

Das Scheitern des Unionsprojekts nach fast zwei Jahren zähen Verhandelns traf de Gaulle tief. In einer Pressekonferenz am 15. Mai ließ er seiner Erbitterung über Luns, Spaak und all die anderen Gegner seines Vorhabens freien Lauf. Vaterlandslose Gesellen seien sie, Traumtänzer und Handlanger der Amerikaner, sagte er ihnen durch die Blume:

> »Dante, Goethe, Chateaubriand gehören in dem Maße ganz Europa, wie sie in ganz besonderer Weise Italiener respektive Deutscher oder Franzose waren. Sie hätten Europa nicht viel gedient, wenn sie vaterlandslos gewesen wären und in irgendeinem integrierten Esperanto oder Volapük[29] gedacht und geschrieben hätten.« – »Gegenwärtig kann es kein anderes Europa geben als das Europa der Staaten, außerhalb der Mythen, Fiktionen und Paraden natürlich.« – »Vielleicht gäbe es ja einen Föderator, aber der wäre nicht europäisch. Und das wäre kein integriertes Europa, das wäre etwas ganz anderes, viel breiter und weitläufiger und, ich wiederhole es, mit einem Föderator.«[30]

Dass diese rhetorischen Eskapaden – gewandt, kraftvoll und mit Bravour vorgetragen, wie sich Pflimlin erinnert[31] – die anwesenden MRP-Minister sogleich zum Rücktritt veranlassen würden, hätte sich de Gaulle eigentlich denken können. Auch hätte ihm klar sein müssen, dass die kategorische Absage an *jede* Form von supranationaler Integration, die er jetzt formulierte, die Front seiner Gegner nur noch weiter verstärken würde. Im Nachhinein suchte er die Bedeutung seiner Attacke herunterzuspielen. »All das«, sagte er mit einem Lächeln zu Pflimlin,

> »ist doch nicht sonderlich wichtig. Niemand weiß, was in drei Jahren geschehen wird. Ich werde dann nicht mehr da sein. Vielleicht können sich Ihre Ideen dann durchsetzen. Vielleicht ändere ich auch meine Meinung.«[32]

Aber das konnte den Schaden, den er angerichtet hatte, nicht mehr gutmachen. Einmal mehr hatte er sich auf eine Strategie des »Alles oder Nichts« eingelassen, die nur in einer Sackgasse enden konnte.

Dass die Angriffe auf die europäischen Traumtänzer kontraproduktiv waren, entging ihm auch deswegen, weil Adenauer unterdessen, anders als im Sommer 1960, bereit war, die Europäische Union zunächst einmal nur im Zweier-Rahmen zu verwirklichen. Angesichts des Drängens von US-Präsident John F. Kennedy, die internationale Entspannung nicht länger durch ein Beharren auf der Nicht-Anerkennung der DDR zu blockieren, schien dem Kanzler das jetzt eine strategische Notwendigkeit zu sein. Als de Gaulle ihn bei einem Staatsbesuch in Frankreich vom 2. bis 8. Juli 1962 fragte, ob die Bundesrepublik denn bereit sei, »mit Frankreich eine politische Union zu schließen, die faktisch und notgedrungen auf zwei Mitglieder beschränkt ist«, antwortete er darum

> »eindeutig mit Ja: Wir wären bereit, diese beschränkte Union zu akzeptieren, wobei der Platz für die anderen Mitglieder natürlich offen bleiben müsste.«[33]

De Gaulle unternahm große Anstrengungen, die Deutschen insgesamt für diese Zweier-Union zu gewinnen. Schon Adenauers Besuch war darauf angelegt, mit außergewöhnlichen Ehrungen für den Staatsgast und symbolischen Inszenierungen wie einem gemeinsamen Gottesdienst der beiden alten Herren in der Kathedrale von Reims, in der einst die französischen Könige gesalbt worden waren. Es folgte ein Staatsbesuch de Gaulles in der Bundesrepublik vom 4. bis 9. September, der zu einem Fest der deutsch-französischen Aussöhnung wurde. Ob in Bonn, in Köln, Düsseldorf, Duisburg, Hamburg, München, Stuttgart oder Ludwigsburg – überall brachte der französische Präsident in sorgfältig einstudierten (und wie immer frei vorgetragenen) Reden in deutscher Sprache seine Hochachtung, ja Bewunderung »für Ihr großes Volk, ja! für das große deutsche Volk« zum Ausdruck. Und er pries den Segen der Verständigung:

> »Heute sind unsere beiden Länder solidarisch geworden. Wenn Sie in Deutschland und wir in Frankreich wirken, streben wir beide einem und demselben Ziele zu, nämlich den freien Menschen

Frieden, Würde und Glück zu gewähren. Welch eine Revolution, im Vergleich zur Vergangenheit!«[34]

Das deutsche Publikum, das 17 Jahre nach Kriegsende solche Elogen nicht gewohnt war, dankte sie ihm mit begeistertem Jubel. Insbesondere junge Deutsche aus der Generation der Kriegskinder blieben oft für ihr Leben von dieser Begegnung mit dem großen Franzosen geprägt. In Bonn fürchtete man gleichwohl, dass ein Vertrag, der so offenkundig gegen die Interessen der amerikanischen Schutzmacht gerichtet war, auf große Widerstände stoßen würde. Adenauer wollte dem Bündnis daher zunächst nur die Form einer Konvention geben, die keine Ratifizierung durch den Bundestag und die französische Nationalversammlung benötigte. Als er zur Unterzeichnung dieser Konvention am 20. Januar 1963 nach Paris reiste, überraschte er seine Gastgeber aber damit, dass es nun doch ein Vertrag sein sollte. Seine Mitarbeiter hatten ihn auf die Gefahr aufmerksam gemacht, dass die Gegner einer Zweier-Union vor dem Bundesverfassungsgericht gegen eine Konvention klagen könnten und dabei Aussicht auf Erfolg haben würden.

Der »Deutsch-Französische Vertrag«, der am 22. Januar 1963 im Élysée-Palast unterzeichnet wurde, sah regelmäßige Treffen des französischen Präsidenten und des deutschen Bundeskanzlers vor, mindestens zwei Mal pro Jahr, dazu mindestens vier Mal pro Jahr Treffen der Außenminister und der Verteidigungsminister und jeden Monat Treffen der leitenden Beamten des Außenministeriums. Die Generalstabschefs und die Verantwortlichen für Erziehungs- und Jugendfragen sollten sich ebenfalls regelmäßig treffen; zur Förderung des Jugendaustauschs wurde ein gemeinsamer Fond eingerichtet. Die beiden Regierungen verpflichteten sich, »sich vor jeder Entscheidung in allen wichtigen Fragen der Außenpolitik [zu] konsultieren« und auf dem Gebiet der Verteidigung »ihre Auffassungen einander anzunähern, um zu gemeinsamen Konzeptionen zu gelangen.«[35]

Kurz vor der Unterzeichnung des Élysée-Vertrags hatte der General die Verhandlungen über einen Beitritt Großbritanniens zur EWG, die im November 1961 begonnen hatten, in einer spektakulären Pressekonferenz am 14. Januar 1963 einseitig für gescheitert erklärt. Macmillans Beharren auf vielfältigen Ausnahmeregelungen und sein Mangel an Eindeutigkeit in der Frage einer europäischen Atomstreitmacht hatten seine Befürchtung bekräftigt, dass eine britische Mitgliedschaft zum jetzigen Zeitpunkt letztlich zu einer Auflösung der europäischen Gemeinschaft in einer »riesigen atlantischen Gemeinschaft« führen würde, »abhängig und geführt von den Amerikanern.« Diese brüske Absage an »meinen Freund Harold Macmillan«[36] erbitterte die Gegner einer deutsch-französischen Zweier-Union natürlich nur noch weiter. Und sie ließ in der amerikanischen Regierung um Präsident Kennedy den Entschluss reifen, ihre Verwirklichung mit allen Mitteln zu verhindern.

Das Mittel, auf das sich der Nationale Sicherheitsrat in Washington Anfang Februar verständigte und das dann über allerlei Kanäle den Abgeordneten des Deutschen Bundestages nahe gebracht wurde, bestand darin, dem Deutsch-Französischen Vertrag bei der Ratifizierung eine Präambel voranzustellen, mit der sich die deutsche Seite zu dem bekannte, was de Gaulle mit dem Vertrag überwinden wollte: die Integrierung der Streitkräfte »im Rahmen des nordatlantischen Bündnisses« und eine baldige »Einbeziehung Großbritanniens und anderer zum Beitritt gewillter Staaten« in die europäischen Gemeinschaften. Der Bundestag fügte bei der – fast einstimmigen – Verabschiedung am 16. Mai noch gegen de Gaulles Propagierung des »Europas der Staaten« gerichtet hinzu, dass auch »die weitere Stärkung der Gemeinschaften« zu den Zielen deutscher Politik gehörten.[37] Adenauer hatte dieser Brüskierung des Generals resigniert zugestimmt, nachdem ihm klar geworden war, dass der Vertrag ohne diese Präambel ganz scheitern würde.

De Gaulle beobachtete die Abkehr der Deutschen von der Vision des eigenständigen Europas mit ohnmächtiger Wut. »Die Amerikaner versuchen, unseren Vertrag seines Inhalts zu berauben«, klagte er am 24. April im französischen Ministerrat.

»Sie wollen ein leeres Gehäuse daraus machen. Und warum das Alles? Weil deutsche Politiker Angst haben, nicht genug vor den Angelsachsen zu kriechen! Sie benehmen sich wie Schweine! Sie hätten es verdient, dass wir den Vertrag aufkündigen und uns in einer Umkehr der Bündnisse mit den Russen verständigen!«[38]

Eine Woche später gab er sich im Gespräch mit französischen Abgeordneten resigniert:

»Ach wissen Sie, die Verträge sind wie die jungen Mädchen und die Rosen: Sie halten nur eine Zeit lang. Wenn der deutsch-französische Vertrag nicht angewandt wird, wäre das nicht das erste Mal in der Geschichte.«

Und dann zitierte er Victor Hugo: »Ach! Was habe ich junge Mädchen sterben sehen.«[39]

Tatsächlich sollte es nach dem altersbedingten Rücktritt Adenauers im Oktober 1963 zu keiner deutsch-französischen Verständigung in der Frage einer eigenständigen europäischen Verteidigung mehr kommen. Sein Nachfolger Ludwig Erhard unternahm zwar im Frühjahr 1964 einen neuen Anlauf zu Verhandlungen über die Politische Union; gleichzeitig bekundete er aber seine Bereitschaft, an der *Multilateralen Atomstreitmacht* (MLF) mitzuwirken, die die USA den Europäern als Alternative zu de Gaulles europäischem Projekt anboten. De Gaulle sagte dem neuen Bundeskanzler beim deutsch-französischen Gipfeltreffen am 3. und 4. Juli 1964 in Bonn, er müsse schon wissen, was er wolle. Danach erging er sich wieder in Jeremiaden über die Unmöglichkeit, mit dem deutschen Partner europäische Politik zu machen:

»Deutschland weiß nicht, was es will. Es weiß nicht, wen es an seiner Spitze hat. Diejenigen, die an seiner Spitze sind, wissen nicht, was sie wollen. Niemand weiß nichts über niemanden. Das ist ein Ameisenhaufen in Aufruhr. Erbärmlich!«[40]

Nach die Johnson-Administration die MLF-Pläne Ende 1964 auf Eis gelegt hatte, kam es zu einer vorsichtigen Wiederannäherung zwischen Bonn und Paris. Sie wurde aber jäh unterbrochen, als die EWG-Kommission unter Präsident Walter Hallstein am 31. März 1965 mit dem Vorschlag an die Öffentlichkeit trat, sowohl den gemeinsamen Agrarmarkt als auch die Zollunion früher zu vollenden, als im Vertrag von Rom vorgesehen war, dafür dann aber auch bei Entscheidungen über den Haushalt der Gemeinschaft zu Mehrheitsabstimmungen im Ministerrat überzugehen. Das Interesse Frankreichs an einer vollen Finanzierung des Agrarmarkts und an der Vollendung des Gemeinsamen Marktes schien ihm so stark zu sein, dass de Gaulle gezwungen sein würde, die Stärkung der Stellung des Europäischen Parlaments und der Kommission, die sich aus dem Vorschlag ergab, gegen seinen Willen mitzutragen. Vor Ende des Jahres musste der französische Präsident neu gewählt werden; da konnten es sich weder de Gaulle noch ein anderer Kandidat erlauben, die Interessen der französischen Bauern und der expandierenden Industrie zu vernachlässigen.

De Gaulle versuchte dem Druck, der von Hallsteins Initiative ausging, dadurch zu begegnen, dass er die fünf Partnerregierungen der EWG auseinanderdividierte. Als sein Verzicht auf eine vorzeitige Vollendung des Agrarmarkts nicht ausreichte, die Forderung nach einer Stärkung der EWG-Institutionen wieder von der Tagesordnung verschwinden zu lassen, ließ er Couve de Murville in der Nacht zum 1. Juli im EWG-Ministerrat erklären, dass die Weigerung einiger Partner, den Agrarmarkt zu finanzieren, weitere Verhandlungen sinnlos mache. Tags darauf gab Peyrefitte bekannt, dass Frankreich vorerst nicht mehr an den Sitzungen des EWG-Ministerrats teilnehmen würde. Nach einer Woche wurde auch der Ständige Vertreter Frankreichs bei der Kommission zurückgerufen.

Mit dieser Politik des »leeren Stuhls« sollten die Partner mürbe gemacht werden. »Weil die Deutschen letztlich keine Situation ertragen können, in der es keinen Gemeinsamen Markt mehr gibt, werden sie schließlich zurückweichen.«[41] Hallstein und seine Mitverschwörer, die Kommissare Sicco Mansholt und Robert Marjolin, sollten verschwinden. Und überhaupt sollte der EWG-Vertrag dahingehend revidiert werden, dass es auch nach dem Übergang zur dritten Stufe des Gemeinsamen Marktes am 1. Januar 1966 bei der Notwendigkeit einstimmiger Voten im Ministerrat bleiben würde. Frankreich werde seine Mitarbeit in Brüssel erst wieder aufnehmen, erklärte ein sichtlich erboster General in einer Pressekonferenz am 9. September,

> »wenn die Einbeziehung der Landwirtschaft in den Gemeinsamen Markt tatsächlich akzeptiert wird und man mit Ansprüchen Schluss macht, die ungebührende und weltfremde Mythen dem gesunden Menschenverstand und der Realität entgegenstellen.«[42]

Die Hoffnung auf ein Einlenken der Deutschen sollte sich freilich als illusorisch erweisen. In Bonn wusste man sehr genau, dass Frankreich den Gemeinsamen Markt mindestens ebenso brauchte wie die Bundesrepublik, und man registrierte auch, dass sowohl die Landwirtschaftsverbände als auch die Arbeitgeber Druck auf den französischen Präsidenten ausübten. Als der deutsche Außenminister Gerhard Schröder Mitte Oktober signalisierte, man könne gerne über eine »Verbesserung« der Zusammenarbeit zwischen den Regierungen und der Kommission reden, konnte de Gaulle einen Abbruch des Boykotts nur noch hinauszögern. Das einzige, was er dafür als Gegenleistung erhielt – am Ende eines Zusammentreffens der sechs Außenminister am 28. und 29. Januar 1966 in Luxemburg – war eine Absichtserklärung, die bei »lebenswichtigen Interessen eines oder mehrerer Partner« das Bemühen um eine einvernehmliche Lösung vorsah.

De Gaulle feierte diese Einigung als Erfolg: »Diese Übereinkunft zwischen den sechs Regierungen ist von großer und glücklicher Tragweite«, erklärte er in einer Pressekonferenz am 21. Februar.

> »Tatsächlich hat man zum ersten Mal in der Geschichte des Gemeinsamen Marktes diese Art Fiktion offen aufgegeben, nach der die wirtschaftliche Organisation Europas von einer anderen Instanz ausgehen sollte als von den Staaten mit ihrer Macht und ihrer Verantwortung.«[43]

Viele Beobachter des europäischen Einigungsprozesses sind ihm in dieser Interpretation gefolgt. Tatsächlich hatten die sechs Außenminister aber festgestellt,

> »dass in der Frage, was geschehen sollte, wenn die Verständigungsbemühungen nicht vollständig zum Ziel führen, weiterhin unterschiedliche Meinungen bestehen.«[44]

Die Partner waren künftig bei der Anwendung des Mehrheitsprinzips im Ministerrat etwas vorsichtiger, weil sie keinen neuen Boykott der Franzosen provozieren wollten; sie verzichteten aber nicht prinzipiell darauf.

Hallstein wurde erst zum 1. Juli 1967 abgelöst, anderthalb Jahre später, als de Gaulle gewollt hatte. Weil die Regierung der Großen Koalition mit Kurt-Georg Kiesinger als Bundeskanzler und Willy Brandt als Außenminister den weiteren Ausbau der Gemeinschaft nicht länger blockieren wollte, beharrte sie nicht darauf, den ersten Kommissionspräsidenten für eine volle dritte Amtszeit zu bestätigen. Mansholt blieb auch in der neuen Kommission als Vizepräsident im Amt. Lediglich den französischen Kommissar Marjolin konnte de Gaulle durch einen genehmeren Kandidaten ersetzen: den späteren Premierminister Raymond Barre.

In der gleichen Pressekonferenz, in der er die Legende vom Luxemburger Erfolg in die Welt setzte, machte de Gaulle öffentlich, was in der Forderung nach Umgestaltung der NATO schon angelegt war: den baldigen Austritt Frankreichs aus der integrierten NATO-Streitmacht. Den Vorbehalt, den er im Memorandum vom November 1958 formuliert hatte, hatte er im November 1964 gegenüber der US-Regierung dahingehend konkretisiert, dass sich Frankreich noch vor dem Auslaufen des Atlantikpakts zum 4. April 1969 aus der NATO-Integration zurückziehen würde. Teile der französischen Flotte waren schon seit 1959 dem NATO-Kommando entzogen worden, und die Divisionen, die vom Sommer 1962 an aus Algerien zurückkehrten, wurden auch nicht dem NATO-Oberkommando unterstellt. Am 7. März 1966 teilte de Gaulle dem amerikanischen Präsidenten Johnson in einem handschriftlichen Schreiben das Ausscheiden Frankreichs aus den integrierten Kommandos der NATO und den Rückzug seiner Truppen aus den integrierten Verbänden an. Gleichzeitig verlangte er den Abzug der integrierten Generalstäbe und der verbündeten Truppen vom französischen Territorium. In einem Memorandum vom 29. März präzisierte er, dass der Abzug der NATO-Streitkräfte und -einrichtungen innerhalb eines Jahres zu erfolgen habe - also bis zum 1. April 1967.

Dass Frankreich nun einseitig aus der der militärischen Integration der NATO ausschied statt wie ursprünglich von de Gaulle erhofft im europäischen Verbund, ließ das politisch unabhängige Europa in noch fernere Reichweiten rücken. Die Aktion, die weithin als unsolidarisch wahrgenommen wurde, löste zwar endlich die überfällige Diskussion über eine Reform der NATO aus. Diese führte jedoch nicht, wie de Gaulle erhofft hatte, zur Konstituierung eines eigenständigen europäischen Pfeilers des Bündnisses, sondern im Gegenteil zu einer Bekräftigung der amerikanischen Führung. Die verbliebenen 14 NATO-Mitglieder verständigten sich am 25. September 1966 auf die Bildung einer Nuklearen Planungsgruppe und die Erarbeitung einer gemeinsamen Strategie. Die Verhandlungen, die sich daraus ergaben, führten bis zum Dezember 1967 zur offiziellen Annahme der Strategie der *flexible response*, die de Gaulle als unglaubwürdig bekämpft hatte, und zur Verabschiedung des Harmel-Reports, benannt nach dem belgischen Außenminister Pierre Harmel, mit dem Verteidigung und Entspannung als gleichrangige Aufgaben des Bündnisses festgeschrieben wurden.

De Gaulle quittierte das Ausbleiben jeder Verständigung über eine gemeinsame Strategie der Europäer mit einer Demonstration des Anspruchs auf vollständige *nationale* Unabhängigkeit. Im Dezember 1967, rechtzeitig vor der Veröffentlichung des Harmel-Reports, ließ er den Generalstabschef der französischen Landstreitkräfte, General Charles Ailleret einen Aufsatz publizieren, in dem verlangt wurde, Frankreich müsse in der Lage sein, »überall zu intervenieren« und sich »in alle Himmelsrichtungen« zu verteidigen.[45] Die

Realität der französischen Rüstung blieb freilich weit hinter diesem Anspruch zurück. Zwar gab es seit Ende 1964 50 Flugzeuge vom Typ Mirage IV, die mit Atombomben ausgerüstet waren, und seit 1967 ein erstes Atom-U-Boot, das mit 16 Mittelstreckenraketen bestückt war. 1968 wurden 18 Abschussrampen für Mittelstreckenraketen, die die westlichen Städte der Sowjetunion erreichen konnten, auf dem Plateau d'Albion in der Haute Provence fertiggestellt. Bis sie alle mit Atomsprengköpfen ausgestattet waren und Frankreich dadurch eine Art Rückversicherung für den Fall erhielt, dass die USA keine Atomwaffen zur Verteidigung Europas einsetzten, sollten aber noch drei bis vier Jahre vergehen. Die Investitionen in die atomare Rüstung waren zudem so kostspielig, dass für die Modernisierung der konventionellen Rüstung nicht mehr genug übrig blieb und so die Operationsfähigkeit der konventionellen Streitkräfte in Mitleidenschaft gezogen wurde.

De Gaulle war sich der Schwächen der französischen Militärmacht durchaus bewusst. Wenn er dennoch den nationalen Alleingang wagte, so vor allem deswegen, weil er mit mittlerweile 76 Jahren davon überzeugt war, nicht mehr über viel Zeit zu verfügen. Hinsichtlich der Befreiung von der amerikanischen Vorherrschaft mussten Fakten geschaffen werden, unabhängig davon, ob die anderen Europäer dem französischen Vorbild folgen würde (was er immer noch hoffte) oder nicht. Hinzu kam, dass die sowjetische Bedrohung für ihn unterdessen nicht mehr akut war. Nachdem der Westen Chruschtschow in der Berlin-Krise und in der Kuba-Krise in seine Schranken verwiesen hatte, glaubte er die sowjetische Führung definitiv für einen Kurs pragmatischer Verständigung mit dem Westen gewonnen. »Russland hat sich gewandelt«, sagte er im Dezember 1966 zu Willy Brandt. »Es ist gezwungen, sich zu wandeln, es ist sogar friedfertig, sicher auf seine Weise, aber es ist es.«[46]

Den Spielraum für eine unabhängige Politik, der daraus resultierte, nutzte der General, um auch auf anderen Feldern Unabhängigkeit von der amerikanischen Führungsmacht zu demonstrieren. Bereits im Januar 1964 nahm er, sehr zum Verdruss der Johnson-Administration, diplomatische Beziehungen zu China auf. Im September/Oktober 1964 suchte er mit einer Rundreise durch zehn südamerikanische Länder die Unabhängigkeit des Subkontinents von der amerikanischen Vormacht zu fördern. Im Mai 1965 trat er gegen die amerikanische Intervention im Machtkampf konkurrierender Militärs in der Hauptstadt der dominikanischen Republik, Santo Domingo, auf. Das amerikanische Engagement in Vietnam versah er zunehmend mit kritischen Bemerkungen. Am 1. September 1966 nutzte er einen Staatsbesuch im neutralen Kambodscha, um vor einer großen Menschenmenge in Phnom Penh im Namen des Selbstbestimmungsrechts der Völker den baldigen Rückzug der amerikanischen Truppen aus Vietnam zu fordern. Die Offensive der nordvietnamesischen Kommunisten gegen das Regime in Saigon erwähnte er dabei mit keinem Wort. Gleichzeitig führte er einen Feldzug gegen die Dollar-Basis des Weltwährungssystems, die er durch eine Rückkehr zur Gold-Basis ersetzen wollte

Weiterhin bot der Wandel in der sowjetischen Politik in de Gaulles Sicht die Chance, die Entwicklung zu einer »europäischen Entente vom Atlantik bis zum Ural«[47] zu beschleunigen. Vom Sommer 1964 an besuchten französische Minister die osteuropäischen Länder und die Sowjetunion, und osteuropäische und sowjetische Regierungsdelegationen nahmen umgekehrt den Weg nach Paris. Im Oktober 1964 wurde ein weitreichender Handelsvertrag mit der Sowjetunion geschlossen, im März 1965 ein Vertrag über die Einführung des französischen Farbfernsehsystems SECAM in der Sowjetunion, im Mai 1965 ein Protokoll über den kulturellen Austausch und ein Abkommen zur Zusammenarbeit bei der friedlichen Nutzung der Atomenergie. So vorbereitet, reiste de Gaulle vom 20. Juni bis 1. Juli 1966 zu einem ausgedehnten Staatsbesuch nach Moskau. Dort präsentierte er sich Generalsekretär Leonid Breschnew als Partner für eine Überwindung des Kalten Krieges und eine »Erneuerung Europas, die nicht ohne die Sowjetunion möglich ist.«[48] Beim Gegenbesuch von

Ministerpräsident Alexei Kossygin im Dezember formulierte er den Appell, Frankreich bei der Verwirklichung des unabhängigen Europas zu helfen, noch deutlicher:

> »Es gibt [in Europa] den aufrichtigen Wunsch, unabhängig und europäisch zu werden. [...] Eine Politik Sowjetrusslands, die es den europäischen Staaten erlauben würde, sich stärker als sie selbst zu empfinden, und sie dazu ermutigen würde, wäre eine gute Politik.«[49]

Die Reise nach Moskau führte zu einer Intensivierung der Beziehungen zwischen Frankreich und der Sowjetunion und zu stärkerer Unterstützung für eine Politik der Entspannung in den Reihen des westlichen Bündnisses. Willy Brandt sah sich bei seiner Wende zu einer Politik, die Entspannung nicht mehr als Folge der deutschen Wiedervereinigung begriff, sondern als ihre Voraussetzung, von de Gaulle ermuntert und unterstützt. Mit der Förderung nationaler Freiheiten der Ostblock-Staaten, die den Kern dieses Entspannungskonzepts ausmachte, kam de Gaulle jedoch nicht sehr weit, weder im Gespräch mit der sowjetischen Führung noch bei seinen Staatsbesuchen in Polen im September 1967 und in Rumänien im Mai 1968. Die militärische Intervention des Warschauer Pakts gegen die Unabhängigkeitsbewegung in der Tschechoslowakei in der Nacht vom 20. zum 21. August 1968 empfand er als einen grausamen Rückschlag, als »absurd im Hinblick auf die Perspektiven der europäischen Entspannung«, wie er in einer Pressekonferenz am 9. September 1968 sagte.[50]

Wie immer machte er andere für diesen Rückschlag verantwortlich: das System der Blöcke in Europa, das angeblich in Jalta errichtet worden war (und das hieß: mit amerikanischem Zutun), und die Halbheiten der deutschen Politik, die geglaubt hatte, auf die osteuropäischen Länder zugehen zu können, ohne sich zuvor mit Moskau zu verständigen. Bundeskanzler Kiesinger warf er beim deutsch-französischen Gipfel am 27. und 28. September vor, die sowjetische Intervention mit einem Alleingang geradezu heraufbeschworen zu haben:

»All das ist geschehen, weil die deutsch-französische Zusammenarbeit nicht funktioniert hat, weil Deutschland seine eigene Politik hat führen wollen.«[51]

Die Klagen über amerikanische Selbstherrlichkeit, sowjetischen Rückfall in den Totalitarismus und deutsches Machtstreben fielen umso heftiger aus, als de Gaulle jetzt selbst den Eindruck gewann, in einer Sackgasse gelandet zu sein. »Das Ideal wäre sicherlich, dass sich das westliche Europa selbst organisierte«, sagte er am 20. September zu William Scranton, einem früheren Gouverneur des Staates Pennsylvania, der ihn im Auftrag des Präsidentschaftskandidaten Richard Nixon besuchte.

»Aber das Ideal ist nicht von dieser Welt. [...] Großbritannien kann nicht auf die Vereinigten Staaten verzichten, Deutschland hat Angst und will nicht, dass sie sich zurückziehen; Italien auch nicht. Das Ergebnis ist, dass man kein europäisches Europa schaffen kann. So ist die Realität.«[52]

Den zweiten Beitrittsantrag Großbritanniens zur EWG, vom Labour-Premierminister Harold Wilson im Mai 1967 eingereicht und mit großem Elan betrieben, nahm de Gaulle nur als Versuch war, die europäische Gemeinschaft von innen heraus zu zerstören und die amerikanische Hegemonie zu bekräftigen. Das wollte er nicht zulassen, und so setzte er Wilson ein kategorisches »Nein« entgegen: »Sie mögen noch so sehr in der Europäischen Gemeinschaft sein, Sie werden bleiben, wie Sie sind.«[53] Das hatte zur Folge, dass die Diskussionen über einen Ausbau der Gemeinschaft in politischer wie in wirtschaftlicher Hinsicht ganz zum Stillstand kamen. Die Regierungen der Benelux-Staaten und Italiens blockierten Initiativen zur Wiederbelebung der Politischen Union, zur Entwicklung einer gemeinsamen Energiepolitik, zur technologischen Zusammenarbeit und zur engeren Abstimmung in der Wirtschafts- und Währungspolitik, solange nicht gleichzeitig über das britische Beitrittsgesuch verhandelt wurde. Damit ging in der Europapolitik gar nichts mehr. Verschiedene Versuche, die

Lähmung des europäischen Integrationsprozesses zu überwinden, brachten nur »wieder ein schreckliches Gewürge«, wie Brandt seinem Bundeskanzler Kurt-Georg Kiesinger am 4. Februar 1969 schrieb.[54]

Schon vorher war deutlich geworden, dass der General auf seinem Feldzug für ein europäisches Europa in die Isolation geraten war. Entsprechend hilflos wirkten seine Aktionen jetzt; und manchmal konnte man den Eindruck gewinnen, dass er sein Gespür für die machtpolitischen Realitäten verloren hatte. In der Nahostkrise des Frühjahrs 1967 weigerte sich de Gaulle mit Blick auf die Erdölressourcen der arabischen Länder, gegen die Sperrung der Zufahrt zum Golf von Akaba durch Ägypten öffentlich zu protestieren und sich für die Sicherheit Israels zu verbürgen. Das trug dazu bei, dass sich in Israel die Kriegspartei durchsetzte, und löste in Frankreich eine breite Protestbewegung gegen die Politik des Generals aus. Selbst einige Minister zögerten nicht, ihre Missbilligung zu bekunden. Als sich Israel nach dem Sieg im Sechs-Tage-Krieg weigerte, die eroberten Gebiete wieder zu räumen, verstieg er sich in einer Pressekonferenz zu einer pauschalen Abqualifizierung der Juden, die geblieben seien, »was sie immer waren, nämlich ein Elite-Volk, selbstgewiss und herrisch«. Den Staat Israel attackierte er als »kriegerisch und entschlossen, sich zu vergrößern.«[55] Auf die empörten Proteste, die diese Bemerkungen auslösten, reagierte er mit der Versicherung, dass er niemanden habe beleidigen wollen. Das konnte die Missbilligung, die er erfuhr, aber nicht wieder wettmachen.

Noch größer war die Aufregung, die de Gaulles Reise zur Weltausstellung im kanadischen Montréal im Juli 1967 auslöste. Er nutzte die Einladung zu einem Staatsbesuch aus Anlass dieser Ausstellung, um die Emanzipationsbewegung unter den Franko-Kanadiern der Provinz Québec, die sich seit Beginn der 1960er Jahre bemerkbar machte, nach Kräften zu fördern. Für ihn war die kanadische Konföderation ein imperiales Kunstgebilde der Angelsachsen und Québec dazu bestimmt, eines Tages ein selbstständiger Staat zu werden; dem wollte er mit seinem Auftreten in Kanada nachhelfen. So überquerte er den Atlantik per Schiff. Das erlaubte es ihm, den Besuch in Québec zu beginnen und dann durch das französischsprachige Gebiet bis nach Montréal zu fahren; der Besuch in der Bundeshauptstadt Ottawa war erst für den Schluss der Reise vorgesehen. In Québec, wo er am 23. Juli eintraf, und in jeder der sechs kleineren Städte, in denen er am nächsten Tag auf dem Weg nach Montréal Halt machte, wurde er von einer begeisterten Menschenmenge empfangen, und von Mal zu Mal ermunterte er die »kanadischen Franzosen« mit größerem Nachdruck, ihre Angelegenheiten selbst in die Hand zu nehmen. Am Abend des 24. Juli feierte er dann in einer höchst emotionalen improvisierten Ansprache vom Balkon des Rathauses von Montréal aus den Aufbruch des »französischen Kanada« und die Zusammenarbeit der »Franzosen beiderseits des Atlantiks an einem gemeinsamen französischen Werk.« Die Ansprache endete mit einem Hoch auf das »freie Québec«, auf das »französische Kanada« und auf Frankreich.[56]

Die Regierung in Ottawa empfand dieses Bekenntnis zum »freien Québec«, wie es die Extremisten unter den Franko-Kanadiern forderten, als skandalös. Ihr Außenminister sagte seine Teilnahme am offiziellen Abendessen nach dem Besuch der Weltausstellung am 25. Juli ab, und de Gaulle verzichtete daraufhin auf die Fortsetzung der Reise nach Ottawa. Zu Hause und überall auf der Welt hagelte es Kritik an einem Staatschef, der an Selbstüberschätzung leide und die Orientierung verloren habe. De Gaulle aber berief sich einmal mehr auf seine Pflicht vor der Geschichte: Er habe zu den Franko-Kanadiern sprechen müssen, nachdem die französischen Könige sie 1763 (mit der Abtretung an die britische Krone!) im Stich gelassen hätten.

> »Es gibt den armen Menschen de Gaulle und es gibt den de Gaulle, von dem man die Geschichte erwartet. Wenn der Mensch de Gaulle auf den historischen de Gaulle schaut, muss er zugeben, dass sich der historische de Gaulle so verhält wie man es von ihm erwartet. Was bedeutet es schon, wenn der Mensch de Gaulle Schläge einstecken muss? Es war die Pflicht, hören Sie, die Pflicht des de Gaulle, der bald sterben wird, diesen Satz auszusprechen.«[57]

11 Erschütterungen

In einem Brief, den Charles de Gaulle im Juni 1961 an seinen Sohn Philippe schrieb, bezeichnete er das politische System, das er im Begriff war, nach seinen Vorstellungen umzugestalten, als »eine Art Volksmonarchie«. Er fügte hinzu, dass es »das einzige System ist, das mit dem Charakter und den Gefahren unserer Epoche vereinbar ist.«[1] Daran war soviel richtig, dass der gewaltige Modernisierungsschub, den Frankreich in den 1960er Jahren erlebte, durch die Schwächung des Parlaments zugunsten einer starken und handlungsfähigen Exekutive begünstigt wurde. In der Nationalversammlung waren viele Partikularinteressen vertreten, die sich wechselseitig blockierten, und generell herrschte eine Neigung zu konservativem Wirtschaften und zur Besitzstandswahrung vor. Da konnte eine starke Exekutive, die das Land entschlossen der internationalen Konkurrenz aussetzte, die produktivsten Technologien und Methoden förderte und sich wenig um den Protest der Verlierer dieser Modernisierung kümmerte, durchaus hilfreich sein.

Für de Gaulle stellte eine solche Politik umso mehr eine Notwendigkeit dar, als ihm sehr bewusst war, dass der Einfluss und das Ansehen eines Landes nicht zuletzt von seiner wirtschaftlichen Stärke abhingen. Sein Besuch in den USA im August 1945 hatte ihm vor Augen geführt, wie groß der Rückstand war, den Frankreich hier aufzuholen hatte. Entsprechend hatte er schon als Präsident der Nachkriegsregierung positiv reagiert, als Jean Monnet ihm eine gezielte Modernisierungsplanung unter Einbeziehung der Sozialpartner vorgeschlagen hatte. 1958 hatte er den Plan von Jacques Rueff zur Sanierung des Staatshaushalts, zur Bekämpfung der Inflation und zur Öffnung für den Gemeinsamen Markt gegen große

Widerstände durchgesetzt und damit die Grundlage für eine Beschleunigung des französischen Wirtschaftswachstums gelegt, die innerhalb eines Jahrzehnts zur vorzeitigen Vollendung des Gemeinsamen Markts führte.

Nach der Beendigung des Algerienkrieges hielt er eine weitere Anstrengung zur Modernisierung der französischen Wirtschaft für notwendig. Nicht zuletzt deswegen entschied er sich, Georges Pompidou mit dem Amt des Premierministers zu betrauen, und auch die Berufung von Gaston Palewski zum Forschungsminister gehört in diesen Zusammenhang. Die Eindrücke, die er bei seiner Rundreise durch die prosperierende Bundesrepublik im September 1962 gewann, bestärkten ihn in der Entscheidung für eine Forcierung des Modernisierungsprozesses. Er appellierte an die Franzosen, sich an die ehrgeizigen Vorgaben des Vierjahresplans von 1962 zu halten (»Wir müssen ihn durchführen«[2]), und kümmerte sich anders als beim Vorgängerplan selbst im Detail um seine Umsetzung sowie um die Vorbereitung des fünften Vierjahresplans, der ab 1966 gelten sollte. Dabei drängte er insbesondere auf einen ausgeglichenen Staatshaushalt und auf Währungsstabilität. Das brachte ihn regelmäßig in einen Gegensatz zur Pompidou, der den Plan für einen unverbindlichen Orientierungsrahmen hielt, mit dem pragmatisch umgegangen werden musste, und ein gewisses Maß an Inflation als wachstumsfördernd betrachtete.

Mit den Stabilisierungsmaßnahmen, die de Gaulle im zweiten Halbjahr 1963 durchsetzte, gelang eine Eindämmung der Inflation und die Rückkehr zum ausgeglichenen Haushalt. Das Wirtschaftswachstum wurde dadurch kurzfristig etwas gebremst, langfristig aber entwickelte die französische Volkswirtschaft eine außerordentliche Dynamik. War das Bruttoinlandsprodukt schon im Jahrzehnt von 1949 bis 1959 um durchschnittlich 4,5 Prozent im Jahr gestiegen, so belief sich die Steigerungsrate der Jahre 1959 bis 1970 auf durchschnittlich 5,8 Prozent pro Jahr. Nur Japan erlebte in diesem Jahrzehnt ein noch dynamischeres Wirtschaftswachstum, allerdings von einem viel niedrigeren Ausgangspunkt aus. In der Bundesrepublik wuchs das Bruttoinlandsprodukt von 1959 bis 1970 nur noch um durchschnittlich 4,9 Prozent pro Jahr, in den USA um 3,9 Prozent. Frankreich erlebte in der Ära de Gaulle den Durchbruch zur international konkurrenzfähigen Industriegesellschaft.

Das erleichterte es dem Staatspräsidenten zweifellos, sich auch über die Lösung des Algerienproblems hinaus an der Macht zu halten. Der Erfolg weitgehend unbekannter »gaullistischer« Kandidaten in den Wahlen vom November 1962 war nicht nur seinen Warnungen vor dem Chaos zu verdanken, sondern auch der Erwartung weiteren wirtschaftlichen Aufschwungs. Das dynamische Wachstum und die vielfachen Umbrüche in der Arbeitswelt wie in der Gesellschaft, die damit verbunden waren, hatten aber auch Folgen, die das Regime des »Volksmonarchen« bedrohten.

Zum einen wurden die Früchte des Wachstums sehr ungleich verteilt. Alle wurden zwar reicher; gleichzeitig vergrößerte sich aber auch der Abstand zwischen Arm und Reich, und die Aufstiegschancen blieben gering. De Gaulle wollte zwar eine »gerechtere« Verteilung des Wohlstands erreichen und er ließ das auch so im fünften Plan festschreiben. Aber entsprechende Initiativen der Linksgaullisten in der Nationalversammlung und in der Regierung scheiterten meist am Widerstand Pompidous, der sie in Übereinstimmung mit den Vertretern des großen Geldes für nicht machbar erklärte. Zudem sorgte de Gaulle mit dem Festhalten an der Priorität der Investitionen und dem Ziel einer stabilen Währung selbst dafür, dass die Umverteilung zugunsten der einkommensschwachen Schichten nicht so schnell erfolgen konnte, wie diese es angesichts des sichtbar wachsenden Komforts der Bessergestellten erwarteten. Soziale Konflikte, die die erhoffte »grundlegende Harmonie«[3] der wirtschaftlichen Expansion störten, waren damit vorprogrammiert.

Zum anderen implizierten die gesellschaftlichen Umbrüche und die Fazilitäten der neuen Konsumkultur auch eine Auflockerung traditioneller sozialmoralischer Milieus und eine Individualisierung in den Lebensentwürfen. Der Glaube an ein

Leben nach dem Tod schwand dahin; Autoritäten jedweder Art wurden zunehmend in Frage gestellt. Nation, Klasse und Familie traten gegenüber dem Ideal der Selbstverwirklichung in den Hintergrund. Der traditionsverhaftete Präsident kam mit diesen Entwicklungen nur schwer zurecht. Seine Botschaften, die immer den Vorrang des Kollektivs vor dem Individuum betonten, stießen zunehmend ins Leere. Insbesondere die jüngere Generation fand keinen Zugang mehr zu ihm.

Als Mitte der 1960er Jahre die Forderung nach Freigabe der empfängnisverhütenden Pille aufkam, zeigte sich de Gaulle zunächst fest entschlossen, ihr nicht nachzugeben:

> »Die Pille? Niemals! [...] Man kann die Frau nicht auf eine Maschine zum Liebemachen reduzieren! Sie ist gemacht, um Kinder zu bekommen! Wenn man die Pille zulässt, kann man gar nichts mehr halten! Der Sex wird alles überschwemmen! [...] Die Frau ist nicht nur sich selbst verpflichtet, sondern auch ihrem Heim und ihrem Land!«[4]

Zwei Jahre später fand er sich dann doch bereit, einen Gesetzesentwurf zur Freigabe der Pille zu unterstützen: Seine Frau hatte ihm deutlich gemacht, dass sie helfen konnte, Frauen von unzumutbaren Belastungen zu befreien. Sehr wohl war ihm dabei aber nicht. »Die Sitten ändern sich«, sagte er im Ministerrat. »Diese Entwicklung ist schon seit langem im Gang; wir können da fast gar nichts machen.«[5]

Mit der Vernachlässigung der unteren Einkommensschichten und der Auflockerung der Milieus wurde das Regieren über den Parteien mit der Zeit schwieriger. Weil de Gaulle die Zwischengewalten geschwächt hatte, schlug sich die Unzufriedenheit stärker als zuvor in ungehemmter Reklamation von Partikularinteressen nieder, bisweilen gesteigert bis zur gewalttätigen Bekundung ohnmächtigen Protests. Die Repräsentanten des Staates und auch der Präsident selbst reagierten auf die Zeichen der Unbotmäßigkeit mit Unverständnis und Repression; und so ging die charismatische Herrschaft allmählich in eine autoritäre über – von denjenigen, die von der Entwicklung zum modernen Wohlfahrtsstaat besonders profitierten, nur passiv unterstützt und von denjenigen, die aus unterschiedlichen Gründen unzufrieden waren, mit wachsendem Missmut ertragen.

Schon im Frühjahr 1963 signalisierte ein Bergarbeiterstreik, auf welch schwachen Grundlagen das Volkskönigtum de Gaullescher Prägung beruhte. Der Streik hatte im September 1962 in dem Revier von Decazeville im Süden des Zentralmassivs begonnen, das von der Schließung unrentabel gewordener Betriebe, die die Regierung 1960 verfügt hatte, in besonderem Maße betroffen war. Zum 1. März 1963 griff der Streik auf die gesamte Bergbauindustrie über. De Gaulle reagierte mit einem Dekret zur Zwangsverpflichtung der Bergleute, die insofern möglich war, als der Bergbau ja 1945 verstaatlicht worden war und die Bergleute folglich den Status öffentlicher Bediensteter hatten. Dieses Dekret wurde aber schlicht nicht befolgt. Tausende von Bergleuten aus dem Norden demonstrierten in Sichtweite des Élysée-Palastes und skandierten dabei respektlos: »Charlot, des sous!« (Etwa: »Kalle, mehr Knete!«). Nach fünf Wochen, in denen die Unterstützung der öffentlichen Meinung für die streikenden Bergleute beständig zunahm, musste die Regierung schließlich nachgeben und den Streikenden ihre Forderungen weitgehend erfüllen. Das Ansehen des Präsidenten litt darunter ganz erheblich. Die Rate der Zustimmung zu seiner Politik fiel innerhalb eines Monats von 63 auf 41 Prozent.

De Gaulle war über das Verhalten der Bergleute enttäuscht. »Ich hegte die Illusion«, schrieb er in seinen Memoiren,

> »dass die Bergleute nicht die Verantwortung dafür übernehmen wollten, der französischen Gemeinschaft schweren Schaden zuzufügen. [...] Das war nicht der Fall.«[6]

Die Niederlage wollte er freilich nicht auf sich sitzen lassen. Er werde die Arbeiter zurückgewinnen, versicherte er Peyrefitte auf die Nachricht von seinem Absturz in den Meinungsumfragen, und zwar durch die Einführung der Mitbestimmung. »Unsere große Aufgabe wird es fortan sein, die Arbeiterklasse verschwinden zu lassen.« Gemeint war: die Arbeiter durch die

Gewährung von Mitbestimmungsrechten in den Betrieben und Anteilen an den Unternehmensgewinnen dem Einfluss »von Gewerkschaften oder politischen Parteien, die mich bekämpfen« zu entziehen.[7]

Mit dem Projekt der Mitbestimmung hatte de Gaulle einen weiteren Grund gefunden, über eine zweite Amtszeit als Staatspräsident nachzudenken. Eigentlich strebte er das nicht an: Er fühlte sich zunehmend von den Mühen des Alters geplagt und fürchtete, eine zweite Amtszeit nicht mehr zu überleben. Bei ihrem Beginn 1966 würde er 75 Jahre alt sein, zu ihrem Ende 82. Weil die Verpflichtungen als Staatspräsident die langen Spaziergänge in den Wäldern von Colombey-les-Deux-Églises nur noch selten zuließen, hatte er seit dem Beginn seiner Amtszeit deutlich an Gewicht zugenommen; er war auch etwas geschrumpft (von einst 1,93 auf 1,86 m). Was ihn am meisten plagte, war die Furcht, wie einst Pétain die intellektuelle Kraft zur Führung des Landes zu verlieren. Er sei von dem Schreckbild des »greisenhaften Pétain« geradezu besessen, bemerkte Maurice Schumann nach einem Besuch bei seinem alten Chef.[8]

Aber da waren die vielen Projekte, deren Erfolg noch nicht garantiert war: der Aufschluss zur internationalen Konkurrenzfähigkeit, das unabhängige Europa, die eigenständige Atommacht, die dauerhafte *Détente.* Ihre Vollendung einem Nachfolger zu überlassen, glaubte er nicht verantworten zu können. Auch einem Pompidou, der sich seit der Beendigung des Bergarbeiterstreiks für den einzig möglichen Nachfolger hielt, traute er die Bewältigung all dieser Aufgaben nicht recht zu.

Über zwei Jahre lang war de Gaulle unentschieden, ob er wirklich zu den Präsidentschaftswahlen im Dezember 1965 antreten sollte. Zu Pompidou sagte er schon im April 1963, er wolle das nicht, aber diese Ankündigung hatte wohl auch den Zweck, möglichst starke Argumente für einen Verbleib im Amt zu provozieren. Pompidou, der damit auch getestet wurde, verstand sie jedenfalls so und drängte den Präsidenten entsprechend zur Kandidatur.

»Wenn ich ihn nicht noch energischer als die anderen drängen würde anzutreten, würde er daraus schließen, dass ich es eilig habe, seinen Platz einzunehmen.«[9]

Andere Vertraute wurden der gleichen Art Verhör ausgesetzt, besonders nachdem sich der General im April 1964 in aller Heimlichkeit einer beschwerlichen Prostata-Operation unterziehen musste. Madame de Gaulle sagte ihnen wieder und wieder, »die wahren Freunde des Generals« müssten ihn »dazu bringen, nicht im Élysée-Palast zu bleiben.«[10] Aber niemand hörte auf sie.

Die Entscheidung fiel Ende Juni 1965, nachdem eine Meinungsumfrage ein sehr aufschlussreiches Ergebnis gebracht hatte: Wenn de Gaulle kandidieren würde, würde er im ersten Wahlgang 50 Prozent der Stimmen erhalten, ein Mitte-Links-Kandidat 29 Prozent und ein Kandidat der Kommunisten 10 Prozent. Würde dagegen Pompidou an der Stelle von de Gaulle antreten, bekäme er nur 29 Prozent, während der Mitte-Links-Kandidat 30 Prozent auf sich vereinen könnte und der Kommunist auf 11 Prozent käme. Der Mitte-Links-Kandidat hatte damit alle Chancen, sich im zweiten Wahlgang gegen Pompidou durchzusetzen. Diese Erkenntnis dürfte bei de Gaulle die letzten Zweifel beseitigt haben. Jedenfalls lud er jetzt Pompidou, Debré, Malraux und Palewski für den 30. Juni zum Abendessen in den Élysée-Palast ein, um mit ihnen einmal mehr die Frage einer Kandidatur zu diskutieren. Nachdem die Antworten wie erwartet alle positiv ausgefallen waren (im Falle von Pompidou allerdings mit so vielen Kautelen versehen, dass de Gaulle später meinte, sie sei negativ gewesen), entließ er sie – und entschied dann für sich, dass er sich den Wählern stellen würde. Es musste ja nicht für die ganze Amtsperiode sein. Debré hatte recht mit dem Argument, dass er selbst über den Zeitpunkt der Vollendung seiner Mission entscheiden konnte.

Schon den Feldzug gegen die supranationalen Ambitionen der Hallstein-Kommission, den er in der folgenden Nacht begann, führte der Präsident mit dem Ehrgeiz, ihn auch siegreich zu Ende zu führen. Am 4. September informierte er

Pompidou über seine Entscheidung. Ansonsten behielt er sie aber weiterhin für sich – darum bemüht, die Gegner im Dunkeln tappen zu lassen und den Wahlkampf, den er als irgendwie entwürdigend empfand, so kurz wie möglich zu halten. Am 26. Oktober kündigte er im Ministerrat an, dass er sich am 4. November mit einer Botschaft an das Volk wenden würde. Welche Botschaft das sein würde, sagte er den Ministern so demonstrativ nicht, dass selbst diejenigen wieder Zweifel bekamen, die zu wissen glaubten, dass er sich längst für eine zweite Amtszeit entschieden hatte. Am Abend des 4. November erschien de Gaulle dann um 20 Uhr auf den Bildschirmen. Um 20 Uhr und vier Minuten fiel der entscheidende Satz:

> »Heute glaube ich mich bereit halten zu müssen, um meine Aufgabe fortzuführen. Ich ermesse in Kenntnis der Dinge, um welche Anstrengung es sich handelt, bin aber überzeugt, dass es gegenwärtig das Beste ist, um Frankreich zu dienen.«[11]

Für de Gaulle war mit der Entscheidung für die Kandidatur auch schon die Entscheidung über den Ausgang der Präsidentschaftswahl gefallen. Einen Wahlkampf im konventionellen Sinne wollte er nicht führen. Er glaubte, es würde genügen, wenn er einmal mehr vor dem Chaos warnte:

> »Wenn die eindeutige und massive Zustimmung der Bürger mich verpflichtet, im Amt zu bleiben, wird die Zukunft der neuen Republik wirklich gesichert sein. Wenn nicht, kann niemand zweifeln, dass sie sogleich zusammenkrachen wird und Frankreich eine Konfusion des Staates erleiden muss, die noch katastrophaler sein wird als diejenige, die es früher gekannt hat – aber diesmal, ohne dass Rettung möglich sein wird.«[12]

Auf die Mitbewerber um das Präsidentenamt ging er mit keinem Wort ein und er legte auch kein Wahlprogramm vor. Der Wahlkampf blieb denkbar bescheiden: Keine öffentlichen Veranstaltungen oder Fernsehauftritte, ein verunglücktes Wahlplakat, das ein veraltetes de Gaulle-Porträt vor einem blassblauen Hintergrund zeigte, und ein Chanson von Gilbert Bécaud: »Diese Stimme, die ein Frankreich nach deinem Geschmack erzählt, wenn sie schweigen wird, ich wette hundert Sous mit dir, du wirst es bedauern.«[13]

Als die Meinungsumfragen signalisierten, dass de Gaulle im ersten Wahlgang nicht die absolute Mehrheit erreichen würde, gestattete er Wahlkampfauftritte seiner Getreuen und willigte er ein, wenigstens noch einmal vor dem abschließenden Appell im Fernsehen aufzutreten. Am 30. November lamentierte er pauschal über die »fünf Oppositionskandidaten«, die alle seinen Abgang und die Rückkehr zum »Regime von gestern« wollten;[14] am 3. Dezember bilanzierte er stolz die Leistungen seines ersten Septennats. Aber das konnte den Trend nicht mehr umkehren: Im ersten Wahlgang am 5. Dezember kam der amtierende Präsident nur auf 43,70 Prozent der Stimmen. François Mitterrand, der Kandidat eines Bündnisses der demokratischen Linken, konnte mit Unterstützung der Kommunisten 32,29 Prozent der Stimmen auf sich vereinen. Der junge MRP-Vorsitzende Jean Lecanuet, der für die Volksrepublikaner und die de Gaulle-Gegner unter den Konservativen angetreten war, errang mit 15,85 Prozent einen unerwarteten Achtungserfolg.

Für de Gaulle war das eine Niederlage, mit der er absolut nicht gerechnet hatte. 56 Prozent der Franzosen waren gegen ihn, und das in einem Wahlakt, zu dem er ursprünglich gar nicht antreten wollte! »Ich habe diese Wahlen doch nicht für mich gewollt«, brach es im Familienkreis in Colombey am Abend des 5. Dezember nach langem Schweigen aus ihm heraus.

> »Die Verfassung ist nicht für mich gemacht, sondern für meine Nachfolger, weil sie nicht das Charisma des einzigen Franzosen haben, der den Krieg gewonnen hat. Wenn die Franzosen das nicht begriffen haben, dann werden sie nie etwas begreifen. Ich habe nichts mehr mit ihnen zu schaffen. Ich gehe.«[15]

Sein Rücktrittsschreiben hatte er zu diesem Zeitpunkt schon aufgesetzt. Der Adjutant sollte es am nächsten Morgen nach Paris bringen.

Die Argumente von Pompidou, Joxe und Peyrefitte, die ihn gegen 21.30 Uhr anriefen, um ihn zum Bleiben zu bewegen, stießen nur auf eine Mauer des Schweigens. Auch Philippes begütigendes Zureden nutzte nichts: »Hören Sie, Papa, das können Sie nicht machen.«[16] Am nächsten Vormittag brachte ein Kurier eine von Peyrefitte bestellte Wahlanalyse nach Colombey, in der die Stichwahl zum unvermeidlichen Element der Mehrheitswahl in zwei Wahlgängen erklärt wurde. Nachmittags kam Schwager Jacques Vendroux angereist, um noch einmal zu erklären, was Joxe schon gesagt hatte:

»Wenn Sie sich zurückziehen, sichern Sie die Wahl von Mitterrand, der nichts Eiligeres zu tun haben wird, als Alles zu zerstören, was Sie aufgebaut haben!«[17]]

Das war wohl das entscheidende Argument: Ausgerechnet Mitterrand, der von Pétain einen Orden erhalten hatte, bevor er sich einen Posten in der *Résistance* suchte! Der in elf Regierungen der IV. Republik Minister gewesen war! Der 1964 eine schneidende Abrechnung mit dem »permanenten Staatsstreich« des Generals publiziert hatte! Diesem »Gauner«[18] konnte man das Geschick des Landes nicht überlassen.

Als de Gaulle am Dienstag nach Paris zurückkehrte, war er wie ausgewechselt. Im Ministerrat bekannte er, er habe sich geirrt (das hatten die Minister noch nie von ihm gehört!) und den ersten Wahlgang der Präsidentschaftswahl mit einem Referendum verwechselt. Dann fand er sich dazu bereit, sich den Wählern nicht nur mit vorformulierten Reden zu präsentieren, in denen jedes Wort drei Mal bedacht worden war, sondern im lebendigen Gespräch mit einem Journalisten. In den Gesprächen mit Michel Droit, dem Direktor des *Figaro littéraire*, – drei Mal eine halbe Stunde, die an einem Tag aufgenommen und an drei hintereinander folgenden Abenden gesendet wurden – zeigte er Witz, Schlagfertigkeit, Leidenschaft, seine Neigung zum Sarkasmus und sein Talent zur Dramatisierung. Als Droit ihn auf Lecanuets Kritik an seiner Europapolitik ansprach, meinte er, man könne »selbstverständlich wie ein Zicklein auf seinen Stuhl springen und ›Europa! Europa! Europa!‹ rufen. Aber das führt zu nichts und das bedeutet nichts.«[19] Dabei machte er selbst einen Satz wie ein

Zicklein, oder besser: wie ein Elefant, der ein Zicklein spielte. Die Zuschauer waren ebenso verblüfft wie angetan: So hatten sie den staatstragenden Retter der Nation noch nie erlebt.

Der authentische Auftritt half de Gaulle, das Verhältnis zu den Franzosen noch einmal zu reparieren. Er gab ihnen die Illusion, wie Olivier Guichard später schrieb, »zu einem Dialog zurückzufinden, den sie niemals miteinander geführt hatten.«[20] Das ermöglichte es ihm, die Stichwahl am 19. Dezember mit 54,50 Prozent gegen 45,49 Prozent für Mitterrand zu gewinnen. Freilich war seine Machtstellung nicht mehr die gleiche wie zuvor: Aus dem Führer des Freien Frankreich, dem Retter vor einem Bürgerkrieg und dem Befreier von der algerischen Last war der Sieger einer rechten Mehrheit in einem bipolaren System geworden. De Gaulle konnte darin nur einen Abstieg sehen, der ihm wenig behagte. »Weil kein Drama drohte, war das Ergebnis wenig brillant«, schrieb er am 22. Dezember an Debré.[21] Die Arbeiter waren nicht in dem Ausmaß zu ihm zurückgekehrt, wie er erhofft hatte; und die jüngere Generation stand überwiegend im Lager von Mitterrand.

Umso mehr hielt er es jetzt für geboten, die Regierung Pompidou durch eine reformfreudigere Mannschaft zu ersetzen. Als Premierminister sollte ihr Couve de Murville vorstehen.[22] Von dem geplanten Wechsel im Amt des Premierministers sah er aber vorerst noch einmal ab, weil die Nationalversammlung im Frühjahr 1967 neu gewählt werden musste und es nach dem Ausgang der Präsidentschaftswahlen fraglich war, ob es Couve als innenpolitischem Neuling in dieser kurzen Frist gelingen würde, die bisherige Mehrheit erneut zum Sieg zu führen. So rückte Anfang 1966 nur eine Reihe von Politikern in die dritte Regierung Pompidou ein, die de Gaulle als engagierte Reformer galten: neben Edgar Faure, Pierre Billotte, Jean Charbonnel und Jean-Marcel Jeanneney (dem Sohn des einstigen Senatspräsidenten) auch Michel Debré, der nun als eine Art Superminister für Finanzen und Wirtschaft in die Regierungsverantwortung zurückkehrte. Pompidou hatte darauf bestanden, dass Giscard d'Estaing, der ihm als ehrgeiziger Finanzminister ständig in die Quere gekommen war, aus der Regierung ausschied. Dafür handelte er sich nun einen noch gewichtigeren Rivalen ein.

Dessen ungeachtet konnte der Regierungschef seine Stellung vorerst ausbauen. De Gaulle konzentrierte sich weitgehend auf das, was ihm in der Zeit, die ihm verbleiben würde, besonders dringlich erschien: die atomare Eigenständigkeit Frankreichs und die *Détente*. Er fing auch an, mit seinen Kräften zu haushalten. Mehr als sechs Stunden konzentrierter Arbeit am Tag wollte er sich jetzt nicht mehr zumuten. Die Fortführung des wirtschaftlichen Umbaus und die Einführung der Mitbestimmung rückten damit in seiner Prioritätenliste notgedrungen nach hinten. Entsprechend wuchs der Einfluss Pompidous auf die wirtschaftliche Modernisierung. Er nutzte ihn, um die Wirtschaft wieder stärker auf Wachstumskurs zu bringen und eine Reihe von Fusionen zu begünstigen, die die Position von Unternehmen und Banken auf dem Weltmarkt stärken sollten. Die Linksgaullisten gerieten vollends ins Hintertreffen. Ein Gesetzesvorhaben zur Beteiligung der Arbeitnehmer an den Unternehmensgewinnen, das die Regierung nach einem Parlamentsbeschluss vom Juli 1965 bis zum 1. Mai 1967 einbringen sollte, stieß auf so viel Kritik, dass de Gaulle in einer Pressekonferenz am 28. Oktober 1966 die Notbremse ziehen musste: Diese Reform benötige noch »Studien, Entscheidungen und Zeit.«[23]

Gleichzeitig hatte Pompidou die Mehrheit für die bevorstehenden Parlamentswahlen zu organisieren. Er wuchs darüber zum eigentlichen Chef der gaullistischen UNR heran. Die Minister wurden verpflichtet, ausnahmslos selbst als Kandidaten für das Parlament anzutreten. Das ging nicht ohne Widerstände, sowohl bei lokalen Parteiorganisationen, die auf der Wiederaufstellung ihren bisherigen Abgeordneten beharrten, als auch bei manchen Regierungsmitgliedern, die noch nie einen Wahlkampf bestritten hatten. Manchmal musste de Gaulle persönlich intervenieren, um die von Pompidou gewünschte Lösung durchzusetzen. In den meisten Fällen war er damit erfolgreich. Lediglich Jeanneney konnte sich dem

Drängen auf eine Kandidatur in Grenoble entziehen, wo für die Linksföderation Mendès France antrat.

Nicht ganz so erfolgreich war der Regierungschef bei der Einbindung der Unabhängigen Republikaner Giscard d'Estaings in die Regierungsmehrheit. Giscard d'Estaing musste zwar nach anfänglichem Widerstand die Aufstellung von gemeinsamen Kandidaten von Gaullisten und Unabhängigen Republikanern schon für den ersten Wahlgang akzeptieren. Ein *Aktionskomitee für die V. Republik* unter dem Vorsitz Pompidous, das im Mai 1966 gebildet wurde, nahm sie in langwierigen Auseinandersetzungen bis zum Ende des Jahres vor. Der Ex-Finanzminister nutzte aber die Freiheit, die er durch den Verlust des Regierungsamtes gewonnen hatte, um seine Unabhängigen Republikaner als modernere und auch europafreundlichere Alternative zum traditionellen Gaullismus zu profilieren. In einer Pressekonferenz am 10. Januar 1967 spitzte er das zu einem Programm des »Ja, aber...« zu: »Ja zur Mehrheit, aber mit dem festen Willen, auf ihre Orientierung Einfluss zu nehmen.«[24]

Die Anstrengungen, die Pompidou im Hinblick auf den Erhalt der Regierungsmehrheit unternahm, schienen sich zu lohnen. Im ersten Wahlgang am 5. März 1967 konnte das Aktionskomitee für die V. Republik 37,75 Prozent der Stimmen auf sich vereinen, über 2 Prozent mehr als ihre beiden Komponenten in den Wahlen vom 18. November 1962 zusammen erhalten hatten. Im zweiten Wahlgang am 12. März machte sich dann aber das Wahlbündnis bemerkbar, das Mitterrand für seine Föderation der Linken mit den Kommunisten geschlossen hatte: Die Mehrheit für das Aktionskomitee für die V. Republik schrumpfte von 269 auf 247 Sitze, nur noch drei Sitze mehr, als zur absoluten Mehrheit notwendig waren. Gleichzeitig konnten die Giscardianer ihren Anteil an dieser Mehrheit ausbauen: Sie waren jetzt mit 45 statt bisher 36 Abgeordneten vertreten, die Gaullisten nur noch mit 202 statt bisher 233.

Für de Gaulle war dieses Ergebnis in doppelter Hinsicht misslich: Zum einen waren parlamentarische Mehrheiten mit den Unabhängigen Republikanern jetzt nicht mehr so einfach zu organisieren. Zum anderen und vor allem war es auch jetzt nicht möglich, Pompidou durch Couve de Murville zu ersetzen. Der Außenminister hatte den Wahlkampf im 7. Arrondissement von Paris ganz knapp verloren, während der Premierminister, der sich ebenfalls zum ersten Mal den Wählern stellte, im Chantal bereits im ersten Wahlgang gewählt worden war. An der Wiederberufung Pompidous kam der Präsident danach nicht mehr vorbei. Mehr noch: Der Premierminister konnte auch die Berufung einiger Politiker, die sein besonderes Vertrauen genossen, in die neue Regierung durchsetzen: Edmond Michelet und Maurice Schumann, die von den Volksrepublikanern kamen, Raymond Marcellin und André Bettencourt von den Giscard-Gegnern unter den Unabhängigen Republikanern, Olivier Guichard und der junge Jacques Chirac, der zuvor seinem persönlichen Kabinett angehört hatte. Um die Kohärenz der Mehrheit zu sichern, ließ er sich Ende April vom Parlament ermächtigen, Maßnahmen zur Sicherung der Sozialversicherung, der Vollbeschäftigung und der Konkurrenzfähigkeit sowie zur Vermögensbildung der Arbeitnehmer ein halbes Jahr lang per Ordonnanz zu regeln. Schließlich nahm er auch die Modernisierung der gaullistischen Partei in Angriff: Auf einem Parteitag der UNR in Lille vom 24. bis 26. Oktober setzte er die Organisation auf Wahlkreisebene und das Prinzip von Vorstandswahlen durch. Neuer Generalsekretär wurde sein Vertrauter Robert Poujade; aus der *Union pour la Nouvelle République* wurde die *Union des Démocrates pour la Ve République*.

Dass Pompidou mit dem Zugriff auf die Partei auch seine Wahl zum Staatspräsidenten sicherstellen wollte, entging de Gaulle natürlich nicht. Für den Augenblick störte ihn das nicht besonders. Er musste nur dafür sorgen, dass der Premierminister seinen Handlungsspielraum nicht schon jetzt noch weiter einschränkte. Darum erinnerte er in der Herbst-Pressekonferenz des Jahres 1967 daran, dass es »die Aufgabe des Präsidenten der Republik und Staatschefs ist, die Institutionen in ihrem Geist und in ihrem Wortlaut zu erhalten und die Politik

Frankreichs für die gesamte Zeit zu orientieren, in der er – und zwar allein – der Beauftragte des ganzen französischen Volkes ist.« Nicht ohne Sarkasmus fügte er hinzu:

> »Das ist übrigens, wie ich sehr wohl glaube, das, was diejenigen leidenschaftlich und feierlich zum Ausdruck bringen wollten, die sich in Lille versammelt haben.«[25]

Pompidou, der der Aufführung wie üblich mit allen Ministern beiwohnte, verzog keine Miene. Er wusste, dass die Zeit jetzt für ihn spielte.

Die Ordonnanzen Pompidous brachten den Wachstumsprozess, der durch die Stabilisierungspolitik und eine erste Rezession in der Bundesrepublik ins Stottern geraten war, wieder in Fahrt. Allerdings stieg 1967 auch die Inflationsrate wieder an, und die sozialen Unruhen hörten nicht auf. Bis zum Ende des Jahres zählte man vier Millionen Arbeitstage, die durch Streiks verloren gegangen waren, so viele wie noch nie. Auch an den Universitäten gab es Proteste und Unruhen; die neue Philosophische und Sozialwissenschaftliche Fakultät in Nanterre in der industriellen *Banlieue* von Paris entwickelte sich zum Zentrum der Auseinandersetzungen. De Gaulle beobachtete das mit einer gewissen Sorge. Anders als die meisten Zeitgenossen war er nicht davon überzeugt, dass Frankreich vor ähnlichen gesellschaftlichen Erschütterungen gefeit war, wie sie die USA, Großbritannien und die Bundesrepublik unterdessen erlebten. Als Jean-Marcel Jeanneney Mitte Januar 1968 im Gespräch mit dem General meinte, im Vergleich mit den USA sei in Frankreich ja alles ruhig, schnitt ihm de Gaulle das Wort ab: »Das wird nicht so bleiben!«[26]

Trotz dieser bemerkenswerten Prophezeiung war es ausgerechnet de Gaulle selbst, der die Unruhen des Mai 1968 auslöste. Er drängte die Regierung, einen Gesetzesentwurf einzubringen, der den Zugang zur Universität beschränkte. Als dieser Entwurf, der am 24. April im Ministerrat gebilligt wurde, die Resonanz auf die Agitation der »revolutionären« Studentengruppe um Daniel Cohn-Bendit in Nanterre beträchtlich verstärkte, wies de Gaulle den Innenminister am 1. Mai an, hart durchzugreifen: »Fouchet, mit den Zwischenfällen in Nanterre muss Schluss gemacht werden!«[27] Der Dekan von Nanterre verfügte daraufhin am 2. Mai die Schließung der Fakultät. Das führte zur Besetzung der Sorbonne am nächsten Morgen und zu einer Straßenschlacht im *Quartier Latin*, als die Regierung der Bitte des Rektors um Räumung der Universität durch die Polizei sogleich nachkam. Pflastersteine flogen, Barrikaden wurden errichtet; die Polizei reagierte mit Schlagstöcken und Tränengas.

Nach den Auseinandersetzungen des 3. Mai war de Gaulle erst recht für hartes Durchgreifen. Gewalttätige Demonstranten sollten rigoros bestraft werden, die Sorbonne sollte bis auf weiteres geschlossen bleiben. Bei dieser Linie blieb er auch noch, als die Demonstrationen und Zusammenstöße von Tag zu Tag heftiger wurden und die Studenten am 10. Mai das *Quartier Latin* besetzten. Dass der Innenminister nicht sogleich dagegen vorging, sondern zunächst das Ergebnis von Gesprächen mit den Vertretungen der Studenten und der Universitätsassistenten abwartete, missbilligte er zutiefst. Während diese Gespräche noch andauerten, errichteten die Demonstranten Barrikaden, gegen die die Polizei dann in der Nacht zum 11. Mai gewaltsam vorging. 367 Personen wurden verletzt, ein Drittel davon Polizisten; 460 Demonstranten wurden festgenommen, 188 Autos brannten aus. Als de Gaulle am nächsten Morgen erfuhr, was geschehen war, war er außer sich:

> »Man kapituliert nicht vor der Meute! Man diskutiert nicht mit den Meuterern! Wenn Sie die Hosen runtermachen, gibt es keinen Staat mehr! Die Staatsgewalt weicht nicht zurück oder sie ist verloren.«[28]

Aus der Sackgasse, in die sich der General mit dieser unerbittlichen Haltung manövriert hatte, fand er so schnell nicht wieder heraus. Das nutzte nun Pompidou, um die Dinge in die Hand zu nehmen – einerseits sicherlich, um den alten Herrn vor sich selbst und seiner Neigung zu einer weiteren Eskalation der Gewalt zu schützen, andererseits aber auch, um sich auf Kosten des Präsidenten als der eigentliche Chef der Exekutive zu profilieren. Pompidou war seit dem 2. Mai zu einem

Staatsbesuch in Afghanistan gewesen. Nach seiner Rückkehr am Abend des 11. Mai rief er die wichtigsten Minister zu sich und kündigte ihnen an, dass er per Fernsehansprache die Wiedereröffnung der Sorbonne am kommenden Montag ankündigen werde, ebenso die Eröffnung eines Berufungsverfahrens für die vier Studenten, die nach der Besetzung vom 3. Mai zu Gefängnisstrafen verurteilt worden waren. Als Louis Joxe wie die anderen Minister einwandte, dass das absolut nicht im Sinne des Generals sein würde, verblüffte ihn Pompidou mit einem harten Verdikt: »Der General existiert nicht mehr, de Gaulle ist tot, da ist nichts mehr.«[29]

Danach suchte Pompidou gegen 21 Uhr de Gaulle auf und drohte ihm, seinen Rücktritt einzureichen, wenn der General dieser Versöhnungsgeste ohne Bedingungen oder Drohungen nicht zustimmen würde.[30] De Gaulle wich zurück. Nachdem die Gewerkschaften für eben diesen Montag zu einem 24-stündigen Generalstreik aus Protest gegen das Vorgehen der Polizei aufgerufen hatten, konnte er sich nicht auch noch eine Regierungskrise leisten. Überzeugt war er freilich nicht, und er nahm dem Premierminister schon sehr übel, dass dieser ihn so massiv unter Druck gesetzt hatte: »Wenn Sie gewinnen, umso besser. Frankreich gewinnt mit Ihnen. Wenn Sie verlieren, umso schlimmer für Sie.«[31] Um 23 Uhr verkündete Pompidou seine Entscheidungen im Fernsehen – nicht ohne hinzuzufügen, sie seien »von einer profunden Sympathie für die Studenten inspiriert.«[32]

Pompidous Entscheidungen wurden von der großen Mehrheit der öffentlichen Meinung erleichtert begrüßt. Die große Demonstration, zu der die CGT (der größte, von den Kommunisten beherrschte Gewerkschaftsverband) für den Mittag des 13. Mai aufgerufen hatte, fand trotzdem statt, und sie richtete sich gegen die Herrschaft des Generals. »Zehn Jahre – das genügt«, war auf den Transparenten zu lesen, und: »De Gaulle ins Archiv!«, »Adieu de Gaulle!«. An der Seite der Studentenführer marschierten die Repräsentanten der politischen Linken, von François Mitterrand über Guy Mollet bis zu Pierre Mendès France, und am Schluss des Zuges war auch das

Politbüro der Kommunisten mit Waldeck Rochet und Jacques Duclos zu finden. Insgesamt waren 300 000 Demonstranten unterwegs. Die Polizei, jetzt unter der strikten Kontrolle von Pompidou, hielt sich zurück; Studenten, die in Richtung Élysée-Palast marschieren wollten, wurden rasch zerstreut. Eine Konfrontation mit den Polizeikräften, die die Sorbonne bewachten, hatte sich nach der Öffnung des alten Universitätsgebäudes erledigt. Von einer Wiederaufnahme des Lehrbetriebs konnte allerdings auch keine Rede sein; stattdessen richteten sich die protestierenden Studenten jetzt dauerhaft in den Hörsälen und Gängen ein.

Alain Peyrefitte reichte angesichts dieser Kapitulation vor dem Aufruhr seine Demission als Erziehungsminister ein. Auch andere Gaullisten und Angehörige der Polizei sahen das Nachgeben des Premierministers kritisch. Der aber behielt den Umgang mit der Protestbewegung unter seiner persönlichen Kontrolle und signalisierte ihr auch weiterhin Verständnis und Verständigungsbereitschaft. Es gehe darum, sagte er am 14. Mai in der Nationalversammlung,

> »wieder einen Lebensrahmen zu schaffen, der für alle annehmbar ist, Ordnung und Freiheit miteinander zu vereinbaren, kritischen Geist und Überzeugung, urbane Zivilisation und Persönlichkeit, materiellen Fortschritt und Kraftanstrengung, freie Konkurrenz und Gerechtigkeit, Individualismus und Solidarität.«[33]

Dem Präsidenten riet er, an diesem Tag wie vorgesehen seinen Staatsbesuch in Rumänien anzutreten: Eine Absage oder auch nur eine Verschiebung würden ihm nur als Schwäche ausgelegt werden und außerdem die *Détente* beschädigen, die für de Gaulle ein wichtiges Motiv gewesen war, über 1965 hinaus im Amt zu bleiben.

Während de Gaulles Abwesenheit musste Pompidou allerdings hinnehmen, dass sich die Protestbewegung ausweitete. Am 15. Mai wurde das Odéon-Theater besetzt. Die Bewegung griff auf die Provinzstädte über; und in zahlreichen Betrieben kam es zu Arbeitsniederlegungen und Fabrikbesetzungen. Bis zum 20. Mai traten, ohne dass die Gewerkschaftszentralen die Entwicklung irgendwie unter Kontrolle hatten, zehn Millionen Arbeitnehmer in den Ausstand und legten damit weite Bereiche der nationalen Produktion lahm. In den besetzten Fabriken bildeten sich spontane Aktionskomitees, die über Partizipationsstrategien diskutierten; und auf den Straßen der Hauptstadt vermengten sich Kundgebungen, Feiern und neue Zusammenstöße mit der Polizei zu einem einzigen großen »Happening«.

Die Nachrichten von dieser dramatischen Ausweitung der Krise veranlassten de Gaulle, den Besuch in Rumänien vorzeitig abzubrechen und am späten Abend des 18. Mai nach Paris zurückzukehren. Noch am Flughafen überzog er Pompidou und die Minister, die zu seinem Empfang gekommen waren, mit einer heftigen Schimpfkanonade. Am nächsten Tag (wieder einem Sonntag) machte er sie ganz allein für die Situation verantwortlich:

> »In fünf Tagen sind zehn Jahre des Kampfes gegen die Gemeinheit verlorengegangen. In fünf Tagen ist man zu den schlimmsten Zeiten skrupelloser Politik zurückgekehrt. Es stimmt, dass man seit sechs Jahren [das hieß: seit Pompidou im Amt war] nichts gemacht hat, man hat nichts vorhergesehen, man hat sich damit zufrieden gegeben, in den Tag hinein zu leben. [...] Ach, was wird das schön sein, wenn ich nicht mehr da sein werde!«[34]

Sodann befahl er hartes Durchgreifen: Räumung des Odéon sofort, der Sorbonne am nächsten Tag, Entlassung aller Rundfunkmitarbeiter, die Unruhe stifteten. Auf den Einwand von Polizeipräfekt Maurice Grimaud, dass so schnelle Räumungen nicht ohne Todesopfer zu bewerkstelligen sein würden, ließ er sich von Pompidou die Zusage abringen, die Räumung der Sorbonne erst einmal zu verschieben. Als Grimaud am späten Abend auf Veranlassung Pompidous noch einmal bei de Gaulle vorsprach, erreichte er auch die Verschiebung der Odéon-Aktion.

Den Informationsminister ließ de Gaulle nach dieser Krisensitzung als Parole ausgeben: »Die Reform, ja; den Straßenkarneval, nein!« Er sagte allerdings nicht »Karneval«, sondern *chienlit*, was von den meisten Franzosen, die den mittelalterlichen Sprachgebrauch nicht mehr kannten, wortwörtlich als »Bettscheißer« verstanden wurde. Die Studenten nutzten das sogleich, um den alten Präsidenten zu verspotten. *Le chienlit, c'est lui* (»das ist er«) konnte man anderntags auf Plakaten mit seinem Profil lesen. Der General saß unterdessen an seinem Schreibtisch und bereitete für den Abend des 24. Mai eine Fernsehansprache vor, mit der das Vertrauen der Bevölkerung wieder herstellen wollte, das offenkundig irgendwie verloren gegangen war. Besucher erlebten ihn bald voller Zweifel und bald voll neuen Tatendrangs. Er wollte jetzt endlich die Einführung der Mitbestimmung auf die Tagesordnung setzen; sie schien ihm der Schlüssel zur Überwindung der Entfremdung der Jugend und der Arbeitnehmer zu sein.

Am 23. Mai machte er die Minister mit seinem Vorhaben vertraut: Die Bevölkerung sollte ihm in einem Referendum das Vertrauen aussprechen – für eine Reform der Universität, für eine Präzisierung der »Rolle der Jugend«, für wirtschaftliche Veränderungen, die allen »und insbesondere den wenig Begünstigten« zugutekommen, für eine Ausweitung der Mitbestimmung, für eine Verbesserung der Ausbildung und die Sicherung der Arbeitsplätze und für eine Organisation der Regionen. Wenn das Volk dazu »nein« sagen sollte, »dann ist meine Aufgabe beendet.«[35] So ähnlich sagte er es auch in seiner kurzen Ansprache am Abend des 24., eingebettet in eine Beschwörung der »erweiterten Mitbestimmung eines jeden bei dem Gang und den Ergebnissen der Aktivität, die ihn direkt betreffen« und in die Warnung vor einem »Bürgerkrieg«, vor »Abenteuern« und den »schändlichsten und verderblichsten Machtergreifungen.«[36]

Die Versprechungen waren freilich viel zu allgemein, um Vertrauen zu schaffen, und die Gegenleistung, die de Gaulle dafür verlangte – eine neue Vollmacht – war genau das, wovon die Demonstranten und die Streikenden genug hatten. Die Antwort der Protestbewegung war ein einziges Hohngelächter – und eine nochmalige Verschärfung der Agitation. »Adieu de Gaulle, adieu de Gaulle, adieu«, skandierten die Demonstranten an der Gare de Lyon im Chor. Dann zogen sie, aufgeputscht durch die Nachricht, dass die Autoritäten Cohn-Bendit die Wiedereinreise aus Deutschland verboten hatten, auf das rechte Seine-Ufer, legten Feuer an der Börse, schlugen Schaufensterscheiben ein und marodierten durch die besseren Wohnviertel. Auch in der Provinz wurde demonstriert, und es gab bei den Zusammenstößen zum ersten Mal auch Todesopfer.

De Gaulle ging in dieser Nacht nicht zu Bett. Er nahm wahr, dass es um ihn ging, dass die Demonstranten zuvörderst *seinen* Rücktritt wollten, das Ende seines Regimes. Und er bekundete jedem, der ihn aufsuchte, seine Ohnmacht und seine Verzweiflung. »Alles ist zusammengebrochen«, bekam Edmond Michelet am 25. Mai zu hören. »Gegen eine solche Naturkatastrophe kann niemand etwas ausrichten. Nicht einmal der Papst.«[37] In dem angekündigten Referendum sah er jetzt nur noch einen Weg, seinen Rückzug würdevoll zu vollziehen. »Ich wünsche nicht, dass das Referendum gelingt«, gestand er Michel Debré am 26. Mai.

> »Frankreich und die Welt sind in einer Situation, in der man gegen die Begehrlichkeiten nichts mehr ausrichten kann. [...] Ich habe darin nichts mehr zu tun, deswegen muss ich gehen. Und um zu gehen, habe ich keine andere Formel, als das französische Volk über sein Schicksal urteilen zu lassen.«[38]

Unterdessen verhandelte Pompidou mit den Gewerkschaftsführern und den Vertretern des Arbeitgeberverbandes über Lohnerhöhungen und bessere Arbeitsbedingungen, die zu einer Beendigung des landesweiten Streiks führen sollten. Von de Gaulle hatte er dazu freie Hand bekommen (»Schließen Sie ab, egal zu welchem Preis«[39]) und auch das Zugeständnis, dass Finanzminister Debré von diesen Verhandlungen ausgeschlossen wurde – daher dessen Besuch beim Präsidenten und sein anschließender Rücktritt vom Ministeramt. Dank Pompidous Verhandlungsgeschick und der Furcht der Arbeitgeber vor einer weiteren Eskalation der Arbeitskämpfe kam es auch bald zu einem ansehnlichen Ergebnis. Am Morgen des 27. Mai stand fest, dass der Mindestlohn in der Industrie um 36 Prozent erhöht werden sollte, in der Landwirtschaft sogar um 56 Prozent. Generell sollten die Löhne sofort um sieben Prozent steigen, im Oktober um weitere drei Prozent. Außerdem verpflichteten sich die Arbeitgeber zu Verbesserungen in der beruflichen Bildung, in der Sozialversicherung und hinsichtlich der Stellung der Gewerkschaften in den Betrieben. Über eine Verkürzung der Arbeitszeiten sollte im Einzelnen weiterverhandelt werden.

Die Genugtuung über diese *Grenelle-Abkommen* (so benannt nach dem Sitz des Arbeitsministeriums in der rue Grenelle, in dem verhandelt worden war) hielt allerdings keine zwei Stunden an. Als die Gewerkschaftsführer die Ergebnisse den streikenden Renault-Arbeitern im Werk von Billancourt präsentierten, wurden sie ausgebuht. In den anderen Großbetrieben des Landes war die Reaktion die gleiche; überall wurde beschlossen, den Streik fortzusetzen. Da die kommunistisch dominierte CGT in den Verhandlungen den Ton angegeben hatte, fühlte sich die Parteiführung der Kommunisten zu recht desavouiert. Um die Scharte auszuwetzen und ihre Position als Repräsentantin der Arbeiterklasse zu behaupten, kündigte sie für den 29. Mai eine Großdemonstration in Paris an. Pompidou verstand den Sinn dieser Aktion ganz richtig. Gleichzeitig bereitete er aber auch den Einsatz von Militär gegen die Demonstranten vor – für den unwahrscheinlichen Fall, dass die Kommunisten die offenkundige Lähmung des Landes doch zur Machtergreifung nutzen wollten. Im Übrigen war er zuversichtlich, dass die Streikenden früher oder später doch das Ergebnis der Verhandlungen akzeptieren würden.

De Gaulle hingegen versank auf die Nachricht vom Fortgang der Streiks hin nur noch tiefer in seine Depression. Im Ministerrat am Nachmittag des 27. Mai polterte er, dass jetzt endgültig Schluss sein müsse mit den Demonstrationen. Dann fegte er ein Verdikt des Staatsrats vom Tisch, der das angekündigte Referendum als nicht verfassungsgemäß abgelehnt hatte. Das Referendum hatte am 16. Juni stattzufinden, Punkt! Als Verteidigungsminister Pierre Messmer die Frage stellte, was denn geschehen sollte, wenn das Referendum mangels Stimmzetteln (Streik der Druckereien) und Fahrgelegenheiten (Streik der Verkehrsbetriebe) nicht stattfinden konnte, blieb er ohne Antwort. De Gaulle war ratlos – und er fühlte sich verlassen. »Die Regierung folgt meinen Weisungen nicht mehr«, klagte er am Abend seinem Sohn Philippe. »Ich habe die Kontrolle über die Exekutive praktisch verloren. Pompidou lässt alles verkommen. Wie lange noch?« Noch nicht einmal der Abgang ließ sich so organisieren, wie er es vorhatte!

Philippe sah seinem Vater an, dass er seit drei Nächten nicht mehr geschlafen hatte. In einem solchen Zustand wollte er ihn anders als zweieinhalb Jahre zuvor nicht noch einmal zum Durchhalten drängen:

> »Papa, man muss wohl sehen, dass Ihre Herrschaft letztlich zu Ende ist. Jetzt, nachdem Sie ihnen ein weiteres Mal aus der Klemme geholfen haben, wollen die Franzosen Sie nicht mehr. Sie wollen nur noch von dem profitieren, was Sie ihnen gegeben haben.«

Diese Bestätigung provozierte dann aber genau das Gegenargument, dass die Befürworter einer Fortsetzung des Präsidentschaftswahlkampfes dem General im Dezember 1965 entgegengehalten hatten: »Ich kann aber Frankreich doch nicht einem Mitterrand oder einem Cohn-Bendit überlassen!« Philippe meinte daraufhin, damit Frankreich sich wieder fängt, müsse »ein Schock geschaffen werden.« Als der Vater antwortete, er wolle sich für zwei Tage nach Colombey zurückziehen, »um diesem Dampfkessel zu entkommen« (auch: um endlich wieder einmal schlafen zu können), entgegnete der Sohn, das werde gar nichts bringen: »Wenn Sie nach Colombey gehen, wird alle Welt sagen: Er ist wie gewöhnlich ins Wochenende gefahren.«[40]

Über die Alternative zwischen Rückzug und Schock dachte de Gaulle den ganzen nächsten Tag nach. Es sei an ihm, darüber zu urteilen, hatte er seinem Sohn zum Abschluss des Gesprächs gesagt. Mitarbeiter und Besucher hörten ihn wieder über die Ausweglosigkeit der Situation klagen:

»Flohic, Flohic, ich frage Sie, was kann ich machen? Kann man noch irgendetwas machen? [...] Sie antworten mir immer das Gleiche. Aber ich sage Ihnen noch einmal, dass ich nicht gegen die Apathie kämpfen kann, gegen den Willen eines ganzen Volkes, sich auflösen zu lassen. Das ist nicht möglich; man kann es nicht ununterbrochen am ausgestreckten Arm halten.«[41]

Dann aber, kurz vor 18 Uhr, rief er seinen Schwiegersohn Alain de Boissieu an und bat ihn, so schnell wie möglich nach Paris zu kommen. Als de Boissieu am nächsten Vormittag – dem 29. Mai – gegen 11 Uhr im Élysée-Palast eintraf, eröffnete er ihm, dass er nach Baden-Baden gehen werde, ins Hauptquartier der in Deutschland stationierten Truppen unter General Massu: »Ich werde sehen, wie lange ich da bleibe, und ich will ein Chaos schaffen.«[42] Nach einer anderen Überlieferung lautete der entscheidende Satz: »Ich will Konfusion und Unruhe sähen, auch in der Regierung.«[43]

Die beiden unterschiedlichen Überlieferungen machen deutlich, dass de Gaulle mit seiner Reise nach Baden-Baden durchaus den heilsamen Schock auslösen wollte, zu dem ihm sein Sohn geraten hatte. Die Reise wurde unter größter Geheimhaltung inszeniert. Noch nicht einmal die Begleiter wussten, wohin die drei Hubschrauber mit dem Ehepaar de Gaulle, großem Gepäck und dem Sicherheitspersonal fliegen sollten, die kurz vor 12 Uhr in Issy-les-Moulineaux abhoben. Zu Pompidou sagte der Präsident nur (bei einem Telefonanruf kurz bevor der den Élysée-Palast verließ), er brauche etwas Ruhe und werde am nächsten Tag zur Sitzung des Ministerrats um 15 Uhr zurück sein.

Aus dem Vergleich der beiden Versionen der Erklärung gegenüber de Boissieu wird aber auch deutlich, dass de Gaulle sich keineswegs sicher war, ob ihm der Coup gelingen würde. Deswegen konnte die Flucht aus Paris auch der Auftakt zum Rücktritt sein, möglicherweise sogar eine Reise ins Exil. Seinem Adjutanten sagte er am Abend des 29. Mai, er habe nach einiger Zeit in Deutschland nach Irland gehen wollen, zu den Vorfahren seiner Mutter. Als de Boissieu ihm ins Gewissen redete, er habe nicht das Recht, sich zurückzuziehen, unterstrich er noch einmal die Offenheit der Situation: »Aber dennoch, ich möchte es schließlich sehen.«[44] Der Schwiegersohn wurde angewiesen, nach Colombey zu fahren, um einige Dokumente zu holen, unter anderem eine letztwillige Erklärung, in der Pompidou als Nachfolger gewünscht wurde. Philippe de Gaulle, der gerade einen Erholungsurlaub absolvieren musste, wurde zusammen mit seiner Familie ebenfalls nach Baden-Baden gebracht.

Nach der Ankunft in Baden-Baden sagte ein sichtlich müder Präsident dem Chef seines Militärkabinetts, General Lalande, er werde ihm am Abend ein Schreiben an Pompidou übergeben. Zu Massu, den er mit seinem überraschenden Besuch aus dem Mittagsschlaf geholt hatte, sagte er zur Begrüßung nur: »Nun, Massu, es ist alles hin!«[45] Nach etwa 10 Minuten erhielt der Adjutant François Flohic den Auftrag, den Botschafter aus Bonn herzubestellen. Er sollte den Bundeskanzler über den Aufenthalt des Präsidenten in der Bundesrepublik unterrichten.

Nachdem um 15.30 Uhr eine kleine Mahlzeit serviert wurde, verlief das weitere Gespräch mit Massu dann aber anders als geplant. Der Vier-Sterne-General, der im Algerienkonflikt eine ambivalente Rolle gespielt hatte und im Januar 1960 von de Gaulle abberufen worden war, las ihm jetzt ganz entschieden die Leviten:

> »Um Ihretwillen und für das Land, Sie können nicht so aufgeben. Durch diesen Abgang werden Sie sich in Verruf bringen und Ihr Bild trüben. All das, was seit zehn Jahren geschaffen wurde, kann nicht in zehn Tagen verschwinden. Sie werden die Schleusen öffnen und das Chaos beschleunigen, das einzudämmen Sie die Pflicht haben. [...] Wenn Sie die Macht abgeben, dann muss das das Ergebnis der Volksbefragung sein.«

Nach etwa einer halben Stunde, in der es in diesem Ton weiterging, stand de Gaulle plötzlich auf, umarmte Massu und sagte: »Ich fliege zurück! Rufen Sie meine Frau!«[46] Die Aufforderung an den Botschafter, die wenige Minuten zuvor noch einmal wiederholt worden war, wurde zurückgenommen.

Massus Appell an die Soldatenehre des Generals ließ ihn also alle Pläne über den Haufen werfen. Ohne jede Nachricht, was sein Verschwinden in Paris ausgelöst hatte, und während die große Demonstration der Kommunisten noch andauerte, entschied er sich, den Kampf auf jeden Fall wieder aufzunehmen, unabhängig vom Ausmaß des Schocks, den er produziert hatte. Wenigstens das Referendum wollte er noch durchsetzen. Wenn es negativ ausgehen sollte, konnte er dann als ehrenhafter Verlierer vom Platz gehen. Philippe, der ohnehin nur mutmaßen konnte, wie sich sein Vater nach dem Gespräch am Abend des 27. Mai entschieden hatte, verstand jetzt überhaupt nichts mehr. Der Vater aber brachte fünf Monate später im Gespräch mit Madame Massu seine Dankbarkeit gegenüber seinem unfreiwilligen Gastgeber zum Ausdruck: »Er hat mich in einem Moment, in dem ich unentschieden war, überzeugt zu bleiben, und dadurch hat sich alles geändert.«[47] Zu Pompidou sagte er am 1. Juni: »Ich habe zum ersten Mal in meinem Leben Schwäche gezeigt. Ich bin nicht stolz auf mich.«[48]

Keine halbe Stunde nach der Umarmung Massus waren die Hubschrauber des Generals auf dem Weg nach Colombey-les-Deux-Églises. Von dort aus rief er Bernard Tricot im Élysée-Palast an, um ihm mitzuteilen, dass er sich »mit seinen Hintergedanken verständigt« habe.[49] Pompidou erhielt eine Bestätigung des Ministerrats-Termins am nächsten Nachmittag. Dann meldete das Radio, dass die Demonstration der Kommunisten friedlich zu Ende gegangen war. Beim Abendessen war de Gaulle sichtlich entspannt. Er zitierte ein Gedicht über den Rhein und frug Flohic, ob er den Autor der Verse kenne. Als dieser verneinte, bekam er zu hören: »Das wundert mich nicht, denn sie sind von mir.«[50]

Nach dem Abendessen redigierte de Gaulle den Text, mit dem er nach der Ministerratssitzung am nächsten Tag – Donnerstag, dem 30. Mai – vor die Öffentlichkeit treten wollte: Er werde sich nicht zurückziehen und auch nicht die Regierung auswechseln; wenn das Referendum gegenwärtig »materiell« nicht organisiert werden könne, werde er »zu anderen Mitteln greifen, um die Republik zu erhalten«, denn: sie sei von einer

»Diktatur des totalitären Kommunismus« bedroht.[51] Auf die Einwände Pompidous hin, dem er den Entwurf eine halbe Stunde vor Beginn der Ministerratssitzung zu lesen gab, verzichtete er auf das Festhalten an der Regierung in ihrer Gesamtheit; seine Vertrauenserklärung galt jetzt nur noch dem »Premierminister, dessen Wert, Solidität und Kapazität die Anerkennung aller verdienen.« Dann und vor allem aber fügte er hinzu: »Ich löse heute die Nationalversammlung auf.«[52] Pompidou hatte ihm deutlich gemacht, dass Neuwahlen leichter durchzusetzen waren als das Referendum und dass sie die rebellierende Jugend gegenüber den Parteien einschließlich der Kommunisten isolieren würden.

In der Tat führte diese Ansprache – um 16.30 Uhr per Rundfunk verbreitet (nicht im Fernsehen, weil um diese Tageszeit niemand Zeit hatte, den Fernseher einzuschalten) – zu einer kompletten Umkehr der Situation. Die Franzosen hatten das Verschwinden des Präsidenten – anders als die Spitzen der Regierung – gar nicht recht mitbekommen. Sie erschraken aber vor der Gefahr einer kommunistischen Machtergreifung, die de Gaulle wider besseres Wissen an die Wand gemalt hatte; und auch die überwiegende Mehrheit derjenigen, die dem Präsidenten gegenüber kritisch eingestellt waren, ergriff begierig die Möglichkeit, sich mit Hilfe vorgezogener Neuwahlen dagegen zu wehren. Eine Demonstration zur Unterstützung de Gaulles, die verschiedene gaullistische Gruppierungen seit einigen Tagen vorbereitet hatten, wuchs sich zu einer Siegesfeier für das Regime aus. Mit 10 000, vielleicht 20 000 Teilnehmern hatten die Veranstalter gerechnet; über 500 000 (nach Schätzung der Polizei), vielleicht sogar eine Million (nach dem Eindruck der Teilnehmer) waren gegen 18 Uhr auf den Champs-Élysées versammelt.

Danach wurden die Streiks und die Besetzungen nach und nach abgebrochen. Das Odéon und die Sorbonne wurden am 14. bzw. 16. Juni geräumt, ohne dass Gewalt angewendet werden musste. Im ersten Wahlgang am 23. Juni konnten Gaullisten (jetzt unter dem Etikett UDR: *Union pour la Défense de la République*) und Unabhängige Republikaner ihren Stimmenanteil von 37,7 Prozent auf 46 Prozent steigern. Beim zweiten Wahlgang am 30. Juni ergab sich daraus ein Zuwachs von 91 Sitzen allein für die UDR; mit 293 Sitzen verfügten die Gaullisten jetzt über eine bequeme absolute Mehrheit. Die Fraktion der Unabhängigen Republikaner stieg von 45 auf 61 Sitze. Zu verdanken hatte die Regierungskoalition ihren fulminanten Sieg aber weniger de Gaulle als Pompidou: Während die Auftritte des Staatspräsidenten während der Mai-Krise auch im Nachhinein kaum verstanden wurden, hatte sich der Premierminister im Wahlkampf als Verteidiger der demokratischen Institutionen gegenüber Umsturzversuchen gleich welcher Provenienz profiliert.

12 Abschiede

Das Wahlergebnis vom 30. Juni 1968 mit der absoluten Mehrheit für die Gaullisten war für de Gaulle ein großer Erfolg und eine eindrucksvolle Bestätigung seiner Politik. »Ja, das ist ausgezeichnet und es ist wirklich ein Erdrutsch«, jubelte er am Wahlabend.[1] Die Müdigkeit und die Verzweiflung der letzten Mai-Woche waren wie weggeblasen. Jetzt wollte der General das Projekt der Mitbestimmung, das seit dem Herbst 1962 auf seiner Tagesordnung stand, endlich mit aller Entschiedenheit angehen. Die Mai-Unruhen waren in seiner Wahrnehmung die Quittung dafür, dass er es nicht längst getan hatte. Umso dringlicher war es, dies nachzuholen.

> »Man darf sich nicht weigern zu verstehen, was in diesem Monat zum Ausdruck gekommen ist. Es gab doch die Zurückweisung eines Systems, das die Würde der Menschen nicht respektiert. Man muss die Mitbestimmung verwirklichen. Andernfalls wird eines Tages alles umkippen und wir werden nur einen Pyrrhus-Sieg errungen haben.«[2]

Es sollte die letzte Aufgabe sein, die er noch als Präsident bewerkstelligen wollte. Er glaubte, sie in Angriff nehmen zu können, nachdem hinsichtlich der Unabhängigkeit Frankreichs und der Entspannung in Europa Wesentliches getan worden war, jedenfalls das, was Frankeich allein tun konnte. Nach der Durchsetzung der Mitbestimmung wollte er zurücktreten. Um seine Position nicht zu schwächen, sagte er das natürlich nicht, weder öffentlich noch zu seinen Mitarbeitern. Seinem Sohn und seinem Schwiegersohn hatte er aber zu Beginn der zweiten Amtsperiode Anfang 1966 gesagt, dass er an einen Rücktritt zu seinem 80. Geburtstag dachte. Dabei blieb es, das heißt: Er wollte die große Reform jetzt in etwas mehr als zwei Jahren bewerkstelligen.

Zur Vorbereitung des großen Werkes hatte er schon am 31. Mai, dem Tag nach seiner mobilisierenden Rundfunkansprache, die Regierung umgebildet. Eine Reihe von Linksgaullisten war in die Regierung berufen worden, darunter der erklärte Pompidou-Gegner René Capitant als Justizminister. Debré war nach seinem Rücktritt vom Amt des Finanzministers zum Außenminister befördert worden. Couve de Murville, der vor seiner politischen Laufbahn Direktor im Finanzministerium gewesen war, war dafür vom Amt des Außenministers in das Amt des Finanzministers gewechselt. Im Wahlkampf hatte de Gaulle angekündigt - im Rahmen eines ausführlichen Interviews wieder mit Michel Droit -, dass Frankreich jetzt in Richtung Mitbestimmung gehen müsse: Sie sei die angemessene Lösung jenseits von Kommunismus und Kapitalismus. In der ersten Ministerratssitzung nach dem triumphalen Wahlerfolg deutete er das Votum der Wähler als »die große Bewegung, die das Land zur Mitbestimmung trägt.«[3]

Spätestens mit dieser Interpretation des Wahlergebnisses war für Pompidou der Zeitpunkt gekommen, sich von sich aus aus der Regierungsverantwortung zurückzuziehen. Er hatte schon nach dem Verschwinden des Staatschefs am 29. Mai, für ihn ein ganz und gar unakzeptables Verhalten, sein Rücktrittsgesuch eingereicht, war dann aber noch einmal geblieben, nachdem de Gaulle auf seinen dringenden Rat eingegangen war, die Macht durch vorzeitige Neuwahlen zurückzugewinnen. Wenn er jetzt über den Wahlsieg hinaus Premierminister blieb, setzte er sich nicht nur dem Risiko aus, für die wirtschaftlichen Schwierigkeiten verantwortlich gemacht zu werden, nach den Grenelle-Abkommen drohten; er musste auch befürchten, in das Mitbestimmungs-Unternehmen involviert zu werden, das nach seiner festen Überzeugung nur scheitern konnte. Er müsse »ein wenig Abstand gehalten haben und als eine Art letzter Ausweg erscheinen«, sagte er am 26. Juni zu de Gaulles Afrika-Beauftragten Jacques Foccart. Der künftige Premierminister werde »viel Verantwortung übernehmen müssen und unpopulär sein.«[4]

Freilich sollte der Wechsel von de Gaulle zu Pompidou nach seinen Vorstellungen jetzt auch bald erfolgen – »das heißt: vor 1970«[5], denn dann würde er auf die 60 zugehen und von der jetzt aufsteigenden Generation schon als zu alt angesehen werden. De Gaulle sollte daher »dazu gebracht werden, auf dem Höhepunkt seiner Popularität zurückzutreten« und, ohne jetzt schon ein Datum für seinen Rücktritt zu nennen, in der Nachfolgefrage seine Präferenz für ihn zu erkennen zu geben.

> »Er muss zu verstehen geben, dass, wenn ich gehe, dies geschieht, um mich danach bei der Präsidentschaftswahl zu präsentieren. Das ist sehr wichtig.«[6]

Zu de Gaulle selbst sagte er allerdings nur, dass er müde sei und Abstand gewinnen wolle. De General verstand natürlich trotzdem, welche Absicht hinter dem Rückzugswunsch seines Premiers stand, und das machte ihn zornig. Trotz aller Kritik an Pompidous Verhalten in der Mai-Krise war er immer noch davon überzeugt, dass es keinen besseren Nachfolger geben würde. Aber eigentlich gab es ja überhaupt keinen akzeptablen Nachfolger, und vor allem wollte er sich von diesem Nachfolger nicht den Zeitpunkt für den Wechsel diktieren lassen. Die Verwirklichung der Mitbestimmung war ihm ungleich wichtiger als das Gelingen von Pompidous Karriereplänen. Auf Pompidous Eröffnungen reagierte er daher zunächst nur mit der Frage, ob der Premier bereit sei, »mit mir die Mitbestimmung zu machen.«[7] Nachdem er darauf keine klare Antwort erhalten hatte, kündigte er Foccart an, dass er sich zurückziehen werde, falls Pompidou ihn verlassen sollte. Durch diese Drohung alarmiert, bedrängten mehrere führende Gaullisten den Premierminister, doch ja im Amt zu bleiben. Dieser rang sich nach einer schlaflosen Nacht dazu durch und rief am Morgen des 6. Juli bei Élysée-Generaldirektor Tricot an.

De Gaulles Antwort auf das Angebot Pompidous, entgegen seines Wunsches doch im Amt zu bleiben, hätte schneidender nicht sein können: »Das ist zu dumm«, schrie er. »Es ist zu spät: Ich habe den Posten gerade Herrn Couve de Murville vorgeschlagen.« Pompidou fühlte sich »verletzt«, wie er später schrieb.[8] Und in der Tat: Der große Staatsmann, den er mit dem Vorschlag vorgezogener Neuwahlen gerettet hatte, hatte ihn vorgeführt. Statt die Nachfolgefrage einvernehmlich mit ihm zu regeln, wie er es verdient zu haben glaubte, hatte ihn der General für jedermann erkennbar einfach vor die Tür gesetzt. In dem Dankesschreiben, das er ihm am 10. Juli schickte, ging er mit keinem Wort auf das späte Angebot ein und tat so, als ob er nur einer Bitte Pompidous entsprechen würde. Im Hinblick auf die Zukunft schrieb er lediglich, er wünsche,

> »dass Sie sich bereithalten, jede Mission zu erfüllen und jedes Mandat zu übernehmen, das Ihnen eines Tages von der Nation anvertraut werden könnte.«[9]

Pompidous Abgang gab de Gaulle die Möglichkeit, endlich die Beförderung Couve de Murvilles zum Premierminister zu vollziehen, die er schon im Herbst 1965 angestrebt hatte. Der aristokratisch wirkende Protestant mochte Schwierigkeiten haben, mit den Abgeordneten und der Bevölkerung überzeugend zu kommunizieren; er verfügte aber über eine außerordentliche praktische Intelligenz und wurde in seiner Loyalität zu de Gaulle nicht durch eine eigene politische Agenda begrenzt. Das konnte der Durchsetzung der Mitbestimmungspläne nur förderlich sein. Zur Vorbereitung des Mitbestimmungsprojekts wurde Jean-Marcel Jeanneney als Staatsminister in die Regierung zurückberufen, für den anstehenden Umbau der Universitäten der agile Edgar Faure als Erziehungsminister. Ansonsten blieb die Regierungsmannschaft vom 12. Juli gegenüber der Regierung vom 31. Mai im Wesentlichen unverändert. Pompidous ehemaliger Kabinettschef François-Xavier Ortoli übernahm an der Stelle von Couve de Murville das Finanzministerium.

Nach der Sommerpause ließ de Gaulle die Franzosen in einer Pressekonferenz wissen, wie er sich die Einführung der Mitbestimmung im Einzelnen vorstellte. Den Universitäten versprach er »Autonomie« hinsichtlich »ihrer Lehre, ihrer Forschungen, ihres Betriebsablaufs, der Verwaltung ihrer Angehörigen und ihres Budgets.« Lehrende und Studenten sollten all dies in »gemeinsamer Mitbestimmung« regeln. Der Senat sollte in einen konsultativen Wirtschafts- und Sozialrat umgewandelt werden, in dem neben den lokalen Gemeinschaften auch die »verschiedenen Interessengruppen unseres Landes« repräsentiert sein sollten. In gleicher Weise sollten Wirtschafts- und Sozialräte auf regionaler Ebene geschaffen werden, um eine bessere Entwicklung der Regionen zu gewährleisten. Hinsichtlich der Mitbestimmung in den Betrieben sollte die Ordonnanz vom August 1967 in Kraft gesetzt werden, die eine Beteiligung an den Unternehmensgewinnen vorsah. Sodann sollten die Betriebsräte, die es im Prinzip seit 1945 gab, überall eingeführt werden. Die Unternehmer sollten per Gesetz verpflichtet werden, die Arbeitnehmer kontinuierlich über die Entwicklung des Unternehmens zu unterrichten. Gewählte Arbeitnehmervertreter sollten die Einhaltung der arbeitsrechtlichen Vorschriften überwachen.[10]

Von den verschiedenen Einzelprojekten, die de Gaulle hier aufführte, wurde die Universitätsreform als erste in Angriff genommen. Hier war besondere Eile geboten, weil die Unruhen ja von den Universitäten ausgegangen waren und sie, wenn sich nichts änderte, jederzeit wieder aufflammen konnten. Nach Beratungen mit engagierten Reformern wie dem Rektor der Universität Orléans Gérald Antoine und dem Historiker François Furet legte Faure bereits am 24. September ein Universitätsgesetz vor, das in mehrfacher Hinsicht mit der traditionellen Ordinarienuniversität brach: Auflösung der Fakultäten zugunsten von »Lehr- und Forschungseinheiten«, die paritätisch verwaltet wurden, studienbegleitende Prüfungen, Wahl der Dekane und der Rektoren. Das stieß bei konservativen Professoren und Abgeordneten auf Widerstand; auch Pompidou als einstiger Literaturdozent äußerte diskret Kritik. Da de Gaulle seinem Erziehungsminister aber Rückendeckung gab (auch wenn er an dem Entwurf selbst Korrekturen im Einzelnen vornahm), konnte das Gesetz am 10. Oktober in der

Nationalversammlung verabschiedet werden. Nur die Kommunisten und sechs Gaullisten stimmten dagegen.

Viel größer waren die Widerstände, die die Pläne für eine Stärkung der betrieblichen Mitbestimmung hervorriefen. De Gaulles Ankündigung führte in Verbindung mit einer Erhöhung der Erbschaftssteuer, mit der die erhöhten Staatsausgaben infolge der Grenelle-Vereinbarungen kompensiert werden sollten, zu einer Kapitalflucht, die bis Mitte November die Währungsreserven aufzehrte. Er konnte aber nicht verhindern, dass der Präsident des Arbeitgeberverbandes Paul Huvelin mit einer Fortdauer der Kapitalflucht drohte, sollten die Mitbestimmungspläne weiter verfolgt werden. »Die Mitbestimmungsprojekte erscheinen wie eine Bedrohung des Lebens und der Entwicklung der Unternehmen«, schrieb er am 22. November in *Le Monde*. »Es ist vollkommen verständlich, dass eine solche Bedrohung unmittelbar auf das Verhalten der Sparer einwirkt.«[11]

Das Argument stieß bei vielen gaullistischen Abgeordneten, die den Mitbestimmungsplänen des Generals ohnehin skeptisch gegenüberstanden, auf Verständnis. Hinzu kam, dass viele rechtliche und praktische Fragen geklärt werden mussten, bevor man ein Mitbestimmungsgesetz vorlegen konnte, das gerichtsfest sein würde. Schließlich wurde bei der Vorbereitung eines solchen Gesetzes auch noch einmal deutlich, dass sich die Stärkung der betrieblichen Mitbestimmung schwerlich für ein Referendum eignete, das nach der Verfassung nur die »Organisation der öffentlichen Gewalt« betreffen konnte. Ein Einspruch des Staatsrats war also erneut zu erwarten.

Alle diese Schwierigkeiten zusammen führten de Gaulle schon früh zu der Entscheidung, lediglich die Reform des Senats und die Entwicklung der Regionen zum Gegenstand eines Referendums zu machen. Das Referendum, das er am 24. Juni angekündigt hatte, wollte er nach wie vor, und er wollte es möglichst bald. Da erschien es naheliegend, das schwierige Projekt der betrieblichen Mitbestimmung erst einmal zurückzustellen und nur diejenigen Vorhaben zur Abstimmung zu stellen, gegen die der Staatsrat keine Einwände haben konnte. Der Schwung, den eine breite Zustimmung zum Prinzip der Reformen auslösen konnte, mochte dann helfen, in einer weiteren Phase des Reformprogramms auch die Widerstände gegen ein Mitbestimmungs-Gesetz für die Betriebe zu überwinden. Einem Memorandum entsprechend, das der Präsident dem Ministerrat schon am 30. Juli übergeben hatte,[12] kündigte Jeanneney am 10. Dezember an, dass die Reform des Senats und die Regionalisierung per Referendum zur Abstimmung gestellt würden.

Zeigte sich hier, dass der General »nicht mehr genügend in Form war«, um Bewährungsproben zu bestehen, wie sein Sohn schon Ende September klagte?[13] Hätte er nicht wissen müssen, dass eine Entmachtung des Senats in Verbindung mit einer Stärkung der Korporationen und der Regionen doch alle möglichen Gegenkräfte auf den Plan rufen musste, ohne dass sich eine positive Bewegung für ein solches Reformpaket entfachen ließ? Zur Bestätigung de Gaulles war das Referendum auch gar nicht mehr nötig; dafür hatte schon der fulminante Sieg in den vorgezogenen Parlamentswahlen gesorgt. Tatsächlich wusste der General das sehr wohl. Er erlag nur einmal mehr der Illusion, dass sich die Franzosen jenseits der organisierten Partikularinteressen seiner Führung anvertrauen wollten. Als Peyrefitte ihm Anfang Januar 1969 erklärte, dass weder die Arbeitgeber noch die Arbeiter die Mitbestimmung wollten, unterbrach er ihn: »Die Arbeiter, ja. Es sind die Gewerkschaften, die nicht wollen.«[14]

Für Pompidou war das Referendumsprojekt ein weiterer Beweis für die Unfähigkeit des Generals, das Land weiterhin in sicherem Fahrwasser zu halten. Um seine Chancen auf die Nachfolge nicht zu gefährden, vermied er jede offene Kritik an seiner Politik und er hütete sich auch, offiziell die Führung der gaullistischen Fraktion zu übernehmen. Als Ehrenpräsident der Fraktion pflegte er aber das Image des vom undankbaren Präsidenten unverdientermaßen entlassenen Wahlsiegers, und in vielen Hintergrundgesprächen ging er mit dem General und seiner neuen Regierung streng ins Gericht. »Niemand hat mehr das Kommando«, klagte er in einer Abendgesellschaft bei

Claude Mauriac am 17. November. »Der Mangel an Führung, an Verbindung ist total.«[15] Auf diese Weise beförderte er die Unzufriedenheit mit dem alten Mann, der immer noch nicht abtreten wollte, und gleichzeitig hielt er sich als die bessere Alternative im Gespräch. Frankreich, so lautete die unausgesprochene Botschaft, musste nicht mehr das Chaos befürchten, wenn sich der Retter der Nation zurückzog. Das Land würde dann im Gegenteil besser regiert werden.

Als Pompidou Anfang November eine Intrige zu entdecken glaubte, die darauf zielte, ihn von der Macht fernzuhalten, reagierte er denkbar erregt. Im Zuge der Untersuchung der Ermordung eines Leibwächters des Schauspielers Alain Delon tauchten plötzlich Fotos und ein Brief auf, die eine Teilnahme von Pompidous Frau Claude an zweifelhaften Partys nahelegten. Pompidou erfuhr davon erst sehr spät. Gleichzeitig kam ihm aber zu Ohren, dass weder Justizminister Capitant noch Innenminister Marcellin oder Premierminister Couve de Murville es für nötig gehalten hatten, ihn darüber zu informieren. Der Kabinettsdirektor des Innenministers, den er um ein Gespräch gebeten hatte, hatte seinen Besuch sogar zwei Mal verschoben. Pompidou beschwerte sich daraufhin bei de Gaulle, dass keiner der Genannten »auch nur im Geringsten die Reaktion eines Ehrenmannes« gezeigt habe,[16] und bestand bei einer weiteren Unterredung darauf, dass Tricot mitschrieb, was er zur Aufdeckung des Komplotts zu sagen hatte. Noch in seinen Neujahrswünschen für 1969 klagte er darüber, wie es möglich gewesen sei,

> »dass Männer, die an meiner Seite Minister gewesen sind, die mein Heim seit vielen Jahren kennen, so schwach, so schändlich auf skandalöse Verleumdungen reagieren konnten, […] die offensichtlich von jemandem inspiriert waren.«[17]

Nachdem de Gaulle dem nur zu entgegnen wusste, dass Staatsmänner nun einmal mit Verleumdungen leben mussten, entschloss sich Pompidou, seinen Anspruch auf die Nachfolge öffentlich zu machen und so den Druck auf den General zu verstärken. Bei einem Besuch in Rom, zu dem de Gaulle ihm geraten hatte, sagte er französischen Journalisten am 17. Januar, dass sich die Frage einer Kandidatur für das Präsidentenamt »gegenwärtig« nicht stelle. »Aber wenn General de Gaulle sich zurückziehen sollte, wäre es selbstverständlich, dass ich Kandidat sein würde.« Der Italienchef der französischen Presseagentur machte daraus, vielleicht über die Intentionen Pompidous hinausgehend, eine Sensationsmeldung, indem er einen Satz aus dem weiteren Verlauf des Gesprächs hinzufügte: »Aber ich habe es nicht eilig.«[18] Dieses Dementi des Offenkundigen veranlasste de Gaulle, den Interessengegensatz seinerseits zu bestätigen. Am 22. Januar gab er eine höchst offizielle Erklärung ab: »In der Erfüllung der nationalen Aufgabe, die mir obliegt, bin ich am 19. Dezember 1965 als Präsident der Republik für sieben Jahre wiedergewählt worden. Ich habe die Aufgabe und die Absicht, dieses Mandat bis zu seinem Ende wahrzunehmen.«[19]

Nach der öffentlichen Zurechtweisung durch den Staatspräsidenten wurde Pompidou noch eine Spur deutlicher. Am 13. Februar gab er bei einem Besuch in Genf dem französischsprachigen Fernsehen der Schweiz ein Interview. Auf die Frage »Wie sehen Sie Ihre politische Zukunft?« antwortete er: »Ich habe keine politische Zukunft in dem Sinn wie Sie es verstehen. Ich werde, vielleicht und wenn Gott es will, eine nationale Bestimmung haben.«[20] »Nationale Bestimmung« – das war der Ausdruck, den André Malraux beim Abschiedsessen für die alte Regierung in einem Toast auf Pompidou verwendet hatte. Wenn dieser ihn jetzt öffentlich machte, dann war damit gesagt, dass er die zugesagte Nachfolge einforderte. Aus dem Referendum zur Reform des Senats und der Einführung der Regionen, das de Gaulle am 2. Februar für das Frühjahr angekündigt hatte, wurde damit eine Entscheidung über den Zeitpunkt seines Rücktritts.

Die negativen Reaktionen auf die Ankündigung des Referendums brachten de Gaulle noch einmal ins Grübeln. Für sich selbst brauchte er das doch nicht: »Die Wahlen haben ein Ergebnis gebracht, das einem Referendum gleichkommt.« Jetzt bot es allen Gegnern die Gelegenheit, sich auf seinen Sturz zu vereinen.

> »Wenn das Nein siegt, bin ich verpflichtet zu gehen, obwohl ich die Reform, was die Regionen betrifft, doch auf dem parlamentarischen Weg erhalten kann. [...] Ich habe keinen Grund, ihr Spiel mitzumachen, indem ich ein Referendum organisiere, bei dem sie alles zu gewinnen haben und ich nicht.«[21]

Mehrere seiner Vertrauten fragte er daher, ob man das Referendum nicht verschieben könne. Die Antworten fielen unterschiedlich aus. Entscheidend war schließlich, was Couve de Murville ihm sagte: »Sie würden vollkommen das Gesicht verlieren.«[22]

Am 19. Februar wurde im Ministerrat beschlossen, das Referendum am 27. April stattfinden zu lassen. De Gaulle war jetzt wieder der Kämpfer, als der er aus Baden-Baden zurückgekehrt war. »Von zwei Dingen eines«, sagte er am 22. Februar zu Christian Fouchet.

> »Entweder die Franzosen wollen Reformen und sie werden uns die Mehrheit geben. Dann werden wir, nachdem wir die lebendigen Kräfte des Landes dank der Region in Bewegung gebracht haben, das Referendum über die Mitbestimmung abhalten, das die französische Gesellschaft tiefgreifend verändern wird. Oder die Franzosen wollen mich nicht mehr und auch keine Reformen. Dann werde ich zeigen, dass ich nicht der Bewahrer alter Privilegien bin, der Beschützer derjenigen, die Angst haben. Ich werde gehen.«[23]

Er fühlte sich auch keineswegs zu alt, diesen Kampf zu bestehen. Sein Adjutant Jean d'Escrienne erwischte ihn eines Abends, wie er einen Bogen Briefpapier mit Namen und Zahlen gefüllt hatte. »Wussten Sie, dass Sophokles den *König Ödipus* geschrieben hat, als er 90 war?«, gab er ihm zur Erklärung.

> »Michelangelo arbeitete mit über 80 noch bewunderungswürdig an der Sixtinischen Kapelle und am Bau der Kuppel von Sankt Peter. Tizian malte *Die Schlacht von Lepanto* mit 95 und *Die Kreuzabnahme* mit 97. Goethe beendete seinen zweiten *Faust*, der seinen vorherigen Werken nicht nachsteht, mit 83 Jahren. Mit 82

> Jahren schrieb Victor Hugo *Torquemada*, mit 83 den zweiten Band der *Legende der Jahrhunderte*!«[24]

Da sollte es doch möglich sein, dass er mit nur 78 Jahren die große Gesellschaftsreform zustande brachte, die Frankreich brauchte!

De Gaulle fühlte sich auch nicht zu alt, um in der Europapolitik noch einmal einen neuen Anlauf zu nehmen. Nachdem Debré ihm deutlich gemacht hatte, dass an der Aufnahme Großbritanniens in die EWG kein Weg mehr vorbeiführte, wenn man die Finanzierung des europäischen Agrarmarkts auf Dauer sicherstellen wollte und der Aufstieg der Bundesrepublik zu einer unabhängig agierenden Großmacht gebremst werden sollte, erklärte er sich in einem Gespräch mit dem britischen Botschafter Christopher Soames am 4. Februar bereit, einer breiteren wirtschaftlichen Entente zuzustimmen, wenn Großbritannien gleichzeitig in eine engere politische Union mit Frankreich, der Bundesrepublik und Italien eintreten würde. Weil man das in London nicht für ein attraktives Angebot hielt und den Vorschlag sogleich publik machte, führte diese Initiative fürs Erste nur zu einer weiteren Verschlechterung der französisch-britischen Beziehungen. Sie zeigt aber einmal mehr, dass der General im Frühjahr 1969 keineswegs bewusst seinen Abgang ansteuerte.

In einer Rundfunk- und Fernsehansprache am 11. März stellte er den Franzosen die beabsichtigte Bildung von gemischten Räten auf regionaler wie auf nationaler Ebene als Teil einer umfassenden Reform dar, die die Beziehungen zwischen ihnen »menschlicher, würdiger und dadurch effektiver« machen sollte. Das Referendum erklärte er zur »Wahl zwischen dem Fortschritt und dem Umsturz.«[25] Im Interview mit Michel Droit am 10. April bekräftigte er noch einmal, dass es auch um die Fortsetzung seines Mandats ging:

> »Daran kann es nicht den geringsten Zweifel geben. Von der Antwort, die das Land auf das gibt, worum ich bitte, wird selbstverständlich die Weiterführung meines Amtes oder mein sofortiger Rücktritt abhängen.«

Er sei sich

> »sicher, dass diese Reform integraler Bestandteil der Mitbestimmung ist, die den Weg darstellt, dem wir folgen müssen, um die mechanische moderne Gesellschaft menschlicher und effizienter zu machen und die schlimmsten Erdbeben zu vermeiden. [...] Wenn sich das französische Volk dem leichtsinnig widersetzt – das ist genau das richtige Wort -, wer wäre ich denn, wenn ich nicht sofort die Konsequenz aus einem derart tiefen Bruch ziehen würde und mich lächerlicherweise in meinen gegenwärtigen Funktionen behaupten wollte?«[26]

Aus den Zweifeln, ob er mit diesem erneuten Appell an die »lebendigen Kräfte« des Landes Erfolg haben würde, wurde erst vier Tage später die Gewissheit, dass er scheitern würde. An diesem 14. April trat Valéry Giscard d'Estaing an die Öffentlichkeit, um »mit Bedauern, aber mit Sicherheit« zu sagen, dass er bei dem Referendum nicht mit »Ja« stimmen könne. Der Chef der Unabhängigen Republikaner hatte nicht nur Zweifel an der Praktikabilität des Reformprojekts, er hielt auch den Zeitpunkt für gekommen, sich mit einer Weichenstellung für die Verabschiedung de Gaulles weiter zu profilieren. Da selbst die Gaullisten nicht mehr ganz geschlossen hinter dem Reformprojekt standen, war damit klar, dass es keine Mehrheit finden würde. »Ich weiß, dass das Referendum verloren sein wird«, sagte de Gaulle am 20. April zu seinen Kindern, die ihn mit ihren Familien zum Osterfest besuchten. »Es werden mir die Stimmen der Unabhängigen fehlen, die Giscard folgen werden.«[27]

Pompidou machte unterdessen Wahlkampf für das Referendum. Er hatte dem General dringend abgeraten, sich auf ein solch selbstmörderisches Unternehmen einzulassen. Aber nachdem de Gaulle nicht auf seinen Rat gehört hatte, durfte er nicht illoyal erscheinen. Im Fernsehen erklärte er noch am 25. April, dass er mit »Ja« stimmen würde – »aus Treue«. Als André Malraux, Jean Charbonnel und andere de Gaulle-Anhänger eine Erklärung von ihm verlangten, dass er für die Nachfolge des Generals nicht zur Verfügung stehen würde, da verweigerte er sich freilich. Die eigene Karriere zu opfern, obwohl alles andere als sicher war, dass die Rückkehr zur Alternative »De Gaulle oder das Chaos« den gewünschten Erfolg bringen würde, das war eindeutig zu viel verlangt.

In der Tat nutzte auch die eindringliche Warnung nichts mehr, die de Gaulle am Vormittag des 25. April aufzeichnen ließ und die dann abends um 20 Uhr gesendet wurde:

> »Sollte ich von einer Mehrheit von Ihnen desavouiert werden, [...] werde ich sofort aufhören, meine Funktionen auszuüben. Wie wird dann die Situation gemeistert werden, die aus dem negativen Sieg all der unterschiedlichen, disparaten und disharmonischen Oppositionen resultiert, mit der unvermeidlichen Rückkehr zum Spiel der Ambitionen, Illusionen, Kombinationen und Verrate, in der nationalen Erschütterung, die ein solcher Bruch hervorrufen wird?«[28]

Eine Mehrheit von 53,18 Prozent entschied sich in dem Referendum vom 27. April für das »Nein«. Kurz nach Mitternacht ließ de Gaulle seine Rücktrittserklärung bekanntgeben: »Ich übe meine Funktionen als Präsident der Republik nicht mehr aus. Diese Entscheidung tritt heute um 12 Uhr in Kraft.«[29] Den Élysée-Palast hatte er schon am Freitagmittag für immer verlassen.

Man kann in dieser Entscheidung die Tragik eines Mannes sehen, dessen politisches Programm nicht zu der Rechts-Links-Polarisierung passte, die er selbst geschaffen hatte. Die Partei der Ordnung, die ihm bislang immer ihre Stimme gegeben hatte, wollte keine tiefgreifenden Reformen und sie musste sie nicht in Kauf nehmen, weil ihnen mit Pompidou eine Alternative zur Verfügung stand, bei der sie diesen Preis nicht zahlen musste. Die Partei der Bewegung hingegen wollte zwar Reformen, sie wollte aber nicht, dass diese Reformen gleichzeitig die Macht des Generals befestigten. Parteiübergreifend kann man formulieren, dass sich das Vertrauen der Franzosen in Charles de Gaulle erschöpft hatte. Seine Sprache wurde nicht mehr verstanden, sein paternalistisches Politikverständnis nicht mehr ertragen. »Die Franzosen wollten ihn nicht mehr«, sagt ein so unverdächtiger Zeuge wie Maurice Couve de Murville.[30] Das war schon im Mai 1968 deutlich geworden. Sein Versuch, die Lehren aus dem Mai 1968 zu ziehen, war deswegen von vorneherein zum Scheitern verurteilt gewesen. Es ehrt ihn aber, dass er ihn unternommen hat.

Vielleicht hatte de Gaulle das im Sinn, als er drei Tage vor der Abstimmung zu André Lalande sagte, er werde in jedem Fall gewinnen:

> »Ich wünsche nicht zu verlieren, aber auf der historischen Ebene – derjenigen, die mich interessiert – werde ich in beiden Fällen gewonnen haben.«[31]

Überhaupt nahm er die Niederlage sehr gelassen auf. »Die Dinge können ja nicht ewig dauern, und das wäre doch ein sehr ordentlicher Abgang«, hatte er Lalande schon am 22. März gesagt.[32] Am Tag seines Rücktritts, dem 28. April, erklärte er Flohic:

> »Im Grunde bin ich nicht unzufrieden, dass es so zu Ende geht, denn welche Aussichten hatte ich denn vor mir? Schwierigkeiten, die die Persönlichkeit nur schmälern konnten, die die Geschichte aus mir gemacht hat, und die mich ohne Nutzen für Frankreich verschlissen hätten. Ich habe dem Land eine Reform vorgeschlagen, die für die Zukunft von großer Bedeutung war. Es hat sie abgelehnt, ich aber setze mich vor der Geschichte keinerlei Tadel aus.«[33]

Wenn das Land seinen Dienst nicht mehr wollte, hieß das, dann hatte er auch keine Verpflichtung mehr, ihm zu dienen. Er würde das französische Volk weiterhin verkörpern, »und das wird bis zu meinem Tode andauern.«[34] Aber er musste nichts mehr für die Franzosen tun. »Ich habe nichts mehr mit ihnen zu schaffen, sie sind mir fremd.«[35] Anders als 1946, als er ohne eine Volksabstimmung gegangen war, plagte ihn jetzt kein schlechtes Gewissen mehr. Den Rücktritt vom Januar 1946 betrachtete er nunmehr als einen Fehler – den einzigen, den er sich einzugestehen bereit war. Ein Jahr nach seinem Rücktritt schrieb er an seine Schwägerin Marie Vendroux, genannt Cada: »Wie Edith Piaf gesungen hat: Ich bedauere nichts!«[36]

Für die Zukunft des Landes war er zumindest skeptisch:

> »Es ist möglich, dass man sich zu Ränkespielen bereitfindet und mit irgendeinem Pompidou die IV. Republik wiederherstellt, ohne es zu sagen.«[37]

In die staatsmännischen Qualitäten seines ehemaligen Premierministers, der noch am gleichen Tag seine Kandidatur für das Präsidentenamt bekanntgab, hatte er immer noch nicht viel Zutrauen. »Ja, das ist der am wenigsten schlechte«, sollte er am 17. Juni dem irischen Staatspräsidenten antworten, als dieser ihm höflicherweise seine Freude über die Wahl Pompidous bekunden wollte. Er ließ gegenüber seinen irischen Gastgebern aber auch erkennen, dass es keinen großen Unterschied gemacht hätte, wenn die Franzosen Alain Poher (den Kandidaten des Zentrums) oder Gaston Defferre (den Kandidaten der Sozialisten) gewählt hätten. Ebenso sagte er voraus, dass der neue Präsident nicht viel zustande bringen werde:

> »Pompidou wird jedenfalls nichts machen. Wenn es Schwierigkeiten gibt, wird er nicht damit fertig werden. Ich bezweifle, dass die Gaullisten bis zu den nächsten Parlamentswahlen vereint bleiben werden. Valéry Giscard d'Estaing und die Linksgaullisten werden nicht in der Mehrheit bleiben.«[38]

All das sollte ihn freilich nichts mehr angehen. Um Abstand zu gewinnen, aber auch um sicher zu gehen, dass er in keiner Weise in den Wahlkampf um seine Nachfolge involviert werden würde, begann er schon am Tage seines Rücktritts mit den Vorbereitungen für eine Reise nach Irland. Die Insel, aus der Vorfahren seiner Mutter stammten und die er sich auch als Ort für ein mögliches Exil ausgesucht hatte, wollte er schon immer einmal besuchen; jetzt sah er hier eine Möglichkeit, an einsamen Stränden und im Wald zu wandern, ohne von neugierigen Blicken verfolgt zu werden. Am 10. Mai landete er mit Yvonne und wenig Personal in Cork, wo er vom irischen Premierminister John Lynch und dem französischen Botschafter Emmanuel d'Harcourt empfangen wurde. Der Botschafter durfte sich in den nächsten Tagen de Gaulles Interpretation des Rücktritts anhören, ebenso Erinnerungen an die Zeit des »Freien Frankreich« und einige Spitzen gegen die Engländer. Ansonsten waren die de Gaulles tatsächlich viel an den Stränden unterwegs, meist nur von Adjutant Flohic begleitet, der sie, so gut es ging, von neugierigen Journalistenblicken abschirmte. Dazwischen las der General in Chateaubriands *Mémoires d'outre-tombe*, und dann fing er auch schon mit der Arbeit an den Memoiren seiner Präsidentschaft an. Bis zu seiner Rückkehr am 19. Juni (nachdem Pompidou als Präsident installiert worden war) hatte er schon mehr als das erste Kapitel geschrieben.

Nach der Rückkehr nach Colombey-les-deux-Églises wurde die Arbeit an den Memoiren intensiver. Fünf oder sechs Stunden nahm sie jetzt pro Tag in Anspruch, nur unterbrochen von den Mahlzeiten und kleineren Spaziergängen, die er meist in Begleitung seiner Frau unternahm. Vom Herbst an kam auch noch die Arbeit an einer Edition der Reden, Ansprachen und Interviews hinzu, die der General seit 1940 gehalten hatte. Vom Verleger angeregt, der sich davon ein gutes Geschäft erhoffte, wurde sie von dem Politologen und Generalsekretär des Senats François Goguel vorbereitet und mit erläuternden Kommentaren versehen; de Gaulle las aber alle Texte, die in die 5-bändige Edition aufgenommen werden sollten, noch einmal sorgfältig durch und nahm an den Kommentaren auch Korrekturen vor. Die Entzifferung des Manuskripts der Memoiren übertrug er wieder seiner Tochter Elisabeth. Sohn Philippe bekam anschließend die Schreibmaschinenfassung zu lesen.

Die Arbeit an den Memoiren war für de Gaulle eine selbstverständliche Pflicht: Wie für die Zeit der Kriegsjahre wollte er vor der Geschichte Rechenschaft über seine Regierungsjahre ablegen, und er wollte dies in einer Form tun, die der Geschichte würdig war. Das »große Werk« sei »weniger für die Zeitgenossen bestimmt als für die künftigen Generationen«, schrieb er im November 1970 an seine Schwägerin;[39] und zu Michel Droit meinte er, es sei »viel, viel wichtiger für Frankreich als das, was ich im Élysée-Palast machen könnte, wenn ich dort noch wäre.«[40] Der »Berühmteste aller Franzosen« war damit wieder bei der Tätigkeit angelangt, die ihm am meisten lag: beim Schreiben, genauer bei der analytischen Durchdringung und Gestaltung eines historischen Stoffes. Das erfüllte ihn auch wieder mit Befriedigung. Couve de Murville, der ihn Anfang Juli 1969 besuchte, berichtete unter Hinweis auf diese schriftstellerische Tätigkeit, er habe »einen glücklichen Menschen« angetroffen.[41]

Die aktuelle Politik hielt der ehemalige Staatspräsident auch weiterhin auf Distanz. Besuchen durften ihn nur wenige; Mitglieder der aktuellen Regierung gehörten nicht dazu. Als Couve de Murville kam, bat de Gaulle auch seinen Schwager zum Mittagessen hinzu: Er wollte nicht, dass Politiker Besuche bei ihm als Vorteil in den aktuellen Auseinandersetzungen nutzen konnten. Mit Pompidou gab es noch nicht einmal brieflichen Kontakt; nur zum Jahreswechsel wurden die üblichen Wünsche ausgetauscht. De Gaulle suchte auch nie das kleine Sekretariat auf, das man dem Präsidenten außer Dienst in der Avenue de Breteuil in Paris eingerichtet hatte. Die Mitarbeiter kamen meist dienstags zu ihm, um Unterlagen für die Memoiren mitzubringen und Instruktionen entgegenzunehmen. Überhaupt reiste er nicht mehr zu politischen Zwecken nach Paris. In die Hauptstadt begab er sich nur noch ein einziges Mal, und das auch nur sehr kurz: als er in der Osterwoche 1970 an der Erstkommunionfeier seiner Enkeltochter Anne teilnahm. Den Sitz im Verfassungsrat, der ihm als ehemaligem Staatspräsidenten zustand, nahm er nicht wahr, und er lehnte auch die Dotation des Staatspräsidenten im Ruhestand ab.

Neben der Arbeit an den Memoiren erledigte der General eine umfangreiche Korrespondenz, meist ein bis zwei Stunden am Tag. Am Abend gönnte er sich, wie auch bisher schon, oft eine Auszeit mit dem Legen von Patiencen, dann die Fernsehnachrichten und eine ausgiebige Lektüre – bis zu drei Bücher pro Woche. Viele Autoren schickten ihm ihre neuesten Produktionen; er las sie alle (wenn auch nicht alle zu Ende) und antwortete mit freundlichen Kommentaren. Wenn er das Buch interessant fand, gab er es auch Yvonne zu lesen. Gelegentlich schaute er sich auch einmal ein Fußballspiel oder einen Film im

Fernsehen an. Im Élysée-Palast hatte er sich zuvor manchmal neue Filmproduktionen zur Vorführung kommen lassen – unter anderem die ersten James-Bond-Filme, die ihm offensichtlich sehr gefielen.

An den Wochenenden war neben dem sonntäglichen Kirchgang Zeit für ausgiebigere Spaziergänge, häufig auch in nahe gelegenen Wäldern, die mit Yvonnes Citroën angefahren wurden. Drei oder vier Kilometer in strammem Schritt waren dabei die Regel. Besonders lebhaft ging es zu, wenn seine Enkel Anne (die Tochter von Elisabeth und Alain de Boissieu) und Pierre (der jüngste Sohn von Philippe und Henriette de Gaulle) mit von der Partie waren, begleitet von dem Hund der Großeltern, der auf den Namen Rase-Mottes hörte (oder auch nicht). Überhaupt blühte de Gaulle jedes Mal auf, wenn die Familien mit den Enkelkindern die de Gaulles in Colombey besuchten oder Enkelkinder für längere Zeit in den Ferien blieben. Er konnte sie gar nicht häufig genug um sich haben. Nachdem er schon ein liebevoller und sehr aktiver Vater gewesen war, hatte er sich zu einem ausgesprochen zärtlichen Großvater und fürsorglichen Familienmenschen entwickelt.

Reisen gehörten ebenfalls zum Programm des Präsidentenpaares im Ruhestand. Nach den sechs Wochen in Irland, die dem General in jeder Hinsicht guttaten, planten sie für den Juni 1970 eine Reise nach Spanien – wiederum so, dass de Gaulle zum Zeitpunkt der Gedächtnisfeier des »Kämpfenden Frankreich« auf dem Mont Valérien am 18. Juni, dem Jahrestag seines Aufrufs von 1940, nicht im Land war. Diese Feier war ihm zunehmend unangenehm geworden, weil er sich nicht auf den »Mann des 18. Juni« reduzieren lassen wollte. Nach seinem Rücktritt wollte er sie ganz meiden, um nicht doch in irgendeiner Weise in die aktuelle Politik verwickelt zu werden. Spanien, »das Land Karls V.«,[42] gehörte ebenfalls zu den Ländern, die er schon lange kennenlernen wollte. Zu einem umfangreichen Besichtigungsprogramm kamen zehn Tage Ausspannen in einer Jagdhütte in der Sierra Bianca. Dazwischen ließ sich ein Empfang durch Staatschef Franco nicht vermeiden, auch wenn das seine antifaschistischen Freunde

André Malraux und François Mauriac sehr schmerzte. De Gaulle weigerte sich aber, das Alcázar von Toledo zu besuchen, wo die Franquisten ihren Triumph über die Spanische Republik feierten.

Für 1971 fasste der Präsident im Ruhestand eine Reise nach China ins Auge. Vorgeschlagen hatte ihm das der neue Botschafter in Peking Étienne Manac'h – ein Chinakenner, der sich im »Freien Frankreich« engagiert hatte – schon im März 1970; dabei hatte er ihm auch in Aussicht gestellt, eine Unterredung mit Mao Zedong zu arrangieren. De Gaulle fand an beidem, der Entdeckung der kulturellen Schätze des Reichs der Mitte und an der Begegnung mit dem Revolutionär, der zum Mythos geworden war, zunehmend Gefallen. Im September erkundigte er sich bei einer Nichte, die als Diplomatin gerade nach Peking beordert worden war, vor ihrer Abreise nach der besten Reisezeit und einem möglichen Reiseprogramm. »Es wäre für mich ein Traum, nach China zu gehen«, gestand er ihr.[43]

Verbarg sich unter der Ausgeglichenheit, die Charles de Gaulle in der Zeit nach seiner Präsidentschaft an den Tag legte, ein tiefer Schmerz, eine unendliche Traurigkeit über die Zurückweisung, die er erlebt hatte? Manche Begleiter seiner letzten Lebensjahre haben das so gesehen, etwa sein letzter Kabinettsdirektor Xavier de La Chevalerie: Er fand den General »verletzt bis auf den Grund seiner Seele. Der Mai 1968 hatte ihn erschüttert, der Rücktritt im April 1969 hat ihm den Gnadenstoß gegeben. Der Schmerz, den er darüber empfand, war von der Art, die man nicht überlebt.«[44] Yvonne de Gaulle klagte nach seinem Tod, er habe »seit zwei Jahren so sehr gelitten.«[45] Liest man alles, was an Äußerungen de Gaulles seit seinem Rücktritt überliefert ist, gewinnt man aber doch den Eindruck, dass das Mit-Leid derer, die ihn liebten, größer war als das Leid selbst, das er empfand.

Natürlich verlor auch ein de Gaulle nicht gerne einen Kampf. Es schmerzte ihn, dass die Franzosen seine Liebe zurückwiesen. Es bekümmerte ihn, was aus Frankreich werden sollte, wenn die Franzosen in ihrer Mehrheit nicht bereit waren, ihm auf dem Weg der Erneuerung weiter zu folgen. Vielleicht beschlich ihn auch gelegentlich wieder das Gefühl einer weitgehenden Vergeblichkeit allen Tuns, das ihn schon in der Krise des Sommers 1961 geplagt hatte. Schenkt man Malraux Glauben, der aus einer kurzen Begegnung im Dezember 1969 ein episches Gemälde werden ließ, so verglich er sich bei dieser Gelegenheit mit der Figur von Ernest Hemingways Erzählung »Der alte Mann und das Meer«: »Ich habe nur ein Skelett an Land gezogen.« Die Hand auf das Manuskript der Memoiren legend stellte er seinem Gast die Frage: »Malraux, im Grunde, von Ihnen zu mir, ist es wirklich der Mühe wert?[46]

Die Zweifel am Sinn seiner Anstrengung (wenn er sie denn wirklich so geäußert hat) verflogen aber rasch wieder. Mehr noch: Die Arbeit an den Memoiren wurde ihm immer wichtiger. Für die drei Bände, die sie umfassen sollten, hatte er nach den Erfahrungen mit den Kriegsmemoiren fünf Jahre Arbeit veranschlagt. Er wurde aber zunehmend unsicher, ob ihm so viel Zeit bleiben würde, und steigerte darum das Arbeitstempo. Den ersten Band, der die Jahre 1958 bis 1962 umfasste, beendete er bis Mitte Juli 1970, also innerhalb von einem Jahr und zwei Monaten. Den zweiten Band wollte er in weniger als einem Jahr schaffen. »Ich beeile mich, ich beeile mich«, sagte er Anfang November 1970 bei einem Waldspaziergang mit seinem Neffen Bernard de Gaulle.[47] Seine Schwägerin bat er, dafür zu beten, dass ihm genügend Zeit vergönnt bleiben würde, um »das große Werk« zu vollenden.

Die Bilanz der ersten vier Jahre, die Ende Oktober 1970 ohne jede Vorankündigung in den Buchhandlungen lag (mit einer Startauflage von 750 000 Exemplaren), las sich positiv. Starker Staat, Überwindung der Kolonialherrschaft, moderne Entwicklung auf solider Grundlage: »Gelungen!« Deutsch-französische Freundschaft, Gemeinsamer Markt, Verständigung mit den slawischen Völkern: »Auf gutem Weg!« Nationale Unabhängigkeit, Atommacht, Ausstrahlung: »Kommt gerade zustande!«[48] Auch die Zukunft wurde letztlich positiv gesehen: *Memoiren der Hoffnung* lautete der Titel des

Werkes, der auch für die weiteren Bände gelten sollte. »Die Franzosen von heute«, hatte er von Irland aus an seine Schwester geschrieben,

> »sind in ihrer Mehrheit noch nicht wieder zu dem großen Volk geworden, das auf Dauer die Selbstbehauptung Frankreichs tragen kann, die ich seit 30 Jahren in ihrem Namen praktiziere. Aber was unter dieser Führung getan wurde, zunächst während des Krieges, dann im Laufe der elf letzten Jahre, war von einer solchen Dimension, dass die Zukunft auf dieser Seite liegen wird.«[49]

Die Memoiren, davon war er überzeugt, würden helfen, diese Zukunft zu verwirklichen – sicher nicht sofort, aber auf die Dauer eben doch. »Man hat es fertiggebracht, die Franzosen einzuschläfern«, hatte er am Tag seines Rücktritts zu seinem Schwager gesagt. »Wenn sie aufwachen, werden sie zweifellos erkennen, dass ich Recht hatte.«[50] Sein alter Freund Léon Noël, der ihn in der zweiten Septemberwoche 1970 besuchte, fand den Gastgeber, der auf den 80. Geburtstag zuging, nicht nur »voller Schwung, rüstig, mit schnellem Schritt« und »außergewöhnlichen Gedächtnis«, kurz »in einem perfekten Gesundheitszustand«. Er glaubte auch »eine Heiterkeit, unterlegt mit etwas Traurigkeit« feststellen zu können.

> »Was überwog, war die Akzeptanz der Fakten, das Fehlen wirklichen Grolls, die Nachsicht gegenüber den Menschen. Sein Gewissen und seine Seele hatten Frieden gefunden.«[51]

Wie man weiß, ging der dringende Wunsch, die *Memoiren der Hoffnung* vollenden zu können, nicht in Erfüllung. Von den acht Kapiteln, die der zweite Band umfassen sollte, waren gerade zwei geschrieben, als der General an Allerheiligen 1970 etwas vorgezogen seinen Namenstag feierte. Die de Boissieus waren gekommen und auch Philippes Sohn Jean. Philippe selbst, der gerade in Brest Dienst tat, hatte zu seinem Bedauern keinen Urlaub nehmen können. Wie in den traditionellen katholischen Familien üblich feierten die de Gaulles die Namenstage und nicht die Geburtstage; davon wurde auch im Jahr des 80. Geburtstags des Hausherrn am 22. November keine Ausnahme gemacht. Danach kehrte in *La Boisserie* wieder die

Normalität ein. »Alles ist sehr ruhig hier«, schrieb de Gaulle am 6. November an seine Schwester. »Ich setze meine große Arbeit fort.«[52]

Der 9. November, ein Montag, war auch wieder so ein ganz normaler Tag. Nach der Zeitungslektüre, bei der er sich über einen Kommentar zum ersten Band der neuen Memoiren ärgerte, unternahm der General einen längeren Spaziergang. Dann nahm er Arbeit am dritten Kapitel des zweiten Bandes wieder auf. Auf einem Blatt notierte er, dass er sich über die Amtszeiten der verschiedenen Erziehungsminister genauer informieren müsste.[53] Nach dem Mittagessen folgte ein zweiter, diesmal nur sehr kurzer Spaziergang. Dann empfing de Gaulle einen Nachbarn, mit dem nach einer Erweiterung des *Boisserie*-Geländes über die Neuregelung von Weiderechten zu verhandeln war. Er gab seinem Sekretär telefonisch Anweisungen für den Besuch am nächsten Tag. Dann kehrte er an den Schreibtisch zurück, um einige Exemplare des ersten Memoirenbandes zu signieren und Briefe zu verfassen. Seinen Sohn bat er um einen Kostenvoranschlag für den geplanten Bau eines Ferienhauses im Midi, den er mit einer Schenkung finanziell unterstützen wollte.

Um 18.30 Uhr ging Charles de Gaulle zu seiner Frau in die Küche, um nach einer Adresse zu fragen. Nach der Fertigstellung des Briefes wechselte er vom Arbeitszimmer in die Bibliothek, um wie üblich am Bridge-Tisch eine Patience zu legen. Um 18.45 Uhr kam Yvonne hinzu, setzte sich an ihren Sekretär und begann mit der Erledigung ihrer Korrespondenz. Kurz nach 19 Uhr hörte sie plötzlich einen Schmerzensschrei ihres Mannes. Als sie aufsah, bemerkte sie, dass er in Ohnmacht gefallen war. Der Pfarrer und der Arzt, die beide sofort alarmiert wurden, trafen gleichzeitig in *La Boisserie* ein. Nachdem der Pfarrer das Sterbesakrament gespendet hatte, stellte der Arzt fest, dass außer einer Morphinspritze nichts mehr zu veranlassen war. Ein Aneurisma der Bauchaorta, das sich wohl schon in den 1950er Jahren entwickelt hatte, war jetzt geplatzt. 19.35 Uhr wurde als offizieller Todeszeitpunkt notiert.

Für die Beisetzung hatte de Gaulle Vorsorge getroffen. In einer Art politischen Testaments, das er im Januar 1952 aufgesetzt hatte – angeregt durch den frühen Tod seines Kampfgefährten de Lattre de Tassigny –, hatte er verfügt, dass seine Beerdigung eine strikte Familienangelegenheit bleiben sollte. Er wollte auf dem Dorffriedhof von Colombey-les-Deux-Églises begraben werden, neben seiner Tochter Anne. Kein Präsident, Minister oder Abgeordneter sollte zugegen sein; es sollten keine Reden gehalten werden, auch nicht in der Nationalversammlung. Reservierte Plätze in der Dorfkirche sollte es nur »für meine Kampfgefährten, Mitglieder des Befreiungsordens« und den Gemeinderat von Colombey geben. Wer immer dies wünschte, war eingeladen, dem Leichenzug zu folgen – aber »in der Stille«. Philippe hatte seinen Vater in den letzten Jahren wiederholt gefragt, ob es bei diesen Bestimmungen bleiben sollte. Die Antwort war jedes Mal ja: Was einst als Distanzierung vom Regime der IV. Republik gedacht war, passte jetzt auch ganz gut zur Distanzierung von der Tagespolitik: Niemand sollte sich zu seinem eigenen Vorteil auf de Gaulle berufen können.

Pompidou, dem de Gaulle einst als seinem Kabinettschef das erste Exemplar des Testaments gegeben hatte, hielt sich an diese Vorgaben. So fanden, nachdem der neue Präsident zusammen mit Premierminister Jacques Chaban-Delmas das Trauerhaus am Nachmittag des 11. November besucht hatte, am 12. November gleich zwei Trauerfeiern statt: am Vormittag die öffentliche in Paris in Form einer Totenmesse in der Kathedrale *Notre Dame*, bei der Staatsoberhäupter und Regierungschefs aus aller Welt zugegen waren, die Familie aber nicht, und am Nachmittag die private in Colombey. Dorthin kamen nicht nur die Gefährten des »Freien Frankreich« und viele andere, die de Gaulle nahe gestanden hatten, sondern – nachdem die Regierung das Testament veröffentlicht hatte - auch über 40 000 Französinnen und Franzosen, die spontan ein Zeichen der Dankbarkeit setzen wollten. Auf der Grabplatte, die schon von dem kurzen Leben Anne de Gaulles kündete, wurde nur eine ebenso kurze Inschrift hinzugefügt: »Charles de

Gaulle 1890–1970«. »Mehr nicht« – so hatte es der General verfügt.[54]

Als die Staatsgäste nach dem Requiem *Notre Dame* verließen, ertönte von der mächtigen Orgel der Kathedrale die *Marseillaise*. Für die auswärtigen Gäste, etwa den amerikanischen Präsidenten Richard Nixon, war das ein erhebender Moment. Ob er dem General gefallen hätte, für den der Niedergang Frankreichs mit der Französischen Revolution begonnen hatte, ist eine andere Frage.

Schluss

Mit dem Redeverbot, das Charles de Gaulle seinem Nachfolger für den Moment seines Todes auferlegt hatte, trug er dazu bei, seiner eigenen Interpretation der Rolle des Generals in der französischen Geschichte Geltung zu verschaffen, wie er sie in dem gerade erschienenen ersten Band der *Memoiren der Hoffnung* beschrieben hatte. Danach war er wie so viele frühere Autoritäten seit den Merowinger-Herrschern »ganz tief im Desaster [...] mit der obersten Autorität ausgestattet worden.« Da dies zunächst von denjenigen Franzosen, »die den Kampf nicht aufgaben«, und dann von der ganzen Bevölkerung anerkannt wurde, konnte er »das Land bis zu seiner Rettung führen.« Danach fingen die Parteien und sonstigen Organisationen aber sofort wieder an, ihre maßlosen egoistischen Ambitionen zu verfolgen, die in der Vergangenheit »unerhörtes Unglück« gebracht hatten. Das konnte de Gaulle nicht verhindern, er wollte es aber auch nicht mit seiner Person decken. Deswegen trat er im Januar 1946 zurück.

Der erneute Niedergang des Landes konnte durch seine »natürliche Elastizität [...] ein wenig abgemildert« werden, sein Einfluss in der Welt wurde jedoch leichtfertig verspielt. Als im Mai 1958 die Gefahr eines Bürgerkriegs drohte und das »angeblich verantwortliche System [...] vor der Vernichtung« stand, »musste de Gaulle das Schicksal [wieder] in die Hand nehmen.« Das tat er, »durch den außerordentlichen Kredit dazu verpflichtet, den ihm das französische Volk entgegenbrachte.« Er gab dem Staat starke Institutionen, befreite es von der Last eines Kolonialreichs, das nicht mehr zu rechtfertigen war, lenkte das wirtschaftliche Wachstum in geordnete Bahnen, führte das Land zu Unabhängigkeit und neuer Größe, beförderte die Verständigung mit den deutschen Nachbarn und arbeitete für die Wiedergeburt »der natürlichen Sympathie und des Vertrauens zwischen den Slawen und den Franzosen.«[1]

Was an dieser Selbstdarstellung stört, ist die Stilisierung de Gaulles zum Retter der Nation. Wer den Lebensweg des Generals bis zum Ende verfolgt hat, wird seine historischen Verdienste nicht bezweifeln: Er hat dem vielfältigen Widerstand gegen die Integration Frankreichs in Hitlers Imperium einen Kristallisationspunkt geboten und damit an führender Stelle dazu beigetragen, dass sich mit der Befreiung des Landes ein neuer demokratischer Konsens bilden konnte und Frankreich in der Lage war, an der Seite der Siegermächte als eigenständiger Akteur aufzutreten. Er hat die Handlungsfähigkeit des politischen Systems gestärkt und die Modernisierung der Wirtschaft entschieden vorangetrieben. Er hat den Prozess der Dekolonisation gegen Widerstände an seinem schwierigsten Punkt abgeschlossen und den Aufbau des Gemeinsamen Marktes beschleunigt. Schließlich hat er wichtige Impulse zur Entwicklung eines unabhängigen Europas und zur Überwindung kommunistischer Parteiherrschaft in seinem östlichen Teil gegeben.

All dies im Bild vom Retter der Nation zusammenzufassen, heißt jedoch, die Leistungen anderer zu leugnen und die problematischen Aspekte der politischen Aktion de Gaulles unter den Tisch fallen zu lassen. Die eigenständigen Leistungen der inneren *Résistance* werden vernachlässigt; die politischen Kräfte der ausgehenden III. und der IV. Republik werden pauschal diffamiert; politische Gegner und Nachfolger werden als prinzipiell nicht ebenbürtig verunglimpft. Tatsächlich hätte sich de Gaulle ohne die Unterstützung von *Résistance*-Führern und demokratischen Politikern wie Léon Blum und Jules Jeanneney wohl kaum gegenüber den Alliierten behaupten können, und der Übergang von der IV. zur V. Republik wäre ohne das kluge Verhalten von René Coty, Pierre Pflimlin und Guy Mollet wohl kaum so glatt verlaufen. In der Außen- wie in der Innenpolitik gab es Alternativen, die gut begründet waren; und Georges Pompidou kann ohne

Zweifel für sich in Anspruch nehmen, das Nachfolgeproblem erfolgreich gelöst zu haben.

Bei der Erfolgsbilanz, die zur Grundlage des de-Gaulle-Mythos wurde, blieb ungesagt, dass de Gaulle mit dem Beharren auf der Restaurierung von Großmachtpositionen wertvolle Zeit bei der Etablierung einer integrativen Nachkriegsordnung verstreichen ließ, dass er mit seiner Kampfansage an die IV. Republik selbst zu einer Belastung für die Nachkriegsdemokratie wurde und dass er mit dem Feldzug gegen die »Brüsseler Technokraten« den Ausbau der Europäischen Gemeinschaft über den Gemeinsamen Markt der Sechs hinaus behinderte. Mit seinem unerbittlichen Auftreten und seiner Ungeduld stand er sich oft selbst im Weg. Insofern hat er sich die Misserfolge auf dem Weg zu einem unabhängigen Europa und zur umfassenden Partizipation zu einem guten Teil selbst zuzuschreiben.

In dem Bild vom Retter der Nation offenbart sich ein Staats- und Politikverständnis, das in der Fortentwicklung der monarchistischen Tradition von einem Vertrag zwischen der Staatsspitze und der Nation ausging.

> »Damit der Staat, wie es erforderlich ist, das Instrument der Einheit Frankreichs, des übergeordneten Interesses des Landes und der Kontinuität im Handeln der Nation darstellt, hielt ich es für notwendig, dass die Regierung [...] von einem Kopf ausging, der direkt von der Gesamtheit der Nation beauftragt wurde.«[2]

Dieser Vertrag musste von Zeit zu Zeit durch ein Referendum erneuert werden. Wenn die Nation ein neues Mandat verweigerte, dann war er zu Ende. De Gaulle hielt also ungeachtet der Feinheiten der Verfassung der V. Republik eine Art Monarchie auf Zeit für die notwendige Regierungsform, mit einem aufgeklärten Monarchen als erstem Diener seines Volkes an der Spitze. Gegen Ende seines Lebens glaubte er auch, Frankreich genau in dieser Weise geführt zu haben. »In Wirklichkeit war ich zehn Jahre lang ein Monarch«, sagte er während seines Irland-Besuchs im Mai 1969 zu dem französischen Botschafter.[3]

Darüber hinaus beruhte die Vorstellung vom Retter der Nation auch auf einer religiösen Aufladung des Nationenbegriffs. Charles de Gaulle war und blieb bis zu seinem Lebensende praktizierender Katholik; selbst bei seinen Moskau-Besuchen im Dezember 1944 und im Juni 1966 bestand er darauf, an einer katholischen Sonntagsmesse teilnehmen zu können. An seinem Glauben an einen persönlichen Gott, an den er seine Gebete richtete, kann kein Zweifel sein. Sein Glaube blieb freilich nicht beim Nachvollzug simpler Katechismus-Weisheiten oder lehramtlicher Verkündigungen stehen; vielmehr rang er in aktiver Auseinandersetzung mit den philosophischen und theologischen Diskussionen seiner Zeit beständig um ein besseres Verständnis der letzten Dinge. Dem katholischen Religionsphilosophen Jean Guitton schrieb er nach der Lektüre von dessen *Critique religieuse*, dies sei »eine großartige Gesamtdarstellung«, die »bis an den Rand eines undurchdringlichen Ozeans führt.«[4] Dem hohen Klerus seines Landes stand er kritisch gegenüber, seit dieser mehrheitlich Sympathien für das Vichy-Regime gezeigt hatte; und auch von der Autorität der Päpste war er nicht sonderlich beeindruckt. Seiner Frau bekannte er einmal, »immer Gallikaner« gewesen zu sein.[5]

Zu den Gewissheiten, zu denen er auf der Suche nach Glaubenswahrheiten gelangte, gehörte schon sehr früh die Überzeugung von einer besonderen Beziehung zwischen Gott und der französischen Nation. »Gott – der Gott der Franzosen – möge dich beschützen und geleiten«, gratulierte er seinem Sohn zum Namenstag.[6] Die französische Nation war für ihn von Gott zu Höherem berufen: zur »Größe«. In der Eingangspassage seiner Kriegsmemoiren, die er noch nach vielen Jahren auswendig rezitieren konnte, sprach er ganz offen von seinem »Glauben« an diese Mission:

> »Was es in mir an Gefühl gibt, stellt sich Frankreich natürlich wie die Prinzessin im Märchen oder die Madonna der Fresken als einer erhabenen und außerordentlichen Bestimmung geweiht vor. Instinktiv habe ich den Eindruck, dass die Vorsehung es für vollendete Erfolge oder exemplarisches Unglück geschaffen hat.«

Die romantische Symbiose von Katholizismus und Nationalismus wuchs hier zu der Vorstellung zusammen, das Gott – jedenfalls der »Gott der Franzosen« – durch die Nation wirkte.

Für die Franzosen hieß das, dass sie dazu bestimmt waren, dieser Berufung gerecht zu werden. »Die positive Seite meines Geistes überzeugt mich,« so geht die Eingangspassage weiter,

> »dass Frankreich nur auf dem ersten Rang es selbst ist; dass allein die großen Unternehmen geeignet sind, die Fermente der Zerstreuung wettzumachen, die sein Volk in sich selbst trägt; dass unser Land, wie es ist, unter den anderen, wie sie sind, unter Strafe tödlicher Gefahr ganz hoch zielen und sich aufrecht halten muss. Kurz, nach meinem Empfinden kann Frankreich nicht Frankreich sein ohne die Größe.«[7]

Auch wenn diese Überzeugung materiell auf der Vorstellung von der Behauptung in der Auseinandersetzung mit den Gegnern und Herausforderungen beruhte, zielte sie doch darüber hinaus. »Größe« war letztlich ein metaphysischer Begriff.

Der Glaube an diese »gewisse Idee von Frankreich« ließ de Gaulle zu den postrevolutionären Realitäten seines Landes eine stets kritische Distanz wahren. Er ließ ihn an den Problemen und Schwächen leiden, von denen es geplagt wurde und die er überscharf wahrnahm. Und er verpflichtete ihn zum Dienst an ihrer Überwindung, wo immer sich ihm die Gelegenheit dazu bot. Selbstverwirklichung hieß für de Gaulle, sich in diesem Dienst auszuzeichnen. Das war schon für seine berufliche Tätigkeit als Offizier maßgeblich. Es bestimmte sein Engagement als militärstrategischer Analytiker. Vor allem aber bildete es die Grundlage für sein Agieren im politischen Raum, bei dem er sich immer auch als Erzieher verstand. De Gaulle war kein politischer Egomane, der Macht um der Macht willen anstrebte. Politische Verantwortung empfand er stets als Last, und häufig belastete sie ihn auch bis an die Grenzen der physischen und psychischen Leistungsfähigkeit. Der Rückzug von der Macht war für ihn eine ständige Versuchung, der er mehr als einmal nachgab.

Auf der anderen Seite verfügte Charles de Gaulle über ganz außerordentliche Begabungen, die ihn zu einem der wenigen Intellektuellen werden ließen, die auch als Tatmenschen brillierten. Daraus ergaben sich für ihn immer wieder mächtige Impulse, sich den Verpflichtungen zu stellen, die er auf sich zukommen sah. Er empfand sich, je länger er sich auf dem politischen Feld bewegte, umso deutlicher als einzigartig; und das machte es ihm auch wieder schwer, von der Macht Abschied zu nehmen. Beim Rückblick auf die Mai-Krise, die seinen definitiven Abschied einleiten sollte, bemerkte er:

> »Den Sinn für den Staat hat in Frankreich niemand. Ich habe ihn; naja, ich habe ihn von Zeit zu Zeit. Ich bringe ihn von Zeit zu Zeit zum Ausdruck, wenn es zu schlecht geht, aber außer mir versucht es niemand, und genau das ist das Problem!«[8]

Im Grunde jagte de Gaulle mit dem Traum vom »großen« Frankreich, von dem eine Ausstrahlung ausging wie zur Zeit von Ludwig XIV., einer Utopie nach – einer Utopie, die in den romantischen Anschauungen seines Herkunftsmilieus wurzelte und durch die Lektüre seiner Jugendjahre genährt worden war. Erfolgreich war er nur dann, wenn sich diese Utopie in Teilen mit realen Bedürfnissen der Nation deckte: Befreiung von der nationalsozialistischen Herrschaft, Schutz vor einer Machtübernahme durch die Kommunisten, Vermeidung eines Bürgerkriegs, Befreiung von der Last des Algerienkriegs, Sicherung und Mehrung des materiellen Wohlstands. Sobald und soweit seine Ziele darüber hinausgingen, geriet er in Schwierigkeiten und liefen seine Aktivitäten letztlich ins Leere. Zwischen de Gaulle und seinen Anhängern gab es daher immer wieder Missverständnisse; und die Anhänger waren auch prinzipiell uneins, was denn als »Gaullismus« zu gelten habe. Ihr Idol blieb den Franzosen (und erst recht allen anderen Zeitgenossen) ebenso fremd wie sie ihm letztlich fremd blieben. »Wie schön wäre Frankreich ohne die Franzosen«, seufzte der General im Herbst 1948.[9]

Die Fremdheit und Verachtung gegenüber Kollektiven schloss aber Wertschätzung im Einzelnen nicht aus. De Gaulle konnte im persönlichen Umgang außerordentlich höflich und zuvorkommend sein (»höflich« im ursprünglichen Sinn des Wortes); und wenn er fand, dass sich jemand um Frankreich verdient gemacht hatte, brachte er das auch zum Ausdruck. Selbst kommunistische *Résistance*-Kämpfer wie Auguste Lecœur hörten von ihm ein Wort des Dankes und der Anerkennung.[10] Ebenso gingen die Hartnäckigkeit, Schroffheit und bisweilen auch Brutalität bei der Verfolgung einmal gefasster Pläne mit der Fähigkeit zur Preisgabe unhaltbar gewordener Positionen und Aufnahme neuer Anregungen einher. Die Hinwendung zu einem partnerschaftlichen Verhältnis zu Konrad Adenauer und die Beschleunigung des Abschieds vom Kolonialreich sind hier die markantesten Beispiele. Man sollte aber auch die Öffnung für die Idee der europäischen Einigung nicht vergessen, ebenso wenig die Forcierung der Wettbewerbsfähigkeit und das Engagement für die Partizipation. Zum Schluss seiner Amtszeit war de Gaulle dabei, seinen Widerstand gegen die Aufnahme Großbritanniens in die Europäische Gemeinschaft aufzugeben; und langfristig fasste er Mehrheitsentscheidungen im europäischen Ministerrat ins Auge.[11]

Die größten politischen Erfolge erzielte er, wenn er sich auf Kompromisse einließ, die über seine ursprünglichen Vorstellungen hinausgingen. Das war bei der Hinwendung zur innerfranzösischen *Résistance* und ihrem sozialen Reformprogramm der Fall und mehr noch bei der Kooperation mit den Vertretern der »Regimeparteien« bei der Erarbeitung der Verfassung der V. Republik. Diese Erfolge machten ihn glücklich. Sie änderten aber nichts an seinem bescheidenen Lebenszuschnitt. Dass er während seiner Amtszeiten Dienstliches und Privates strikt getrennt hielt und Gratifikationen ebenso ablehnte wie Ehrungen, war Ausdruck von Demut und Hochmut zugleich: Demut vor dem Staat, dem er nicht zur Last fallen wollte, und Hochmut vor seinen Repräsentanten, die er durchgehend für zweitrangig hielt. Wer zu der Überzeugung gelangt war, das »ewige Frankreich« zu verkörpern, der konnte irdische Lobpreisungen nur als Herabwürdigung empfinden.

Die Einzigartigkeit, die er sich selbst zuschrieb, stellte freilich auch sein größtes Problem dar. Sie hielt ihn nicht nur viel länger im Amt, als er es sich in nüchterner Einschätzung seiner Kräfte zumuten wollte, sondern ließ ihn auch am Problem seiner Nachfolge verzweifeln. Die Einführung der Direktwahl des Staatspräsidenten stellte nach seiner Überzeugung nur eine Notlösung dar; sie sollte dem künftigen Amtsinhaber auch bei fragwürdigen charakterlichen Eigenschaften und politischen Fähigkeiten zu einem »Schein von Autorität und Macht« verhelfen.[12] Als sich die Nachfolge-Frage vor seiner Prostata-Operation im April 1964 zum ersten Mal konkret stellte, übergab er seinem Sohn eine verschlossene Empfehlung zur Wahl seines »unmittelbaren Nachfolgers« mit der Erläuterung: »Ich sage: meines unmittelbaren Nachfolgers, weil ich hoffe, dass danach du selbst die Aufgabe, Frankreich zu führen, übernehmen möchtest und kannst.«[13] Rückblickend bezeichnete er es als »das Bedauern meines Lebens, die Monarchie nicht [wieder] eingeführt zu haben, weil es kein [geeignetes] Mitglied des Hauses von Frankreich dafür gab.«[14] Der Graf von Paris, der durchaus Ambitionen hatte, kam dafür nicht in Frage, weil er es versäumt hatte, sich der *Résistance* anzuschließen.

Man muss sich den späten Charles de Gaulle deswegen aber nicht als einen unglücklichen Menschen vorstellen. Schon gar nicht taugt er zum tragischen Helden, als den ihn manche seiner Anhänger gesehen haben und immer noch sehen. Bei allem Hochmut war er auch zur Selbstironie fähig. Im Gespräch mit Malraux phantasierte er über die Errichtung eines »großen Lothringerkreuzes« auf dem höchsten Hügel von Colombey.

> »Alle werden es sehen können, aber da niemand da ist, wird es niemand sehen. Und es wird die Hasen zum Widerstand anstiften.«[15]

Anmerkungen

1 Der Connétable

1 Claude Guy, En écoutant de Gaulle. Journal 1946–1949, Paris : Grasset 1996, S. 71.
2 Yvonne de Gaulle zu Claude Guy 1.12.1946, ebd. S. 168.
3 Jean Lacouture, De Gaulle. 1. Le rebelle, Paris: Éditions du Seuil 1984, S. 43.
4 Charles de Gaulle, Lettres, notes et carnets 1905–1918, Paris: Plon 1980 [künftig: LNC 1], S. 88.
5 Ebd. S. 237.
6 Ebd. S. 337.
7 Zitiert nach Lacouture, Le rebelle, S. 99.
8 LNC 2, S. 17.
9 Ebd. S. 27.
10 LNC 1, S. 106.
11 Guy, En écoutant de Gaulle, S. 95.
12 Claude Mauriac, Aimer de Gaulle, Paris: Grasset 1978, S. 192. Ob die genaue Jahreszahl de Gaulle oder Mauriac entfallen war, lässt sich nicht ermitteln.
13 Philippe de Gaulle, Mon père de Gaulle, Bd. 2, Paris: Plon 2004, S. 255.
14 In den Memoiren von Stanislas Gajewski, des späteren polnischen Botschafters in Paris, zitiert nach Éric Roussel, Charles de Gaulle, Paris: Gallimard 2002, S. 34 f.
15 Zitiert nach Lacouture, Le rebelle, S. 109 f.
16 Im Gespräch mit seinem Sohn 1937 oder 1938, nach Philippe de Gaulle, De Gaulle mon père, Bd. 1, Paris: Plon 2003, S. 541.
17 Charles de Gaulle, La Discorde chez l'ennemi. Neuausgabe Paris: Plon 1972, S. 12.
18 Lacouture, Le rebelle, S. 121.
19 1926 im Gespräch mit dem Nachfolger des Akademiedirektors, zitiert nach Roussel, De Gaulle, S. 41.

2 Mit und gegen Pétain

1 Charles de Gaulle, Doctrine *a priori* ou doctrine des circonstances, in: Revue militaire française, (März) 1925, S. 306–328.
2 Siehe die Ankündigung der Reise in einem Brief an Freunde, zitiert bei Jean-Raymond Tournoux, Jamais dit, Paris: Plon 1971, S. 30.
3 Zitiert nach Lacouture, Le rebelle, S. 141.
4 LNC 2, S. 331–333.
5 Zitiert nach Lacouture, Le rebelle, S. 145 f.
6 Siehe den Text in LNC 2, S. 336–350.
7 En ce temps-là, de Gaulle, n° 30, S. 117–119.
8 LNC 2, S. 360.
9 LNC 2, S. 363–365.
10 Lacouture, Le rebelle, S. 168.
11 Charles de Gaulle, Le Fil de l'épée. Neuausgabe Paris: Plon 1971, S. 165 f. u. 202.
12 Zitiert nach Roussel, De Gaulle, S. 53.
13 Charles de Gaulle, Vers l'armée de métier. Neuausgabe Paris: Plon 1971, S. 249.
14 Ebd. S. 251.
15 Zitiert nach Lacouture, Le rebelle, S. 240.
16 Lucien Nachin, Charles de Gaulle, général de France, Paris: Éditions Colbert 1944, S. 86.
17 Charles an Yvonne de Gaulle 1.10.1938, LNC 2, S. 476.
18 LNC 2, S. 471–473.
19 Charles de Gaulle, La France et son armée. Neuausgabe Paris: Plon 1969.
20 Nach dem Zeugnis von Roger Seydoux, zitiert bei Lacouture, Le rebelle, S. 286.
21 De Gaulle an Reynaud 22.10.1939, LNC 2, S. 485–487.
22 Charles de Gaulle, Trois études. Neuausgabe Paris: Plon 1971, S. 100.
23 LNC 3, S. 476 f.
24 LNC 3, S. 472 f.

3 Der Mann des 18. Juni

1 Veröffentlicht bei Roussel, De Gaulle, S. 91–93.
2 Charles de Gaulle, Mémoires de guerre. Bd. 1: L'appel, 1940–1942, Paris: Plon 1954 [künftig: MG 1], S. 58 f.
3 Ebd. S. 59.
4 Interview mit Henri Amouroux 1964, veröffentlicht in Paris-Match 15.11.1970.

5 Ebd.
6 Abhöraufzeichnung im Nachlass Reynaud, zitiert bei Roussel, De Gaulle, S. 113.
7 Philippe de Gaulle, De Gaulle mon père I, S. 120.
8 Charles de Gaulle, Discours et messages, Bd. 1, Paris : Plon 1970 [künftig : DM 1], S. 3 f. – Radio BBC sendete um 22 Uhr eine Version des Aufrufs, in der die beiden ersten Sätze durch eine weniger aggressive Passage ersetzt worden war: »Die Regierung [...] hat erklärt, dass der Kampf weitergehen sollte, wenn diese Bedingungen gegen die Ehre verstoßen sollten«; Roussel, De Gaulle, S. 129 f. Das belegt aber noch nicht, dass de Gaulle nicht um 18 Uhr die Originalfassung verlesen hat. Die *Times* veröffentlichte am nächsten Morgen eine vollständige Übersetzung der Originalfassung: The Times 19.6.1940.
9 DM 1, S. 4 f. Zu den Umständen der Radioaufrufe Philippe de Gaulle, De Gaulle mon père I, S. 123–142.
10 Berichtet von Geoffrey de Courcel im Gespräch mit Éric Roussel 29.1.1992; Éric Roussel, Jean Moulin 1888–1979, Paris: Fayard 1996, S. 244.
11 Philippe de Gaulle, De Gaulle mon père I, S. 120.
12 Bericht Pierre Jullitte, zitiert nach Roussel, De Gaulle, S. 148.
13 MG 1, S. 332 f.
14 René Cassin, Les hommes partis de rien, Paris : Plon 1975, S. 76.
15 MG 2, S. 312.
16 Edward Spears, Pétain et de Gaulle, deux hommes qui sauvèrent la France, Paris : Presses de la Cité 1966, S. 164.
17 Zitiert nach Lacouture, Le rebelle, S. 425.
18 DM 1, S. 10 f.
19 DM 1, S. 14.
20 Zitiert nach Lacouture, Le rebelle, S. 411.
21 Guy, En écoutant de Gaulle, S. 48.
22 MG 1, S. 74.
23 MG 1, S. 86.
24 Guy, En écoutant de Gaulle, S. 392.
25 Zitiert nach Lacouture, Le rebelle, S. 184.
26 MG 1, S. 89.
27 Zeugnis Plevens in : Raymond Tournoux, Jamais dit, Paris: Plon 1971, S. 88.
28 Zeugnis von Martine de Courcel in: Michel Tauriac, Vivre avec de Gaulle. Les derniers témoins racontent, Paris : Plon 2008, S. 174.
29 Zeugnis von Philippe Dechartre, ebd. S. 173.
30 LNC 3, S. 127.
31 DM 1, S. 36 f.
32 Déclaration organique du 16 novembre 1940, www.france-libre.net.

33 Undatierter Brief im Nachlass Muselier, zitiert bei Roussel, De Gaulle, S. 187.
34 LNC 3, S. 279.

4 Der Kampf um die Macht

1 So in einem Telegramm an Catroux 3.5.1941, LNC 3, S. 309 f.
2 Zitiert nach Fernand Kersaudy, De Gaulle et Churchill. Paris: Plon 1981, S. 115.
3 Nachlass Churchill, zitiert nach Roussel, De Gaulle, S. 224.
4 Ebd. S. 226.
5 Britisches Protokoll, zitiert nach Kersaudy, De Gaulle et Churchill, S. 166.
6 MG 1, S. 659.
7 DM 1, S. 205–207.
8 Sowjetisches Protokoll, zitiert nach Roussel, De Gaulle, S. 287.
9 Ebd. S. 304.
10 Gesprächsaufzeichnung Étienne Boegner 28.5.1942, ebd. S. 298–302.
11 Kersaudy, De Gaulle et Churchill, S. 170.
12 Ebd. S. 172–177.
13 Sowjetisches Protokoll im Nachlass Molotow, zitiert bei Roussel, De Gaulle, S. 326.
14 Ebd.
15 Kersaudy, De Gaulle et Churchill, S. 197.
16 MG 2, S. 85.
17 Kenneth W. Pendar, Adventure in Diplomacy: Our French Dilemma, London: Simon publications 1966, S. 141.
18 DM 1, S. 284–290, hier S. 290.
19 Persönliche Aufzeichnung, zitiert nach Roussel, Monnet, S. 335.
20 Unterredung Churchill – Alexis Léger 21.5.1943, zitiert nach Roussel, De Gaulle, S. 358–360.
21 Kersaudy, De Gaulle et Churchill, S. 233.
22 MG 2, S. 123 f.
23 So nach seiner Ankunft in Algier zu Eisenhower. Butcher Diary, zitiert nach Roussel, De Gaulle, S. 363.
24 DM 1, S. 407 f.
25 Zeugnis Béthouarts, zitiert nach Lacouture, Le rebelle, S. 781.

5 Die Befreiung

1 DM 1, S. 409 f.
2 Zitiert nach Lacouture, Le rebelle, S. 791.
3 DM 1, S. 415–422.
4 MG 2, S. 702 f.
5 Ebd. S. 302.
6 DM 1, S. 439 f.
7 MG 2, S. 374.
8 Lacouture, Le rebelle, S. 835.
9 Ebd. S. 837.
10 LNC 5, S. 297 f.
11 Pierre Bertaux, Mémoires interrompus, Paris : Presses Sorbonne Nouvelle 2000, S. 249.
12 Claude Mauriac, Aimer de Gaulle, Paris: Grasset 1978, S. 62.
13 Ebd. S. 84.
14 Zitiert nach Jean Lacouture, De Gaulle. 2. Le politique, Paris : Le Seuil 1985, S. 27.
15 DM 1, S. 461.
16 MG 3, S. 137.
17 MG 3, S. 87 f.
18 Milton Viorst, Hostile Allies. FDR and Charles de Gaulles, New York 1965 : Macmillan, S. 233.
19 Mauriac, Aimer de Gaulle, S. 144.
20 LNC 6, S. 32.
21 MG 3, S. 194.
22 Ebd. S. 236.
23 Roger Belin, Lorsque une République chasse l'autre, 1958–1962, Paris: Michalon 1999, S. 199 f.
24 DM 1, S. 521–532, das Zitat S. 529.
25 DM 1, S. 641–645.
26 Edouard Depreux, Souvenirs d'un militant, Paris : Fayard 1972, S. 202–208.
27 Guy, En écoutant de Gaulle, S. 180.
28 DM 1, S. 649–651.
29 Telegramm des Botschafters an den Premierminister 20.11.1945, zitiert nach Roussel, De Gaulle, S. 522.
30 LNC 6, S. 165.
31 Jules Moch, Rencontres avec Charles de Gaulle, Paris : Plon 1971, S. 122 f.
32 Jules Moch, Une si longue vie, Paris : Laffont 1976, S. 208 f.
33 Guy, En écoutant de Gaulle, S. 55.
34 Moch, Une si longue vie, S. 208.

35 Aufzeichnung von Landwirtschaftsminister François Tanguy-Prigent, veröffentlicht bei Lacouture, Le politique, S. 240 f.

6 Der Traum von der Größe

1 Veröffentlicht bei Roussel, De Gaulle, S. 987–992.
2 Averell W. Harriman / Elie Abel, Special Envoy to Churchill and Stalin 1941–1946, London /New York: Hutchinson 1975, S. 231.
3 Gespräch mit Anthony Eden 11.10.1943, zitiert nach Roussel, De Gaulle, S. 391 f.
4 Bericht von Pierre Lassalle, von 1943 bis 1946 Mitarbeiter im Sekretariat des Verteidigungsausschusses, auf der Grundlage des Sitzungsprotokolls in: De Gaulle et la nation face aux problèmes de défense 1945–1946, Paris: Plon 1983, S. 108.
5 DM 1, S. 518.
6 Note vom 16.3.1945, zitiert bei Georges-Henri Soutou, Frankreich und die Deutschlandfrage 1943 bis 1945, in: Hans-Georg Volkmann (Hrsg.), Ende des Dritten Reiches – Ende des Zweiten Weltkriegs, München 1995, S. 75–116, hier S. 89.
7 Direktive vom 1.2.1945, zitiert bei Martial Libera, Un rêve de puissance. La France et le contrôle de l'économie allemande (1942–1949), Bruxelles : Peter Lang 2012, S. 129.
8 Referiert bei René Massigli, Une comédie des erreurs 1943–1956. Souvenirs et réflexions sur une étape de la construction européenne, Paris : Plon 1978, S. 41 f.
9 Unterredung vom 27.5.1944, sowjetisches Protokoll, zitiert nach Roussel, De Gaulle, S. 466.
10 Guy, En écoutant de Gaulle, S. 141.
11 Unterredung vom 6.12.1944, sowjetisches Protokoll in Sovetsko-frantsuzskie otnosheniia vo vremia velikoi otechestvennoi voiny 1941–45. Dokumenty i materialy, Moskau 1959, S. 349–354.
12 Georges Bidault, Noch einmal Rebell, Berlin: Propyläen 1966, S. 95.
13 MG 3, S. 381–383.
14 So zu Harriman, berichtet von Edward R. Stettinius, Yalta, Paris: Gallimard 1951, S. 100.
15 MG 3, S. 550–555.
16 DM 1, S. 614–619.
17 Nachlass Jean Donnedieu de Vabres, zitiert bei Roussel, De Gaulle, S. 508.
18 Gesprächsaufzeichnung in: Rolf Steininger (Hrsg.), Die Ruhrfrage 1945/46 und die Entstehung des Landes Nordrhein-Westfalen. Britische, französische und amerikanische Akten, Düsseldorf 1988, S. 340 f.

19 Soutou, Frankreich und die Deutschlandfrage, S. 98.
20 Steininger, Ruhrfrage, S. 341.
21 Ebd. S. 74.
22 Moch, Une si longue vie, S. 211.
23 DM 1, S. 119-121.
24 Ebd. S. 370-373.
25 Lacouture, Le politique, S. 181.
26 MG 3, S. 225.
27 Ebd. S. 225 f.
28 Lacouture, Le politique, S. 157.
29 Guy, En écoutant de Gaulle, S. 183.
30 Ebd. S. 194.
31 Zu Claude Guy 25.1.1946, ebd. S. 40.

7 Im Unruhestand

1 MG 3, S. 287.
2 Randnotiz zu einem Entwurf Pompidous vom 23.10.1944, LNC 5, S. 346.
3 Guy, En écoutant de Gaulle, S. 40.
4 Zeugnis Francisque Gay 4.6.1963, Georgette Elgey, La République des illusions 1945–1961, Paris: Fayard 1965, S. 87.
5 So zu Guy 25.1.1946, En écoutant de Gaulle, S. 40.
6 Ebd. S. 43 f.
7 Ebd. S. 67 f.
8 De Gaulle an Michelet 12.4.1946, MG 3, S. 647.
9 Philippe de Gaulle, De Gaulle mon père II, S. 62.
10 Guy, En écoutant de Gaulle, S. 55.
11 Ebd. S. 77.
12 DM 2, S. 5–11.
13 Ebd. S. 7.
14 Ebd. S. 26–33.
15 Zu Claude Guy am 7.10.1946, En écoutant de Gaulle, S. 133.
16 Erklärung vom 1.11.1946, DM 2, S. 35–37.
17 Guy, En écoutant de Gaulle, S. 174.
18 Ebd. S. 63.
19 Ebd. S. 174 f.
20 Ebd. S. 187.
21 Ebd. S. 202.
22 Ebd. S. 231.
23 Mauriac, Aimer de Gaulle, S. 380.

24 Guy, En écoutant de Gaulle, S. 241.
25 Ebd. S. 249.
26 Gespräch mit Jean Lacouture März 1984, Lacouture, Le politique, S. 291.
27 DM 2, S. 41–46.
28 Ebd. S. 48–55.
29 LNC 6, S. 223 f.
30 Guy, En écoutant de Gaulle, S. 283, 294, 298.
31 Vincent Auriol, Journal du septennat 1947–1954, Bd. 1, Paris: Armand Colin 1970, S. 182.
32 Rede in Rennes 27.7.1947, DM 2, S. 97–103.
33 Guy, En écoutant de Gaulle, S. 328.
34 DM 2, S. 125–137.
35 Ebd. S. 138–160, die Zitate S. 138 f.
36 Zu Claude Guy 26.10.1947, En écoutant de Gaulle, S. 343.
37 Ebd. S. 394, 421, 428.
38 Mauriac, Aimer de Gaulle, S. 310.
39 Guy, En écoutant de Gaulle, S. 424.
40 Mauriac, Aimer de Gaulle, S. 450.
41 Guy, En écoutant de Gaulle, S. 446 f., 457.
42 Ebd. S. 481.
43 LNC 6, S. 478.
44 Guy, En écoutant de Gaulle, S. 481.
45 Jean-Raymond Tournoux, La tragédie du Général, Paris: Plon 1967, S. 111.
46 Claude Michelet, Mon père Edmond Michelet, Paris: Robert Laffont 1981, S. 215.
47 Georges Pompidou, Pour rétablir une vérité, Paris: Flammarion 1982, S. 133.
48 Zeugnis von Christian Fouchet, Lacouture, Le politique, S. 383.
49 Zeugnis Bruneaus November 1984, ebd. S. 389.
50 DM 2, S. 582.
51 Louis Terrenoire, De Gaulle 1947–1954. Pourquoi l'échec? Paris: Plon 1981, S. 221.
52 Olivier Guichard, Mon Général, Paris: Grasset 1980, S. 294 f.
53 Terrenoire, De Gaulle, S. 234.
54 Guichard, Mon Général, S. 317.
55 DM 2, S. 618.
56 Terrenoire, De Gaulle, S. 271.
57 Ebd. S. 271.
58 Philippe de Gaulle, De Gaulle mon père I, S. 463.
59 Aufzeichnung Dillon, zitiert nach Roussel, De Gaulle, S. 574.
60 Louis Terrenoire, Tagebucheintrag 25./26.2.1956, ebd.
61 Ebd. S. 567.

62 Geneviève Moll, Yvonne de Gaulle. L'Inattendue, Paris: Ramsay 1999, S. 234.
63 Philippe de Gaulle, De Gaulle mon père II, S. 66 f.
64 Roussel, De Gaulle, S. 573.
65 Zeugnis Maurice Schumann, November 1984, Lacouture, Le politique, S. 439.
66 Zeugnis Bernard de Gaulle, Februar 1984, ebd. S. 446.
67 MG 3, S. 290.
68 Guy, En écoutant de Gaulle, S. 117.

8 Die Rückkehr

1 Zitiert nach Lacouture, Le politique, S. 461.
2 Ebd. S. 463.
3 DM 3, S. 3.
4 Odile Rudelle, Mai 1958, de Gaulle et la République, Paris: Plon 1988, S. 183 f.
5 DM 3, S. 4–10.
6 LNC 7, S. 359 f.
7 Pierre Pflimlin, Mémoires d'un Européen, Paris: Fayard 1991, S. 132 f.
8 Jacques Massu, Le Torrent et la Digue, Paris: Plon 1972, S. 120.
9 DM 3, S. 11.
10 Témoignage de Pierre Pflimlin à propos du retour au pouvoir du Général de 13 Mai 1958, in: www.charles-de-gaulle.org.
11 Lacouture, Le politique, S. 481.
12 André Dulac, Nos guerres perdues, Paris: Fayard 1969, S. 88.
13 Charles de Gaulle, Mémoires d'espoir, Bd. 1, Paris: Plon 1970 [künftig: ME 1], S. 30.
14 »Nos affaires se présentent mal. À vous de jouer maintenant« – ermittelt von François Pernot, Mai 1958: l'armée de l'air et l'opération Résurrection, in: Revue Historique des Armées 1998/2, S. 109–123, hier S. 120.
15 Bericht des Emissärs der drei Oberkommandierenden, General Nicot in: Edmond Jouhaud, Serons-nous enfin compris?, Paris: Albin Michel 1984, S. 62; vgl. auch sein Zeugnis in Le Monde 17./18.6.1984. Pierre Lefranc, der laut Nicot diese Bestätigung den Anwesenden übermittelt hat, hat bestritten, dass ein solches Telefongespräch stattgefunden hat. Die anderen Zeugnisse dieses Abschnitts lassen dieses Dementi jedoch unglaubwürdig erscheinen.
16 Zitiert nach Jouhaud ebd.
17 Dulac, Nos guerres perdues, S. 88.
18 ME 1, S. 35.

19 Moche, Une si longue vie, S. 542.
20 Lacouture, Le politique, S. 506.
21 ME 1, S. 34.
22 DM 3, S. 15–17.
23 Jacques Soustelle, L'Espérance trahie, Paris: Alma 1962, S. 54.
24 Exposé vom 13.6.1958, zitiert bei Roussel, De Gaulle, S. 605.
25 Verfassung vom 4.10.1958, in Alfred Grosser / François Goguel, Politik in Frankreich, Paderborn 1980, S. 393–406, Zitat S. 397.
26 Zeugnis Pflimlins 1984, zitiert bei Lacouture, Le politique, S. 565.
27 Tauriac, Vivre avec de Gaulle, S. 394.
28 DM 3, S. 46 f.
29 Ansprache vom 4.9.1958 in Paris, ebd. S. 41–45, hier S. 44.
30 Rundfunk- und Fernsehansprache vom 26.9.1958, ebd. S. 46.
31 De Gaulle an Mollet 27.12.1958, LNC 8, S. 157 f.
32 Lacouture, Le politique, S. 655.
33 DM 3, S. 64–67, hier S. 64.
34 ME 1, S. 34.
35 Philippe de Gaulle, De Gaulle mon père I, S. 555.

9 Abschied von Algerien

1 Rede von Constantine 3.10.1958, DM 3, S. 48–51, hier S. 50.
2 DM 3, S. 117–123, hier S. 120 f.
3 Zitiert nach Jean Lacouture, De Gaulle. Bd. 3 : Le souverain, Paris : Plon 1986, S. 88.
4 DM 3, S. 160 f.
5 DM 3, S. 162–166, hier S. 163.
6 DM 3, S. 224–229, hier S. 229.
7 DM 3, S. 256–262, hier S. 258 f.
8 DM 3, S. 274 f.
9 Tagebuch Terrenoire 4.1.1961, zitiert bei Roussel, De Gaulle, S. 675.
10 Tagebuch Terrenoire 10.1.1961, zitiert bei Lacouture, Le souverain, S. 143.
11 Ebd. S. 146.
12 Ebd. S. 153.
13 Ebd. S. 161.
14 DM 3, S. 306–308.
15 ME S. 117.
16 Zitiert nach Jean Daniel, De Gaulle et l'Algérie, Paris: Le Seuil 1986, S. 234.
17 François Flohic, Souvenirs d' Outre-Gaulle, Paris : Plon 1979, S. 59 f.

18 DM 3, S. 333–349, hier S. 340.
19 Sitzung vom 24.4.1962, Pflimlin, Mémoires d'un Européen, S. 205.
20 Tagebuch Terrenoire 23.3.1962, zitiert bei Roussel, De Gaulle, S. 709.
21 DM 3, S. 395–397, hier S. 397.
22 Alain Peyrefitte, C'était de Gaulle. Bd. 1, Paris: Fayard 1994, S. 96.
23 François Flohic, De Gaulle intime. Un aide de camp raconte, Paris: L'Archipel 2010, S. 51.
24 Flohic, Souvenirs d'Outre-Gaulle, S. 58.
25 De Gaulle zu Peyrefitte 30.5.1962, C'était de Gaulle I, S. 180.
26 Rede vom 30.9.1962, Gaston Monnerville, Vingt-deux ans de présidence. Paris: Plon 1993, S. 215.
27 DM 4, S. 35 f.
28 Ebd. S. 41.
29 Peyrefitte, C'était de Gaulle I, S. 272.
30 DM 4, S. 44.
31 Zitiert bei Lacouture, Le souverain, S. 592.
32 Peyrefitte, C'était de Gaulle I, S. 274.

10 Europa

1 Guy, En écoutant de Gaulle, S. 47.
2 Zu Guy 24.6.1946, ebd. S. 81.
3 Mittagessen mit Gaston Palewski und Claude Mauriac 18.1.1947, ebd. S. 222.
4 DM 2, S. 87.
5 Unterredung 6.12.1947, Guy, En écoutant de Gaulle, S. 383–387, hier S. 385.
6 DM 2, S. 188–193, hier S. 190, 192.
7 Pressekonferenz 17.11.1948, ebd. S. 226–242, hier S. 228.
8 Rede von Vincennes 22.5.1949, ebd. S. 288–300, hier S. 292.
9 Gespräch vom 12.5.1949, Guy, En écoutant de Gaulle, S. 474.
10 DM 2, S. 293.
11 Pressekonferenz 14.11.1949, ebd. S. 319–332, hier S. 329.
12 Pressekonferenz 16.3.1950, ebd. S. 344–358, hier S. 349.
13 Erklärung vom 7.8.1949, ebd. S. 300–304, hier S. 303.
14 Zitiert nach Lacouture, Le politique, S. 390.
15 Mitschrift Roger Duveau, ebd. S. 491.
16 Gespräche 6.7.1955 und 10.1.1957, zitiert bei Roussel, De Gaulle, S. 570 f.
17 Gespräch mit Louis Terrenoire 18.10.1956, ebd. S. 570.
18 Documents diplomatiques français 1958, Bd. 2, Paris: Imprimerie nationale 1993, S. 22–30, Zitate S. 26 u. 28..

19 LNC 8, S. 82–84, hier S. 84.
20 Ebd.
21 Documents diplomatiques français 1958 II, S. 341–344, Zitat S. 342.
22 Aufzeichnung des Adenauer-Referenten Franz Josef Bach, zitiert bei Hans-Peter Schwarz, Adenauer. Der Staatsmann: 1952–1967, Stuttgart: Deutsche Verlags-Anstalt 1991, S. 567 f.
23 Zeugnis von Pierre Maillard in: De Gaulle en son siècle. Tome V: L'Europe, Paris: Plon 1992, S. 417.
24 Aufzeichnung 17.7.1961, LNC 9, S. 107 f.
25 Ebd. S. 108.
26 Aufzeichnung 30.7.1960, LNC 8, S. 382 f.
27 Documents Diplomatiques Français 1962, Bd. 1, Paris: Imprimerie Nationale 1998, S. 381–389.
28 Ebd. S. 433–436.
29 Eine Kunstsprache, die Ende des 19. Jahrhunderts eine gewisse Verbreitung gefunden hatte.
30 DM 3, S. 402–417, hier S. 407 u. 409.
31 Pflimlin, Mémoires d'un Européen, S. 210.
32 Ebd. S. 216.
33 Unterredung 5.7.1962, französisches Protokoll, zitiert nach Maurice Vaïsse, La grandeur. Politique étrangère du général de Gaulle 1958–1969, Paris: Fayard 1998, S. 251.
34 DM 4, S. 6 (Marktplatz Bonn) u. 10 (August-Thyssen-Hütte Duisburg).
35 Vertragstext in Europa-Archiv 27 (1963), S. D84–D86.
36 DM 4, S. 62–79, hier S. 69.
37 Europa-Archiv 27 (1963), S. D84.
38 Alain Peyrefitte, C'était de Gaulle, Bd. 2, Paris: Fayard 1997, S. 228.
39 Lacouture, Le souverain, S. 308.
40 Zu Peyrefitte 12.11.1964, C'était de Gaulle II, S. 270.
41 Zu Peyrefitte 15.9.1965, ebd. S. 300.
42 DM 4, S. 377–381, hier S. 379.
43 Pressekonferenz vom 21.2.1966, DM 5, S. 5–23, hier S. 20.
44 Europa-Archiv 21 (1966), S. D85 f.
45 Zitiert nach Vaïsse, La grandeur, S. 394.
46 Documents diplomatiques français 1966, Bd. 2, Bruxelles: Peter Lang 2003, S. 1018–1027, Zitat S. 1020.
47 So u.a. in der Rundfunk- und Fernsehansprache vom 31.5.1960, DM 3, S. 217–221, hier S. 221.
48 Sowjetisches Protokoll 29.6.1966, zitiert bei Roussel, De Gaulle, S. 800.
49 Französisches Protokoll 1.12.1966, ebd. S. 806.
50 DM 5, S. 319–335, hier S. 334.
51 Französisches Protokoll 27.9.1968, zitiert bei Roussel, De Gaulle, S. 893.
52 Protokoll 20.9.1968, ebd. S. 891.

53 Documents diplomatiques français 1967, Bd. 1, Bruxelles: Peter Lang 2008, S. 759–775, Zitat S. 770.
54 Zitiert nach Henning Türk, Die Europapolitik der Großen Koalition 1966–1969, München: Oldenbourg 2006, S. 185.
55 Pressekonferenz 27.11.1967, DM 5, S. 227–247, hier S. 232 f.
56 Radioaufzeichnung im kanadischen Nationalarchiv, zitiert bei Roussel, De Gaulle, S. 839.
57 Zu Jean-Daniel Jurgensen auf dem Rückflug nach Paris, ebd. S. 842.

11 Erschütterungen

1 Charles an Philippe de Gaulle 4.6.1961, LNC 9, S. 93 f.
2 Rundfunk- und Fernsehansprache 31.12.1962, DM 4, S. 52–55, hier S. 54.
3 Pressekonferenz vom 4.2.1965, DM 3, S. 325–342, hier S. 329.
4 Zu Peyrefitte 24.11.1965, C'était de Gaulle II, S. 600.
5 Ministerrat 7.6.1967, Peyrefitte, C'était de Gaulle III, S. 247.
6 ME 2, S. 143.
7 Zu Peyrefitte 24.4.1963, C'était de Gaulle I, S. 588.
8 Zu Jean-Reymond Tournoux, zitiert bei Lacouture, Le souverain, S. 621.
9 Zu Peyrefitte 23.4.1963, C'était de Gaulle I, S. 587.
10 Lacouture, Le souverain, S. 622.
11 DM 4, S. 401 f.
12 Ebd.
13 Lacouture, Le souverain, S. 633.
14 DM 4, S. 403–406.
15 Philippe de Gaulle, De Gaulle, mon père. II S. 105 f.
16 Ebd. S. 106.
17 Christine Clerc, » Tout est fichu!« Les coups de blues du Général, Paris: Albin Michel 2014, S. 148.
18 So im Ministerrat am 24.11.1965, Peyrefitte, C'était de Gaulle II, S. 601.
19 Sendung vom 14.12.1965, DM 4, S. 422–432, hier S. 425 f.
20 Guichard, Mon Général, S. 414.
21 LNC 10, S. 217.
22 Vgl. seine Äußerungen gegenüber Peyrefitte 13.10.1965, C'était de Gaulle II, S. 582.
23 DM 5, S. 96–117, hier S. 113.
24 Zitiert nach Jacques Chapsal, La vie politique sous la Ve République, Paris : Presses universitaires de France 1981, S. 322.
25 Pressekonferenz 27.11.1967, DM 5, S. 227–247, hier S. 247.
26 Jean-Marcel Jeanneney im Gespräch mit Jean Lacouture Januar 1986, Lacouture, Le souverain, S. 666.

27 Ebd. S. 668.
28 Peyrefitte, C'était de Gaulle III, S. 501.
29 Zeugnis Louis Joxe im Gespräch mit Éric Roussel April 1983, De Gaulle, S. 863.
30 Zeugnis de Gaulle in Gesprächen mit Peyrefitte 2.6.1968 u. 9.1.1969, C'était de Gaulle III, S. 573 u. 610.
31 Éric Roussel, Georges Pompidou 1911–1974, Erweiterte Ausgabe Paris: Perrin 2004, S. 227.
32 Pompidou, Pour rétablir une vérité, S. 218.
33 Roussel, Pompidou, S. 234.
34 Pierre Viansson-Ponté, Histoire de la République gaullienne, Bd. II, Paris: Fayard 1971, S. 613.
35 Peyrefitte, C'était de Gaulle III, S. 535.
36 DM 5, S. 289–291.
37 Nachlass Edmond Michelet, zitiert bei Roussel, De Gaulle, S. 868.
38 Michel Debré, Entretiens avec le général de Gaulle, 1961–1969, Paris: Albin Michel 1993, S. 113.
39 Pompidou, Pour rétablir une vérité, S. 191.
40 De Gaulle mon père, S. 395 f.
41 Zeugnis François Flohic, in Jacques Foccart, Journal de l'Élysée, II. Le Général en mai, 1968–1969, Paris: Fayard 1998, S. 143.
42 Zeugnis Alain de Boissieu im Gespräch mit Jacques Foccart 22.10.1968, ebd. S. 397.
43 Zeugnis Alain de Boissieu im Gespräch mit Pierre Messmer, zitiert bei Tauriac, Vivre avec de Gaulle, S. 191.
44 Foccart, Le Général en mai, ebd.
45 Flohic, De Gaulle intime, S. 103.
46 Jacques Massu, Baden 68. Souvenirs d'une fidélité gaulliste, Paris: Plon 1983, S. 87–92.
47 Ebd. S. 143 f.
48 Pompidou, Pour rétablir une vérité, S. 201.
49 Lacouture, Le souverain, S. 716.
50 Flohic, De Gaulle intime, S. 109.
51 Peyrefitte, C'était de Gaulle III, S. 599–601.
52 Ebd. S. 650.

12 Abschiede

1 Foccart, Journal de l'Élysée II, S. 243.
2 Zu Peyrefitte 14.6.1968, C'était de Gaulle III, S. 584.
3 Zitiert nach Lacouture, Le souverain, S. 728.

4 Foccart, Journal de l'Élysée II, S. 228.
5 Ebd.
6 Ebd. S. 239 f.
7 Pompidou, Pour rétablir une vérité, S. 204.
8 Ebd. S. 207.
9 LNC 11, S. 225 f.
10 Pressekonferenz vom 9.9.1968, DM 5, S. 318-335, Zitate S. 329.
11 Le Monde 22.11.1968.
12 LNC 11, S. 232 f.
13 Im Gespräch mit Foccart 26.9.1968, Journal de l'Élysée II, S. 410.
14 Peyrefitte, C'était de Gaulle III, S. 611.
15 Claude Mauriac, Les espaces imaginaires, Paris: Grasset 1975, S. 263.
16 Pompidou, Pour rétablir une vérité, S. 260.
17 Pompidou an de Gaulle 3.1.1969, zitiert nach Clerc, Tout est fichu, S. 192.
18 Pompidou, Pour rétablir une vérité, S. 266.
19 Zitiert nach Lacouture, Le souverain, S.747.
20 Pompidou, Pour rétablir une vérité, S. 270.
21 Zu André Lalande 29.2.1969, Aufzeichnung Lalande, zitiert bei Roussel, De Gaulle, S. 903.
22 Ebd. S. 905.
23 Nach dem Zeugnis von Maurice Schumann im Gespräch mit Jean Lacouture April 1986, Le souverain, S. 753.
24 Jean d'Escrienne, De Gaulle de loin et de près, Paris: Plon 1978, S. 225 f.
25 DM 5, S. 384–388.
26 Ebd. S. 389–403, Zitate S. 401 f.
27 Jean Mauriac, Mort du Général de Gaulle, Paris: Grasset 1972, S. 13.
28 DM 5, S. 405 f.
29 Ebd. S. 407.
30 Im Gespräch mit Jean Lacouture Januar 1986, Le souverain, S. 755.
31 Aufzeichnung Lalande 24.4.1969, zitiert bei Roussel, De Gaulle, S. 906.
32 Ebd. S. 905.
33 Flohic, De Gaulle intime, S. 124.
34 Ebd. S. 125.
35 Zu Jacques Vendroux am gleichen Tag, nach Mauriac, Mort du Général, S. 42.
36 Charles de Gaulle an Cada Vendroux 2.2.1970, LNC 12, S. 129.
37 Zu François Flohic, Souvenirs d'Outre-Gaulle, S. 195.
38 Aufzeichnungen von Emmanuel d'Harcourt, französischer Botschafter in Irland, im Nachlass Geoffroy de Courcel, mitgeteilt bei Roussel, De Gaulle, S. 916 f.
39 Charles de Gaulle an Cada Vendroux 6.11.1970, LNC 12, S. 169 f.
40 D'Escrienne, De Gaulle de loin et de près, S. 220.
41 Lacouture, Le souverain, S. 761.

42 Philippe de Gaulle, De Gaulle mon père II, S. 449.
43 Mauriac, Mort du Général, S. 97.
44 Gespräch mit Jean Lacouture Januar 1986, Le souverain, S. 760.
45 Mauriac, Mort du Général, S. 162.
46 André Malraux, Les Chênes qu'on abat…, Paris: Gallimard 1971, S. 79, 59.
47 Mauriac, Mort du Général, S. 139.
48 ME I, S. 313 f.
49 Charles an Marie-Agnès (Cailliau) 14.5.1969, LNC 12, S. 25 f.
50 Zu Jacques Vendroux 28.4.1969, Jacques Vendroux, Ces grandes années que j'ai vécues, Paris: Plon 1975, S. 343.
51 Mauriac, Mort du Général, S. 132.
52 LNC 12, S. 169.
53 LNC 12, S. 192.
54 LNC 7, S. 58 f.

Schluss

1 ME 1, S. 8 f., 15, 22 f., 34, 313.
2 Ebd. S. 10.
3 Roussel, De Gaulle, S. 913.
4 Charles de Gaulle an Jean Guitton 18.11.1968, LNC 11, S. 253.
5 Gesprächsaufzeichnung 9.10.1946, Guy, En écoutant de Gaulle, S. 133.
6 Charles an Philippe de Gaulle 27.4.1961, LNC 9, S. 75.
7 MG 1, S. 1.
8 Zu Alain Peyrefitte 9.1.1969, C'était de Gaulle III, S. 611.
9 Zu Claude Guy 23.10.1948, En écoutant de Gaulle, S. 442.
10 Charles de Gaulle an Auguste Lecœur 29.4.1968, LNC 11, S. 216.
11 So zu Alain Peyrefitte 24.4.1963, C'était de Gaulle I, S. 430.
12 Zu François Flohic Ende April 1962, Souvenirs d'Outre-Gaulle, S. 58.
13 Charles an Philippe de Gaulle 12.4.1964, LNC 10, S. 52.
14 Zu Emmanuel d'Harcourt Ende Mai 1969, Roussel, De Gaulle, S. 913.
15 Malraux, Les Chênes, S. 200.

Quellen- und Literaturverzeichnis

Archivführer

Blanc, Brigitte: Archives du Général de Gaulle, 1940-1958, Paris: Centre historique des Archives nationales 2003.
Even, Nicole: Archives de la présidence de la République. Général de Gaulle (1958-1969), Paris: Archives nationales 2012.
Website der Fondation Charles de Gaulle, Paris: *www.charles-de-gaulle.org*

Schriften Charles de Gaulle

Doctrine *a priori* ou doctrine des circonstances, in: Revue militaire française, (März) 1925, S. 306-328.
La Discorde chez l'ennemi. Paris: Berger-Levrault 1924; Neuausgabe Plon 1972.
Le Fil de l'épée. Paris: Berger-Levrault 1932; Neuausgabe Plon 1971.
Vers l'armée de métier. Paris: Berger-Levrault 1934; Neuausgabe Plon 1971.
La France et son armée. Paris: Plon 1938, Neuausgabe 1969.
Trois études. Paris: Berger-Levrault 1945; Neuausgabe Plon 1971.
MG 1-3: Mémoires de guerre. Paris: Plon 1954-1959 – Bd. 1: L'appel, 1940-1942 (1954); Bd. 2: L'unité 1942-1944 (1956); Bd. 3: Le salut 1944-1946 (1959).
DM 1-5: Discours et messages. Paris: Plon 1970 – Bd. 1: Pendant la guerre (Juin 1940 – Janvier 1946); Bd. 2: Dans l'attente (Février 1946 – Avril 1958); Bd. 3: Avec le renouveau (Mai 1958 – Juillet 1962); Bd. 4: Pour l'effort (Août 1962 – Décembre 1965); Bd. 5: Vers le terme (Janvier 1966 – Avril 1969).
ME 1-2: Mémoires d'espoir. Paris: Plon 1970-1971 – Bd. 1: Le renouveau 1958-1962 (1970); Bd. 2: L'effort 1962-… (1971).

LNC 1-13 : Lettres, Notes et Carnets 1905-1918, Paris : Plon 1980-1997 – Bd. 1 : 1905-1918 (1980) ; Bd. 2 : 1919 – Juin 1940 (1980) ; Bd. 3 : Juin 1940 – Juillet 1941, suivi d'un complément pour les années 1905 – Juin 1940 (1980) ; Bd. 4 : Juillet 1941 – Mai 1943 (1982) ; Bd. 5 : Juin 1943 – Mai 1945 (1983) ; Bd. 6 : Mai 1945 – Juin 1951 (1984) ; Bd. 7 : Juin 1951 – Mai 1958 (1985) ; Bd. 8 : Juin 1958 – Décembre 1960 (1985) ; Bd. 9 : Janvier 1961 – Décembre 1963 (1986) ; Bd. 10 : Janvier 1964 – Juin 1966 (1987) ; Bd. 11 : Juillet 1966 – Avril 1969 (1987) ; Bd. 12 : Mai 1969 – Novembre 1970, Compléments de 1908 à 1968 (1988) ; Bd. 13 : Compléments 1924-1970 (1997).

Mémoires. Paris : Bibliothèque de la Pléiade, Gallimard 2000.

Tagebücher, Memoiren, Edierte Quellen

Auriol, Vincent: Journal du septennat 1947–1954, Bd. 1, Paris: Armand Colin 1970.

Belin, Roger: Lorsque une République chasse l'autre, 1958–1962, Paris: Michalon 1999.

Bertaux, Pierre: Mémoires interrompus, Paris: Presses Sorbonne Nouvelle 2000.

Bidault, Georges: Noch einmal Rebell. Von einer Résistance in die Andere, Berlin: Propyläen 1966.

Cassin, René : Les hommes partis de rien, Paris : Plon 1975.

Debré, Michel : Trois républiques pour une France. Mémoires, 5 Bde., Paris : Albin Michel 1984–1994.

Debré, Michel : Entretiens avec le général de Gaulle, 1961-1969, Paris : Albin Michel 1993.

Depreux, Edouard : Souvenirs d'un militant, Paris : Fayard 1972.

Documents diplomatiques français 1958–1963, Paris: Imprimerie Nationale 1993-2001.

Documents diplomatiques français 1964–1969, Bruxelles: Peter Lang 2002–2012.

Dulac, André : Nos guerres perdues, Paris: Fayard 1969.

Escrienne, Jean d': De Gaulle de loin et de près, Paris : Plon 1978

Flohic, François : Souvenirs d'Outre-Gaulle, Paris: Plon 1979.

Flohic, François : De Gaulle intime. Un aide de camp raconte, Paris : L'Archipel 2010.

Foccart, Jacques : Journal de l'Élysée, 5 Bde., Paris : Fayard 1997–2001.

Gaulle, Philippe de : Mémoires accessoires, 2 Bde., Paris : Plon 1997–2000.
Gaulle, Philippe de : De Gaulle mon père. 2 Bde., Paris : Plon 2003–2004.
Guichard, Olivier : Mon Général, Paris : Grasset 1980.
Guy, Claude : En écoutant de Gaulle. Journal 1946-1949, Paris: Grasset 1996.
Harriman, Averell W. / Elie Abel: Special Envoy to Churchill and Stalin 1941-1946, London / New York: Hutchison 1975.
Jouhaud, Edmond : Serons-nous enfin compris?, Paris: Albin Michel 1984.
Malraux, André : Les Chênes qu'on abat… , Paris : Gallimard 1971.
Massigli, René : Une comédie des erreurs 1943-1956. Souvenirs et réflexions sur une étape de la construction européenne, Paris : Plon 1978.
Massu, Jacques : Le Torrent et la Digue, Paris: Plon 1972.
Massu, Jacques : Baden 68. Souvenirs d'une fidélité gaulliste, Paris: Plon 1983.
Mauriac, Claude : Les espaces imaginaires., Paris : Grasset 1975.
Mauriac, Claude : Un autre de Gaulle. Journal 1944–1954, Paris : Hachette 1970.
Michelet, Claude : Mon père Edmond Michelet, Paris : Robert Laffont 1981.
Moch, Jules : Rencontres avec Charles de Gaulle, Paris : Plon 1971.
Moch, Jules : Une si longue vie, Paris : Laffont 1976.
Monnerville, Gaston : Vingt-deux ans de présidence. Paris : Plon 1993.
Nachin, Lucien: Charles de Gaulle, général de France, Paris : Éditions Colbert 1944.
Peyrefitte, Alain : C'était de Gaulle. Bd. 1, Paris : Fayard 1994 ; Bd. 2, Paris : Fayard 1997 ; Bd. 3, Paris : Fayard 2000.
Pflimlin, Pierre : Mémoires d'un Européen, Paris: Fayard 1991.
Pompidou, Georges : Pour rétablir une vérité, Paris : Flammarion 1982.
Soustelle, Jacques : L'Espérance trahie, Paris: Alma 1962.
Spears, Edward : Pétain et de Gaulle, deux hommes qui sauvèrent la France, Paris : Presses de la Cité 1966.
Steininger, Rolf (Hrsg.): Die Ruhrfrage 1945/46 und die Entstehung des Landes Nordrhein-Westfalen. Britische, französische und amerikanische Akten, Düsseldorf: Droste 1988.

Stettinius, Edward R.: Yalta, Paris: Gallimard 1951.
Tauriac, Michel : Vivre avec de Gaulle. Les derniers témoins racontent l'homme, Paris : Plon 2008 ; Taschenbuchausgabe : Pocket 2010.
Terrenoire, Louis : De Gaulle 1947–1954. Pourquoi l'échec ? Paris : Plon 1981.
Vendroux, Jacques : Cette chance que j'ai eue, 1920-1957, Paris : Plon 1974.
Vendroux, Jacques : Ces grandes années que j'ai vécues, Paris : Plon 1975.

Darstellungen

Barré, Jean-Luc : Devenir de Gaulle, 1939-1943, Paris : Perrin 2003.
Berstein, Serge : La France de l'expansion. I. La République gaullienne, 1958–1969, Paris : Le Seuil 1989.
Berstein, Serge : Histoire du gaullisme, Paris : Perrin 2001.
Blanc, Pierre-Louis : Charles de Gaulle au soir de sa vie, Paris : Fayard 1990.
Chapsal, Jacques : La vie politique sous la Ve République, Paris : Presses universitaires de France 1981.
Charles de Gaulle, la jeunesse et la guerre, 1890-1920, Paris : Plon 2001.
Charles de Gaulle, du militaire au politique, 1920-1940, Paris : Plon 2004.
Charlot, Jean : Le gaullisme d'opposition, 1946-1958, Paris : Fayard 1983.
Clerc, Christine: »Tout est fichu!« Les coups de blues du Général. Paris : Plon 2014.
Cointet, Michèle : De Gaulle et l'Algérie française, Paris : Perrin 1995.
Crémieux-Brilhac, Jean-Louis : La France libre. De l'appel du 18 juin à la Libération, Paris : Gallimard 1996.
Daniel, Jean : De Gaulle et l'Algérie, Paris: Le Seuil 1986.
De Gaulle et le Rassemblement du peuple français (1947–1955), Paris : Armand Colin 1998.
De Gaulle et la nation face aux problèmes de défense 1945–1946, Paris : Plon 1983.
De Gaulle en son siècle. 7 Bde., Paris : La documentation française / Plon 1991–1992.
De Gaulle et la Libération, Bruxelles : Éditions Complexe 2004.

De Gaulle, Chef de Guerre. De l'Appel de Londres à la Libération de Paris 1940–1944, Paris : Plon 2008.
Elgey, Georgette : La République des illusions 1945–1961, Paris : Fayard 1965.
Gallo, Max : De Gaulle, 4 Bde., Paris : Robert Laffont 1998.
Gallo, Max : De Gaulle. Les images d'un destin. Paris : Cherche midi 2013.
Guillemin, Henri : Le Général clair – obscur, Paris : Le Seuil 1984.
Giraud, Henri-Christian : De Gaulle et les communistes. 2 Bde., Paris : Albin Michel 1988, 1989.
Hazareesingh, Sudhir : Le mythe gaullien, Paris : Gallimard 2010.
Kapferer, Reinhard : Charles de Gaulle. Umrisse einer politischen Biographie, Stuttgart : Deutsche Verlags-Anstalt 1985.
Kersaudy, Fernand : De Gaulle et Churchill. Paris: Plon 1981.
Lacouture, Jean : De Gaulle. 1. Le rebelle, Paris: Le Seuil 1984 ; 2. Le politique, Paris : Le Seuil 1985 ; Bd. 3 : Le souverain, Paris : Plon 1986.
Libera, Martial : Un rêve de puissance. La France et le contrôle de l'économie allemande (1942–1949), Bruxelles : Peter Lang 2012.
Loth, Wilfried: Geschichte Frankreichs im 20. Jahrhundert, Stuttgart: Kohlhammer 1987.
Loth, Wilfried: De Gaulle und Europa. Eine Revision, in: Historische Zeitschrift 253 (1991), S. 629–660.
Loth, Wilfried / Robert Picht (Hrsg.): De Gaulle, Deutschland und Europa, Opladen: Leske + Budrich 1991.
Loth, Wilfried: Die deutsche Frage und der Wandel des internationalen Systems, in: Das Deutsche Reich und der Zweite Weltkrieg, Band 10/2, München: Deutsche Verlags-Anstalt 2008, S. 201 – 378.
Loth, Wilfried: Europas Einigung. Eine unvollendete Geschichte, Frankfurt/Main – New York: Campus 2014.
Mauriac, Jean : Mort du Général de Gaulle, Paris: Grasset 1972.
Moll, Geneviève : Yvonne de Gaulle. L'Inattendue, Paris : Ramsay 1999.
Moltschanow, N[ikolai] N. : General de Gaulle, Berlin : VEB Deutscher Verlag der Wissenschaften 1986.
Muracciole, Jean-François : Les Français Libres. L'autre Résistance, Paris : Tallandier 2009.
Néau-Dufour, Frédérique : La première guerre de Charles de Gaulle 1914–1918, Paris : Tallandier 2013.
Pendar, Kenneth W.: Adventure in Diplomacy: Our French Dilemma, London: Simon Publications 1966.

Pernot, François : Mai 1958: l'armée de l'air et l'opération Résurrection, in : Revue Historique des Armées 1998/2, S. 109–123.

Rémond, René : Le retour de de Gaulle. Bruxelles : Éditions Complexe 1983, 3. Auflage 2008.

Roussel, Éric : Jean Moulin 1888–1979, Paris: Fayard 1996.

Roussel, Éric : Charles de Gaulle, Paris: Gallimard 2002.

Roussel, Éric : Georges Pompidou 1911–1974. Erweiterte Neuausgabe, Paris : Perrin 2004.

Roussel, Éric : Les étranges vérités de l'amiral de Gaulle, in : Le débat : histoire, politique, société Nr. 134, 2005, S. 167–175.

Rudelle, Odile : Mai 1958, De Gaulle et la République. Paris : Plon 1988.

Schunck, Peter: Charles de Gaulle. Ein Leben für Frankreichs Größe, Berlin : Ullstein 1998.

Schwarz, Hans-Peter: Adenauer. Der Staatsmann: 1952–1967, Stuttgart: Deutsche Verlags-Anstalt 1991.

Soutou, Georges-Henri: Frankreich und die Deutschlandfrage 1943 bis 1945, in: Hans-Georg Volkmann (Hrsg.), Ende des Dritten Reiches – Ende des Zweiten Weltkriegs, München: Piper 1995, S. 75–116.

Stora, Benjamin: Le Mystère de Gaulle. Son choix pour l'Algérie, Paris : Robert Laffont 2009.

Tauriac, Michel : De Gaulle avant de Gaulle. La construction d'un homme. Paris : Plon 2013.

Touchard, Jean : Le gaullisme 1940–1969, Paris : Le Seuil 1978.

Tournoux, Jean-Raymond : La tragédie du Général, Paris : Plon 1967.

Tournoux, Jean-Raymond : Jamais dit, Paris: Plon 1971.

Türk, Henning: Die Europapolitik der Großen Koalition 1966–1969, München: Oldenbourg 2006.

Vaïsse, Maurice : La grandeur. Politique étrangère du général de Gaulle 1958–1969, Paris: Fayard 1998.

Viansson-Ponté, Pierre : Histoire de la République gaullienne, 2 Bde., Paris : Fayard 1970–1971.

Viorst, Milton : Hostile Allies. FDR and Charles de Gaulles, New York : Macmillan 1965.

Waechter, Matthias : Der Mythos des Gaullismus. Heldenkult, Geschichtspolitik und Ideologie 1940–1958, Göttingen: Wallstein 2006.

Weisenfeld, Ernst: Charles de Gaulle. Der Magier im Élysée, München: C.H.Beck 1990.

Wieviorka, Olivier: Histoire de la Résistance 1940–1945, Paris: Perrin 2013.

Williams, Charles: The Last Great Frenchman. A Life of General de Gaulle, London: Little, Brown and Company 1993.

Winock, Michel: L'agonie de la IVe République. 13 Mai 1958, Paris: Gallimard 2006, Taschenbuchausgabe 2013.